'과학대통령 박정희' 신화를 넘어

| 과학과 권력, 그리고 국가 |

'과학대통령 박정희' 신화를 넘어 —과학과 권력, 그리고 국가

초판 1쇄 인쇄 2018년 2월 26일
초판 1쇄 발행 2018년 3월 5일

지은이 김근배·김상현·김태호·문만용·신향숙·이주영·임재윤·최형섭
엮은이 김태호
펴낸이 정순구
책임편집 정윤경
기획편집 조원식 조수정
마케팅 황주영

출력 블루엔
용지 한서지업사
인쇄 한영문화사
제본 한영제책사

펴낸곳 (주) 역사비평사
등록 제300-2007-139호 (2007.9.20)
주소 10497 : 경기도 고양시 덕양구 화중로 100(비전타워21) 506호
전화 02-741-6123~5
팩스 02-741-6126
홈페이지 www.yukbi.com
이메일 yukbi88@naver.com

'과학대통령 박정희' 신화를 넘어

| 과학과 권력, 그리고 국가 |

김태호 엮음 / 김근배 외 지음

과학기술사의 주체들에게
제 몫을 찾아주기

박근혜 전 대통령이 임기 중 탄핵을 당함으로써 박정희 시대
는 여러 가지 의미에서 정말로 종식된 것처럼 보이기도 한다. 그
러나 탄핵과 그 이후의 한국 정치를 불과 1년 전만 해도 아무도
예측할 수 없었듯, 1년 뒤 한국의 정치와 여론 지형이 어떻게 바
뀔지도 섣불리 내다보기 어렵다. 지금은 '박정희 시대의 유산'과
같은 말을 아무도 진지하게 입에 올리지 않는 것처럼 보이지만,
상황의 변화에 따라 박정희는 '대한민국의 건설자'로서 언제든
다시 소환될 수 있다.

박정희에 대한 여러 이미지 가운데 가장 생명력이 강했던 것
중 하나가 '과학대통령'일 것이다. 박정희 시대의 정치, 사회, 문화
는 물론 그의 가장 큰 치적으로 이야기되어왔던 경제에 대해서도
비판적인 견해들이 세를 불려온 데 비해서, 과학기술의 업적에
대해서는 아직도 긍정적인 평가를 뒤집을 만한 대항 담론이 형성
되지 않은 것으로 보이기 때문이다. 사실 '과학대통령 박정희'라

는 담론은 보수 진영의 프로파간다로만 치부할 수 없는 힘을 지니고 있다. 전직 또는 현업 과학기술자 상당수가 자신의 정치적 입장이나 박정희 시대 전체에 대한 평가와는 별개로 이것을 역사적 사실로 받아들이고 있기 때문이다. 박근혜 전 대통령이 당선되었을 때 과학기술자들이—그동안 낮아졌다고 불만을 품었던—과학기술 정책의 위상이 높아질 것으로 기대하고 희망을 품었던 것도, 박정희 시대에 대한 낭만화된 기억에 그 뿌리가 닿아 있었기 때문으로 평가할 수 있다.

이들의 기억이 단순히 '좋았던 지난날'을 낭만화시킨 것이라고 보기도 어렵다. 한국의 과학기술자사회는 1960년대 초반까지 명목상으로만 간신히 존재했지만, 19년의 박정희 집권기를 거치며 사회적으로 의미와 영향력을 지닌 주요 전문가 집단으로 성장할 수 있었다. 또한 고도성장기에 과학기술계 직업군과 그를 위한 교육이 확대되었을 뿐 아니라, 사회 전체적으로 '전 국민의 과학화운동' 등을 통해 과학기술이 새 사회의 지도적 원리로 격상되었다는 것도 과학기술자들의 자부심을 높이는 계기가 되었다.

하지만 박정희 정권을 거치면서 한국 과학기술자사회가 크게 성장했다는 사실을 인정한다고 해서, 그것이 '과학대통령'이라는 말을 붙여가며 특정인의 리더십을 드높이고 한국 사회 전체의 성취를 개인에게 귀속시킬 근거가 되지는 않을 것이다. 특히 비판적 역사 연구라면 이러한 신화 만들기에 대해 단호하게 문제를 제기할 필요가 있다.

과학기술사 전문가의 입장에서는 '과학대통령 박정희'라는 신화를 두 가지 측면에서 비판적으로 재고할 수 있다. 첫째, 박정희 정권기 당대 과학기술의 현실을 바탕으로 실제 과학기술계에 무슨 일이 일어났으며, 그것을 어떻게 평가할 수 있는가 따져보는 것이다. 둘째, 박정희 이후 시대에 박정희를 꾸준히 '과학대통령'으로 소환해내는 것이 언제 어떻게 시작되었으며, 그러한 담론을 만들고 확산시키는 이들이 그를 통해 무엇을 얻고자 하는지 추적하는 것이다.

비판적 과학기술학의 관점에서는 여기에 한 가지 접근법을 더할 수 있다. 박정희 시대의 개발독재를 정치적, 또는 경제적 측면에서 비판하는 이들도 박정희 정권의 과학기술 정책에 대해서는 효과적인 비판의 근거를 찾지 못하는 경향이 있는데, 이에 대해서도 비판의 칼날을 들이대는 것이다. 과학기술 정책이 담론적 차원에서, 그리고 실질적 차원에서 개발독재의 중요한 요소였다는 점을 생각하면, 박정희 시대에 대한 비판이 '과학대통령'이라는 신화 앞에서 멈추어버린다는 것은 박정희 시대에 대한 비판이 반쪽짜리에 불과하다는 사실을 보여주는 것은 아닐까? 따라서 '과학대통령'의 신화를 해체하고 박정희 시대의 과학기술을 역사화하는 것, 그럼으로써 과학기술사의 여러 주체들에게 합당한 제 몫의 역사를 찾아주는 것은 박정희 시대의 온전한 극복을 위해 여러 모로 필요한 과제라 할 수 있다.

이 책은 열 편의 논문으로 이루어져 있다. 제1부는 국가의 정책 또는 계획이라는 층위에서 접근한다. 김근배의 글은 책 전체의 문제의식을 개괄하고 있다. 그는 박정희 시대 과학기술을 돌출된 예외적 대상으로 볼 것이 아니라 한국 과학기술의 전체 역사 안에서 이해해야 한다고 역설한다. 최고 통치자, 즉 대통령 외에도 과학기술 정책에 관련된 수많은 행위자들이 각자의 목표에 따라 움직였으며, 그런 맥락에서 과학기술자들도 국가에 의해 일방적으로 동원된 것이 아니라 자신들의 이익을 극대화하기 위해 적극적으로 참여하고 협력했지만, 과학기술계 전체로는 정치권력에 대한 의존이 심화되었다는 점 등을 지적하고 있다. 이어지는 임재윤과 최형섭의 글은 박정희 시대 과학기술 정책의 최고 책임자였던 최형섭(공교롭게도 공저자와 이름이 같다)의 정책론이 형성된 과정을 추적하고 있다. 최형섭이라는 인물과 그의 정책철학 형성 과정을 역사적 분석의 대상으로 삼음으로써, 정책을 '지도자의 영단' 같은 요소로 환원하는 비역사적 설명을 극복하고 당시 국내외의 정치와 학문의 동향을 고려할 것을 촉구하고 있다. 문만용의 글은 한국 과학기술 발전의 견인차로 평가 받아온 정부출연연구소를 분석한다. 그에 따르면 정출연의 장점과 단점은 한국 과학기술의 장점과 단점을 압축하여 보여주기도 한다. 국가의 집중적 지원에 힘입어 고속성장이 가능하다는 장점과, 과학기술 연구의 안정성이 정치적 환경의 변화에 영향을 받기 쉽다는 단점이 모두 정출연의 설립과 운영 과정에서 드러난다는 것이다. 그리고 이주영은 1970년대의 국토종합개발계획을 '계획 합리성'이라는 개념으로 분석한다. 흔히 국가 또는 관료 집단의 합리적 계획은 한국—나아가 동북아시아—의 경제와 과학기술 발전에서 핵심 요소로 일컬어져왔는데, 그는 이러한 기존의 견해가 실제 역사적 사실과 얼마나 부합하는지 확인하기 위해 국토개발론의 실제 형성 과정을 분석하고 주요 행위자의 이론 수립 과정을 추적하였다. 이를 통해 '계획'이 왜, 어떻게 특정한 방향으로 형성되는지, 그리고 그 계획이 지닌 한계는 무엇이었는지 등을 보인다.

제2부는 정책이 이론에서 현실로 내려왔을 때 벌어지는 일들에 초점을 맞추었다. 문만용과 김태호는 1970년대 무성했던 과학기술 담론과 현실에서 일어난 일들 사이에 드러나는 괴리에 주목한다. 문만용은 '전 국민의 과학화운동'에서 과학자들이 단지 유신정권의 강압에 의해 동원된 것이 아니라, 과학기술자들이 이미 여러 갈래로 추진하고 있던 과학대중화 운동을 적극적으로 동원체제에 결합시킴으로써 자신들에게 유리한 방향으로 운동을 조직해 나갔고, 그 결과 상당한 반대급부를 얻을 수 있었음을 보인다. 김태호는 도시와 농촌에서 과학기술의 이름으로 벌어진 대중동원의 사례 두 가지를 분석한다. 도시에서는 기능올림픽을, 농촌에서는 소득증대에 초점을 맞춘 '과학적' 영농기술 보급을 각각 살펴봄으로써 '과학기술'이라는 말이 오늘날 흔히 받아들이는 연구개발과 다른 의미로 사용되었음을 보이고, 그 의미 차이를 반영해야 당시의 과학기술 담론을 온전히 이해할 수 있다고 주장한다. 김근배는 1970년대에 성행한 쥐잡기 운동을 분석하여 인간과 자연의 관계가 고도성장기를 거치며 어떻게 질적으로 달라졌는지, 그리고 과학은 그 변화에서 어떤 역할을 담당했는지, 과학의 이름으로 벌어진 동원 운동은 한국 사회에 어떤 흔적을 남겼는지

등을 생생하게 그려내고 있다.

　제3부는 부분적으로 박정희 시대 이후를 함께 다루는 연구들을 소개한다. 박정희 시대 과학기술의 특징은 사실 그 앞과 뒤 시대를 함께 고려할 때 온전히 이해할 수 있다. 김상현은 과학대통령 신화의 기원과 성장, 변용 과정을 개괄하고, 거기에 더하여 이 시대 형성된 과학기술과 발전에 대한 지배적 관점이 오늘날까지도 얼마나 강력하게 살아 있는지를 비판적으로 재검토한다. 이를 통해 그는 정치적 보수와 진보를 막론하고 '발전민족주의'의 영향력 아래 있었으며, 그것을 실현시킬 주체로서 국가를 상정하는 한계를 벗어날 수 없었다는 점을 보여준다. 이러한 반성을 바탕으로, 김상현은 노무현 정부에서 '황우석 사태'가 일어났던 배경도 과학기술 영역에서는 이른바 진보 진영에서 이렇다 할 대항 담론이 없었기 때문이 아닌지, 근본적이면서도 통렬한 질문을 던지며 글을 맺고 있다. 신향숙은 제5공화국의 과학기술 정책을 분석하면서 전두환 시대의 과학기술이 단지 박정희 시대 과학기술의 계승과 연장이 아니라 새로운 의제와 목표를 받아들여 독자적 경로를 추구했음을 보인다. 특히 '기술 드라이브 정책'이나 '기술진흥확대회의' 등 전두환 시대 과학기술의 특징적 요소들을 역사적으로 분석하여 구체적인 공통점과 차이를 밝혀내고 있다.

　제3부의 문제의식에서 드러나듯, 박정희 시대의 과학기술에 대한 논의는 필연적으로 1980년대 이후의 과학기술에 대한 본격적인 연구가 필요하다는 것을 일깨워준다. 박정희 시대는 분명히 한국 과학기술이 첫 발을 뗀 시기이기는 하지만, 다수가 믿고 있

는 것과는 달리 오늘날 우리가 알고 있는 한국 과학기술의 틀이 정착된 시기는 아니다. 흔히 군부독재의 연장이라는 점에서 박정희 시대와 전두환 시대를 연속적으로 생각하는 경향이 있지만, 경제 정책이나 과학기술 정책에서 전두환 정부는 박정희 정부와 많은 차이를 드러낸다는 것을 최근의 연구들이 잘 밝히고 있다. 박정희 시대에 형성된 기반 위에 1980년대와 1990년대의 여러 요소들이 더해진 것이 오늘날의 한국 과학기술의 뼈대가 되었다고 볼 수 있다. 따라서 이 책의 후속 기획은 전두환 시대, 또는 1990년대 초까지를 포괄하는 '민주화 이전 시대'의 과학기술을 다루게 될 것이다. 이 시대에 대해서도 최근 연구성과가 속속 쌓이고 있으므로 조만간 좋은 논문들을 수록한 책을 엮을 수 있을 것으로 전망한다.

이런 주제로 한 권의 책을 엮을 수 있다는 것은 한국 과학기술사학계가 그만큼 성숙했음을 보여주는 일이다. 나아가 이 책을 통해 과학기술사학자들의 연구가 한국사에 대한 연구와 이해의 폭과 깊이를 더하는 데 조금이나마 이바지할 수 있기를 바란다. 아직도 많은 이들에게 낯설어 보일 수도 있는 과학기술사 책을 만들어주신 역사비평사에 기고자들을 대표하여 감사드린다.

2018년 2월

김태호

차례

제1부 박정희 시대의 과학기술 정책

박정희 정부 시기 과학기술을 어떻게 볼 것인가?

최형섭과 '한국형 발전 모델'의 기원 | 임재윤·최형섭 **47**

KIST에서 대덕 연구단지까지, 정부출연연구소의 탄생과 재생산

제1차 국토종합개발계획과 발전국가론의 '계획 합리성'

제2부 1960~70년대 한국 사회와 과학 담론

제3부 '과학대통령' 담론의 유산과 대안 모색

【 이 책에 실린 논문의 학술지 게재 현황 】

제1부 박정희 시대의 과학기술 정책

김근배, 「박정희 정부 시기 과학기술을 어떻게 볼 것인가? — 과학대통령 담론을 넘어서」,
　　　『역사비평』 118호, 2017.

임재윤·최형섭, 「최형섭과 '한국형 발전 모델'의 기원」, 『역사비평』 118호, 2017.

문만용, 「KIST에서 대덕연구단지까지 — 박정희 시대 정부출연연구소의 탄생과 재생산」,
　　　『역사비평』 85호, 2008.

이주영, 「근대 공간의 합리성과 비공식성 — 한국의 제1차 국토종합개발계획 수립을 통해
　　　서 본 발전국가론 '계획 합리성' 비판」, 『공간과 사회』 53권 0호, 2015.

제2부 1960~70년대 한국 사회와 과학 담론

문만용, 「'전국민 과학화운동' — 과학기술자를 위한 과학기술자의 과학운동」, 『역사비평』
　　　120호, 2017.

김태호, 「'과학영농'의 깃발 아래서 — 박정희 시대 농촌에서 과학의 의미」, 『역사비평』
　　　119호, 2017.

김근배, 「생태적 약자에 드리운 인간권력의 자취 — 박정희 시대의 쥐잡기운동」, 『사회와
　　　역사』 87권, 2010.

김태호, 「갈채와 망각, 그 뒤란의 '산업 전사'들 — '국제기능경기대회'와 1970-80년대의
　　　기능인력」, 『역사문제연구』 36호, 2016.

제3부 '과학대통령' 담론의 유산과 대안 모색

김상현, 「박정희 정권 시기 저항 세력의 사회기술적 상상」, 『역사비평』 120호, 2017.

신향숙, 「제5공화국의 과학기술 정책과 박정희 시대 유산의 변용 — 기술 드라이브 정책
　　　과 기술진흥확대회의를 중심으로」, 『한국과학사학회지』 37권 3호, 2015.

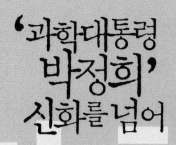

'과학대통령
박정희'
신화를 넘어

제1부
박정희 시대의 과학기술 정책

과학
권력
국가

박정희 정부 시기 과학기술을 어떻게 볼 것인가?

―'과학대통령' 담론을 넘어서

김근배

1. '과학대통령' 논란

우리 현대사에서 과학기술은 매우 정치적이면서 한편으로는 전혀 정치적이지 않았다. 서로 모순적이고 상반되어 보이는 이런 경향은 과거는 물론 현재도 지속되고 있다. 과학기술이 실제로는 정치와 긴밀한 연관을 지니고 있음에도 겉으로는 정치와 무관하게 여겨지는 모습이 그것이다.

한국을 대표하는 연구소인 KIST 본관 근처에는 박정희 대통령 동상이 우뚝 서 있다. 2009년 박정희 대통령 서거 30주년을 맞아 KIST 연우회(研友會)의 주도로 추진한 대규모 추모사업이 그 계기가 되었다.[1] 1백억 원을 모금해 이른바 '박정희과학기술기념관'을 세우기 위한 것으로서 그중 동상 건립만 2016년에 이루어졌다.

---

1) 「과학계 박정희기념관 사업 23일 출범」, 『연합뉴스』 2009. 10. 4.

한국과학기술연구원 박정희 동상 KIST 연우회는 연구소 설립 50주년을 맞아 2016년 3월 11일 본관 근처에 박정희 동상을 세웠다.

왜 과학기술 연구소에 과학기술자가 아닌 대통령의 동상이 세워졌을까 고개를 갸우뚱할 수 있다. 하지만 이 일을 주도한 KIST 출신을 포함한 지도적 원로 과학기술자들에게는 나름의 명분과 근거가 있었다. 그들은 정치적 평가와는 상관없이 박정희를 과학기술에 남다른 열정을 가지고 그 부흥을 일으킨 '과학대통령'으로 보기 때문이다. 말하자면, 박정희 동상은 과학대통령을 제대로 알리고 영구히 기리기 위한 상징물이다.

박정희 대통령과 과학기술에 대해서는 상반된 시선이 존재한다. 하나는 한국 과학기술의 발전이 그에 의해 이루어졌다는 '과학대통령' 담론이다.[2] 박정희 대통령을 한국 과학기술의 구세주로 여기는 이러한 인식이 과학기술계는 물론 국민들 사이에도 널리 퍼져 있다. 다른 하나는 한국 과학기술이 지닌 문제의 근원이 성장주의와 과학주의를 표방한 박정희 패러다임에서 비롯되었다는 학계의 비판적 주장이다.[3] 2017년 박근혜 대통령 탄핵 사태로 인해 박정희 과학기술에 대한 부정적 인식은 더욱 늘어날 가능성도 있다.

그렇다면 과학기술 역사에서 박정희 대통령은 어떻게 자리매김해야 할 것인가? 이를 위해서는 먼저 한국 현대 과학기술사에서 박정희 정부 시기가 차지하는 위상과 역할을 적절히 파악하는 것이 필요하다. 과학기술은 누적적이고 축적적인 역사 과정을 통해 그 진전이 이루어지기 때문이다. 다음으로는 과학기술 논의에서 박정희 대통령, 박정희 정부, 과학기술 행정부, 과학기술계 등을 구분해서 살펴볼 필요가 있다. 과학기술은 여러 행위자들이 저마다 다양한 역할을 하며 이루어지는 입체적 활동이기 때문이다. 또한 과학기술 추진의 동기는 단순하지 않고, 그에 따른 발전 경로 역시 가변적이다. 과학기술은 특정한 가치가 반영된 사회적

---

2) 그동안 과학대통령 담론은 여러 글에서 주장되었는데, 그 집약적 결과는 김기형 외, 『과학대통령 박정희와 리더십』, MSD미디어, 2010에 담겨져 있다.

3) 주요 논문으로 김환석, 「과학기술의 이데올로기와 한국사회─과학주의와 기술결정론」, 한국산업사회연구회 엮음, 『한국사회와 지배이데올로기─지식사회학적 이해』, 녹두, 1991, 291~324쪽; 「황우석 사태의 원인과 사회적 의미」, 『경제와사회』 71, 2006, 243~247쪽을 들 수 있다.

활동으로서 그 발전 방향이 달라질 수 있다.

이 글에서는 박정희를 둘러싼 과학대통령 담론에서 우리가 주의 깊게 살펴봐야 할 점들을 제기하고자 한다. 과학기술은 지식, 사람, 제도, 가치 등과 같은 다양한 측면을 지닌 복합적 구성물이다. 최고 통치자나 과학자사회와 같은 개인 및 집단의 이해가 과학기술에 반영되기도 하고, 한편으로 그 결과가 의도와는 다르게 나타나기도 한다. 과학기술은 상대적으로 지적 객관성이라는 특성을 지녔음에도 고저(高低) 혹은 선악이라는 이분법적 시각으로 판별하기 어려운 구조를 지니고 있다. 때로는 과학기술에 긍정적인 점과 부정적인 점이 서로 얽혀 공존하기도 한다. 이는 박정희 정부 시기만이 아니라 다른 시기의 과학기술 논의에도 의미 있는 시사점을 줄 수 있을 것이다.

2. 과학기술의 역사적 위상

해방 이후 한국의 과학기술은 단기간에 빠른 도약을 이루었다. 20세기 후반에 세계에서 과학기술을 가장 비약적으로 발전시킨 나라가 바로 한국이었다.[4] 과학기술 최빈국의 처지에서 일약

---

4) David A. King, "The Scientific Impact of Nations", *Nature* 430, 2004, pp. 311~316; Loet Leydesdorff and Ping Zhou, "Are the Contributions of China and Korea Upsetting the World System of Science?", *Scientometrics* 63-3, 2005, pp. 617~630.

선진국의 수준으로 올라섰고, 그 소요 기간은 길게 잡아도 50년밖에 걸리지 않았다. 그야말로 한국의 과학기술 발전은 하나의 세계사적 사건이라고 할 만하다.

그렇다면 과학기술의 놀라운 비약은 어느 시기에서 기원했을까? 한국의 현대 과학기술 발전은 1950년대에 추진되어 1990년대 중반 무렵 선진국 수준에 올라섰다. 그 사이 우리가 알듯 이승만, 박정희, 전두환, 노태우, 김영삼 정부를 거쳤다. 이 가운데 어느 정부가 과학기술 발전에 결정적인 기여를 했는지 묻는 것이다.

이 물음에 대해 사회 일각에서는 박정희 정부를 '유일'하게 내세운다.[5] 이러한 인식은 일반 대중들 사이에도 널리 공유되고 있다. 무엇보다 우리가 중요하게 여기는 현재 과학기술의 상당 부분이 이때 비롯되었다는 점을 누구나 그 실체를 쉽게 접함으로써 알 수 있기 때문이다. 예를 들어, 과학기술처, KIST, 과학기술진흥법, 한국과학원, 한국과학재단 등이 박정희 정부 시기에 만들어졌던 것이다.

그런데 한국의 과학기술 발전에서 특정 시기가 차지하는 위상을 파악하려면 그 역사 전개에 대한 체계적인 이해가 선행되어야 한다. 과학기술의 발전이 어느 시기에 돌출적으로 일어난 충격의 결과인지, 아니면 상당 기간 쌓인 누적의 결과인지 검토할 필요가 있다. 다시 말해, 과학기술 도약의 계기가 일회적으로 생겨난 것인지, 아니면 수차례 주어진 것인지 따져봐야 한다. 한국

---

5) 대표적으로 김기형 외, 『과학대통령 박정희와 리더십』을 들 수 있다.

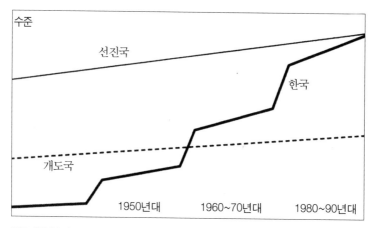

한국 과학기술의 단속상승형 발전 한국 과학기술에서 단절적 비약과 상승적 약진의 세트가 여러 차례 나타나며 놀라운 도약이 일어났다. * 출처: 김근배, 『한국 과학기술혁명의 구조』, 들녘, 2016, 204쪽.

과학기술의 전체 발전상 속에서 박정희 정부 시기의 의미와 가치를 비교적 시각으로 살펴보는 것이 요구된다.

필자는 최근의 연구에서 한국 과학기술의 역사적 전개를 '단속상승형' 발전으로 제시한 적이 있다. 요약하면, 이 발전방식은 과학기술 전반에서 단절적 비약과 상승적 약진이 몇 차례에 걸쳐 나타나며 결과적으로 커다란 비약이 일어났다는 것이다. 다양한 요소들로 구성된 과학기술에서 저마다 다른 방식으로 한 번이 아닌 여러 번의 도약이 발생했던 것이다. 마치 위에서 잡아당긴 에스컬레이터와 그 모양이 비슷하다. 그 주기는 정권교체와 맞물리며 15~20년의 간격으로 이루어졌다.[6]

---

6) 김근배, 『한국 과학기술혁명의 구조』, 들녘, 2016, 204~207쪽.

그 전반적 추세는 다음과 같이 간단히 설명할 수 있다. 해방 직후부터 1950년대까지는 대학의 팽창과 과학기술인력의 성장, 1960~70년대에는 정부출연연구소를 비롯한 과학기술 인프라의 구축, 1980~90년대에는 국가적 연구개발사업을 통한 기술개발이 본격적으로 이루어졌다. 각 시기마다 과학기술의 변화가 급격히 일어났지만, 이는 이전의 성과에 적지 않게 기반한 것이었다.[7] 즉 과학기술에서 단절과 연속이 역사적으로 교차하며 그 도약이 여러 시기에 걸쳐 일어났던 것이다.

흔히 1960년대 초반에는 과학기술이 매우 낙후되어 있었다고 말한다. 이 주장은 틀린 말이 아니다. 실제로 당시 한국의 과학기술은 최빈국 상태를 벗어나지 못하고 있었다. 그런데 여기서 간과하고 있는 것은, 과학기술 기반이 전혀 없었는가 물으면 결코 그렇지 않았다는 점이다. 비록 과학기술이 낙후되어 있었더라도 그 기반이 전무한 상태는 아니었다. 박정희 정부 시기의 과학기술은 일반적으로 알려진 것과는 달리 무(無)에서 시작한 것이 아니었다.

과학기술 역사에서 이승만 정부 시기의 두드러진 특징은 과학기술인력의 양성이었다. 국가 차원에서 과학교육에 역점을 둠

---

7) 한국 과학기술의 역사적 전개에 대해서는 김근배, 『한국 과학기술혁명의 구조』, 들녘, 2016; 김영우 외, 『한국 과학기술 정책 50년의 발자취』, 과학기술정책관리연구소, 1997; 한국과학기술단체총연합회, 『한국 과학기술 30년사』, 1980; Joel R. Campbell, *The Technology Policy of the Korean State since 1961: Successful Development of Science and Technology*, New York: The Edwin Mellen Press, 2008 등을 참조할 수 있다.

에 따라 고등 및 중등 과학기술인력이 대대적으로 증가했다. 일
제강점기 35년 동안 양성된 과학기술 분야 고등인력 규모를 넘어
서는 데 1년밖에 걸리지 않았다. 과학교육국의 설치, 대학 및 실
업학교 확장, 해외 유학 추진, 대중 과학잡지 발간, 과학전람회 개
최 등이 활발하게 이루어졌다.[8] 한국 과학기술이 지닌 장점의 하
나인 풍부한 인적 자원은 이때 그 토대를 형성했다. 이들이 이후
에 과학기술 주도 세력으로 활동했음은 물론이다.

　박정희 정부 시기에 한국의 과학기술은 이전과 크게 달라졌
다. 현대적 과학기술에 요구되는 핵심적인 제도가 이때 본격적으
로 갖추어졌다. 과학기술처, 과학기술진흥 5개년계획, 과학기술진
흥법, KIST, 한국과학원, 대덕연구학원도시, 한국과학재단, 전 국
민의 과학화운동 등 과학기술의 기반이 되는 행정기구, 연구소,
이공계 대학원, 재단, 법령이 만들어졌다. 그에 비해 연구개발의
성과와 활용은 후진국의 처지를 아직도 벗어나지 못했다.[9] 이렇

---

8) 홍성주, 「한국 과학기술정책의 형성과 과학기술행정체제의 등장, 1945~1967」,
　서울대학교 박사학위 논문, 2010, 42~53쪽; 강명숙, 「대학의 제도적 기반 형성
　과 학술 여건(1945~1955)」, 『한국근현대사연구』 67, 2013, 8~40쪽; 임대식, 「1950
　년대 미국의 교육원조와 친미 엘리트의 형성」, 역사문제연구소 편, 『1950년대
　남북한의 선택과 굴절』, 역사비평사, 1998, 128~185쪽; 안윤모, 「1950년대 한국
　의 고급 인력 양성과 미국」, 『인문논총』 17, 2008, 71~92쪽.

9) 문만용, 「박정희 시대의 과학기술 정책」, 정성화·강규형 편, 『박정희 시대와 한
　국현대사―연구자와 체험자의 대화』, 선인, 2007, 359~403쪽; 문만용, 「KIST에
　서 대덕 연구단지까지―박정희 시대 정부출연연구소의 탄생과 재생산」, 『역사
　비평』 85, 2008, 262~289쪽; Kim Dong-Won and Stuart W. Leslie, "Winning Markets
　or Winning Nobel Prizes? KAIST and the Challenges of Late Industrialization", *Osiris* 13,

듯 1960~70년대는 무엇보다 과학기술의 제도적 인프라가 광범위하게 구축된 시기였다.

그렇다면 이후 시기는 박정희 정부의 과학기술이 단순히 그대로 연장된 것일까? 그렇지 않다. 전두환, 노태우 정부를 거치며 한국의 과학기술은 다시 상당한 변화를 겪었다. 가장 달라진 점은 개발연구가 본격적으로 펼쳐져 그 성과가 가시적으로 나타났다는 것이다. 특정연구개발사업을 필두로 국가적 연구개발사업이 추진되고, 이를 뒷받침할 기업연구소, 연구중심대학, 우수연구센터 등이 만들어졌다. 정부출연연구소를 넘어 산학연(産學研)의 근간을 이루는 기업, 대학으로까지 연구개발이 전방위적으로 확장되었다.[10] 그래서 과학기술의 수준을 평가하는 주요 지표인 논문과 특허가 급속히 증가했다. 선진국과 비교할 수 있는 수준으로 그 발전이 비로소 이루어지게 되었다.

이렇게 한국의 과학기술 발전 과정을 이해할 경우, 박정희 정부 시기의 과학기술에 대해서는 어떤 평가를 내릴 수 있을 것인

1998, pp. 154~185; 송성수, 「"전 국민의 과학화운동"의 출현과 쇠퇴」, 『한국과학사학회지』 30-1, 2008, 171~212쪽.

10) 신향숙, 「제5공화국의 과학기술 정책과 박정희 시대 유산의 변용—기술드라이브 정책과 기술진흥확대회의를 중심으로」, 『한국과학사학회지』 37-3, 2015, 519~553쪽; 문만용, 「한국 과학기술 연구체제의 형성과 발전」, 『한국과학사학회지』 38-3, 2016, 453~483쪽; 오세홍, 「특정연구개발사업 프로그램 변화와 그 의미」, 『과학기술정책』 101, 1997, 65~79쪽; 황혜란·윤정로, 「한국의 기초연구능력 구축 과정—우수연구센터(ERC/SRC) 제도를 중심으로」, 『기술혁신학회지』 6-1, 2002, 1~19쪽.

가? 우선 이 시기가 한국 과학기술 발전의 유일한, 혹은 결정적인 동인(動因)은 아니라는 점을 지적할 수 있다. 한국 과학기술은 시대별로 서로 다른 노력과 성과가 축적됨으로써 역동적 발전을 이룰 수 있었다. 물론 박정희 정부 시기에 남다르게 추진된 과학기술제도의 구축은 매우 중요했다. 현대 과학기술이 표방하는 제도에 기반한 활동이 이때부터 전개되었던 것이다. 그러나 한국의 과학기술 발전과 관련하여 특정 시기만 강조하는 것은 적절치 않다. 일부 시기의 절대화는 다른 시기를 지나치게 폄하하고, 한국 과학기술의 역사에 대한 인식을 왜곡시킬 우려가 크다. 과학기술 발전에 대한 시대별 기여는 축소하는 것도 문제지만 과장하는 것도 바람직하지 않다.

3. 최고 통치자의 역할

최고 권력자는 과학기술에도 막대한 영향을 미쳤다. 새롭게 떠오른 과학기술은 어느 누구의 손길도 닿지 않은 미지의 세계로서 전유할 여지가 컸다. 절대권력을 행사하던 상황에서 과학기술은 최고 통치자가 자신의 권위를 드러낼 또 다른 영역이었다. 당시는 세계적으로 경제발전을 위한 수단으로 과학기술에 대한 관심이 높아지고 있을 때였다.

1960~70년대 과학기술을 보면, 실제로 박정희 대통령이 과학기술에 관여한 흔적을 곳곳에서 발견할 수 있다. 국가적 과학기

술계획, 연구소의 설치, 거대 과학기술사업, 대중적 과학운동, 법령의 제정 등에 이르기까지 넓은 영역에 걸쳐 있었다. 특히 국가적으로 중요하다고 여겨진 과학기술은 대통령에 의해 최종 결정이 이루어지는 경우가 많았다.[11] 말하자면 박정희 대통령은 과학기술의 주요 결정 과정에서 반드시 거쳐야 할 '의무 통과지점'[12]으로 자리 잡고 있었던 것이다.

그로 인해 이 시기의 과학기술에 대한 논의에서 유독 '과학대통령' 담론이 팽배해졌다. 다른 정부 시기와 비교해보면 이때가 과학기술 중심에 대통령이 더 강력하게 위치해 있었다는 것을 엿볼 수 있다. 적지 않은 글에서 이 시기 과학기술의 주도자로 박정희 대통령을 내세우고 있다. 예를 들어 주요 과학기술을 대통령이 만들었다거나, 혹은 그 결정적 요인이 대통령에게 있었다는 인식이 그것이다.

그런데 우리가 박정희 정부 시기 과학기술의 내부를 들여다보면 그 과정은 그리 단순하게 진행되지 않았다는 것을 알 수 있다. 과학기술을 이끈 주요 행위자를 보더라도 국내적으로 대통령, 정책가, 과학기술자, 국제적으로 원조기구, 해외 자문 과학기술자 등으로 다양했다. 대부분의 과학기술에 이들 개인 및 집단이 두

---

11) 과학기술에 대한 박정희 대통령의 관심과 관여는 전상근, 『한국의 과학기술 정책—한 정책입안자의 증언』, 정우사, 1982에 드러나 있다.

12) 의무 통과지점(obligatory passage point)은 과학사회학자 미셸 칼롱(Michel Callon)이 고안한 용어로 행위자-연결망 이론에서 "행위자들의 목표와 주제 등이 수렴하게 되는 네트워크의 길목"을 지칭한다.

루 관여했고, 저마다 다른 역할을 중요하게 수행했다. 때문에 그 중에서 누가 가장 주도적이었는가를 판별하는 것이 사실 간단하지 않고, 때로는 무의미하기도 하다.

더구나 과학기술은 전문영역으로서 외부인의 개입이 쉽지만은 않다. 과학기술 자체는 물론 그 사회적 연관을 파악하려면 과학기술 전문집단이 있어야 한다. 이들은 과학기술에 대한 전문성을 지니고 있을 뿐만 아니라 그 추진을 향한 열망이 가장 높은 사람들이다. 사실 1960~70년대에 진행된 과학기술 발전은 이전부터 과학자사회에서 줄기차게 요구해오던 것들이 대부분이었다.[13] 결국 많은 경우 정치권력과 과학기술자들이 서로 가세한 파트너십을 통해 그 추진이 이루어졌다.

예를 들어, KIST의 설립자는 박정희 대통령으로 되어 있다. 그의 동상이 KIST에 세워진 것도 이와 밀접한 연관이 있다. 그런데 1966년에 설립된 KIST는 박정희 대통령이 나서지 않았어도 만들어질 수 있었다. 이 연구소는 한국군의 베트남전 파병과 한일 국교 수교에 대한 대가로 미국의 제안과 원조에 의해 세워진 것이었기 때문이다. 설립에 도움을 줄 과학기관으로 미국의 바텔기념연구소가 선정되었고, 이를 모델 삼아 KIST 설립이 이루어졌다.[14]

---

13) 홍성주, 「한국 과학기술 정책의 형성과 과학기술 행정체제의 등장, 1945~1967」, 서울대학교 박사학위 논문, 2010; 강미화, 「한국 과학자사회와 정부의 관계 변화—1960~70년대 한국과학기술단체총연합회를 중심으로」, 전북대학교 박사학위 논문, 2015를 참조할 수 있다.
14) 김근배, 「한국과학기술연구소(KIST) 설립 과정에 관한 연구—미국의 원조와

KIST는 원조사업의 일환으로 미국이 주도적으로 제시한 것이었다.

물론 KIST 설립 과정에서 한국 측이 행한 역할도 적지 않았다. 경제기획원 기술관리국과 한국과학기술연구소 설치준비위원회는 연구소의 조직형태, 정관, 재정방안 등을 마련했고, KIST 초대 소장으로 임명된 최형섭은 연구인력 유치, 연구 자율성, 특별법 제정 등에서 중요한 역할을 했다. 박정희 대통령도 KIST 설립에 깊숙이 관여했다. 연구소 부지 선정, 특별법 통과, 공사기간 단축, 연구소 규모 확대 등은 그의 정책적 결단에 크게 힘입었다. 결국 KIST 설립은 여러 행위자들이 다양한 측면에서 복합적으로 작용한 결과였다.[15)

박정희 정부 시기에 추진된 돋보이는 과학기술사업의 다른 하나는 1967년에 세워진 과학기술처였다. 이는 정부 주도의 과학기술 발전을 이끈 핵심 기구였다. 이 과학기술 전담부처는 박정희 대통령의 혜안으로 개도국들 가운데 최초로, 심지어 세계 최초로 설치되었다고 주장되고 있으나,[16) 사실은 그렇지 않다. 이미

그 영향을 중심으로」, 『한국과학사학회지』 12-1, 1990, 44~69쪽; 문만용, 「한국과학기술연구소 설립 과정에서 한국과 미국의 역할」, 『한국과학사학회지』 26-1, 2004, 57~86쪽.

15) 문만용, 『한국의 현대적 연구체제의 형성—KIST의 설립과 변천, 1966~1980』, 선인, 2010, 42~87쪽; 전상근, 『한국의 과학기술 정책—한 정책입안자의 증언』, 53~99쪽.

16) 김기형 외, 『과학대통령 박정희와 리더십』, 21, 48, 95, 97, 395쪽.

일본은 과학기술청(1956), 중국은 국가과학기술위원회(1958), 대만은 국가과학위원회(1959), 북한은 국가과학기술위원회(1962)를 만들어 운영 중이었다.[17] 한국은 오히려 이들에 비해 과학기술 행정기구의 설치가 늦은 편이었다. 그래서 과학기술계에서는 과학기술 발전을 위해 전담부처가 반드시 필요하다며 그 설치를 강력히 요구해오던 터였다.

한국 최고 연구소인 KIST의 설립은 과학기술 행정기구의 필요를 인식시킬 좋은 기회였다. 한국과학기술단체총연합회는 1966년에 개최된 전국과학기술자대회에서 이전부터 제기해오던 '과학기술 전담 행정기구 설립'을 요구 조건의 하나로 내세웠다. 과학기술계의 지도적 인물인 최규남과 이종진은 경제·과학심의회의 위원으로서 한 해 전에 과학기술 행정기구안을 작성해 제시한 적이 있었다. 마침 박정희 대통령도 이에 관심을 가지고 과학기술 전담부처 설립안을 만들 것을 지시했다. 경제기획원 기술관리국과 김기형은 이전과는 다소 다른 과학기술 행정기구안을 내놓았다.[18] 결국 과학기술처는 6대 대통령 선거를 앞두고 서둘러 만

---

17) 안충영·염재호·홍정국, 「일본의 기술체계 발전 모델과 한국에의 적용 가능성 연구」, 과학기술정책연구원, 1992, 57~59쪽; 김근배, 「'리승기의 과학'과 북한 사회」, 『한국과학사학회지』 20-1, 1998, 18쪽; 구글 검색 등을 통해 관련 내용을 확인할 수 있다.

18) 홍성주, 「한국 과학기술 정책의 형성과 과학기술 행정체제의 등장, 1945~1967」, 170~183쪽; 강미화, 「한국 과학자사회와 정부의 관계 변화—1960~70년대 한국 과학기술단체총연합회를 중심으로」, 56~70쪽.

들어졌다.

'전 국민의 과학화운동'은 박정희 대통령이 주도한 주요 업적으로 여겨지는 사업이다. 1973년 연두교시에서 그에 의해 주창됨으로써 본격화되었다고 보기 때문이다. 그런데 과학기술처나 과학기술계에서는 이전부터 이 사업에 관심을 기울이고 있었다. 1969년 미국의 유인 우주선 아폴로 11호가 달 착륙에 성공하면서 과학기술의 대중적 확산에 대한 열기가 높아졌다. 특히 최형섭이 1971년 2대 과학기술처 장관에 취임함과 동시에 과학기술 3대 역점사업의 하나로 '과학기술의 풍토 조성'이 제시되었다. 그 일환으로 이듬해에는 과학기술진흥재단(과학기술후원회 개편)이 설치되었고, 한국과학기술단체총연합회 주도의 새마을기술봉사단이 꾸려졌다.[19] '전 국민의 과학화운동'을 추진할 주요 기구와 활동사업은 진작부터 마련되어 있었던 것이다.

박정희 대통령이 '전 국민의 과학화운동'을 공식 제창한 과정에 대해서는 아직 소상히 밝혀져 있지 않다. 다만, 그와 관련된 사업이 과학기술처 주도로 추진되고 있었던 것과 관련이 있었을 것이다. 또한 '전 국민의 과학화운동'이 제시되었다 해도 특별히 새로운 것은 아니었다. 과학기술처가 추진하던 예전의 사업이 '전 국민의 과학화운동'으로 불리며 그대로 이어졌던 것이다. 과학기

---

19) 강미화, 「한국 과학자사회와 정부의 관계 변화—1960~70년대 한국과학기술단체총연합회를 중심으로」, 91~192쪽; 송성수, 「'전 국민의 과학화운동'의 출현과 쇠퇴」, 171~212쪽.

술 풍토 조성사업의 규모가 이전보다 커지고 국가 차원의 주목을 좀 더 끌었을 뿐이다. 이처럼 '전 국민의 과학화운동'은 박정희 대통령의 주창으로 그 이름이 공식화되긴 했으나 그 주요 사업은 과학기술계에서 이미 벌이고 있던 것들이었다.[20]

이 밖에도 이 시기 과학기술 발전과 관련하여 박정희 대통령이 항상 주도적 인물로 거론되곤 한다. 1차 기술진흥 5개년계획, 한국과학원, 대덕연구학원도시, 한국과학재단, 국방기술 개발사업, 과학기술회관 등이 그것들이다.[21] 그런데 이들 사업 추진에는 앞서와 마찬가지로 다양한 행위자들이 관련되어 있었다. 최고 통치자가 중요하게 관여되었지만 그의 존재만으로 당시의 과학기술 활동을 충실히 설명하기에는 부족함이 크다.

그러므로 1960~70년대 과학기술 추진에서 박정희 대통령을 절대적이고 유일한 존재로 내세우는 '과학대통령' 담론은 실제 역사적 사실과 어긋난다. 최고 통치자의 지나친 강조와 그의 역할에 대한 찬사는 이 시기 과학기술의 또 다른 행위자들인 과학기술처, 과학단체, 과학기술자들의 활동을 무시하거나 간과하는 문제를 지닌다. 예를 들어, 사업에 따라 과학기술계 출신의 최형섭, 김윤기, 심문택, 정근모 등이 주도적 인물로 나섰다. 그럼에도

---

20) 새마을운동의 경우도 이전부터 진행되던 움직임을 적지 않게 이어받아 추인한 것임을 김영미, 『그들의 새마을운동』, 푸른역사, 2009에서 보여주고 있다.

21) 김기형 등이 쓴 『과학대통령 박정희와 리더십』에 이와 관련된 많은 사례가 소개되어 있다.

당시에 일어난 과학기술에 대한 대통령의 과도한 독점이 그의 사후까지 계속 재생산되며 이어지고 있는 것이다.

전반적으로 볼 때 1960~70년대 과학기술에서 박정희 대통령은 '정치적 후원자'로 여기는 것이 더 적절하다. 그는 많은 경우에 최고 통치자로서 새롭게 제시된 과학기술사업을 적극적으로 지원하는 데 힘썼다. KIST를 필두로 주요 과학기술기관이 세워질 때 박정희 대통령이 설립자로 이름을 올린 것은 기술관료 및 과학기술계가 행한 양여(讓與)의 징표로서 일종의 수사적 전략이었다. 과학기술도 최고 통치자의 정치적 행위의 대상이 됨에 따라 반드시 그의 관심을 끌어야 했기 때문이다.

4. 내재된 정치적 동기

최고 통치자가 과학기술을 적극 후원하는 데는 다양한 동기가 내재되어 있다. 과학기술 그 자체에 관심이 있을 수 있으나, 정치적 의도가 다분히 스며있기도 하다. 국가를 통치하는 사람으로서 그는 과학기술을 정치적 맥락에서 사고하고 판단하려는 경향이 짙다. 당시는 과학기술이 근대, 부강, 발전 등의 이미지를 띠고 있어 정치적 활용의 가치가 기대되고 있었다.

실제로 과학기술은 정치적 행위의 좋은 소재가 될 수 있다. 정치 지도자의 이미지를 '새로운 시대를 이끄는 프런티어'로 바꾸고, 경제개발과 같은 국가적 과제를 강력하게 추진하는 도구로 삼을 수도 있다. 또 과학기술자를 국가 사업에 동원하는 기회를 마련하고, 국민들의 관심을 사회적 이슈로부터 다른 곳으로 돌릴 수도 있다. 이렇게 과학기술은 정치와 밀접한 관련을 맺고 있다.

그런데 '과학대통령' 담론에서 보이는 다른 특징의 하나는, 과학기술의 정치적 순결성을 과도하게 강조한다는 점이다. 박정희 대통령은 오로지 국가와 국민의 발전을 위해 과학기술에 관심과 열정을 기울였다고 서술되어 있다. 이러한 '사심 없는 노력' 덕분에 오늘의 과학기술 발전을 위한 결정적인 기반을 세울 수 있었다는 것이다. 과학기술에서 박정희 대통령의 이미지는 온몸을 바친 선구자이자 구원자처럼 그려지고 있다.

> 그 중심에는 분명 걸출한 과학기술 리더십의 주인공, 박정희 대통령이 있었음은 그 누구도 부인치 않을 것이다. 그는 집권 기간 내내 민족과 국가의 선진화를 지향하는 한결같은 의지와 집념으로 과학기술 진흥을 앞장서 이끌었고, 그러한 진정성과 순수성이 곧 과학자와 기술자에 대한 사랑과 배려로 이어진 점은 어느 대통령에게서도 찾아볼 수 없는 독특한 것이었다. 그가 남긴 성공적 업적으로 표현되는 모두가 결코 이것과 무관하지 않은 것임은 우리 모두가 다 알고 있는 사실이다. 이렇게 볼 때 박 대통령만이 갖고 있는 '과학대통령'이란 호칭이 우연이 아니며 그만이 갖는 독특한 리더십이라고 나는 확신한다.[22]

---

22) 김기형 외, 『과학대통령 박정희와 리더십』, 414쪽.

박 대통령이 과학기술에 관심을 나타낸 것이 언제부터인가에 대해서는 의견이 갈린다. '과학대통령' 담론에서는 정권을 잡은 초기부터 과학기술에 대한 열의를 보였다고 하지만, 다른 연구에 따르면 미국의 KIST 설립 원조 등의 사건을 계기로 관심이 높아 졌다고 한다. 처음부터 과학기술에 열정을 가지고 그 발전계획을 구상했느냐, 아니면 특정 사건을 통해 과학기술의 필요를 인식하게 되었느냐로 구분된다.

'과학대통령' 담론에서는 박정희 대통령이 초기부터 과학기술에 남다른 관심을 가졌다고 한다. 그 주요 근거로 대략 두 가지를 제시하는데, 하나는 과학기술 관련 연설문이고, 다른 하나는 헌법에의 과학기술 진흥 조항 삽입이다. 하지만 그 근거는 뚜렷하지 않다. 초기 연설문에 과학기술을 강조하는 내용은 그다지 없고, 설령 있더라도 문화의 일부로서 아주 간략하며,[23] 그것이 박정희 대통령의 생각을 정확히 반영하고 있는지도 명확하지 않다. 또한 정권을 잡은 직후 개정한 헌법에 과학기술 진흥의 조문을 신설했다고 하지만, 사실은 1972년 유신헌법 때 이루어진 일을 잘못 서술한 것이었다.[24]

오히려 박정희 대통령이 과학기술에 열의를 드러낸 것은 당

---

23) 박정희 대통령의 과학기술 관련 담화문 분석은 문만용, 「박정희 시대 담화문을 통해 본 과학기술 정책의 전개」, 『한국과학사학회지』 34-1, 2012, 72~107쪽을 참조할 수 있다.

24) 대한민국 헌법에 과학기술 진흥 항목이 공식 삽입된 시기는 1972년 12월의 유신헌법이었다. http://www.law.go.kr/lsInfoP.do?lsiSeq=61603&efYd=19880225#0000.

대의 정치경제 상황과 적지 않게 관련이 있었다. 설령 평소에 과학기술에 대한 관심이 있었다 하더라도 그의 적극적인 관여는 특정 과학기술 사안이 수면 위로 떠오를 때 일어났다. 그는 모든 과학기술이 아닌 특정 과학기술에 대해 관심을 드러냈다. 말하자면, 박정희 대통령의 과학기술에 대한 열의는 다분히 선택적이었다는 것이다.[25]

1960~70년대에 박정희 대통령이 유달리 열의를 보인 과학기술사업으로는 KIST, 과학기술처, 전 국민의 과학화운동, 국방기술개발사업 등이 있다. 그에 비해 이 시기에 추진된 과학기술진흥 5개년계획, 한국과학기술단체총연합회, 한국과학원, 한국과학재단 등에 대해서는 상대적으로 관심이 낮은 편이었다. 왜 과학기술사업에 따라 최고 통치자의 흥미가 다르게 나타났던 것일까?

예를 들어, 과학기술처는 다소 급하게 세워졌다. 이전부터 과학기술계에서 과학기술 전담부처의 설치를 요구하고 있었지만, 그 뜻이 실현되지 못했다. 그런데 1967년 5월 대통령 선거를 앞두고 야당 후보 윤보선과 대결하던 박정희 후보는 경제자립에 기반한 '조국 근대화'라는 캐치프레이즈를 내걸었다. 선거일을 10여 일 앞두고 과학기술처 설치가 전격적으로 결정되었고,[26] 그와 함

---

25) 김근배, 「과학기술입국의 해부도—1960년대 과학기술 지형」, 『역사비평』 85, 2008, 236~261쪽.

26) 과학기술처 설치와 대통령 선거에 대해서는 강미화, 「한국 과학자사회와 정부의 관계 변화—1960~70년대 한국과학기술단체총연합회를 중심으로」, 63~68쪽; 전상근, 『한국의 과학기술 정책—한 정책입안자의 증언』, 101~119쪽 참조.

께 경부고속도로를 포함한 '대국토건설계획'이 야심찬 공약으로 제시되었다. 선거 기간에 행해진 과학기술처 개청식에서 박정희 대통령은 "조국 근대화와 경제자립을 위해서 증산·수출·건설에 못지않게 과학기술의 진흥이야말로 그 모든 것을 가능케 하는 가장 빠른 길"이라고 역설했다.[27]

정부 차원에서 과학기술처의 설치는 1966년 초부터 거론되었으나 그 실현 여부는 미지수였다. 그러던 중 대통령 선거를 눈앞에 두고 그에 대한 논의가 본격화되었다. 당시 대통령 후보 박정희가 내세운 근대화를 부각시키려면 이를 뒷받침할 참신한 정책 방안이 필요했다. 선거 유세에서 박정희 후보는 야당 후보를 일컬어 "몸은 20세기에 살고 [있는데] 머리는 19세기에 살고" 있다며 "그들의 머리를 근대화해야 한다"고 비판했다.[28] 과학기술을 총괄하는 정부부처 신설은 박정희 후보가 내세운 이미지에 잘 부합했고, 아울러 경제개발을 실질적으로 뒷받침할 유력한 정책으로 여겨질 수도 있었다. 대통령 선거 기간에 초대 장관 김기형이 6일에 걸쳐 지방관서를 순시한 것을 두고 언론에서는 갓 임명된 "올챙이 장관을 유세에" 동원한다며 비판하기도 했다.[29] 말하자면, 과학기술처는 근대화를 표방한 박정희 후보의 히든 카드였다.

---

27) 「과학기술처 개청식 박정희 대통령 참석」, 『동아일보』 1967. 4. 21.

28) 대통령 선거 닷새를 남겨두고 광주 조선대학교에서 열린 유세에서 행한 비판으로, 「유세 막바지… 호남에 전력」, 『경향신문』 1967. 4. 27에 소개되어 있다.

29) 「올챙이 장관을 유세에?」, 『매일경제』 1967. 4. 25.

한편, '전 국민의 과학화운동'은 1973년 1월에 박정희 대통령이 주창함으로써 본격 추진된 것으로 알려져 있다. 연두교시에서 대통령이 이 사업을 제기한 것은 다소 뜻밖이었다. 국민적 운동으로 과학기술을 확산시키는 일은 단기간에 가시적 성과를 거두기가 쉽지 않기 때문이다. 그런데 이 사업은 박정희 대통령의 주도로 영구집권을 도모한 10월 유신의 선포와 관련이 있었다는 점을 생각하면 충분히 이해할 수 있다.[30] '전 국민의 과학화운동'은 대중의 관심을 정치가 아닌 다른 곳으로 돌리고 대중의 의식을 개조하는 새로운 의식화 사업일 수 있었다.

10월 유신이 선포되었을 때 가장 먼저 지지선언을 발표한 집단 가운데 하나가 과학기술 단체였다. 한국과학기술단체총연합회는 이어서 「과학 유신의 방안」이라는 문건에서 "민족중흥을 계속 영도하실 박정희 대통령의 취임을 충심으로 경하하면서 (…) 과학기술은 창달·진흥되어야 한다는 유신 헌법정신을 구현하고 (…) 과학기술인에 부과된 사명이 중대함을 새삼 통감하면서" "과학기술의 총동원 태세"와 "새마을기술봉사단" 등의 추진을 강조했다.[31] 정권 차원에서 시행될 과학기술자들의 동원에 솔선수범하여 나서겠다는 의지를 드러냈던 것이다. 실제로 과학기술계는 청소년과 주부 대상의 과학기술 보급사업과 농촌 지역의 소득증

---

30) 이에 관해서는 강미화, 「한국 과학자사회와 정부의 관계 변화―1960~70년대 한국과학기술단체총연합회를 중심으로」, 158~172쪽을 참조할 수 있다.
31) 「과학 유신의 방안」, 『과학과 기술』 6-1, 1973, 7~8쪽.

대 및 생활개선사업에 적극 참여했다.

이처럼 국가적으로 중요한 과학기술은 최고 통치자의 순수한 열정보다 다양한 정치적 의도와 맞물리며 추진되곤 했다. 과학기술사업에 스며 있는 정치적 의도는 이미지 쇄신, 권력 획득 전략, 통치 아젠다, 국민적 지지, 개인적 치적, 대외관계 등을 널리 포괄한다. 이러한 정치적 가치를 확고히 지닐수록 과학기술은 정치 권력의 막강한 후원을 받으며 발전 동력을 얻었다. 과학기술계를 포함한 다른 행위자들은 자신이 추구하는 과학기술의 실현 가능성을 높이려면 그것이 지닌 정치적 가치를 잘 드러내야 했다.[32]

과학기술은 사회 속에서 정치, 경제, 문화, 국제관계 등과 서로 얽히며 진전을 이뤄 나간다. 특히 한국에서는 최고 통치자를 비롯한 정치권력의 과학기술 개입이 매우 빈번히 일어났다. 이는 과학기술이 해방 이후 국가 이익을 전면에 내세운 국가주의와 연계됨으로써 더 강력하게 펼쳐졌다. 이런 상황은 과학기술의 발전에도 적지 않은 영향을 미쳐, 그 방향이 특유하게 전개되어 나가는 사회적 기반이 되었다.

5. 특정 발전 방향의 추구

과학기술의 발전경로는 단일하지 않다. 국가별로 차이가 크

---

32) 김근배, 『한국 과학기술혁명의 구조』, 133~159쪽.

고, 동일한 나라에서도 시기별로 다른 방향을 띠기도 한다. 많은 경우 과학기술의 수준만을 중요하게 따지지만, 그것 못지않게 방향에 대한 논의도 필요하다. 과학기술의 진전은 일직선을 내달리는 단순한 경주라기보다 삼차원적 지형을 만들어가는 다채로운 파노라마와 비슷하다.

특히 권위주의 정치체제에서는 과학기술이 독특한 특성을 지닌다. 정치권력의 권위주의적 속성이 과학기술 활동에도 직간접적으로 투영되기 때문이다. 특정 영역 및 분야의 강조, 소수 과학기술조직에 대한 특혜, 대규모 사업 추진, 과학기술자 및 대중의 조직적 동원 등은 그 대표적 예들이다. 이른바 정치권력과 과학기술의 유착현상이 벌어지는 것이다. 이는 과학기술을 특정 방향으로 기울게 하는 커다란 압력으로 작용한다.[33]

'과학대통령' 담론에서 보이는 또 다른 특징은 과학기술의 '속도'에만 초점을 맞춘다는 것이다. 그렇다 보니 이전 시기에 비해 과학기술이 발전했다는 점을 들어 장점만 강조하는 태도를 보인다. 하지만 과학기술의 발전 방향에 대한 의견은 다양하게 갈릴 수 있다. 부문별 집단별로 과학기술을 다르게 바라볼 여지가 존재한다. 그 과정에서 과학기술의 문제나 한계도 지적될 수 있는 것이다.

한국 과학기술이 특정한 방식으로 자리를 잡는 데 상당한 영향을 미친 것이 바로 박정희 정부 시기였다. 무엇보다 현대적 과

---

33) 위의 책, 240~245쪽.

학기술제도가 본격적으로 확립된 때여서, 과학기술의 거시적 프레임이 짜여졌다. 국가적 제도는 과학기술에서 쉽게 바뀌지 않는 온존성과 고착성을 지닌다. 말하자면, 박정희 정부는 한국 과학기술 발전의 패러다임이 구축된 시기였던 것이다.

첫째로, 과학기술은 국가적 목표로 제시된 경제발전을 위한 도구의 성격을 강하게 띠었다. 과학기술이라는 용어가 주되게 사용되었으나 그 중심은 산업기술에 있었다. 과학이 아닌 기술을, 연구가 아닌 개발을 강조하고 중시했다.[34] 특히 정부가 중점을 두고 추진한 몇몇 전략산업과 관련이 깊었다. 과학기술 5개년계획, KIST를 비롯한 정부출연연구소, 한국과학원, 국방연구개발사업 등은 그에 속한다. 이에 반해 대학의 과학 연구는 별다른 관심을 받지 못했다. 기술이 아닌 과학 진흥을 위한 특별한 국가 정책도 존재하지 않았다. 뒤늦게 기초과학 진흥을 주도할 한국과학재단을 세웠으나 그 활동은 기대에 미치지 못했다. 박정희를 '과학대통령'이라고 부르곤 하지만, 굳이 말하자면 오히려 '기술대통령'이 그와 더 잘 어울리는 표현이다.

둘째로, 박정희 대통령은 과학기술 개발을 추진할 때마다 새로운 조직을 만들어 집중적으로 키웠다. 조직의 신설이 불가피한 경우도 있었지만 그렇지 않을 때도 조직을 새로 설치해 그것이 주도하도록 했다.[35] 국가적 연구소인 다수의 정부출연연구소

---

34) 위의 책, 41~50, 95~111쪽.

35) 김근배, 「과학기술입국의 해부도—1960년대 과학기술 지형」, 236~261쪽; 문만

들, 이공계 대학원인 한국과학원, 대중들에게 과학기술을 전파할 한국과학기술진흥재단, 기초과학을 지원할 한국과학재단 등을 그 사례로 들 수 있다. KIST와 한국과학원의 설립 과정에서 대학을 위시한 과학기술계는 기존 조직의 활용을 요구하며 반대 의견을 표시하기도 했으나 수용되지 않았다. 대통령이 막강한 권력을 가진 상황에서 그와 다른 의견을 표출하는 것도 그리 쉽지는 않았다. 새로 건립된 대부분의 과학기술기관들은 설립자로 박정희 대통령의 이름을 올렸다. 새로운 과학기술의 조직은 대통령의 권위를 드러내는 상징물이기도 했다. 결국 이런 조치는 신설 과학기술기관의 급격한 팽창, 한편으로는 대학을 비롯한 기존 조직의 위축을 가져오기도 했다.

셋째로, 박정희 대통령 시기에 특정 과학기술의 대형화가 일어났다. 국가적으로 중요하다고 여겨진 과학기술 조직 및 사업에 정치권력의 지원이 집중적으로 이루어졌기 때문이다. 정부예산을 비롯한 인력, 설비 등의 측면에서 막대한 특혜가 주어졌다. 당시 최고 통치자인 박정희의 눈길을 끌 수 있는 것은 유사 이래 '한국 최고' 혹은 '동양 최대'의 과학기술이었다.[36] KIST, 한국과학원, 포항제철, 경부고속도로, 소양강댐 등은 그 대표적인 사례였다. 이는 유사한 논리에서 군사기술 개발사업과 대기업의 기술개

용, 「박정희 시대의 과학기술 정책」, 359~403쪽.

36) 전상근, 『한국의 과학기술 정책─한 정책입안자의 증언』; 김근배, 「과학기술입국의 해부도─1960년대 과학기술 지형」에 관련 내용이 부분적으로 나온다.

발 장려에도 적용되었다. 대형 과학기술 및 관련 사업이 과학기술의 빠른 진척과 더불어 대중들에게 최고 통치자의 위엄을 인상 깊게 보여줄 수 있기 때문이었다. 그 결과 정치권력의 관심을 끈 과학기술과 그렇지 못한 과학기술 사이에 커다란 불균형이 초래되었다.

넷째로, 이 시기에 과학자사회의 자율성이 위축되고 대신 정치적 의존이 심화되었다. 과학기술은 과학자사회의 고유하고 전문적인 영역이라는 의식이 강하게 존재했음에도, 이들이 정치권력의 막강한 문턱을 넘어서기란 버거웠다. 간혹 대정부 압력단체로 역할하는 과학기술단체도 있었지만, 10월 유신 직후 순응적인 태도로 급속히 바뀌었다. 과학기술제도가 마련되어 있지 않고 자체 세력도 미약한 처지에서 과학기술과 관련된 정책결정이나 재정지원은 전적으로 정치권력에 의존할 수밖에 없었기 때문이다. 다른 분야 못지않게 과학기술과 정치권력의 밀착이 강하게 일어났다.[37] 그에 비례해서 과학자사회와 대중의 거리는 멀어졌고, 그럴 필요도 사라져버렸다.

이렇게 정부 주도형 과학기술체제의 원형이 이 시기에 본격적으로 갖추어졌다. 그 중심에는 과학기술에 대한 최종 결정권을 쥔 대통령과 과학기술 업무를 총괄하는 과학기술처가 있었다. 과

---

37) 강미화, 「한국 과학자사회와 정부의 관계 변화—1960~70년대 한국과학기술단체총연합회를 중심으로」, 126~156쪽; 김근배, 『한국 과학기술혁명의 구조』, 50~59쪽.

학기술의 목표, 영역, 연구, 활용이 정부에 의해 좌우되었다. 주요 내용은 국가 목표와의 밀착, 산업기술 중심, 대형 개발 위주, 과학 기술자 동원 등이었다. 이는 과학기술 발전단계에 따른 불가피한 현실이기도 했지만, 한편으로는 권위주의 정치체제가 빚어낸 산물이기도 했다. 이른바 과학기술과 정치체제가 서로의 특성을 강화하는 공진화가 일어났다.

물론 이후 과학기술이 다른 방향으로 선회(旋回)할 기회가 없었던 것은 아니다. 실제로 전두환 정부 시기에는 민간기업의 연구개발이 강화되었고, 김영삼 정부 시기에는 대학의 기초연구가 확대되기도 했다. 과학기술체제에서 크고 작은 변화가 일어났다. 그럴지라도 빠른 성장을 목표로 내세운 정부 주도의 산업기술 중심 대형 개발연구라는 기조는 그대로 유지되었다. 이는 무엇보다 박정희 정부 시기에 구축된 정치권력의 과학기술 주도, 권위적인 제도 인프라에 의해 파생된 결과이기도 했다.

어느 시기의 과학기술이든 장점과 단점이 복합적으로 존재한다. 박정희 정부 시기의 과학기술은 광범위한 제도적 기반을 갖추었다는 역사적 의미를 지닌다. 한국의 과학기술 활동이 이 시기에 제도에 기반한 현대적 형태로 변모했다. 하지만 박정희 정부 시기의 과학기술은 정치권력과의 유착에 의해 특정 방향으로 발전이 추구됨에 따라 다양한 문제를 드러내기도 했다. 소수에게 집중된 특혜, 단기적 성과 치중, 기초과학 부실, 과학자사회의 자율성 훼손, 해외 과학기술에의 의존 등은 그 주요 예들이다.

6. 과학기술자의 명예회복

한국의 과학기술 발전은 특정 시기에 이루어진 단기적 산물이 아니다. 그보다는 1950년대 이래로 역대 정권을 거치면서 과학기술이 지속적으로 누적됨으로써 그 발전이 가속화될 수 있었다. 이승만 정부의 과학기술인력 양성, 박정희 정부의 과학기술 인프라 구축, 전두환과 노태우 정부의 개발연구 등은 과학기술 도약의 발판이 되었다. 시기별로 과학기술의 돌파구가 새롭게 열리며 그 발전이 가파르게 이루어졌던 것이다.

이런 점에서 박정희 정부를 한국 과학기술 발전의 '결정적' 시기로 주장하는 것은 지나치다고 볼 수 있다. 이 시기에 과학기술 진흥을 위한 제도적 기반이 다져지긴 했으나 그것이 유일하거나 절대적인 요인은 아니었다. 더구나 한국의 과학기술이 박정희 대통령에 의해 이룩되었다는 '과학대통령' 담론은 더욱 과도한 주장이다. 이 시기에 최고 통치자로서 박정희가 과학기술에 적지 않은 영향을 미쳤으나 그것은 '후원자'로서의 역할이었다.

또한 박정희 정부 시기의 과학기술 발전이 순기능만 가지고 있었던 것도 아니다. 그 추구가 특정 방향으로 기울어짐에 따라, 권위주의적 정치권력의 과학기술 개입과 맞물리며 적지 않은 문제를 일으켰다. 현재 한국이 직면하고 있는 경제성장 도구로서의 과학기술 인식, 기초과학 부실, 중소기업의 기술능력 부족, 해외 원천기술에의 의존, 과학기술과 사회문화의 괴리 등과 같은 과학기술의 한계는 박정희 정부 시기의 과학기술 패러다임과 맞닿아 있다. 물론 후대에 과학기술을 근본적으로 변화시키지 못한 점은 다른 중요한 문제로 지적할 수 있다.

그렇다면 KIST 본관 근처에 세워진 박정희 동상은 어떻게 바라봐야 할까? 그 설치의 근거로 삼은 '과학대통령' 담론이 과도하다면 동상 건립의 정당성도 약화될 수밖에 없다. 더구나 박정희 대통령의 과학기술 기여는 이미 다른 공간에서 상당한 조명을 받고 있거나 받을 수 있다. 박정희대통령기념관, 박정희대통령전자도서관, 대통령기록전시관, 대한민국역사박물관, 역사교과서 등은 그 예들이다. 그에 비하면 이 시기의 과학기술에 참여해 그 발전을 실질적으로 이끈 과학기술자들은 정당한 조명을 받을 기회가 거의 없었다.

사실 박정희 대통령 동상 건립은 겉으로 표명한 것과는 달리 매우 정치적인 사업이었다. "대통령 서거 30주년"을 맞아 이 사업을 추진한다고 했으나 내막은 그렇지만은 않았다. 이 사업을 시작한 2009년 후반은 그의 딸 박근혜가 집권 여당의 유력한 대권 주자로 떠오르고 있을 때였다. 이는 의도했든 그렇지 않든, 대통령 후보 박근혜를 지지하는 효과를 가져올 수 있었다. 그리고 박정희 동상이 실제로 건립된 시기는 박근혜 대통령이 재임 중인 2016년이었다. 이렇듯 박정희 동상 건립은 그 자체가 정치적 행위였다.

만약 박정희 대통령이 아닌 다른 인물의 동상을 KIST에 세운다면 누가 적절할까? 필자의 의견으로는 그곳은 과학기술 공간이기에 과학기술자가 가장 적절할 것 같다. 지금까지 과학기술자들은 과학기술 발전의 주역이었음에도 사람들의 기억에서 잊혀져 있었다. KIST 초대 소장 최형섭이나 우수한 과학적 성취를 거둔 인물들이 기억의 대상이 될 수 있을 것이다. 과학기술자 스스로가 자신들의 가치를 인정하지 않는다면 그 누가 알아주겠는가. 과학기술자들의 움츠러든 자존감을 회복하고 과학기술의 역사를 새로이 써야 할 때다.

최형섭과 '한국형 발전 모델'의 기원

임재윤
·
최형섭

1. '최형섭'은 누구인가

2014년 5월 29일 오전 11시, 국립대전현충원 국가사회공헌자 묘역으로 원로 과학자들이 속속 모여들었다. 최형섭(崔亨燮, 1920~2004) 전 과학기술처 장관의 10주기 추모식에 참석하기 위해서였다. 백발이 성성한 과학자들은 차례로 나와 그의 영정 앞에 향을 피우고 고개를 숙였다. 이들을 대표해 과학기술처 장관을 역임했던 채영복(蔡永福)이 추도사를 낭독했다. 이날 모인 과학자들은 최형섭의 업적에 대해 "과학기술 불모지"였던 대한민국에서 "과학입국의 초석"을 다졌을 뿐만 아니라, 오늘날의 "풍성한 열매"는 그의 덕분이라고 평가했다. 그의 손길은 한국과학기술연구원(KIST), 과학기술처, 한국과학기술원, 원자력연구소, 대덕 연구단지, 한국과학재단, 한국과학기술단체총연합회 등 "대한민국 과학기술 근대화를 이끈" 대표적인 기관에 두루 미쳤다. 이렇게 보았

을 때 "대한민국 근대 과학의 역사는 최형섭 박사의 역사라고 해
도 과언이 아닐" 것이었다.[1] 즉 최형섭은 1960~70년대 한국의 과
학기술 연구개발 체제 전반을 설계하고 구축한 인물로 평가되고
있다. 박정희를 '과학대통령'이라고 부를 수 있다면, 최형섭은 그
것을 가능케 한 핵심 참모였다.

과학자이자 행정가로서 최형섭의 삶의 궤적은 다양한 기록
을 통해 상당히 알려져 있는 편이지만, 그에 대한 본격적인 연구
는 생각보다 많지 않다. 이는 어쩌면 한국 과학기술계가 최형섭
에게 보내는 전폭적인 지지의 산물일지도 모른다. "대한민국 과
학의 역사"와 "최형섭 박사의 역사"를 등치시킬 정도의 인식이 과
학계에 널리 퍼져 있다면 그에 대한 어떤 비판적인 시각도 용납
될 수 없기 때문이다. 예상할 수 있듯이 최형섭에 대한 연구는 대
체로 긍정적인 입장에서 그의 역할을 평가하고 있다. 행정 리더
십의 관점에서 최형섭을 분석한 행정학자 염재호는 그를 "소신을
갖고 원칙에 입각하여 합리적으로 정책 및 행정을 운영한" 지도
자로 평했다.[2] 과학사학자 문만용과 강미화는 "제도 구축자"라는
관점에서 최형섭을 "과학계와 정부를 잇는 다리 역할"을 맡은 "과
학관료"로 보았다.[3] 이러한 연구들은 공통적으로 급속한 경제 변

---

1) 채영복의 추도사 전문은 「박사님이 더욱 그리운 5월입니다」, HelloDD, 2014. 6. 5
   (http://www.hellodd.com/?md=news&mt=view&pid=49001/), 2016. 12. 20 접속.

2) 염재호, 「과학기술의 전도사─최형섭론」, 이종범 편, 『전환시대의 행정가─한국
   형 지도자론』, 나남출판, 2006, 103~134쪽.

3) 문만용·강미화, 「박정희시대 과학기술 '제도 구축자'─최형섭과 오원철」, 『한국

동이 이루어지던 1960~70년대 한국의 맥락 속에서 과학기술 행정가로서 그의 역할에 주목하고 있다.

하지만 최형섭의 활동은 국내에만 머문 것이 아니었다. 그는 일제강점기 말기에 일본 와세다대학에서 채광야금학을 공부했고, 한국전쟁 직후에는 미국 노트르담대학교와 미네소타대학교에서 석사와 박사 학위를 취득했다. 1962년에 원자력연구소 소장으로 부임하면서 본격적인 행정가의 길에 들어선 최형섭은 각종 국제회의에 참석하며 과학기술을 국가 발전에 효과적으로 이용할 길을 모색했다. 그의 국제 활동은 KIST 소장, 과학기술처 장관을 맡은 이후 더욱 활발해졌다. 장관 재직 시절 시작된 그의 방대한 과학기술 정책론 집필은 그가 국제무대에서 겪었던 다양한 경험에 바탕을 두었다고 볼 수 있다. 강미화는 최형섭의 『개발도상국의 과학기술개발전략』(이하 『전략』)을 중심으로 "단순한 행정가가 아닌 (…) 과학기술정책가"로서의 그의 면모를 이미 살펴본 바 있다.[4] 여기서 주목할 지점은 『전략』이 한국의 개발 과정에서 축적된 최형섭의 경험을 반영하는 문서임과 동시에, 같은 시기 국제 사회의 개발도상국 논의의 맥락 속에서 생산된 결과물이기도 하다는 것이다.

과학사학회지』, 35권 1호, 2013, 225~244쪽.

[4] 강미화, 「최형섭의 과학기술 정책론—『개발도상국의 과학기술개발전략』 분석」, 『한국과학사학회지』 28권 2호, 2006, 300쪽. 최형섭의 과학기술 정책론을 집대성한 『전략』은 세 권으로 나뉘어 1980년(제1부)과 1981년(제2부, 제3부)에 출간되었다.

따라서 이 글은 최형섭의 대표적인 저작인 『전략』에 초점을 맞추면서, 이를 그의 국제 활동에 비추어 다시 해석해보려 한다. 최형섭은 제3세계 개발 논의가 활발하게 전개되던 1960~70년대에 한국의 과학기술 행정가로서 다양한 경험을 쌓았고, 나름의 성과를 거두었다. 그가 『전략』을 집필하기 시작하던 1970년대 중후반에 이미 "한국의 과학기술개발정책 등은 세계 각국의 관심의 대상이 되고 있으며 개발이론(development theory) 전개에 있어서 하나의 연구사례"가 되었다.[5] 최형섭은 한국의 상황을 설명해달라는 국제사회의 요구에 부응하는 과정 속에서 자신의 경험을 체계적으로 정리해 '개발이론' 논의에 새롭게 기여할 수 있다는 생각을 갖게 되었을 것이다. 최형섭의 과학기술정책론 작업은 이후 여러 국제기구 및 개발도상국에서 관심의 대상이 되는 일종의 '한국형 발전 모델'로 귀결되었다.

2. "개발의 10년"

1961년 9월 25일, 존 F. 케네디 미국 대통령은 유엔 총회 연설에서 1960년대를 "개발의 10년(decade of development)"으로 선언할 것을 제안했다. 제2차 세계대전이 끝나고 제국주의 통치에서 벗어난

---

5) 최형섭, 『개발도상국의 과학기술개발전략—한국의 발전 과정을 중심으로 제1부』, 한국과학기술연구소, 1980, iii쪽.

신생독립국들은 빈곤에 허덕일 수밖에 없었다. 이들이 빈곤의 악순환에서 벗어나는 일은 세계 평화의 유지를 위해서도 중요했지만, 냉전 맥락 속에서 공산권의 팽창을 봉쇄한다는 정책을 견지하고 있던 미국의 입장에서도 시급한 문제가 아닐 수 없었다. 제3세계를 대상으로 한 개발 또는 '근대화' 이론은 이미 1950년대에 미국의 사회과학자들에 의해 활발하게 제기되었고, 1960년 대통령에 당선된 케네디는 이 '근대화' 이론가들을 정부 요직에 발탁했다. 이들은 이후 케네디와 린든 B. 존슨 행정부의 제3세계 외교정책을 주도하는 역할을 맡았다.[6]

미국의 근대화 이론가들 중 가장 널리 알려진 인물은 MIT 경제학 교수였던 월트 휘트먼 로스토우(Walt Whitman Rostow)였다. 경제사 전공자인 로스토우는 모든 사회는 보편적인 경제성장의 단계를 밟게 된다고 주장했다. 농업 중심의 '전통사회'에서 근대적인 개발을 위한 제반 조건들이 충족된다면 '도약(take-off)' 단계에 진입할 수 있고, 이러한 전환의 과정을 통해 현재의 저개발국들도 선진국과 같은 '고도대량소비사회'에 도달할 수 있다는 것이었다. 로스토우의 『경제성장의 제단계: 반공산당 선언』은—제목에서도 알 수 있듯이—이와 같은 선형적 단계론을 설파했다. 그에 따르면 역사적으로 '도약' 단계는 영국에서 18세기 말, 프랑스와

---

6) 미국을 중심으로 한 근대화 이론의 전개 과정에 대해서는 Michael E. Latham, *Modernization as Ideology: American Social Science and "Nation Building" in the Kennedy Era*, Chapel Hill: University of North Carolina Press, 2000. 2장을 보라.

미국에서는 19세기 중반, 독일과 일본에서는 19세기 후반에 나타
났다. 이는 저개발국의 현재가 선진국의 과거와 같다는 논리이자,
초기 자금과 기술 등의 조건들만 존재한다면 어느 사회든 근대화
의 길에 들어설 수 있다는 주장이었다.[7] 로스토우의 작업은 제3세
계 국가에 대한 미국의 재정적·기술적 원조를 정당화하는 이론적
근거가 되었다.

　　로스토우의 주장은 당시 한국의 지식인 및 행정가들에게 널
리 알려져 있었을 뿐만 아니라 1960년대 경제개발계획을 수립하
는 과정에서 상당한 영향을 끼쳤다.[8] 과학기술 행정가였던 최형
섭 역시 개발이론의 최신 동향을 이해하고 있었던 것으로 보인
다. 경제발전을 위해서는 과학기술이 중요하다는 사실은 굳이 강
조할 필요조차 없었다. 하지만 근대과학과 기술이 오랜 기간에
걸쳐 자생적으로 발생했던 서구 선진국들과 달리, 과학기술의 전
통이 일천한 후진국에서 비교적 단기간에 그것을 활용할 수 있게
해줄 구체적인 방법론은 당시는 물론이고 지금까지도 난제로 남
아 있다. 이는 KIST 설립을 둘러싼 협상을 위해 1965년 7월 15일
한국을 방문한 도널드 호닉(Donald Hornig)을 비롯한 미국 조사단원
들에게도 마찬가지였을 것이다. 당시 원자력연구소 소장이었던

---

7) W. W. Rostow, *The Stages of Economic Growth: A Non-Communist Manifesto*, Cambridge:
Cambridge University Press, 1960.

8) 한국 경제개발계획 초기의 논의와 로스토우가 끼친 영향에 대해서는 Tae-Gyun
Park, "W. W. Rostow and Economic Discourse in South Korea in the 1960s", *Journal of
International and Area Studies* 8(2), 2001, pp. 55~66을 보라.

최형섭은 KIST 관련 한미회의에 '참관인' 자격으로 배석했다. 그는 이미 이듬해 설립될 예정이었던 KIST의 초대 소장으로 거명되고 있었다.[9]

한국과 미국의 대표자들이 KIST의 성격과 운영방식에 대해 논의하는 것을 지켜보면서, 최형섭은 복잡한 심경이었을 것이다. 이제 겨우 노동집약적 경공업을 중심으로 한 공업화의 걸음마를 갓 뗀 한국에서 '응용과학 및 산업기술연구소'의 목표는 무엇이 되어야 하는가? 연구소에 걸맞은 과학기술인력은 어디에서 구할 것인가? 연구소와 대학, 산업의 상호관계는 어때야 하는가? 이러한 질문들은 당시 많은 개발도상국들에게 초미의 관심사였다. UN에서는 1950년대부터 개발도상국의 과학기술 문제에 대해 정책적 관심을 갖고 여러 프로그램을 운영했다. 그중 하나가 1965년 8월 10일부터 9월 2일까지 유네스코 주관하에 호주 시드니에서 열린 '과학 정책과 연구조직에 관한 세미나'였다. 호닉 조사단이 돌아간 직후 최형섭은 경제기획원 기술조사과장이었던 이응선(李應善)과 함께 시드니행 비행기에 몸을 실었다.[10]

---

9) 김근배, 「한국과학기술연구소(KIST) 설립 과정에 관한 연구─미국의 원조와 그 영향을 중심으로」, 『한국과학사학회지』 12권 1호, 1990, 44~69쪽.

10) "UNESCO Seminar on Science Policy and Research Organizations for Countries of South and South East Asia, St. Andrew's College, University of Sydney, 10th August to 2nd September, 1965", 각종 국제 세미나, 최형섭 문서철, 전북대학교 한국과학문명학연구소(이하 최형섭 문서철). '최형섭 문서철'은 KIST에 보관 중이던 최형섭의 개인 문서를 전북대학교로 이관한 것이다. 아직 정리되지 않아 별도의 폴더명이 기재되어 있지 않다. 이하 폴더명은 필자가 임의로 정한 것이다. P.

호주연방과학원(CSIRO)이 주최한 유네스코 세미나에서는 약 3주에 걸쳐 CSIRO의 연구자들과 호주 과학기술 정책 전문가들이 연사로 나서 개발도상국에서의 과학기술정책 및 연구소 운영의 다양한 문제들을 다루었다.[11] 최형섭은 인도, 파키스탄, 스리랑카, 필리핀, 태국, 말레이시아 등 아시아 지역의 여러 개발도상국에서 온 과학기술 정책 책임자들과 함께 강연을 듣고 토론하는 시간을 가졌다. 각국 대표가 자기 나라의 당면한 문제에 대해 소개하고, 그에 대한 호주 전문가의 의견을 듣는 경우도 있었다. 최형섭은 발언을 꽤 많이 한 편이었다. 그는 자신이 이끌었던 원자력연구소와 금속연료종합연구소의 예를 들며 "연구의 유용성에 대한 시범"을 보이기 전까지는 연구에 대한 산업계의 협조를 기대할 수 없었다는 경험을 전했다.[12] 나아가 한국에서는 "수백 년 동안의 비과학적인 분위기 때문에 공학과 과학에 대한 적대감"이 팽배해 있다고 소개하기도 했다.[13] 다른 연사들이 발표 주제로 삼은

Petitjean et al. (eds), *Sixty Years of Science at UNESCO: 1945~2005*, Paris: UNESCO, 2006, pp. 50~52에 따르면 UNESCO에서는 1963년 2월 스위스 제네바에서 열린 '개발도상국에서의 과학기술 적용을 위한 UN 컨퍼런스'를 시작으로 과학기술과 개발 문제에 본격적으로 개입하기 시작했다. 1965년 시드니 세미나는 그 연장선상에 놓여 있는 행사였다.

11) "Papers Distributed", [n.d.], 1965 유네스코 세미나, 최형섭 문서철.

12) "Statement by E. E. Bond, Director, Bread Institute of Australia, The Determination of Laboratory Programmes for Industry", 1965 유네스코 세미나, 최형섭 문서철.

13) "Associate Professor S. Encel, The Contributions of the Social Sciences to Science Policy and Research Organizations", 1965 유네스코 세미나, 최형섭 문서철.

문제들이나 발표 후 토론 시간에 서로에게 질문한 문제들은 최형섭에게 크게 와 닿았다. 과학기술에 대한 전문지식을 요하는 연구소의 운영에 과학자가 아닌 회계 감사가 개입하는 것은 적절한가? 어떻게 하면 기업가들에게 연구개발이 낭비가 아니라 실제로 긴요한 것임을 효과적으로 설득할 수 있는가? 국가의 지원을 받는 연구소가 기업과 수행한 연구의 결과물은 누가 어떻게 소유하는 것이 좋은가? 과학자들이 불편하게 여기는 행정적 제약은 어떤 방식을 통해 효과적으로 제거될 수 있는가? 이러한 문제들이 논의되는 중에 최형섭은 해외의 다른 연구소장들이나 학자들에게 이러한 문제들에 구체적으로 어떻게 대응하고 있는지 질문하였고, 한국의 상황에 대해 적극적으로 조언을 구하기도 했다. 이 경험을 통해 최형섭은 한국이 당면하고 있는 문제들이 개발도상국 전반에서 일반적으로 나타나는 현상이라는 것을 몸소 느낄 수 있었다.

1965년 유네스코 세미나에서 최형섭을 지적으로 자극했던 것은 사전에 배포된 "읽기 목록(Reading List)"이었다. 이 목록에는 경제학, 사회학, 행정학, 정책학, 인류학 등 다양한 사회과학 분야에서 과학기술의 동학(動學)에 대해 내놓은 최신 연구성과들이 포함되어 있었다. 이는 크게 과학기술과 경제개발의 관계를 다룬 연구와, 과학기술 진흥을 위해 정부가 취할 수 있는 정책 연구로 나눌 수 있었다. "과학기술과 경제" 부문에서는 리처드 넬슨(Richard Nelson)과 스티븐 데디에(Stevan Dedijer) 등 당시 주목받던 경제학자

들의 연구가 추천되었다.[14] "과학과 정부 정책" 부문에는 미국 정
치학자 돈 프라이스(Don K. Price)의 저서 『정부와 과학(Science and
Government)』과 이 무렵 새로운 분야로 떠오르던 과학학의 성과를
모은 『과학의 과학(The Science of Science)』이 포함되어 있었다.[15] 이 목
록에서 단일 학술지로 가장 큰 비중을 차지했던 것은 『미네르바
(Minerva)』였다. 세계문화자유회의(Congress for Cultural Freedom)의 지원
으로 1962년에 창간된 『미네르바』는 곧 과학 정책과 고등교육 문
제에 초점을 맞춘 연구를 발표하는 통로가 되었다. 출간 초기에
는 마이클 폴라니(Michael Polanyi) 등 비공산주의 좌파 지식인들의
글과 함께, 개발도상국의 과학계 및 대학가 사정을 전하는 리포

---

14) 넬슨은 나중에 '국가혁신 체제(National Innovation System)'라는 개념으로 알려
진 컬럼비아대학교의 경제학자이다. 스웨덴 출신의 데디에는 개발도상국에서
의 과학 문제를 다룬 논문 「후진국에서의 후진과학」으로 한국에도 꽤 알려진
인물이다. Dedijer, "Underdeveloped Science in Underdeveloped Countries", *Minerva* 2(1),
1963, pp. 61~81.

15) 1964년에 출간된 『과학의 과학』에는 J. D. 버날(Bernal), C. P. 스노우(Snow), 표트
르 카피차(Pyotr Kapitsa), 조지프 니덤(Joseph Needham) 등 저명한 과학자와 과
학저술가들의 글이 포함되어 있다. 개발도상국에 관련된 글로는 영국의 물리
학자 P. M. S. 블랙킷(Blackett)의 「과학자와 후진국」, C. F. 파월(Powell)의 「개발도
상국에 있어서 과학과 기술의 우선성」 등이 들어 있다. Maurice Goldsmith and
Alan Mackay (eds.), *The Science of Science: Society in the Technological Age*, London: Souvenir
Press, 1964. 과학을 연구 대상으로 삼는 과학학(science studies)은 과학사, 과학정
책, 과학사회학 등 다양한 논의를 포괄하는 개념으로 1960년대 중반 무렵 제
도화되기 시작했다. 과학학의 초기 역사에 대해서는 David Edge, "Reinventing
the Wheel", in Sheila Jasanoff, Gerald E. Markle, James C. Petersen, and Trevor Pinch, eds.,
Handbook of Science and Technology Studies, Thousand Oaks, CA: Sage, 1995, pp. 3~24 참조.

트가 매호 한두 편씩 실리기도 했다.[16) 최형섭은 이러한 논의를 파악하기 위해 많은 노력을 기울였다.[17)

1965년 유네스코 세미나는 최형섭이 KIST 설립에 본격적으로 뛰어들 무렵 자신이 그동안 한국에서 과학기술 행정가로 활동하면서 생각했던 바들을 체계적으로 정리할 수 있는 계기가 되었다. 이 대목에서 유의할 점은, 최형섭이 서구 지식인들의 과학기술 관련 논의에 일방적으로 영향을 받았다고만 볼 수는 없다는 것이다. 그가 한국에서 과학기술 문제에 대해 고심하고 있던 1960년대 중반은 전 세계 지식인들 사이에서 개발도상국의 과학기술 문제뿐 아니라 과학 자체의 동학을 이해하기 위한 새로운 논의가 이루어지던 시기였다. 즉 최형섭은 당시로서는 최신의 과학학 성과를 접함과 동시에 한국에서 새로운 과학기술 체계를 설계하는 역할을 맡게 되었다. 1966년부터 KIST 초대 소장으로서, 1971년부터는 과학기술처 장관으로서 한국의 과학기술 정책을 총괄하게 되었던 것이다. 최형섭은 그 과정에서 자신이 보고 들은 다른 나

---

16) 『미네르바』의 초대 편집장을 맡았던 시카고대학교의 구조기능주의 사회학자 에드워드 쉴즈(Edward Shils)에 대해서는 Roy MacLeod, "Consensus, Civility, and Community: The Origins of Minerva and the Vision of Edward Shils", *Minerva* 54, 2016, pp. 255~292를 보라. 세계문화자유회의와 미국 CIA의 관계에 대해서는 프랜시스 스토너 손더스 지음, 유광태·임채원 옮김, 『문화적 냉전: CIA와 지식인들』, 그린비, 2016 참조.

17) 최형섭 문서철에서는 "읽기 목록"에 수록된 논문들의 대부분을 포함해 1965년 이후 출간된 과학(기술)학 관련 연구성과들을 다수 찾아볼 수 있다. 상당수에 밑줄이 그어져 있어 그가 이 논문들을 탐독했음을 미루어 짐작할 수 있다.

초대 KIST 소장 최형섭 1966년 최형섭(사진 왼쪽)은 초대 한국과학기술연구소장으로 취임했다. 사진은 박정희 대통령(오른쪽)에게 임명장을 받는 장면이다. 국가기록원 소장 사진.

라들의 방식을 받아들이기도 하고, 자신만의 접근법을 채택하기도 했다. 그리고 어느 정도 안정기에 접어들었던 1970년대 초반이 되자 그는 서서히 한국에서의 경험을 바탕으로 통합적인 과학기술 정책론을 체계화해보겠다는 야심을 품기 시작했다.

3. "KIST 모델"

최형섭은 1960년대 후반에 KIST 소장으로서 해외 인재를 영입해 연구소의 진용을 갖추고 그들의 연구 활동을 산업계와 연계시키기 위해 바쁜 나날을 보냈다. 1970년 무렵 KIST는 29명의 박사급 연구원을 포함해 144명의 연구인력을 갖추게 되었다. 이들은 산업계 인사들로부터 받은 설문조사를 바탕으로 정해진 여섯 개의 기술 분야로 나뉘어 산업의 필요에 부응하는 연구개발 활동을 벌였다. 최형섭은 1970년에 일본 교토에서 열린 국제미래연구학회(International Future Research Conference)에서 KIST의 현황과 미래에 대해 발표했다. 이 발표에서 그는 KIST가 "그 컨셉의 규모와 운영의 범위에 있어서 아시아에서 독보적인" 기관임을 강조했다. 나아가 향후 계획에 따라 성장해 나간다면 곧 "개발도상국에서 과학과 기술이 자립과 근대화를 이룩하는 데 어떻게 도움을 줄 수 있는지 보여주는 연구개발 활동의 실질적인 모델(real model)"(밑줄—인용자)이 될 것이라고 주장했다.[18]

개발도상국에서 공업연구소가 어떤 역할을 맡아야 하는지에 대해서는 이 무렵 여러 의견이 있었다. 이 주제와 관련해 당시 세계 공론장에서 주목을 받은 인물은 인도의 과학자이자 과학 행정가인 옐라바르티 나유다마(Yelavarthy Nayudamma, 1922~1985)였다. 그는 미국 리하이대학교에서 피혁과학으로 박사학위를 취득했다. 1951년에 귀국한 나유다마는 초대 인도 총리 자와할랄 네루(Jawaharlal Nehru)의 눈에 띄어 36세라는 비교적 젊은 나이에 중앙피혁연구소(Central Leather Research Institute, CLRI) 소장을 맡게 되었다. 인디라 간디

18) Hyung Sup Choi, "Korea Institute of Science and Technology", Proceedings of the International Future Research Conference, Kyoto, Japan, April 1970(최형섭, 『학구의 길 —최형섭 박사 환력기념논문집』, 환력기념논문집발간회, 1980, 427~435쪽에 전문 수록).

(Indira Gandhi)가 총리직에 오른 이후인 1971년에는 과학산업연구위원회(Council of Scientific and Industrial Research, CSIR) 사무총장에 임명되어 1970년대 인도의 과학기술 정책을 주도하는 한편, 여러 국제기구에서 개발도상국과 관련해 활발하게 자문했다.[19] 나이와 경력 등 여러 측면에서 최형섭과 비슷한 점이 많은 인물이었다.

하지만 두 사람의 입장은 근본적으로 대조적이었다. 나유다마는 1967년 『미네르바』에 기고한 논문에서 "어느 나라든 연구 결과를 수입하는 것만으로는 번영할 수 없다. 모든 나라는 자신의 천연자원과 원자재에 대한 연구를 해야 한다"라고 주장했다. 특히 피혁산업과 같이 장인들이 오랫동안 전통적인 작업방식을 고수해온 경우, 근대적인 훈련을 받은 연구자들은 전통 장인들과 눈높이를 맞추고 "공통의 문화"를 만들어 나가는 것이 중요하다고 보았다. 나유다마는 CLRI 소장으로서 문맹의 피혁장인들이 사는 마을을 일일이 돌아다니면서 새로운 기술혁신의 필요성을 설득하기도 했다. 이러한 과정을 통해 지역의 조건, 원자재의 사정 등을 이해할 수 있으며, 그렇게 얻어진 구체적인 지식을 바탕으로 보수적인 기업가와 장인들에게 "연구를 팔아야(selling research)" 한다

---

19) G. M. Oza and John F. Potter, "A Tribute to Prof. Yelavarthy Nayudamma", *The Environmentalist* 5(4), 1985, pp. 245~246; J. Raghava Rao and T. Ramasami, "Yelavarthy Nayudamma: Scientist, Leader, and Mentor Extraordinary", *Resonance*, October 2014, pp. 887~899. 이 무렵 인도의 과학기술정책의 흐름에 대해서는 Jahnavi Phalkey and Zuowue Wang, "Planning for Science and Technology in China and India", *BJHS Themes* 1, 2016, pp. 83~113을 보라.

는 게 그의 생각이었다.[20] 즉 인도에서 쉽게 구할 수 있는 농축산물 가공을 위한 전통적 기술개발에 초점을 맞춰 고용 증대 및 수입 대체 효과를 기대하는 전략이었다. 나유다마는 CLRI에서 성공한 방식이 "과학 및 기술 연구를 통해 경제발전을 꾀하는 개발도상국에 적용될 수 있다고(applicable) 확신한다"라고 말했다.[21]

최형섭은 1972년 무렵부터 나유다마의 전략과 자신의 경험을 대조하면서 본격적으로 "KIST 모델"을 구축하기 시작했다. 그 직접적인 계기는 그해 10월 4일 미국 하와이에서 동서문화센터(East-West Center) 주최로 열린 '적응기술(adaptive technology)의 개발과 확산에 관한 국제 세미나'였다. 당시의 신문 보도에 따르면, 이 회의는 기술개발 전략을 수립하고 그에 적합한 공업연구소를 설립하고자 하는 인도네시아 정부의 요청에 따른 것이었다. 2박 3일 동안의 논의 결과 한국의 "KIST 모델과 인도의 나유다마 모델 등 2개 모델"이 유력한 안으로 채택되었고, 최종적으로 "11월 20일 AID가 주최하는 세미나에서 연구기관 설립 모형을 결정"하기로 되었다. 최형섭은 기자와의 인터뷰에서 "고용 증대와 복지 문제 등 주로 지방개발에 관한 인도의 '나유다마' 모델보다 KIST 모델이 채택될 가능성이 매우 크다"라고 밝혔다.[22]

---

20) Y. Nayudamma, "Promoting the Industrial Application of Research in an Underdeveloped Country", *Minerva* 5(3), 1967, pp. 323~339.

21) Nayudamma, op.cit., p. 323.

22) 「동남아에 기술 제공」, 『매일경제』 1972. 10. 13. 동서문화센터 세미나에서 발표한 최형섭의 기조연설은 H. S. Choi, "Adapting a Developing Country to the

그의 예상대로 인도네시아 정부는 한국을 파트너로 선택했다. 한국 대표로 발제를 맡은 현경호(玄京鎬) KIST 전기전자연구실장은, 개발도상국에서 선진기술을 성공적으로 도입하기 위해 KIST와 같은 공업연구소를 중심으로 해외의 선진기술을 적극적으로 도입·소화한 후 발전시켜 산업계에 빠른 속도로 적용해야 한다고 주장했다.[23] 이를 통해 소수의 전략산업 부문을 집중적으로 개발하여 수출시장에서 경쟁력을 얻겠다는 전략이었다. 이 전략은 '신질서(New Order)' 인도네시아의 정치적 정당성을 확보하기 위해 급속한 경제발전을 추구하던 수하르토(Suharto) 대통령에게 매력적으로 다가갔을 것이다.

인도네시아의 사례에서도 알 수 있듯이, 1960년대 후반에서 1970년대 전반까지의 시기는 인도나 한국의 사례와 같이 나름의 성공을 거둔 개발도상국의 발전 경험에 대한 국제사회의 요청이 늘어나던 시기였다. 미국을 중심으로 한 "개발의 10년"이 저물고,

---

Development of Adaptive Technologies", Proceedings of the International Seminar on Generation and Diffusion of Adaptive Technology, Technology and Development Institute, East-West Center, Honolulu, Hawaii, 4–6 October 1972. 이 발표문은 몇 년 후 Hyung Sup Choi, "Adapting Technologies: The Korean Case", in Eugene Rabinowitch and Victor Rabinowitch, eds., *Views of Science, Technology, and Development*, Oxford: Pergamon Press, 1975, pp. 17~27에 수록되었다.

23) 「기술이식 따른 제문제 과학기술연 국제 세미나」, 『매일경제』 1972. 11. 27. 이 세미나는 KIST와 미국 국제개발처(USAID)의 공동주최로 서울 홍릉에서 열렸다. 이 자리에는 한국과 미국을 비롯해 말레이시아, 파키스탄, 인도네시아 등 개발도상국 전문가들이 참석해 '기술이식' 문제에 대해 난상토론을 벌였다.

서구의 경험을 개발도상국에 이식해야 한다는 입장의 근대화 이론의 시대가 끝나가고 있었다.[24] 최형섭이 훗날 적었듯이, 이 무렵의 국제 개발 담론은 "종래의 단편적이고 편파적이었던 원조 방식"에서 "수원국(受援國) 중심의 협력 방식"으로 점차 바뀌어 나갔다. 이런 분위기 속에서 선진국이 일방적으로 자신의 방식을 개발도상국에 적용하는 것이 아니라 "개발도상국 상호 간의 기술 협력(technical cooperation among developing countries, TCDC)"을 장려해야 한다는 목소리가 UN기구 내에서 높아졌다. 그에 따라 "우리나라(한국—인용자)의 개발 과정에서 체득한 경험과 기술을 배우고자 하는 타 개발도상국의 수요가 점차 증가"했던 것이다.[25] 이렇듯 최형섭이 "KIST 모델"을 주창하기 시작한 것은 세계 개발 담론의 변화와 맞물린 결과였다. 그는 급변하는 국제환경 속에서 KIST를 중핵으로 하는 "한국형 발전 모델"을 체계적으로 집필하는 작업을 본격적으로 시작했다.

---

24) 미국발 국제개발 시대의 종언은 1969년 리처드 닉슨(Richard Nixon)이 대통령에 취임한 이후 급속하게 진행됐다. 닉슨의 외교정책을 담당했던 헨리 키신저(Henry Kissinger)는 서구의 경험을 제3세계에 이식한다는 로스토우 식의 근대화 이론은 미국의 냉전 전략에 도움이 되지 않는다고 생각했다. 닉슨과 키신저는 "특히 아시아의 개발도상국에 대한 지원을 줄여 나가는 방향으로 정책의 구조를 설계했다." Nick Cullather, *The Hungry World: America's Cold War Battle Against Poverty in Asia*, Cambridge, MA: Harvard University Press, 2010, pp. 253~255. 이 시기 미국발 근대화 이론의 '몰락'에 대해서는 Nils Gilman, *Mandarins of the Future: Modernization Theory in Cold War America*, Baltimore: Johns Hopkins University Press, 2003, 6장 참조.

25) 최형섭, 앞의 책, 202쪽.

4. 『전략』의 집필과 전파

최형섭은 과학기술처 장관으로 재직 중이던 1977년에 『전략』을 집필하기 시작했다. 한 장을 완성할 때마다 『한국OR학회지』와 『한국원자력학회지』에 게재했고, 그것들을 전체적인 구성에 따라 재배치하는 방식으로 1980년과 1981년에 걸쳐 세 권의 책을 출간했다. 처음 공개한 논문은 「개발도상국의 과학기술 개발 전략 (1): 서론 및 과학기술 개발 정책」으로, 1977년에 발간된 『한국 OR학회지』 2권 2호에 실렸고, 이후 4년 동안 총 23편의 논문을 『한국OR학회지』와 『원자력학회지』에 나누어 게재했다.[26] 『전략』의 각 권에는 다음과 같은 소제목이 달려 있었다. 제1부 방향의 설정과 기반의 구축; 제2부 산업기술의 개발; 제3부 고도산업사회를 지향한 대비. 다시 말하면 제1부는 과학기술 정책의 일반론, 제2부는 KIST를 중심으로 한 1960~70년대 한국에서 실행된 각종 과학기술 정책 및 제도 정비, 제3부는 선진국으로 도약하기 위한 여러 고려 사항들을 담았다.

최형섭이 『전략』을 통해 전하고자 했던 주요 메시지는 대개 제1부에 담겨 있다. 그는 제1부의 서론에서 당시 국제사회에서 제기되던 개발도상국 개발이론에 대한 불만을 노골적으로 표시했

---

26) 최형섭의 『전략』 집필 순서는 강미화, 「최형섭의 개발도상국 과학기술정책론」, 전북대학교 과학학과 석사학위 논문, 2006, 61쪽에 수록된 「부록」에 정리되어 있다.

다. 미국을 중심으로 한 서구 선진국의 학자 및 정책가들은 1950
년대 이후 국제개발에 많은 노력을 기울였다. 하지만 그는 "일
반적으로 그 결론과 전망은 비관적"이라고 평가할 수밖에 없었
다.(밑줄—인용자)[27] 최형섭이 보기에 서구 이론가들은 "과거 선진국
들이 걸어온 발전 초기의 개발 경험"을 개발도상국에 그대로 적
용하려는 입장, 즉 "개발과 저개발 상태는 단일한 개발 과정선상"
에 있다는 선형적 사고를 저변에 깔고 있었다.[28] 그는 개발도상국
의 경제, 사회, 문화, 정치 등 여러 부문에 독특하고도 복잡한 문
제—그의 표현에 따르면 "후진성이라는 구조적인 취약성"—들이
상존하기 때문에 이들 나라에 "근대 과학기술을 이식시키고 성
장, 발전시킬 수 있는 간단한 묘책"은 존재하지 않는다고 생각했
다.[29] 이는 로스토우의 선형적 단계론에 대한 직접적인 비판으로
읽을 수 있다.

　개발도상국에서 흔히 나타나는 난맥상에 대한 해결책으로 최
형섭이 강조했던 것은 국가 또는 정부의 역할이었다. 즉 "정부가
이 목표 달성을 향하여 근대적인 행정과 정책수단, 그리고 관리
능력과 방법을 구비하고 안정적인 개발 정책을 추구할 때 비로
소" 과학기술에 바탕을 둔 경제발전을 성공적으로 이룰 수 있다

---

27) 최형섭, 앞의 책, 11~12쪽.

28) 위의 책, 22~23, 69쪽.

29) 위의 책, 12~14쪽.

는 것이었다.[30] 어떻게 보면 '정책론'을 세우기 위해서는 정부 역할을 강조할 수밖에 없었으리라고 생각할 수 있다. 하지만 그는 여기서 한 걸음 더 나아가기 위해 스웨덴의 경제학자 스티븐 데디에를 적극적으로 활용했다. 앞서 밝혔듯이 데디에는 1963년 『미네르바』에 「후진국에서의 후진과학」이라는 논문을 게재했다. "과학이 아직 상당한 규모로 존재하지 않는 나라들의 대통령과 총리들"을 독자로 상정한 이 논문에서, 그는 개발도상국의 '정치 엘리트(political elites)'들이 "국가발전을 위한 과학의 필요성을 인식하지 않는다면 후진국에서 과학은 존재할 수조차 없다"라고 주장했다.[31] 최형섭은 데디에의 논문을 자신의 주장을 뒷받침하는 중요한 지적 자원으로 활용했다. 앞서 살펴본 1972년 10월의 동서문화센터 세미나 발표에서 그는 데디에를 인용하며 "한국은 대통령(chief executive)의 과학과 기술에 대한 이해와 지지를 받을 수 있었다는 면에서 매우 운이 좋았다"라는 말로 끝맺을 정도였다.[32] 이는 개발도상국에서 흔히 나타나는 "후진성이라는 구조적인 취약성"을 정치 지도자의 관심과 의지로 돌파해 나가야 한다는 논리였고, 박정희라는 한국의 지도자는 성공적인 사례를 보여준다는 평가였다.

정치 지도자를 중심으로 한 국가와 정부의 역할을 강조하는

---

30) 위의 책, 15쪽.

31) Dedijer, "Underdeveloped Science in Underdeveloped Countries", p. 61, 66.

32) H. S. Choi, op.cit., p. 27.

최형섭의 입장은 『전략』 전체의 구성에서도 여실히 드러난다. 특히 제2부에서 한국의 발전 경험을 서술하면서 그런 경향이 두드러진다. 『전략』 2부는 선진국과의 매개체로서 KIST와 같은 공업연구소를 설립할 필요가 있다고 주장하는 것으로 시작한다. 이어서 1966년에 설립된 KIST의 설립 이념과 운영 방식을 설명한 후, 1970년대 초부터 추진된 중화학공업화를 지원하기 위해 연이어 설립된 여러 정부출연연구기관들을 간략하게 소개한다.[33] 3장에서는 이러한 정부출연연구기관들을 한 지역에 집중적으로 배치시켜 산업연구소들과의 연계를 강화하기 위해 1973년에 수립한 대덕 연구학원도시 계획을 다룬다. 이어지는 장들에서는 기업의 기술개발을 촉진하기 위한 방안, 기술도입과 관련된 각종 정책, 기술용역을 육성하기 위한 지침, 자원 개발 대책, 농업 개발 문제 등 1960~70년대에 한국 정부가 추진했던 과학기술 정책을 망라하고 있다.[34] 다시 말하면, 최형섭 자신이 KIST 소장과 과학기술처 장관으로서 수행했던 업무의 총정리였다.

　『전략』을 집필하면서 최형섭은 자신이 경험한 다종다기한 과학기술 정책을 바탕으로 한국의 발전 과정을 통합적으로 규정할 방법을 고민했던 것으로 보인다. 그는 한편으로는 상당히 겸손하

---

33) 이들은 한국표준연구소, 한국선박연구소, 한국화학연구소, 한국전자기술연구소, 한국통신기술연구소, 한국기계금속시험연구소 등이다. 당시 한국의 중화학공업화 정책의 핵심적인 부문을 지원하기 위한 분야를 중심으로 정출연을 확대해 나갔음을 알 수 있다.

34) 이상은 『전략』 2권의 내용을 간략하게 요약한 것이다.

고 소극적인 자세를 취했다. "어느 나라에나 적용할 수 있는 공통적인 개발이론을 도출한다는 것도 어려운 것이다"라는 표현에서도 볼 수 있듯이, 그는 한국의 경험을 일반화해 다른 개발도상국에 일방적으로 이식하는 것이 어렵다는 점을 잘 알고 있었다.[35] 다른 한편 그는 1960~70년대를 거치면서 나름의 경제적 성공을 거둔 한국의 경험을 하나의 '모델'로 만들 수 있다는 가능성을 포기하지 않았다. 최형섭은—한국어판에는 수록되지 않은—영문판 『전략』 제1부의 마지막 장에서 "이 책의 주요 목적은 (…) 한국의 경험을 국가발전을 이루는 하나의 경로의 사례(as an example of one path of national development)로서 검토하는 것이다"라고 썼다.[36] 한국의 경험은 "하나의 경로" 이상의 의미를 가질 수 있을 것인가? 『전략』에서 최형섭은 과학자답게 성급한 일반화를 거부한다. 하지만 앞서 보았듯 1970년대 이후 국제사회는 개발도상국의 새로운 발전 모델을 강력하게 요구했다. 결국 최형섭의 작업은 그의 의도와는 관계없이 "KIST 모델" 또는 심지어 "Choi 모델"이라는 이름으로 알려지게 되었다.[37]

---

35) 최형섭, 앞의 책, iii쪽.

36) Hyung Sup Choi, *Technology Development in Developing Countries*, Tokyo: Asian Productivity Organization, 1986, p. 282. 『전략』 2, 3권의 영문판도 같은 출판사를 통해 곧이어 출간되었다.

37) 최형섭은 1970년대 초부터 개발도상국 발전 모델로 KIST의 경험을 제시할 수 있다는 생각을 품고 있었다. 'Choi 모델'에 대한 언급은 문교부 차관 김형기(金澄基), 「70년대 과학기술 기반조성과 국제협력을 회고하며—최형섭 박사의 과기처장관 재임중(1971. 6. 4~1978. 12. 2) 업적을 중심으로」, 김형기 회고 원고, 최

실제로 1970년대 중반부터 여러 개발도상국으로부터 최형섭의 모델을 바탕으로 기술개발을 추진해보고 싶다는 문의가 지속적으로 들어오기 시작했다. 인도네시아는 KIST 모델을 차용한 공업연구소를 설립하기 위한 준비에 한창이었다. 최형섭은 1975년 12월 인도네시아를 방문해 수미트로(Sumitro Djojohadikusumo) 과학기술 담당 장관을 만나 자문을 제공했다. 그 결과 1981년에 인도네시아 과학기술연구센터(Puspiptek)가 설립되었다.[38] 이듬해인 1976년에는 요르단 왕실의 초청으로 요르단 과학기술 정책에 대한 자문을 해주기도 했다. 1975년 10월 한국을 방문했던 요르단 왕실 과학연구소장 이샤크 파르한(Ishaq Farhan)이 최형섭의 답방을 요청했던 것이다. 파르한 박사는 KIST에 대해 "개발도상국에서 계몽된(enlightened) 리더십이 무엇을 성취할 수 있는지 보여주는 좋은 사례"라고 평가했다.[39] 최형섭의 국제 자문 활동은 장관직을 퇴임

형섭 문서철. 김형기는 "Low-Technology 위주인 인도의 'Nayudamma Model'과 대조되는 High-Technology 지향인 한국의 이른바 'Choi Model'을 정립, 세계 과학기술계에 제시함으로써 다른 개발도상국의 과학기술 정책 수립에 심대한 영향을 미치게 하였다"라고 평가했다.

38) 최형섭의 인도네시아 방문에 대해서는 김형기, 앞의 글; 「최과기처·인니국무상 회담 과기협력 등 논의」, 『매일경제』 1975. 12. 11. 인도네시아 과학기술연구센터에 대해서는 Samaun Samadikun, "Indonesia's Science and Technology Policies", in Hal Hill and Kian Wie Thee, eds., *Indonesia's Technological Challenge*, Singapore: Institute of Southeast Asian Studies, 1998, pp. 107~116 참조.

39) Dr. Ishaq Farhan to Hyung-Sup Choi, 12 January 1976, 요르단 왕실 과학연구소장과 학기술처 장관 초청, 최형섭 과학기술처장관 요르단 방문(1978. 5. 30~6. 3), 관리번호 CA0136433, 국가기록원; 김형기, 앞의 글.

한 이후 더욱 활발해졌다.[40] 1981년에는 태국의 과학기술 정책 및 연구소 운영에 대해 자문했다. 이때 참여했던 태국 마히돌대학교 (Mahidol University)의 용윤 유타봉(Yongyuth Yuthavong) 박사는 나중에 최형섭에게 보낸 편지에 "당신은 태국의 과학기술 발전을 위해 도움을 준 '삼촌(uncle)'으로 기억되고 있다"라고 썼다.[41] 최형섭의 이러한 전방위적 활동에 대해 당시 문교부 차관 김형기는 "KIST를 비롯한 한국의 발전 경험과 개발도상국을 위한 과학기술 발전 모형을 널리 소개하여 세계적 명성"을 얻었다고 평가했다.[42]

이렇듯 1980년 무렵이 되면 최형섭의 과학기술 정책론은 동남아시아를 넘어 중동 지역의 여러 개발도상국에서 영향력을 가지는 하나의 모델로 기능하게 되었다. 그는 이들 나라에서 과학기술 정책을 수립하는 일반론으로부터 시작해 공업연구소의 설립 과정에서 고려해야 하는 다양한 문제들에 대한 자문을 제공했다. 최형섭 모델의 핵심은 무엇보다도 KIST와 같은 공업연구소에 있었다. 이러한 연구소를 통해 해외 선진기술을 빠른 속도로 도입하고 산업계와 연계를 이루는 것이 중요했다. 나아가 정부 및 정

---

40) 1981년부터 1993년까지 최형섭은 사우디아라비아, 태국, 파키스탄, 스리랑카, 말레이시아, 미얀마, 이란 등의 정부 초청을 받아 기술 및 정책 자문 활동을 벌였다. 이 무렵 그의 과학기술 국제협력 활동에 대해서는 최형섭, 『과학에는 국경이 없다』, 매일경제신문사, 1998을 보라.

41) Yongyuth Yuthavong to Hyung-Sup Choi, 17 August 1984, 1982~1987 해외 서신철, 최형섭 문서철. 태국에서의 경험은 최형섭이 회고록에도 비교적 상세하게 나와 있다. 최형섭, 『불이 꺼지지 않는 연구소』, 조선일보사, 1996, 296~305쪽.

42) 김형기, 앞의 글.

치 지도자의 중요성도 강조했다. 요르단의 파르한 박사도 지적했듯이, 과학기술의 중요성에 대해 "계몽된" 정치 지도자가 개발도상국의 과학기술 개발에 필수적인 요건이라는 것이었다. 지금까지 살펴보았듯이 최형섭의 과학기술 정책론 또는 모델은 그가 1960~70년대에 상당한 경제발전을 이룬 한국에서 과학기술 행정가로서 축적한 경험과 함께, 변화하는 국제정세와 국제 개발 담론의 변화에 대응하면서 활발한 과학기술 국제교류 활동을 벌이는 과정에서 서서히 형성되어갔다.

5. 최형섭 모델과 21세기 한국

지금까지 살펴보았듯이 최형섭의 "한국형 발전 모델"은 1970년대 국내외의 변동을 반영하는 독특한 성격을 가지고 있었다. 무엇보다도 국가 주도의 공업연구소를 통해 해외의 선진기술을 도입하고 그것을 국내 산업계로 전파하는 이른바 "KIST 모델"이 그 핵심이었다. 그리고 경제가 발전함에 따라 새로운 산업 부문으로 확대해 나가는 과정에서 부문별로 전문화된 공업연구소를 설립해 산업을 지원할 필요가 있었다. 즉 최형섭의 과학기술 개발 전략은 당시 한국이 추진하고 있었던 수출 지향의 불균형 성장 전략과 맞닿아 있는 것이었다.

그의 모델이 갖는 중요성은 1970~80년대 이후 개발도상국에서뿐만 아니라 21세기 한국에 끼치고 있는 영향력에서도 찾아볼 수 있다. 크게 두 가지로 나누어 생각해보자. 첫째, 한국은 2000년 무렵을 기점으로 공적개발원조(ODA) 수원국 명단에서 제외되면서 본격적으로 공여국으로서의 활동을 넓혀 나가고 있다. 한국의 ODA 제공은 여러 분야에 걸쳐 이루어지고 있는데, 그중에서 과학기술 ODA 역시 상당히 중요한 위치를 차지하고 있다. 이 과정에서 최형섭이 1970년대 중반에 정립한 "한국형 발전 모델"이 21세기에도 여전히 유용한 형판(型板, template)으로 작동하고 있다. 필자는 2011년 경제발전경험 공유사업(Knowledge Sharing Program, KSP)의 일환으로 중남미에 위치한 벨리즈(Belize)의 '국가 과학기술 혁신 전략 및 액션플랜 수립과 한-벨리즈 과학기술혁신연구소 설립'이라는 과제에 참여했다. 이 과제에 참여하면서 필자가 느낀 점은, 한국의 발전 경험에 대한 한국 학계의 연구가 큰 틀에서 여전히 최형섭의 모델을 벗어나지 못하고 있다는 것이었다. 즉 40년 가까이 지난 오늘날까지 최형섭의 『전략』에 나오는 내용에서 크게 벗어나는 이야기를 할 수 없었다.[43]

둘째, 이와 관련하여 한국의 현대 과학기술의 역사에 대한 그동안의 연구 역시 크게 보아 최형섭 모델의 틀 안에서 이루어졌다고 볼 수 있다. 최형섭은 『전략』에서 KIST 및 정부출연연구기관들의 설립, 대덕 연구학원도시 계획을 통한 산학연 연계, 정부의

---

43) 이 사업의 결과보고서는 Hyungsub Choi et al., *2014/15 Knowledge Sharing Program with Belize: Formulation of a National STI Strategy and Action Plan and Establishment of a Belize-Korea Science, Technology and Innovation (STI) Institute*, Sejong: Korea Development Institute, 2015로 출간되었다.

경제발전계획을 지원하는 과학기술인력 수급 및 기술도입 정책, 과학의 필요성을 정치 지도자뿐만 아니라 대중들까지 널리 인식하게 하는 새마을운동 및 '전 국민의 과학화운동' 등을 설파했다. 최형섭이 추진했고 "한국형 발전 모델"을 구성하는 주요 요소들인 위 정책들은 그동안 한국 현대 과학기술사의 주요 연구주제들이기도 했다. 이 사실은 한국의 과학기술사 학계가 1970년대의 최형섭과 2000년대 KSP 사업이 채택하고 있는 기본적인 사고의 틀을 공유하고 있음을 보여준다.

녹색혁명의 역사를 분석한 역사학자 닉 컬라터(Nick Cullather)는 냉전기 개발 모델은 "선택적 망각의 일종(a form of selective forgetting)"이라고 말했다. 모델을 설정한다는 것은 "개발을 위한 공식을 전달하기 위해 설계된 사실과 허구가 뒤섞인 우화(capsule narrative)"를 만드는 일인 것이다.[44] 최형섭의 모델 역시 마찬가지다. 그가 설정한 한국의 발전 경험은 박정희 대통령이라는 "계몽된" 정치 지도자의 지원 아래 강력한 정부가 과학기술 진흥에 필요한 여러 기관들을 설치하고, 이를 통해 전략산업 발전에 필요한 기술을 선진국으로부터 도입하거나 개발하는 것이었다. ODA 사업을 효과적으로 추진하기 위한 실용적 필요에서든, 한국의 발전 경험을 통합적으로 이해하고자 하는 학술적 요구에서든, 최형섭의 모델을 받아들임으로써 우리가 "선택적으로 망각"하고 있는 것들이 무엇인지 진지하게 생각해볼 필요가 있다. 예를 들어, 한국 반도

---

44) Cullather, *The Hungry World*, p. 45.

체 산업의 성공을 설명하기 위해 박정희 대통령의 혜안과 이병철 회장의 결단뿐만 아니라 중하위직 엔지니어들과 여성 노동자들의 이야기를 발굴해낼 수 있다면, '발전'이라는 일방적 개념이 아닌 보다 풍부한 '한국의 경험'을 재구성할 수 있을 것이다.

KIST에서 대덕 연구단지까지,
정부출연연구소의 탄생과 재생산

문만용

대덕 연구단지는 대한민국 '과학기술의 메카'로 불리며, 이곳에 자리 잡은 많은 연구소들, 특히 정부출연연구소는 우리 과학기술 발전의 견인차 역할을 했다고 평가받는다. 정부출연연구소에는 한국을 이동통신 강국으로 이끌어 낸 휴대전화 CDMA 상용화 기술을 개발한 한국전자통신연구원이나, 다목적 연구용 원자로 '하나로'를 개발한 한국원자력연구원 등이 포함된다.

1966년 한국과학기술연구소(이하 KIST)로부터 시작된 정부출연연구소는 홍릉 연구단지에서 굳건히 뿌리를 내렸으며, 1970년대 대덕 연구단지 건설과 함께 그 숫자가 크게 늘어나면서 당시 한국 과학기술계를 대표하는 동시에 박정희 시대 과학기술 정책을 상징하는 성과의 하나로 인식되고 있다. 그렇지만 대부분의 정부출연연구소 설립자로 박정희가 등재되었을 정도로 그의 그림자가 짙게 드리워진 이 연구소들은, 박정희가 사라지고 난 뒤 새로운 정부, 변화된 환경에서 부침을 거듭해야 했다.

이 글에서는 박정희 시대로 통칭되는 1960~70년대 정부출연연구소의 등장과 확대 과정을 추적해보고자 한다.[1] KIST 설립 이전에도 한국에는 여러 형태의 과학기술 연구소가 존재했다. 국공립연구소와 대학의 부설연구소가 있었으며, 드물었지만 산업계도 연구소를 가지고 있었다. 그런 속에서 정부출연연구소라는 새로운 제도가 등장하게 된 배경은 무엇이며, KIST라는 한 기관에서 시작된 제도가 어떻게 한국 사회에 안착하게 되었는지 살펴보겠다. 또한 정부출연연구소는 1970년대를 거치면서 과학기술계의 중심에 서게 되고, 동시에 KIST 출신 연구자들은 막강한 사회적 힘을 얻게 되었는데, 단기간에 이런 위상을 얻게 된 요인을 정부출연연구소가 확대되는 과정과 부여받은 역할, 그리고 그를 둘러싼 정치적 관계 속에서 알아볼 것이다. 아울러 정부출연연구소는 어떠한 한계를 지니고 있었고, 왜 박정희 이후 어려움을 겪게 되었는지에 대해서도 알아보고자 한다. 이를 통해 모든 정책에는 정치적 의미가 들어 있으며, 가치중립적이라 여겨지는 과학기술을 다루는 정책에도 정치적 논리가 적지 않게 작용하고 있음을 확인할 수 있을 것이다.

정부출연연구소의 탄생과 재생산 과정에 대한 논의는 박정희 시대 과학기술의 역사를 이해하는 유용한 접근법 중 하나이며,

---

[1] 정부출연연구소의 전반적인 역사에 대해서는 박승덕, 「출연연구기관의 역할—과거, 현재, 미래」, 『기술혁신연구』 6-1, 1990; Deok Soon Yim, Wang Dong Kim, "The Evolutionary Responses of Korean Government Research Institutes in a Changing National Innovation System", *Science, Technology & Society* 10-1, 2005 참고.

과학과 정치가 관계를 맺는 방식에 대한 한국적 사례를 제공해줄 것이다. 동시에 단순히 박정희 시대의 유물이 아니라 현재에도 국가 연구개발의 한 축으로 기능하고 있지만, 달라진 정치·경제 지형 속에서 계속 변화를 요구받고 있는 정부출연연구소의 현재 처지를 이해하는 데도 도움이 될 것이다.

1. KIST의 설립, 정부출연연구소의 첫 등장

해방 직후 과학기술자들은 새로운 국가 건설에 발맞추어 과학기술 진흥이 중요함을 강조하고 국가의 전체적인 과학기술 발전을 꾀할 수 있는 정부 행정기구와 연구소 설립을 주장했으나 이런 요구는 반향을 얻지 못했다. 과학기술자들의 의욕에도 불구하고 1950년대 후반까지 과학기술은 정부나 정치권의 주된 관심사가 아니었고, 그와 관련된 특별한 정책도 찾기 힘들었다.[2]

1959년에 이르러 원자력원이 설치되고 그 산하에 최초의 현대적 과학기술연구소로 평가받는 원자력연구소가 설립된 것은, 원자력이라는 제한된 분야를 다루지만 그래도 이전에는 볼 수 없

---

2) 과학기술 진흥을 선거공약으로나마 공식적으로 내세운 정당은 1960년 2월 자유당이 처음이었으나 두 달 뒤 4·19혁명으로 종말을 고했으며, 뒤이어 등장한 민주당은 한 과학자의 표현대로 "입밖에 [과학의] 과자도 내보지 못"한 채 단명하고 말았다.

었던 모습이었다.[3]

비록 가장 나은 여건이었다고는 하지만 원자력연구소는 국공립기관으로서 적지 않은 한계를 지니고 있었다. 기본적으로 연구소에 대한 물적 지원이 충분하지 못했으며, 연구소의 연구원들은 모두 공무원으로서 임용과 급여 등의 처우에서 공무원 관련 법과 규정을 따라야 했기 때문에, 그때그때 필요한 인력을 충원하거나 우수한 연구원의 채용을 위해 특별한 처우를 제공하기가 어려웠다. 인사 외에 연구소의 회계 역시 정부의 엄격한 회계 관리 절차를 따라야 했기 때문에 창의적인 연구 활동에 어려움이 많았다. 1960년대 초 군사정부가 냉장고를 사치품으로 규정함에 따라 연구용 원자로의 온도 측정을 위해 필요했던 '냉장고' 구매 요구가 번번이 거부당하다가 '원자로 온도측정용 제빙장치'로 이름만 바꾼 다음에야 겨우 결재를 얻어낼 수 있었다는 원자력연구소 연구원의 회고는 국공립연구소의 관료적 연구 관리를 단적으로 보여준다.[4]

국공립연구소의 문제점을 인식하고 새로운 형태의 연구소를 세우려는 노력은 1960년대 초부터 계속되었다. 정부는 인사와 회계에서 자율적인 운영을 위해 기존 연구소를 법적으로 민간기구 형태로 전환하려 했으나 공무원 신분을 유지하고자 했던 연구소

---

3) 고대승, 「원자력기구 출현 과정과 그 배경」, 김영식·김근배 엮음, 『근현대 한국 사회의 과학』, 창작과비평사, 1998.

4) 노재현, 『청와대비서실 2』, 중앙일보사, 1993, 64~65쪽.

구성원들의 반대에 부딪쳤으며, 완전히 새로운 연구소 설립에 필요한 막대한 재원을 확보하지 못해 연구소 설립 구상은 큰 진전을 보지 못했다.

그러나 1965년 5월 미국에서 열린 한미정상회담에서 미국 대통령 존슨(Lyndon B. Johnson)이 한국에 연구소 설립을 지원하겠다는 의사를 밝힌 이후, 새로운 연구소 설치가 급물살을 타게 되었다. 연구소 설치를 지원하겠다는 미국의 제안은 박정희의 미국 방문을 앞두고 존슨의 지시에 따라 대통령의 과학기술특별고문 호닉(Donald F. Hornig)이 강구해낸 것으로 알려져 있다. 미국이 한국에 연구소 설립을 제안한 데는 무엇보다도 베트남전쟁에 한국이 전투부대 파병을 결정한 것에 대한 대가의 측면이 있었으며, 당시 미국에서 문제가 되고 있던 두뇌 유출에 대한 반대 사례를 만들기 위한 목적도 있었다. 동시에 막바지 단계에 달한 한일협정에 대한 한국 내의 반발을 무마하고 한일수교 이후에도 미국의 지원이 계속될 것이라는 점을 시사하는 의미도 지니고 있었다.[5] 미국은 연구소 설치 지원과 1.5억 달러의 개발차관을 통해 박정희 정권에 대한 지지와 한국에 대한 지속적인 경제·기술지원 의지를 나타냄으로써 베트남 파병과 한일수교에서 한미 양국이 원하는 결과를 얻고자 했던 것이다. 사실 한국 전투병의 베트남 파병, 한

---

5) 김근배, 「한국과학기술연구소(KIST) 설립 과정에 관한 연구—미국의 원조와 그 영향을 중심으로」, 『한국과학사학회지』 12-1, 1990; 문만용, 「한국과학기술연구소 설립 과정에서 한국과 미국의 역할」, 『한국과학사학회지』 26-1, 2004.

한국과학기술연구소 전경　1972년 10월경. 국가기록원 소장 사진.

일협정의 타결, 한국의 경제개발이라는 세 가지 문제는 모두 서
로 연결되어 있었고, 미국은 이 모두에 실질적인 이해관계를 갖
고 있었기 때문에 적극적으로 나설 수밖에 없었다.[6] 미국의 지원
은 박정희의 정치력 강화에 적지 않은 도움을 줄 수 있었고, 특히
정치와는 직접 관계가 없는 과학기술에 대한 지원은 논란의 소지
도 없었다. 연구소 설립은 단순히 경제개발에 도움을 준다는 차
원을 넘어 정권의 긍정적 이미지 형성에도 기여할 수 있었기 때
문에, 박정희도 이 점을 인식하고 미국의 제안을 적극적으로 받
아들였다.

　　마침내 1966년 2월 KIST가 설립되어 임업시험장이 있던 서울

　6) 홍석률, 「1960년대 한미관계와 박정희 군사정권」, 『역사와 현실』 56, 2005; 전재
　　성, 「1965년 한일국교정상화와 베트남 파병을 둘러싼 미국의 대한 외교 정책」,
　　『한국정치외교사논총』 26-1, 2004.

홍릉에 터를 잡았으며, 초대 소장으로 원자력연구소 소장 최형섭이 임명되었다. KIST는 한국과 미국 정부의 재정지원으로 설립되었지만 재단법인이라는 법적 형태를 갖췄으며, 출연금 지급이나 국유재산 양도 등을 규정한 '한국과학기술연구소육성법'을 통해 정부의 안정적인 지원을 보장받았다.[7] 한국 정부는 국공립연구소가 지니는 비효율을 피하고 싶었고, 미국 정부는 KIST에 대한 한국 정부의 지나친 간섭을 막기 위해 재단법인화에 동의했다.

박정희는 백만 원의 출연금을 납부하고 재단법인 KIST의 설립자로 이름을 올렸는데, 대통령이 설립자라는 점은 KIST가 민간기구로서 자율성과 독립성을 강조하는 속에서도 정부의 지원을 이끌어낼 수 있었던 요인의 하나였다. 박정희는 설립자로서 KIST에 대한 든든한 후원자를 자처하고 나섰으며, 설립 초기에 발생한 몇몇 문제들을 중재해서 해결하는 역할을 담당했다.[8] 대통령

---

7) KIST가 정부로부터 받는 지원금은 '보조금'이 아닌 '출연금(出捐金)'으로 규정되었는데, 이는 정부 보조금에 따르는 복잡한 감사나 회계 문제를 피하기 위해서였다. KIST 운영진은 자율적 운영을 강조했는데, 국회를 통과한 '한국과학기술연구소육성법'에 초안에는 없던 정부의 사업계획 승인이나 회계 감사가 포함되자 정치권 인사와 미국 측 관계자와 접촉하여 연구기관의 자율성을 위해서는 법 개정이 필요함을 설득하여 이례적으로 제정된 지 3개월 만에 개정을 이끌어내기도 했다.

8) 후진국일수록 최고 통치자의 과학발전에 대한 관심이 중요하다는 점은 Stevan Dedijer의 논문에서 강하게 주장되었다. "Underdeveloped Science in Underdeveloped Countries", *Minerva* 2-1, 1963, pp. 61~81. 이 논문은 『신동아』 1965년 11월호에 「후진국에서의 과학의 후진성」이라는 제목으로 번역되어 국내에 널리 소개되었는데, 박정희도 이에 대해 알고 있었던 것으로 보인다.

의 이 같은 후원은 KIST 연구원들의 사회적 지위를 높이는 동시에 연구원들에게 특별한 책임감과 부담을 부여하는 효과를 가져왔다. 이는 KIST가 정부의 확고한 지원 아래 빠른 시간 내에 성장할 수 있었던 요인의 하나가 되었으며, 국립대 교수의 3배가 넘는 급여를 비롯하여 KIST 연구원에 대해 정부가 보여준 적극적 뒷받침은 과학기술자가 자신의 전공 분야에서 전문적인 능력을 발휘하고 사회적으로 권위를 인정받을 수 있는 계기가 되었다.[9]

KIST는 해외의 한국인 과학기술자들을 핵심 연구자로 유치하고 계약연구 체제를 주된 운영 원리로 채택하여 한국의 경제발전에 기여하는 산업기술 연구 활동을 중점적으로 추진하기로 했다.[10] 이처럼 정부의 재정지원을 받아 설립·운영되지만 법적으로 재단법인이며, 계약연구 체제를 채택하여 산업기술을 연구하여 위탁자에게 제공하는 KIST의 형태는 다른 연구소에서 찾아보기 힘들었다. KIST는 미국의 바텔기념연구소(Battelle Memorial Institute)를 모델로 설립되었으나, 이 연구소는 정부가 아닌 민간이 세운 계약연구소였다. 선진국들의 경우 정부와 긴밀한 관계를 맺고 있는

---

9) Bang-Soon L. Yoon, "Reverse Brain Drain in South Korea: State-led Model", *Studies in Comparative International Development*, 27-1, 1992.

10) 계약연구 체제는 의뢰인으로부터 특정 과제에 대한 연구비를 제공받고 연구를 수행하여 그 결과를 의뢰인에게 되돌려주는 방식이었다. 여기에는 연구자를 위한 연구가 아닌 수요가 있는 연구를 수행함으로써, 그동안 사회적 요구와 동떨어진 채 이루어졌던 연구개발 분위기를 전환시킨다는 목적과 함께 연구계약을 통해 재정자립을 이루겠다는 목표가 담겨 있었다.

연구소들은 국공립 형태가 많으며, 비영리법인으로 정부의 지원을 주로 받는 경우 개별 연구소가 아닌 연구소 연합체인 연구회만이 법인인 경우가 많다. 또한 산업기술을 주로 연구하는 연구소들은 대체로 정부보다 민간의 자금으로 운영되는 등 KIST와 법적 지위나 연구 및 운영 방향에서 차이가 있었다.

KIST는 정부의 막대한 지원에 힘입어 예상보다 빠른 성장을 보이며 한국 사회에 안착했다.[11] 기본적으로 KIST가 해외로 유출된 두뇌들을 받아들여 성공적으로 운영된다는 것은 한국 정부에게 상당한 의미가 있었다. 무엇보다도 떠났던 과학기술자들의 귀국은 국내외에 이전과는 달라진 한국의 위상을 보여줄 지표가 될 수 있었다. 최고의 시설과 국내외에서 유치한 최고의 연구진을 갖추고 정부의 직접적인 통제를 받지 않고 자율적으로 운영되는 KIST는 1967년의 대통령선거를 앞둔 시점에서 박정희에게 중요한 정치적 가치를 지니고 있었다. 그 정치적 가치를 극대화하기 위해 박정희는 KIST를 '동양 최대의 연구소'로 만들고자 했으며, 그에 따라 KIST는 처음 계획보다 규모가 크게 확대되었다. 하지만 이러한 확대에 대해 미국 측이 동의하지 않았기 때문에 그에 따른 추가적인 비용은 한국 정부의 몫이 될 수밖에 없었다.

정부의 기대대로 KIST는 해외의 한국인 과학기술자들을 성공

---

11) 미국은 KIST 설립 이후 1970년까지 무상원조 718.8만 달러와 차관 185.6만 달러를 제공했으며, 한국 정부는 같은 기간에 42억 3,200만 원을 투자했다. 1970년 환율(1달러당 255원)로 계산하면 한국 정부의 지원금은 1,660만 달러에 달한다.

적으로 유치했으며, KIST가 처음으로 해외의 연구자들과 임용계약을 맺었다는 사실이 중앙일간지의 사회면 머리기사로 실릴 정도로 주목을 받았다.[12] KIST가 초기에 해외에서 유치한 25명 중국제협력사업의 한국 측 대표로 발탁된 1명을 제외하고는 모두국내에서 활발하게 활동했고, 이는 귀국을 저울질하는 해외 과학자들에게 긍정적인 영향을 주었다. 1970년대에 들어서도 KIST가 해외로부터 유치한 연구원에 대해 신문에 간단한 소개 기사가 실릴 정도로 유치 과학자들에 대한 사회적 관심이 높았다.[13] 결국 KIST는 박정희가 내걸었던 '조국 근대화'의 상징물로 기능함으로써 정권의 정당성 확보에 도움을 주었다. KIST 설립 초기에 영화를 비롯하여 연구소를 소개하는 각종 홍보자료가 다수 제작되었고, KIST가 한국을 방문한 외빈이 반드시 찾는 장소가 되었던 것은 그러한 정치적 효과와 무관하지 않았다.[14] 1970년대 중반 대표적인 정부 홍보성 드라마였던 KBS의 〈꽃피는 팔도강산〉의 맏사

---

12) 일반화할 수 있는 사례는 아니지만 KIST의 해외 유치 과학자임을 안 택시운전사가 택시요금을 받지 않았다거나 교통신호 위반을 단속한 교통경찰이 스티커를 발부하지 않고 그냥 가게 했다는 등, KIST의 초기 연구원들은 당시 자신들에 대한 사회적인 인식이 매우 우호적이었고 그만큼 자부심과 책임감을 느꼈다고 얘기한다. 문만용, 「한국과학기술연구소 설립 과정에서 한국과 미국의 역할」, 『한국과학사학회지』 26-1, 2004.

13) KIST가 해외에서 유치한 연구자에는 채영복(과학기술부 장관 역임), 경상현(정보통신부 장관 역임), 이용태(삼보컴퓨터 명예회장) 등 이후 과학기술계에서 핵심적인 역할을 담당한 인물들이 다수 포함되어 있었다.

14) 문만용, 앞의 글, 2004.

위가 KIST 연구원으로 설정된 것 역시 우연이 아니었다.[15]

2. 홍릉 연구단지, 정부출연연구소 제도의 정착

1966년 KIST 설립을 계기로 과학기술에 대한 사회적 관심이 크게 높아졌고, 과학기술 발전을 위한 여러 제도와 기관의 형성이 뒤따랐다. 연구소 설립이 제기되면서 언론과 과학기술계는 과학기술 행정 및 지원체계, 인력 문제, 연구 환경 등에 대한 문제를 제기하기 시작했다. KIST 설립 직후인 1966년 5월 19일 발명의 날을 기해 제1회 전국과학기술자 대회가 열렸고, 이때의 결의에 따라 그해 9월 한국과학기술단체총연합회(과총)가 창립되었다. 이듬해 과학기술 발전을 위한 최초의 종합적인 법률인 '과학기술진흥법'이 제정되었고, 곧이어 과학기술 정책을 책임지는 독립적 행정부서로 과학기술처가 설치되었다. 그해 말에는 원로 과학기술자들의 후생복지와 과학기술 풍토 조성을 목적으로 재단법인 과학기술후원회가 발족했고, 박정희는 그 설립자로 이름을 올렸다. 이처럼 KIST 설립을 계기로 과학기술과 관련된 연구·행정 및 지원체계가 갖추어지기 시작했다. 이에 대해 한 신문은 1967년을 우리나라에서 '과학기술 붐'이 일어난 시기라고 설명했는데, 이는 한국에서 현대적인 과학기술 체제가 형성되었음을 상징하는 표현

---

15) 김한상, 『조국 근대화를 유람하기』, 한국영상자료원, 2008.

이었다.[16]

'과학기술 붐' 속에서 KIST에 이어 두 번째 정부출연연구소가 탄생했다. 과학기술처가 발족하면서 소관부처를 문교부에서 과학기술처로 바꾸고 재단법인체로 새롭게 출발한 한국과학기술정보센터가 바로 그것이었다. 이 기관은 재단법인체로 전환한 뒤 1968년 KIST가 자리 잡은 홍릉에 새로운 청사 건축을 시작했으며, 다음 해 '한국과학기술정보센터육성법'이 제정되면서 규모와 역할이 커지기 시작했다.[17] 박정희는 과학기술정보센터 역시 KIST처럼 청와대가 집중적으로 후원해야 한다고 하면서 당시 비서실장 이후락에게 직접 관여할 것을 지시했다고 한다. 그에 따라 이후락이 과학기술정보센터 이사장이 되었고, 비서관 신동식이 이사로 참여하면서 정부 지원이 강화되었다.[18]

1970년에 들어 국방과학 분야에도 정부출연연구소가 설립되었다. 1968년의 1·21사태에서부터 '닉슨 독트린'의 발표, 그리고

---

16) 문만용, 「1960년대 '과학기술 붐'—한국의 현대적 과학기술 체제의 형성」, 『한국과학사학회지』 29-1, 2007.

17) 과학기술정보센터는 1962년 1월 유네스코 한국위원회의 한 부서인 한국과학문헌센터로 설립되어 1964년 12월 문교부 산하기관인 한국과학기술정보센터로 독립했지만 재원 부족 등으로 큰 역할을 못했다. 이 기관은 연구자들로부터 요청받은 과학기술 문헌을 번역하거나 복사해서 제공하는 것이 기본 역할로서, 연구가 주된 기능은 아니었으나 운영 방식이나 법적 지위가 유사하기 때문에 정부출연연구소로 분류되었다.

18) 김영식 외, 『여명기의 한국 과학기술 연구기관의 설립과 연구 활동 조사』, 한국과학기술연구원, 2003.

1970년 해군 방송선 피랍 사건에 이르기까지 일련의 안보 문제가 제기되면서 방위산업 육성과 국방과학 분야 연구의 필요성이 고조되었고, 정부는 1970년 8월 국방부 산하에 국방과학연구소를 설립했다. 그러나 그해 말 정부는 연구소를 국가기관이 아닌 법인으로 개편했고, 이를 위해 '국방과학연구소법'을 제정했으며, 위치는 KIST의 옆으로 정했다. 이 연구소의 초대 소장은 KIST의 행정부소장이었던 신응균이 임명되었으며, 1972년 초 KIST 소장으로 선임된 지 몇 달 되지 않은 심문택이 국방과학연구소의 2대 소장으로 임명되었다.[19] 심문택은 KIST 인력 일부를 국방과학연구소로 옮기게 해 연구와 행정에서 중심적 역할을 맡겼으며, 1980년까지 연구소를 이끌면서 국산 병기 개발의 주축으로 만들었다. 국방과학연구소는 1970년대 중반을 거치면서 국내외에서 고급 과학 두뇌들을 대거 불러들여 '70년대 과학 두뇌들의 총집결지'였다는 평가를 받기도 했으며, KIST와 함께 1970년대 연구개발을 주도했다.[20]

---

19) 예비역 중장이자 국방 차관을 지낸 신응균은 최형섭의 죽마고우였으며, 심문택은 최형섭이 주도하던 '파이클럽'의 간사였다. 또 한 명의 파이클럽 간사였던 한상준은 심문택의 뒤를 이어 KIST의 3대 소장이 되었다.

20) 신동호, 「과학기술계의 양대 인맥」, 과학기자 모임, 『신한국 과학기술을 위한 연합 보고서』, 희성출판사, 1993. 1970년대 국방과학연구소의 고급 두뇌 대거 유치는 무기 관련 대형 개발사업의 추진과 관련이 있는데, 특히 국방과학연구소의 대표적 연구성과로 꼽히는 유도탄 개발사업은 핵무기 개발과 관련이 있었다. 사업의 성격상 1차 사료가 거의 공개되지 않았지만 1971년 말부터 72년 초 사이에 핵무기 개발이 결정되었고, 핵무기 운반수단이 될 수 있는 유도

정부 재원으로 과학기술 관련 비영리법인을 설립·운영하고 그 기관의 지원을 명시한 육성법을 제정하는 방식은 정부출연연구소 설립의 전형적인 과정이 되었으며, 이 방식은 인문사회 분야 연구소에도 적용되었다. 한국의 지속적인 경제발전을 위해 경제 관련 문제를 포괄적으로 연구 분석한다는 목적으로 1971년 문을 연 한국개발연구원(KDI)은 인문사회계에서 첫 번째 정부출연 연구소였다. 1970년 말 정기국회에서 '한국개발연구원법'이 통과되면서 KDI 설립이 본격화되었으며, 역시 홍릉에 자리를 잡았다. 박정희는 KIST에 과학 두뇌를 데려온 것처럼, KDI를 설립하여 시장경제에 밝은 해외 한국인 경제학자를 데려와 경제 정책을 개발하고 정책 실행을 자문하도록 하자는 뜻을 밝혔고, 이를 위해 KIST의 경우처럼 출연금 백만 원을 납부하고 KDI의 설립자가 되었다.[21] KDI 이후 한국교육개발원 등의 인문사회계 연구소들도 동일한 절차를 따랐다.

홍릉에 합류한 또 하나의 기관은 고급 과학기술인력을 양성하기 위한 특수 이공계 대학원인 한국과학원으로, 1971년 정식 발족했다. 1969년부터 제안된 새로운 이공계 대학원 설립에 문교부

탄 개발과 핵탄두의 설계는 국방과학연구소에서, 핵물질 확보를 위한 재처리 시설 확보 등의 연구는 원자력연구소에서 추진된 것으로 알려져 있다. Seung-Young Kim, "Security, Nationalism and the Pursuit of Nuclear Weapons and Missiles: The South Korean Case, 1972~82", *Diplomacy & Statecraft* 12-4, 2001; 조철호, 「1970년대 초반 박정희의 독자적 핵무기 개발과 한미관계」, 『평화연구』 9, 2000.

21) 정인영 편저, 『홍릉 숲 속의 경제 브레인들』, 한국개발연구원, 2002.

가 강력히 반대하자 대통령은 과학기술처로 하여금 대학원 설립을 추진토록 했으며, 곧이어 '한국과학원법'이 신속하게 마련되어 1970년 8월 공포되었다. KIST 설립과 연구원의 높은 처우에 대해 문제를 제기한 바 있었던 기존 대학들은 한국과학원의 설립에 대해서도 강한 불만을 표시했다. 이는 대학의 과학기술계 교수들에 대한 박정희의 인식을 부정적인 것으로 만들었다. 집권 초기에 대학 교수들을 전문가 집단으로 중용하여 그들의 목소리에 귀를 기울이던 박정희는, 1970년대 들어 그들의 역할을 상대적으로 낮게 평가하는 경향을 보이게 되었다. 그러면서 과학기술에 관련해서도 경제개발과 거리가 있고 새로운 흐름을 거스르려는 대학보다는 KIST나 한국과학원 등 새 기관에 점수를 주었던 것이다.

이처럼 KIST 설립 이후 그 주변에 정부출연연구소들이 자리 잡으면서 홍릉은 우리나라 최초의 연구단지가 되었다. 처음부터 연구단지를 건설하려는 계획이 있었던 것은 아니었지만, 새로운 기관들이 KIST 옆에 터를 닦으면서 자연스럽게 연구단지가 형성된 것이다. 통일된 단지 명칭도 없이 '서울 연구개발단지' 또는 '홍릉 연구단지'로 불렸지만, 홍릉의 연구소들은 과학기술, 경제, 국방에서 최고의 두뇌들이 모여 정부를 위한 싱크탱크 역할을 담당하게 되었다.[22]

---

22) 1970년대 초 정부 일각에서 홍릉 임업시험장 일대를 '브레인 파크', '두뇌 공원', '싱크탱크 파크' 또는 '연구 공원' 등으로 명명하여 한국의 미래를 창조하는 공원으로 정식 지정하려 했으나 결실을 맺지는 못했고 편의상 '홍릉 연구단지'라 불렸다. 위의 책, 113쪽.

홍릉의 기관들은 연구소, 연구지원센터, 교육기관 등 조금씩 다른 성격을 지니고 있었지만 기본적으로 KIST에서 시작된 정부출연연구소 체제를 따르고 있었다. 공릉동에 위치했지만 홍릉 연구단지의 일원으로 참여한 원자력연구소의 경우, 처음에는 국공립연구소였다가 1973년 '한국원자력연구소법' 제정과 함께 역시 정부출연연구소로 개편되었다. 최형섭이 1971년 6월 과학기술처 2대 장관으로 임명된 뒤 두 달 만에 KIST에서 연구부장을 맡고 있던 윤용구가 원자력연구소 소장이 되었고, 그의 주도 아래 법인으로 개편되었던 것이다. 이는 원자력연구소 개편에 최형섭의 의지가 크게 반영되었음을 시사한다. 비록 이 기관들은 형식상 민간기구였지만 실질적으로 정부와 긴밀한 관계를 맺고 있는 '준정부조직(semi-government organization)'이었다. 연구소들은 기본적으로 계약연구 체제를 채택했지만 계약과 무관하게 정부의 요구에 응해야 하는 경우도 적지 않았기 때문에, 정부와의 관계는 선진국에서 묘사되는 '계약(contract)'보다는 '동원(mobilization)'에 가까웠다고 평가되기도 한다.[23] KIST 설립 과정에서 한국과 미국 측의 이해가 맞아떨어지면서 형성된 '정부출연연구소'라는 제도는, 이후 과학기술은 물론 인문사회 분야 연구소에도 적용되면서 예외적인 한 연구소만의 경험이 아니라 한국적인 연구소 시스템으로 정착되었다. 이런 결과는 KIST의 초기 '성공'에 힘입은 바 컸다.

---

23) 송위진 외, 『한국 과학기술자사회의 특성 분석—脫추격체제로의 전환을 중심으로』, 과학기술정책연구원, 2003, 160쪽.

3. 대덕 연구단지, 정부출연연구소 제도의 확산

  홍릉 연구단지는 한국 최초의 연구단지로 주목을 받았지만 처음부터 연구단지로 계획된 것이 아니었기 때문에 공간이 제한되어 단지 자체의 확대에 한계가 있었다. 또한 서울 도심이 점차 팽창함에 따라 홍릉 주변의 환경도 연구단지에 적절하지 않다는 문제가 제기되었다. 그에 따라 과학기술처는 제대로 된 연구단지를 조성하고자 했으며, 이러한 노력은 최형섭이 과학기술처 장관으로 임명되면서 본격화되었다. 1973년 1월 대통령의 과학기술처 연두순시 때 최형섭은 '연구학원도시' 건설의 필요성에 대해 보고했으며, 그해 말 전략산업기술 연구기관 5곳 신설을 비롯하여 연구소, 대학 등과 함께 5만 명의 인구가 생활할 수 있는 자족적인 도시 기능을 갖춘 '대덕 연구학원도시 기본계획'이 확정되었다. 1년여의 기획 과정을 거치며 중화학공업화 선언에서 제기된 6대 전략업종을 지원한다는 명분 아래 처음 계획보다 신설 연구소의 범위가 더욱 확대되었다. 그에 따라 일반적으로 대덕 연구단지, 그리고 그곳에 자리 잡은 각 전문 분야별 정부출연연구소들은 정부의 중화학공업화 선언을 뒷받침하기 위해 건설되었다고 얘기된다.

  하지만 중화학공업화 선언이 제기될 때부터 연구개발이나 연구소 설립이 고려되었던 것은 아니었다. 1973년 연두기자회견에서 발표된 대통령의 선언이나, 곧이어 이를 뒷받침하기 위해 청와대 제2경제 수석비서관의 주도로 작성된 '중화학공업화 정책선언에 따른 공업구조 개편론'에도 연구소 설립 문제는 들어 있지 않았다.[24] 사실 중화학공업화 선언 이전인 1960년대 후반부터 각 산업분야별 육성법이 존재했으나 여기에서도 연구소 설립은 언급되지 않았다. 이는 연구소 설립이 기술개발의 수요자인 산업계나 정부 내에서 공업 분야를 관장하는 부처가 아니라 과학기술처나 관련 연구자의 주도로 진행되었음을 말해준다.[25] 즉 정부의 중화학공업화 추진과 별개로 대덕 연구단지 건설이 추진되었고, 같은 시기에 시작된 두 사업이 연결되면서 대덕 연구단지의 정부출연연구소들이 확대되었던 것이다.[26]

대덕 연구단지의 건설과 정부출연연구소의 확대에는 누구보다 과학기술처 장관이었던 최형섭의 역할이 컸다. 박정희가 많은 관심을 보였던 KIST의 초대 소장으로서 연구소 설립과 운영을 성공적으로 이끌어낸 최형섭은 그 공을 인정받아 과학기술처 장관이 되었고, 헌정 사상 최장수 기록인 7년 7개월 동안 장관직을 수

---

24) '중화학공업화 정책선언에 따른 공업구조 개편론'은 각 분야별 공장 설립계획과 함께 대학과 초중등교육의 변화까지 언급했지만, 연구기관 설립의 필요성이나 계획에 대해서는 아무런 논의가 없었다.

25) 실제로 대덕 연구단지 건설이 추진될 때 상공부 등 관련부처 내에는 KIST에 대한 연구수요도 충분하지 않은 상태에서 새로운 연구소를 세우는 것에 대해 부정적인 의견이 적지 않았다. 전상근, 『한국의 과학기술 정책—한 정책입안자의 증언』, 정우사, 1982, 163~165쪽.

26) 선박연구소 등 일부 분야에서는 대덕 연구단지나 중화학공업화 선언과 별개로 KIST의 관련 연구자들을 중심으로 독립적인 연구소 설립 요구가 제기되고 있었다.

행하면서 대덕 연구단지를 비롯하여 1970년대 우리나라 과학기술 정책을 체계화하고 연구개발 체계를 구축해 나갔다. 그는 국공립연구소와 정부출연연구소의 소장을 모두 경험했으며, 그 과정에서 정부출연연구소의 장점에 대해 강한 확신을 갖게 되었다. 그에 따라 최형섭은 장관이 된 뒤 연구단지 건설을 추진하는 한편 원자력연구소를 비영리법인으로 전환시키는 것을 시작으로 정부출연연구소를 늘려 나갔다. 그는 장관이 된 직후 KIST 감사였던 이창석을 과학기술처 차관으로 천거했으며, 이창석은 7년 9개월 동안 차관에 재임하면서 최형섭을 뒷받침했다.

처음 대덕 연구단지에 설립하기로 한 5개 연구소들이 KIST 연구실을 확대·개편한다는 계획이었기 때문에, 신설될 연구소들은 자연스럽게 KIST와 동일한 형태 및 설립 과정을 따르는 것으로 구상되었다.[27] 결과적으로 KIST는 이후 설립된 전문연구소의 전범(典範)이 되었고, 1970년대 KIST에서 직접 분리되어 독립한 연구소는 3개에 불과했는데도 KIST는 모든 정부출연연구소의 모태라고 얘기된다.[28]

---

27) 연구소 숫자가 많아지면서 개별 법률 제정은 번거롭다는 판단 아래 정부는 1973년 말 KIST육성법에 규정된 내용을 중심으로 '특정연구기관육성법'을 제정했으며, 연구소 신설이 결정될 때마다 시행령에 해당 연구소를 추가하는 방식으로 신설 연구소에 대한 정부 지원의 근거를 마련했다.

28) 정부출연연구소 신설은 크게 세 가지 방식으로 진행되었다. 원자력연구소처럼 기존 국공립 연구기관을 법인으로 개편하여 새롭게 발족시키는 방법이 있었고, 선박연구소처럼 KIST 부설연구소로 설립한 뒤 독립시키거나 전자기술연구소처럼 KIST 조직과 인력을 분리시켜 별도의 연구소를 세우기도 했으며,

대덕 연구단지 건설계획은 이후 몇 차례의 변화를 겪었는데, 1976년 기본계획이 크게 수정되면서 도심지 건설계획이 보류되어 당초의 '연구학원도시'가 '연구단지'로 축소되었다. 대신 창원과 구미 등 대덕 단지 외의 산업단지에도 정부출연연구소 설립이 가능해졌다. 이런 조치로 인해 정부출연연구소는 더욱 늘어났으며, 각 부처가 경쟁적으로 연구소를 설립하게 되었다. 1976년 한 해에만 대덕에 4개 연구소가 들어섰으며, 창원 기계공업단지에 2곳, 마산 전자산업단지에 1곳, KIST 부설로 1곳이 설립되었다. 그에 따라 홍릉에 처음으로 뿌리를 내린 정부출연연구소는 대덕에서 큰 몸통을 형성했으며, 창원과 구미에 가지를 뻗침으로써 국가 전역으로 확산되었다.

이처럼 1970년대에 연이어 설립된 과학기술 분야 정부출연연구소는 1980년 하반기 현재 1개 부설기관을 포함하여 총 19개에 달했다.[29] 이 정부출연연구소들은 대개 박정희를 설립자로 등재했는데, 이를 통해 박정희는 과학기술 발전에 남다른 관심과 의

처음부터 완전히 새로운 연구소를 설립하기도 했다.

29) 소관 주무부처별로 보면 과학기술처 7개(KIST, KIST 부설 해양개발연구소, 한국과학원, 한국과학기술정보센터, 한국과학재단, 한국원자력연구소, 한국핵연료개발공단), 상공부 4개(한국기계금속시험연구소, 한국선박연구소, 한국전자기술연구소, 한국화학연구소), 동력자원부 3개(한국종합에너지연구소, 자원개발연구소, 한국전기기기시험연구소), 전매청 2개(고려인삼연구소, 한국연초연구소), 국방부(국방과학연구소), 체신부(한국통신기술연구소), 공업진흥청(한국표준연구소)이 각각 1개 기관이었다. 과학기술처, 『과학기술처 출연연구기관 백서』, 1997.

지를 지닌 지도자의 이미지를 구축했다. 화학연구소의 경우 산업계가 상당 부분 출연금을 제공하며 설립에 관여했고, 그에 따라 출연 업체 중 17개 대표 업체를 설립자로 선정했지만 얼마 가지 않아 설립자가 박정희로 변경되는 우여곡절을 겪었다.[30]

결국 대덕 연구단지 건설과 함께 크게 늘어난 정부출연연구소 설립은 정부가 1970년대 과학기술 정책에서 가장 역점을 두고 추진한 사업이었으며, 그로 인해 과학기술계에서 정부출연연구소는 압도적인 영향력을 갖게 되었다. 정부출연연구소는 국공립연구소나 대학보다 기관의 수는 훨씬 적었지만 1976년부터 정부 및 민간으로부터 확보한 연구개발비 총액이 이들 기관을 넘어섰다. 이는 과학기술계 힘의 중심이 정부출연연구소로 이동했음을 뜻한다. 1960년대 중반까지 정부 정책이나 사회 인식에서 과학기술에 그다지 힘이 실리지 않았다는 사실을 감안하면, 정부출연연구소가 과학기술계에서 처음으로 영향력 있는 주체로 부상했다고 볼 수 있을 것이다. 여기에는 박정희의 후원을 등에 업은 최형섭의 구상과 역할이 크게 작용했으며, 그 과정에서 KIST 출신 연구자들이 신설 연구소의 최고관리직으로 대거 옮겨가게 되었다. 이들 'KIST 인맥'은 최형섭의 영향력을 바탕으로 과학기술계의 '파워엘리트'가 되었다. 1960년대 '파이클럽'을 이끌며 한국의 과학기술계에 새로운 흐름을 불어넣고자 했던 최형섭은 KIST를 거쳐 과학기술처 장관에 오르면서 파이클럽 대신 '최형섭 사단'

30) 한국화학연구소, 『한국화학연구소십년사』, 1986, 16~19쪽.

을 형성하여 그 구상을 구체화시켰던 것이다. 그러나 '최형섭 사단'은 과학기술계 일각으로부터 곱지 않은 시선을 받아야 했으며, 최형섭은 "MOST(과학기술처) 장관이 아니라 KIST 장관"이라는 언론의 핀잔을 받기도 했다. KIST의 독주는 KIST나 정부출연연구소에 대한 외부의 부정적 인식을 가져오는 원인의 하나가 되었다.[31]

4. 정부출연연구소 체제의 성과와 한계

정부출연연구소의 잇단 설립은 국내 과학기술계에 적지 않은 변화를 몰고 왔다. 무엇보다 과학기술 분야에서 처음으로 연구개발 체제가 구축되었다는 점을 들 수 있다. 이 시기 대학은 열악한 시설과 환경으로 인해 과학기술 분야 고등교육의 기능조차 제대로 하기 어려운 상황이었다. 때문에 극히 일부를 제외하고는 현실적으로 연구까지 내다보기는 쉽지 않았다. 연구개발의 또 다른 축이 될 수 있는 산업계는 아직 연구개발에 대한 관심과 역량이 높지 않았다. 결국 정부출연연구소는 정부 지원 속에서 가장 나은 시설과 우수 인력을 확보하여 연구개발을 시작할 여건을 갖추게 되었으며, KIST나 국방과학연구소 등은 꾸준히 연구성과를 생산해냈다. 또한 이들 연구소에서 연구 경험을 쌓은 인력들이 다

---

31) 신동호, 「과학기술계의 양대 인맥」, 과학기자 모임, 『신한국 과학기술을 위한 연합 보고서』, 희성출판사, 1993.

른 연구소나 대학 및 기업으로 옮겨감으로써 최신 기술과 그들의 개발 경험이 여러 영역으로 전파되는 효과를 가져왔다. 그런 점에서 1970년대의 정부출연연구소는 연구개발 결과물보다도 연구활동에 종사하는 우수인력을 유치하거나 키워냈다는 점에서 가장 크게 기여했다는 평가도 받고 있다.[32]

또한 대부분의 정부출연연구소들이 핵심 연구인력을 해외에서 유치해오면서 두뇌 유출 극복에도 크게 기여했다. 1960년대 중반까지 한국은 세계에서 두뇌 유출이 가장 심한 나라 중 하나였지만, 해결책은커녕 두뇌 유출 현황도 파악하지 못한 상태였다. 그러나 KIST 설립을 계기로 해외 한국인 과학기술자 귀국에 자신감을 얻은 정부는 해외 유학을 통제하던 그동안의 소극적 정책에서 벗어나 정부 재원을 이용하여 해외 한국인 과학기술자들의 귀국을 유도하는 적극적인 정책으로 전환했다.[33] 1970년대 들어 새

---

32) 김인수, 「과학기술 진흥과 경제발전」, 조이제·카터 에커트 편저, 『한국 근대화, 기적의 과정』, 월간조선사, 2005.

33) 개발도상국이 해외의 고급인력을 받아들여 연구소를 성공적으로 운영해 나간 사례가 별로 많지 않기 때문에 KIST가 해외 두뇌를 성공적으로 유치한 사실은 미국에서도 상당한 관심을 불러일으켰다. 미국은 이를 '역두뇌유출(reverse brain-drain)'이라 표현했으며, 미국의 Hentges는 1975년 KIST의 해외 한국인 과학기술자 유치사업을 중심으로 KIST의 설립 및 초기 운영 과정을 살피는 박사학위 논문을 통해 개발도상국의 두뇌 유출 해결 방안으로서 KIST 모델의 적용 가능성을 타진하기도 했다. 그는 KIST의 성공에는 미국의 대외지원 정책에서부터 한국 최고 통치자의 적극적인 지원, 한국인들의 고유한 문화까지 독특하고 우연적인 많은 요소들이 작용했기 때문에 다른 국가에서 KIST와 같은 기관의 설립으로 두뇌 유출을 해결할 수 있을지에 대해서는 회의적

로 문을 연 정부출연연구소들이 해외 과학기술자들의 유치에 발 벗고 나서면서 해외 과학 두뇌의 귀국이 꾸준히 증가했다. 그 결과 1960년대에는 10%대에 불과했던 해외 유학생의 귀국율이 지속적으로 증가하여 1980년대에 이르면 68.4%를 기록했으며, 1990년에 들어서는 한국에서 두뇌 유출은 더 이상 문제가 되지 않는다는 연구결과까지 등장했다.[34)]

비록 1970년대의 정부출연연구소가 거둔 연구성과가 화려한 건 아니지만, 이들의 연구 활동을 통해 연구개발 자체에 대한 사회의 인식이나 평가가 달라졌다는 것도 의미 있는 변화였다. KIST의 경우 설립 초기에는 산업계로부터 연구 위탁을 받기가 매우 어려웠기 때문에, 산업계를 대상으로 연구개발의 가치와 자신들의 연구능력을 지속적으로 설득해야 했다. 1968년 당시 몇몇 기업은 대통령이 KIST와의 연구계약을 독려하자 "경제발전을 뒷받침하는 과학기술 개발에 대한 대통령의 뜻에 적극 호응한다"며 연구과제를 지정하지도 않고 청와대에 연구비를 맡기기도 했다. 이는 연구비를 일종의 정치자금으로 생각했던 것으로, 돈을 주고 연구개발을 의뢰하여 그 결과를 생산현장에 활용한다는 인식 자

인 입장을 나타냈다. Harret Ann Hentges, "The Repatriation and Utilization of High-Level Manpower: A Case Study of the Korea Institute of Science and Technology", Johns Hopkins Univ. Ph. D. Diss., 1975.

34) Bang-Soon L. Yoon, op. cit., 1992; Song, Hahzoong, "Reversal of Korean Brain Drain: 1960s~1980s", Paper for International Scientific Migrations Today, Institut de Recherche Pour le Developpement: Paris, 2000.

체가 희박했던 시대상을 보여주는 에피소드였다.[35] 그렇지만 해외 기술 도입이나 원자재 확보에서 문제가 생겼거나 도입 기자재의 고장 등으로 어려움에 빠진 기업들이 연구개발 결과를 활용하여 다시 일어서는 몇몇의 성공 사례가 생기면서, 기업들은 점차 연구개발의 필요성에 대한 인식을 높여갔다. 이는 KIST가 산업계와 맺는 연구계약고의 지속적인 증가로 이어졌다. 또한 정부출연연구소 연구결과를 기업이 상업화하는 경험이 쌓이면서 국내 개발 기술을 몇 년간 보호하는 정책이 처음으로 수립되기도 했다. 결과적으로 정부출연연구소를 통해 정부 관련부처나 산업계의 연구개발에 대한 관심과 이해가 커졌으며, 연구소들이 연구개발에 대한 수요를 이끌어낸 셈이 되었다. 연구개발이 주된 이슈가 되지 못한 상황에서 연구소 설립이 제기되었지만, 그 덕분에 연구개발에 대한 사회적 인식을 제고시킬 수 있었던 것이다.

박정희는 1976년 10월 KIST 설립 10주년을 맞이하여 "과학입국 기술자립(科學立國 技術自立)"이라는 휘호를 써 보냈다. 이는 조국 근대화의 한 상징으로 여겨진 KIST, 더 나아가 정부출연연구소가 부여받은 과제가 '기술자립'이었음을 말해준다.[36] 해방 직후 과학기술자들이 희망했던 과학기술 진흥 노력이 1960년대 후반부터

---

35) 문만용, 「한국과학기술연구소(KIST)의 변천과 연구 활동」, 『한국과학사학회지』 28-1, 2006, 87~88쪽.

36) KIST는 박정희의 '과학입국 기술자립' 휘호에 화답하여 1978년 초 『기술자립에의 도전』이라는 보고서를 내고 국가적 차원에서 요구되는 장기 대형 국책사업을 추진하겠다는 의지를 밝혔다.

본격화되었고, 그 실질적 의미가 '기술자립'으로 구체화되었던 것
이다. 사실 과학기술자들의 바람은 단순한 기술자립이 아니라 보
다 장기적인 관점에서 과학기술을 진흥시키는 것이었으나, 정부
는 이를 기술자립으로 수렴했다. 정부가 20여 년이 지나 과학기술
자들의 목소리에 응했던 이유가 경제개발을 뒷받침하는 기술을
확보해주고 국가안보에 기여할 수 있는 방위산업을 이끌어달라
는 취지였기 때문이었다. 바로 박정희가 정권 정당성의 주춧돌로
삼았던 경제개발, 국가안보, 과학기술과의 연결고리가 정부가 정

부출연연구소를 비롯하여 과학기술에 대한 관심과 지원을 높였던 이유였던 것이며, 실제로 국방과학연구소 외에 KIST나 원자력연구소 등 여러 정부출연연구소에서 방위산업과 관련된 연구과제가 수행되었다. 분명 연구소는 기술개발에만 매진하는 단순한 기관은 아니었으며 박정희 시대 정권의 정치력을 높일 새로운 수단이었다.

이처럼 대덕 연구단지 건설과 연구소의 설립은 과학기술 개발의 기반을 구축한다는 의미와 정치적 가치를 동시에 지니고 있었다. 그렇지만 1976년을 전후로 연구기관이 한꺼번에 설립되면서 크고 작은 문제도 생겨났다. 무엇보다도 단기간에 연구소 설립이 이어지다 보니 연구소 운영에 필요한 재원 확보가 어려웠다. 정부는 연구소 건설에만 해도 막대한 자금을 쏟아 부어야 했기 때문에 충분한 연구비까지 감당하기에는 무리가 있었다.[37] 아울러 1978년 말부터 시작된 제2차 오일쇼크와 뒤이은 경기침체로 인해 연구개발에 관심을 보였던 기업들도 투자를 꺼렸고, 이는 신설 연구기관뿐만 아니라 KIST와 같은 기존 연구기관들에게도 상당한 재정적 어려움을 안겨주었다.

그리고 연이어 설립된 정부출연연구소는 대부분 산업기술 개

---

37) 대부분 연구소가 정부의 출연금과 차관 등에 의존해서 설립되었고, 4개 연구소 설립에는 관련 산업계의 출연금이 투여되었는데, 산업계의 출연이 예상보다 부진해서 어려움을 겪었다.

발에 편중되었다는 문제를 지니고 있었다.[38] 물론 연구개발 활동
을 통해 기술자립과 경제성장에 기여하고자 하는 것이 정부출연
연구소였기 때문에 산업기술 분야에 집중된 것은 당연했으며, 당
시의 경제 상황에서 기초과학까지 포괄하여 균형 잡힌 과학기술
정책을 펼치기란 무리였다는 점을 감안해야 할 것이다. 그럼에도
박정희 시대에 가장 역점을 둔 과학기술 정책이 산업기술을 지향
하는 정부출연연구소 설립으로 구현됨으로써 기초학문에 대한
상대적 경시를 피할 수 없었고, 이는 이후에도 정부의 과학기술
정책에 지속적인 영향을 끼쳤다. 특히 대학의 연구자들은 이런
상황 때문에 '과학기술처에는 과학 정책 대신 기술 정책만 있다'
고 불만을 터뜨리곤 했다.[39] 한국 과학문화의 중요한 특성의 하나
로 '경제성장을 뒷받침하는 과학기술'이라는 도구적이고 실용적
인 과학관이 제시되곤 하는데,[40] 그 배경에는 정부출연연구소 설
립 정책도 자리하고 있었던 것이다.

또한 충분한 논의와 준비 없이 짧은 시간에 연구소 설립을 추

---

38) 1977년 설립된 과학재단은 다른 연구소와 달리 연구개발 자체가 아니라 대학
의 연구 활동 지원이라는 목적을 지니고 있었다.

39) 1973년부터 전개된 정부 주도의 과학기술문화운동인 '전 국민 과학화 운동'이
전 국민을 조국 근대화의 산업전사(産業戰士)로 만들기 위한 필요성에서 제기
되었다고 정부가 당당히 밝힌 것처럼, 이 시기에는 기술 담론이 과학기술계를
덮고 있었다. 송성수, 「'전(全) 국민의 과학화 운동'의 출현과 쇠퇴」, 『한국과학
사학회지』 30-1, 2008.

40) 김영식, 「한국 과학의 특성과 반성」, 김영식·김근배 엮음, 『근현대 한국 사회의
과학』, 창작과비평사, 1998.

진하다 보니 이후의 운영에 대한 고려가 부족했고, 연구소의 연구 분야나 과제에 적합한 운영 방식을 찾기보다 KIST의 운영 방식을 그대로 받아들였다는 것도 문제였다. KIST가 설립 당시 어떠한 배경에서 그러한 제도를 도입했는가에 대한 충분한 이해와 검토 없이 KIST의 제도를 그대로 수용했기 때문에 크고 작은 문제가 생겼던 것이다. 사실 신설 연구소들이 KIST를 모델로 삼기 이전에 KIST의 공과에 대한 심층적인 분석과 평가가 이루어져야 했지만, 대통령이 설립자이고 초대 소장이 과학기술처 장관으로 자리한 상황에서 그런 절차를 기대하기는 무리였다. 이미 KIST는 과학기술을 연구하는 단순한 연구소가 아니라 '대통령의 과학기술에 대한 높은 관심'과 '변화된 조국'을 대변하는 상징으로서 막강한 정치력을 업고 있었기 때문이다.

단기간에 각 부처들이 경쟁적으로 연구소 설립을 서두르다 보니 연구소를 관장하는 주무부처가 분산되어 연구소 설립이나 이후의 운영에서 전체적인 종합조정이 충분하지 못했다는, 보다 근본적이고 포괄적인 문제도 있었다. 이 때문에 연구소 사이에 분명한 역할 정립이 이루어지지 못해 설립 초기부터 기능의 중복 논란이 일어나 연구소 건설이 끝나기도 전에 통합 문제가 제기되기도 했다. 정부부처 간에도 종합 조정이 제대로 이루어지지 못한 형편이었으니, 대학이나 산업계 등 다른 연구개발 주체들과의 협력과 조화는 더욱 요원한 상황이었다.[41]

---

41) 한국의 혁신 체제가 지니는 중요한 특징의 하나로 각 주체들 사이에 협조가

또한 연구소마다 연구원 확보를 위한 경쟁이 심화되었으며, 충분한 주거환경 등의 여건이 갖추어지지 않은 지방의 연구 및 산업단지에 연구소가 세워짐에 따라 해외에서 경험 있는 과학기술자들을 유치하는 데 큰 어려움을 겪어야 했다. 그럼에도 신설 연구소마다 몇 명씩의 소장단을 보유했고 이들은 대체로 연구소 관리업무에 치중하게 되어, 고급 연구개발인력이 충분하지 못한 당시의 한국 상황에서 어렵게 유치한 연구자들의 연구 역량을 사장시키는 결과를 빚었으며, 연구자들 사이에 위화감을 불러일으키기도 했다.

사실 대덕 연구단지의 건설과 그에 따른 연구소 설립은 정부 차원의 장기적이고 포괄적인 계획 아래 추진되지 못했다. 예를 들어 1973년 각각 KIST 부설로 설립된 선박연구소와 해양개발연구소는 1976년 통합되어 재단법인 한국선박해양연구소로 독립했으나 1978년 4월 해양 관련 분야는 다시 분리되어 KIST 부설 해양개발연구소로 재발족했다. 5년도 채 안 되는 기간 동안 독자 설립, 통합, 재분리의 과정을 겪은 선박연구소와 해양연구소는 정부의 연구소 설립이 장기적인 마스터플랜 아래에서 충분한 검토를 거쳐 안정적으로 추진되지 못했음을 보여준다.

연구소들이 연구인력의 확보에 어려움을 겪고 역할 중복 논

원활하지 못하다는 점이 지적되며, 이에 대해 '각개약진식 혁신 활동'이라는 표현이 사용되곤 한다. 이공래·송위진 외, 『한국의 국가혁신 체제—경제위기 극복을 위한 기술혁신 정책의 방향』, 과학기술정책관리연구소, 1998.

란까지 일어나자 과학기술처는 연구소들을 계열화하고 통합적으로 관리하겠다는 구상을 밝혔다. 그러나 이미 독립기관으로 설립되어 주무부처도 상이한 연구소들을 과학기술처가 주도해서 종합조정하는 것은 쉬운 일이 아니었다.[42] 이런 상황에서 정부출연연구소의 설립자로 등재된 박정희가 퇴장하고 신군부가 등장하면서 정부출연연구소에 대한 부정적인 평가와 보도가 나오기 시작했고, 뒤이어 연구소에 대한 구조조정이 추진되어 1980년 말 16개 연구소가 8개 대단위 연구소로 통폐합되었던 것이다.

5. 성장 이면의 그늘

해방 직후 과학기술자들은 새로운 조국을 건설하는 과정에서 과학기술이 일익을 담당할 수 있도록 과학기술 정책을 전담할 독립적 행정기구를 세우고 제대로 된 연구소를 설립하여 국가 차원에서 과학기술 진흥을 주도해달라고 외쳤다. 하지만 이 요구가 의미 있는 울림이 되어 돌아온 것은 1960년대 후반이었고, 그 계기는 KIST의 설립이었다. 이전까지 과학기술은 교육 담론에서만 다루어지면서 기술교육을 강화해야 한다는 주장에 머물렀지만,

---

42) 1980년 정부출연연구소 통폐합 당시 과학기술처가 모든 연구소를 관장하게 한 정책이나 1999년 정부출연연구기관을 연구회 체제로 개편한 것 모두 종합 조정을 목적으로 하고 있었다.

이때부터 경제개발과 과학기술이 긴밀하게 연결되기 시작했다. 곧이어 과학기술은 국가안보라는 또 다른 급수원을 확보하게 되었고, 경제와 국방을 뒷받침하기 위한 과학기술 연구개발이 과제이자 이슈로 떠올랐다. 이를 배경으로 정부는 정부출연연구소를 연이어 설립했으며, 박정희는 설립자로 이름을 올리며 과학기술에 대한 자신의 관심과 이해를 과시했다. 박정희 정권은 취약한 정당성을 채우는 데 '경제발전'과 '국가안보'를 두 축으로 활용했고, 그 결과 두 가지 슬로건과 밀접한 관련을 지닌 과학기술이 부각되기 시작했던 것이다.

KIST에서 시작된 정부출연연구소는 1970년대를 지나면서 전문 분야별로 연구소 설립이 추진됨으로써 크게 확산되었다. 일반적으로 후발 산업국가의 과학기술 발전 과정에서는 정부의 역할이 크지만, 한국의 경우 그 양상이 철저하게 정부 주도로 산업기술을 연구하는 다수의 비영리법인 연구소를 세워 민간의 연구개발을 견인한다는 방식으로 나타났다. 실제로 이 시기 한국 과학기술 정책의 역사는 기관 설립의 역사라고 해도 과언이 아니었다. 산업계나 대학의 연구개발 의지와 능력이 높지 않았던 당시 상황에서, 정부출연연구소는 국가 연구개발의 중추로서 "과학입국 기술자립"의 기대를 한 몸에 받았던 것이다. 분명 당시 상황에서 정부출연연구소는 정치·경제적 측면에서 적지 않은 존재 가치를 지니고 있었다.

그러나 정부출연연구소는 전체적인 설계도와 종합적인 정책 조정 시스템 없이 단기간에 확대됨으로써 연구소 설립, 연구단지 건설이라는 화려한 외양과 양적 성장 이면에 크고 작은 문제를 안고 있었다. 단일기관의 설립이라는 나무 심기에만 매달리다가 전체 숲을 가꾸는 데는 제대로 신경을 쓰지 못한 것이다. 이러한 문제의 상당 부분은 첫 번째 정부출연연구소 KIST의 '성공'에 지나치게 고무된 정부가 충분한 이해와 평가 없이 KIST 모델을 일괄적으로 적용하면서 생겨났다. 사실 KIST의 '성공'에는 연구소의 정치적 가치를 인식한 박정희와 정부의 집중적인 지원과 공동 파트너로서 미국의 역할 등 수많은 요인들이 작용했으나, 다수의 신설연구소들이 KIST가 누렸던 우호적 조건과 동일한 상황을 누릴 수는 없었다. 하지만 KIST는 이미 정치적 상징으로서 대통령과 과학기술처 장관의 정치력을 등에 업고 있었기 때문에 KIST에 대한 제대로 된 분석이나 성찰은 쉽지 않았고, KIST 초대 소장 출신 과학기술처 장관의 주도 아래 KIST 모델은 여러 분야로 빠르게 증식해 나간 것이다.

결국 정부출연연구소는 설립자인 박정희가 사라지자 통폐합이라는 격랑에 휩싸이게 되었고, 그 과정에서 KIST는 원하지 않는 통합의 대상의 되어 한국과학원과 통합되어 한국과학기술원(KAIST)이 되었다.[43] KIST의 성공신화가 정부출연연구소를 너무나 확대시켰고, 이는 다시 통합이라는 부메랑이 되어 KIST에 돌아왔던 것이다. 연구소의 자율적 운영을 보장하기 위해 정부출연연

---

43) 1989년 한국과학기술원에서 KIST가 재분리되어 한국과학기술연구원이 되었고, 한국과학기술원은 이공계 특수 교육기관으로 재규정되었다.

구소라는 제도를 만들었지만, 이 시기 연구소의 자율성은 정부의 집중적인 지원과 정치력에 크게 의존하고 있었기 때문에 정치 환경의 변화에 막대한 영향을 받을 수밖에 없다는 본질적인 한계가 있었다. 정부출연연구소의 원조이자 모델이 되었던 KIST의 부침은 그 같은 한계를 잘 보여주었다.

제1차 국토종합개발계획과
발전국가론의 '계획 합리성'

이주영

    한국의 1960~70년대는 권위주의 정부의 집권하에서 국가 주도의 사회 변화가 일어났던 시기이다. 정부는 각종 국가 계획을 수립하여 이른바 "근대적으로" 사회를 바꾸고자 했다. 국가 계획은 달성해야 할 목표를 제시하고, 목표 달성의 기준을 설정한다는 점에서 일반적인 정책과는 차이가 있다.[1] 이 시기 정부 주도로 이루어진 변화들은 고도성장이나 산업화 같은 경제적 측면을 넘어 주거와 식생활, 문화에 이르기까지 사회 전반에 걸쳐 나타났다. 각 분야에서 변화가 시도되었던 만큼, 이를 추진했던 국가 계획의 종류도 다양했다. 경제개발 5개년계획, 국토종합개발계획, 과학기술진흥계획, 식량수급계획 등, 짧게는 수개월 걸리는 단기

---

[1] 김재호, 「행정계획론 소고」, 『법학연구』 제18권 1호, 2007; 대한국토·도시계획학회 편, 『국토·지역계획론』, 보성각, 2009, 30~37쪽.

계획부터 5~10년 단위의 장기 계획에 이르기까지 정부는 '계획'을 통해 국가 목표를 설정하고 이를 달성하기 위한 정책들을 수립하여 변화를 이끌어내고자 했다.

1972~1981년에 시행되었던 제1차 국토종합개발계획은 현대 한국의 공간 구조를 형성하는 데 가장 큰 영향을 미친 계획 중 하나로, 국토 전체의 미래상을 제시하고 이를 달성하고자 했던 대규모 국책사업이었다. 수도권 및 남동 임해 공업 지역의 산업단지, 다목적 댐, 고속도로망, 수도권 지역의 전철망 등이 이 계획에 따라 1970년대에 걸쳐 건설되었다. 이 시기에 만들어진 사회기반시설들은 지금까지도 가동되며 한국의 산업을 운영하는 토대로 기능하고 있다. 다른 한편 제1차 국토종합개발계획은 수도권과 동남권을 중점적으로 개발하여 국토의 불균형과 지역 간 격차를 심화시켰다는 이유로 비판의 대상이 되기도 했다.

국토종합개발계획은 현대의 미국이나 유럽 국가들에서 시행되지 않는 성격의 공간 계획이다.[2] 한국은 국가 통치권이 미치는 공간적 영역인 영토 전체를 하나의 계획으로 재구성하기 위해 국토종합개발계획을 수립했다. 반면 제2차 세계대전 이후 미국이

---

2) 한국의 국토계획법은 국토종합계획, 도종합계획, 시군종합계획, 지역계획, 부문별계획 등을 광의의 국토 계획으로, 국토종합계획을 협의의 국토 계획으로 사용하고 있다. 광의의 국토 계획과 협의의 국토 계획 사이의 혼란을 줄이기 위해 이 글에서는 '광의의 국토 계획' 대신 '공간 계획'이라는 용어를 사용하고자 한다. 이 글에서 공간 계획은 지구(地區) 단위 이상의 공간을 대상으로 하는 물리적 계획의 총칭이라는 의미를 가진다.

나 유럽 국가들은 국토보다 작은 공간 단위를 대상으로 하는 지역 계획(regional plan)을 국가 차원에서 실시했다.[3] 한국의 국토종합개발계획과 비슷한 성격의 국토 계획은 제2차 세계대전 시기의 독일 및 1960년대의 이스라엘, 일본이 수립·시행한 바 있으며, 최근에는 몇몇 개발도상국들이 수립·시행 중이다. 박배균은 특히 1960~70년대 한국 국토 계획이 발전국가로서 "공간적이고 영역적인 통합성을 확립·유지하기" 위해 수립되었다고 주장했다.[4] 그는 이 무렵의 한국 국토 정책들이 복지국가 형성을 위한 서구의 지역 정책들과 판이하였음을 강조했다.

제1차 국토종합개발계획은 1960~70년대에 시행된 대표적인 한국의 국가 계획이었다는 점에서 연구할 가치가 있는 사례이다. 특히 제1차 국토종합개발계획에 대한 연구는 한국의 국토 계획에 대한 역사적 연구로서도 중요하지만, 발전국가의 국가개발 계획을 분석한다는 점에서도 의의를 지닌다. 1960~70년대 한국의 경제성장을 설명하는 데 널리 사용되는 '발전국가론'에서는 한국을 비롯한 발전국가들이 성장할 수 있었던 주요 요인들 가운데 하나로 '전문성을 가진 엘리트 관료'들이 수립한 국가적 개발 계획의 "계획 합리성(plan rationality)"을 꼽는다.[5] 일본의 사례를 분석한 존슨

---

3) 대한국토·도시계획학회 편, 앞의 책, 2009, 27~63쪽.

4) 박배균·김동완 편, 『국가와 지역』, 알트, 2013, 70쪽.

5) Johnson, Chalmers, *MITI and the Japanese Miracle: The Growth of Industrial Policy, 1925~1975*, Stanford University Press, 1982; 한상진, 『한국 사회와 관료적 권위주의』, 문학과지성사, 1988; Evans, Peter, *Embedded Autonomy: States and Industrial Transformation*, Princeton

은 경제관료들이 국가적 산업 정책을 통해 수립한 '계획 합리성' 체제에서 일본 경제가 성장할 수 있었다고 주장했다. 한국을 사례로 한 발전국가론 논의들도 엘리트 관료들이 일관적인 합리성을 바탕으로 국가 수준의 계획과 정책을 수립했으며 이 계획과 정책이 한국 산업 발전의 토대가 되었음을 강조했다.[6]

이 같은 발전국가론의 계획 합리성 개념은 베버의 영향을 받은 것으로, 합리적 계획 이론의 성격을 가지고 있다.[7] 베버는 국가의 '형식적 합리성'이 법적 제도를 통해 확보되며 관료제를 통해 운영된다고 주장했다.[8] 베버의 '형식적 합리성' 개념에서 기원한

University Press, 1995; Chibber, Vivek, "Bureaucratic Rationality and the Developmental State", *American Journal of Sociology* 107:4, 2002; 구현우, 「발전국가, 배태된 자율성, 그리고 제도론적 함의—이승만 정부, 박정희 정부, 전두환 정부의 산업화 정책을 중심으로」, 『한국사회와 행정연구』 제20권 1호, 2009; 백종국, 「'한국 발전 모델' 논의에 대한 비판적 고찰—한국 정치학계에서 나타난 연구들을 중심으로」, 『한국정치학회보』 제45권 1호, 2011; 박상영, 「한국 '포스트발전국가론'의 발전과 전개—90년대 이후 한국 발전국가 연구 경향과 향후 연구 과제」, 『현대정치연구』 제5권 1호, 2012.

6) Woo, Jung-en, *Race to the Swift: State and Finance in Korean Industrialization*, Columbia University Press, 1991; Amsden, Alice H., *Asia's Next Giant: South Korea and Late Industrialization*, Oxford University Press, 1992; Chibber, op.cit., 2002; Kim, Hyung-A, and Clark W Sorensen (eds.), *Reassessing the Park Chung Hee Era, 1961~1979: Development, Political Thought, Democracy and Cultural Influence*, University of Washington Press, 2011.

7) Johnson, op.cit., 1982, p. 18; 전상인, 「계획 이론의 탈근대적 전환에 대한 비판적 성찰」, 『국토계획』 제42권 6호, 2007, 10쪽.

8) Weber, Max, *Economy and Society: An Outline of Interpretive Sociology*, University of California Press, 1978.

합리적 계획 이론은 주어진 목표를 달성하기 위한 효율적 수단에 주목한다.[9] 합리적 계획 이론에서 '바람직한 계획'은 목표를 설정하고, 정책 대안을 찾고, 목표 달성을 위한 수단을 평가하며, 결정을 실제로 집행하는 과정이 적절하게 이루어지도록 하는 계획이다.[10] 이 결정과 평가의 과정에서는 주로 계량적인 방법이 사용되며, 목적과 수단을 연결하는 수학적 모델이 활용된다.[11] 결국 합리적 계획 이론에서는 목표 달성을 위한 각종 평가 모형들을 습득하고 이를 기준으로 효율적인 정책 대안을 찾아내는 과정을 계획이라고 생각한다는 것이다. 이 개념은 국가의 경제적·산업적 목표를 달성하기 위해 엘리트 관료라는 소수 집단이 '전문성'을 기반으로 효율적인 계획을 수립했다는 발전국가론의 계획 합리성에 대한 주장과 크게 다르지 않다. 즉 발전국가론의 계획 합리성은 형식적 합리성 개념에 근거하고 있다는 것이다.

그러나 베버식의 합리적 계획 이론에 대한 비판은 지금까지 꾸준히 제기되어왔으며 그 대안을 찾고자 하는 노력도 지속되었

---

9) 전상인, 앞의 글, 2007, 9~10쪽; 김동완, 「계획 합리성 측면에서 본 지방정부 간 갈등 연구—지방자치제로 인한 국가 공간 변화를 중심으로」, 『국토연구』 제62권, 2009, 70쪽.

10) Davidoff, Paul and Thomas A. Reiner, "A Choice Theory of Planning", *Journal of the American Institute of Planners* 28:2, 1962; Faludi, Andreas, *Planning Theory*, Pergamon Press, 1973; Hudson, Barday M., "Comparison of Current Planning Theories: Counterparts and Contradictions", *Journal of the American Planning Association* 25:4, 1979.

11) Hudson, op.cit., 1979, p. 389.

다.[12] 인간이 가지고 있는 지적 능력의 한계, 정보의 부족, 다원화된 사회 문제 등을 이유로 계획 이론가들은 다양한 사회적 이해관계자들을 정책 결정 과정에 포함시키는 계획 이론을 제안했다. 대규모의 중앙집중적 계획을 수립하기보다는 목표와 수단을 지속적으로 재조정할 것을 추구한 린드블럼의 부분점진주의 이론,[13] 합리적 계획 이론과 부분점진주의 이론을 혼합한 에치오니의 혼합주사 이론,[14] 계획가와 주민들 간의 교류를 강조한 프리드만의 교환거래 이론[15] 등이 합리적 계획 이론의 한계들을 지적해왔다. 더불어 '계획 합리성'이 제대로 작동하지 않은 사례에 대한 역사적인 연구도 등장했다. 스캇, 라이트, 메디나 같은 학자들은 "합리적"인 이론에 기반한 크고 작은 정부 정책들이 현실에 적용되었을 때 문제를 제대로 해결하지 못하거나 오히려 새로운 문제를 일으키는 사례들을 분석한 바 있다.[16] 예를 들어, 스캇은 대

---

12) 장욱, 「계획 이론에의 접근 I. 합리적 계획모형의 해체」, 『환경논총』 제30권, 1992; 전상인, 앞의 글, 2007; 조철주, 「루만의 체계 이론적 관점에서 본 계획의 한계와 대안적 사고」, 『한국지역개발학회지』 제25권 5호, 2013.

13) Lindblom, Charles E., "The science of 'muddling through'", *Public Administration Review* 19:2, 1959.

14) Etzioni, Amitai, "Mixed-Scanning: A "Third" Approach to Decision-Making", *Public Administration Review* 27:5, 1967.

15) Friedmann, John, *Retracking America: a theory of transactive planning*, Anchor Press, 1973.

16) Scott, James C., *Seeing Like a State: How Certain Schemes to Improve the Human Condition Have Failed*, Yale University Press, 1999; Light, Jennifer S., *From Warfare to Welfare: Defense Intellectuals and Urban Problems in Cold War America*, The Johns Hopkins University Press, 2003; Medina,

규모의 권위주의적 계획들은 계획 대상이 가지고 있는 구체적인 복잡성들을 놓칠 수밖에 없다며 러시아와 브라질, 중국 등의 사례에서 각종 계획이 실패하는 모습을 보여주었다. 또한 라이트는 성공적이라고 여겨졌던 국방 및 항공우주 연구들을 각종 도시 문제 해결에 적용하고자 했던 미국의 사례를 분석했다. 라이트는 국방 및 항공우주 연구에서 사용된 문제 해결 기법들이 냉전 시기 미국 내 도시 문제를 해결하는 데 적용되었으나 도시의 무질서와 사회적 불안 등의 새로운 요소들에 부딪히며 성공적으로 전개되지 못했음을 보여주었다. 칠레의 사례를 다룬 메디나의 연구는 '평화적인 사회주의 국가'라는 정치적 유토피아와 칠레 경제를 관리할 수 있는 컴퓨터 시스템이라는 기술적 유토피아가 사이버신 프로젝트(Cybersyn Project)에 의해 결합적으로 추구되었지만 궁극적으로 실패로 돌아갔음을 보여주었다.

그러나 발전국가론 연구는 이런 비판들에도 불구하고 여전히 관료들의 전문성과 합리성을 주어진 것으로 받아들이고 있다. 이 연구들은 국가 계획 수립 과정에서 관료들이 어떻게 전문성을 확보할 수 있었는지, 효율적인 정책 대안을 찾기 위해 어떤 평가를 시행했는지, 계획의 정당성을 확보하기 위해 어떤 작업을 거쳤는지 등 이른바 발전국가의 계획에서 '계획 합리성'이 무엇이었으며 이것이 어떻게 형성되었는지에 대해서는 크게 주목하지 않았다. 따라서 관료 및 엘리트와 그들이 수립한 국가 계획의 형성을

Eden, *Cybernetic Revolutionaries: Technology and Politics in Allende's Chile*, MIT Press, 2011.

보다 풍부하게 이해하기 위해서는 기존 연구들이 크게 주목하지 않았던 계획 수립을 위한 합리적 정당화 과정을 분석할 필요가 있다.

이처럼 '계획 합리성'에 대한 고찰이 다각적으로 이루어지고 있음에도 발전국가들의 '계획 합리성'에 대해서는 구체적인 연구가 부족하다는 문제의식하에서, 필자는 한국의 제1차 국토종합개발계획 사례를 분석하고자 한다. 이 연구는 제1차 국토종합개발계획의 최종 계획안뿐만 아니라 제1차 국토종합개발계획이 수립되는 실행 과정들을 구체적으로 추적하여 기존 발전국가 논의에서 자세히 살피지 못했던 '합리성'이 만들어지는 과정을 고찰하고자 한다. 이를 통해 제1차 국토종합개발계획 수립을 주도한 관료와 엘리트들이 계획 이론을 통해 국가 계획을 '합리적'으로 정당화했던 과정은 여느 과학 이론이 그렇듯 지식의 전유와 변용, 자료의 재해석 과정이었음을 주장할 것이다.[17] 특히 이 글에서는 기존 계획 이론들이 합리적 계획 이론에 대해 수많은 비판을 가했음에도 여전히 발전국가론에서 발전국가의 성공 요인을 '계획 합리성'에 두고 있는 이유를 설명할 것이다.

제1차 국토종합개발계획에 대한 기존 연구들은 주로 국토종

---

17) 지식의 전파와 그 과정에서 나타나는 지식의 전유는 과학기술학(Science and Technology Studies)의 오랜 연구 주제이다. Collins, H. M., "The TEA Set: Tacit Knowledge and Scientific Networks", *Science Studies* 4:2, 1974; Kaiser, David, Kenji Ito, and Karl Hall, "Spreading the Tools of Theory: Feynman Diagrams in the United States, Japan, and the Soviet Union", *Social Studies of Science* 34:6, 2004.

합개발계획의 득실을 사후적으로 평가하는 연구들로 제1차 국토
종합개발계획이 어떤 과정을 거쳐 수립되었는지 설명하지 못했
다.[18] 국토 계획의 수립 과정에 대한 이해가 부족한 상황에서 제1
차 국토종합개발계획은 일본의 제도를 가져온 것이며,[19] 박정희
정권의 정치적 목적이 강하게 반영된 것이라고 이해되었다.[20] 일
본의 영향에 주목하는 연구자들은 제1차 국토종합개발계획의 거
점개발 방식에, 박정희 정권의 정치적 목적에 주목하는 연구자들
은 지역 균형 발전이라는 국토종합개발계획의 목표에 주목한다.
서로 상충하는 것처럼 보이는 거점개발 방식과 지역 균형 발전이
라는 특징들을 각각 부각시켰던 기존의 이해는 제1차 국토종합개
발계획의 구체적인 수립과 실행을 추적하지 않았다는 점에서 한
계를 지닐 수밖에 없었다.

　이 시기 국토종합개발계획이 일본의 제도를 "원용"하는 데서
시작되었다거나 국토 계획 관련 제도들이 일본의 것과 유사하며

---

18) 최상철, 「Methodological Evolution and Issues of Regional Development Planning in
　　Korea」, 『환경논총』 제3권 1호, 1976; 노융희·박종희, 「제1차 국토종합개발계획
　　사업의 사회경제적 효과에 관한 연구―이리공단 건설사업을 중심으로」, 『국토
　　계획』 제19권 1호, 1984; 조재성, 「Regional Disparity and Uneven Spatial Development
　　in Korea: The Period of the Comprehensive National Physical Development Plan」, 『국토
　　계획』 제28권 1호, 1993; 임형백, 「한국의 지역균형발전 정책, 1972~2012」, 『도시
　　행정학보』 제26권 3호, 2013; 신용옥, 「박정희 정권기 국토 계획의 전개 과정과
　　동해안 지역의 위상」, 『도서문화』 제41권, 2013.

19) 강용배, 「국가기록원 국토 정책 주제 설명 배경」(http://archives.go.kr/next/search/
　　listSubjectDescription.do?id=001320&pageFlag=A 국가기록원), 2006.

20) 박배균·김동완 편, 앞의 책, 2013.

심지어는 일본의 제도를 그대로 들여오기도 했다는 관점은 한국과 일본 국토 계획의 최종 결과물만 비교한 해석이다.[21] 실제로 제1차 국토종합개발계획 최종 계획안은 일본의 전국총합개발계획(全国總合開發計画)이나 신전국총합개발계획(新全国總合開發計画)과 비교했을 때 목차 구성이나 국토 계획의 목표, 기본 구상 등에서 흡사한 부분이 많다. 하지만 한국의 국토 계획이 일본의 것을 완전히 베꼈다고 할 정도로 닮아 있는 것은 아니며, 한국의 국토 계획은 나름의 특징들을 가지고 있다. 최종 계획안을 단순 비교하는 방법으로는 한국의 국토 계획이 일본의 국토 계획으로부터 받은 영향을 제대로 파악하기 힘들다.

제1차 국토종합개발계획에 대한 또 다른 해석은 박정희 정권이 정치적 위기를 타개하기 위해 국토 계획을 수립하여 균형 발전을 강조했다는 주장이다. 이런 이해는 제1차 국토종합개발계획의 최종안과 그것이 등장했던 정치적 배경에 집중적으로 주목한 데서 비롯되었다. 박배균은 대도시 인구집중과 지역 격차가 중요한 문제로 부상하면서 정치적 위기에 몰린 박정희 정권이 균형 발전을 강조했고, 그 본격적인 시도가 제1차 국토종합개발계획으로 드러났다고 주장했다.[22] 그에 따르면 1971년 대선에서 드러난

---

21) 류해웅, 「토지이용계획제도의 개편방향에 관한 연구」, 『국토연구』 제27권, 1998; 노경수, 「국토계획 관계법규」, 국가기록원 편, 『중요 공개기록물 해설집 Ⅵ. 국토개발 편 (1960~1990년대)』, 국가기록원, 2014.

22) 박배균·김동완 편, 앞의 책, 2013.

지역주의가 박정희 정권에 위기의식을 불러일으켰고, 이를 해결할 방책으로 제1차 국토종합개발계획이 시행되었다. 그의 주장처럼 1960년대 말부터 등장한 지역 문제들이 박정희 정권에 위기감을 불러일으켰던 점은 분명히 사실이다. 제1차 국토종합개발계획 총설은 계획의 주요 목적이 국토를 "균형 있게 발전"시키는 것임을 분명히 밝혔다. 하지만 제1차 국토종합개발계획은 위기가 닥친 1971년부터 급하게 진행된 것이 아니라 1963년 이후 거의 10년에 가까운 이론적·실무적 준비 과정을 거쳐 만들어진 것이었다. 그 과정 속에서 제1차 국토종합개발계획의 특징들은 박정희 정권의 정치적인 목적 외에 해외의 이론과 건설부 내외의 사회적·정치적 상호작용을 통해 형성되었다.

요컨대 이 글은 제1차 국토종합개발계획 수립의 구체적인 실행 과정을 분석한다는 점에서 기존 연구들과 차별성을 가진다. 이 연구는 계획 실무자 층위에서 제1차 국토종합개발계획의 과정을 좇기 위해 한국의 국토 계획 이론 및 수립 과정과 관련된 1972년 이전 문헌들을 분석하였다. 특히 계획 수립 과정에서 건설부가 발간한 각종 이론서 및 연구서, 시안들을 주요 분석 대상으로 하였다. 이들 이론서와 연구서는 건설부 공무원들이 직접 수집하고 번역·편집한 국토 계획 자료들이다. 실무적인 수준에서 이론의 습득과 통계적 분석, 가공 및 계획으로의 정리가 어떤 과정을 거쳐 이루어졌는지 자세히 보여주고 있다. 그 외에도 건설부와 경제기획원, 대통령 비서실에서 생산한 각종 정책 자료들, 신문, 국내외 학술지 등을 활용하였다. 대한국토도시계획학회에서 발간한 계획가 회고록도 유익한 자료였다. 마지막으로 실제 계획 수립 업무에 관여했던 행위자의 목소리를 담기 위해 1960~70년대에 건설부 국토계획과장 및 국장으로 근무했던 김의원을 인터뷰했다.

1. 국토 계획 수립을 위한 계획 이론의 습득

1) 『국토계획논총집』과 지역과학 이론의 도입

해방 이후 1960년대에 이르기까지 전국을 대상으로 하는 건설 및 산업시설 배치 계획의 필요성이 산업계와 정치권, 언론에 의해 지속적으로 제기되었으나 각종 자료 및 인력, 공간 계획에 대한 이해가 부족한 상황에서 국토 계획은 본격적으로 진행되지 못했다. 1960년대 초까지의 한국 국토 계획은 이미 공사부지가 정해져 있는 상황에서 각 부지에서 진행될 건설사업의 운영 방식을 개별적으로 제시하는 내용의 점(點)형 계획이었다. 그러나 제1차 경제개발 5개년계획의 수립과 실행에 즈음하여 정부는 동시다발적으로 건설되는 전국의 각종 시설이 더 효율적으로 작동하기 위해서는 이들 사이에 '질서'가 필요하다는 점을 인식하기 시작했다.[23] 정부는 국토 내의 자연 자원과 인적 자원을 효율적으로 재배분하기 위해 토목건설 계획들의 집합과는 다른 성격의 종합계

---

23) 건설부, 『국토건설종합계획대강』 제1~5부, 1963.

획 수립을 지시했다. 정부는 1962년 11월 8일 『국토종합건설계획 편성』이라는 제목의 내각수반 지시각서 53호를 내려 관계부처가 국토 계획을 세울 것을 요청했다.[24] 그리고 같은 달 국토건설사업을 폐지하였다. 해당 사업에 의해 진행되고 있던 각종 공사는 경제개발계획을 통해 추진되었다.[25] 그러나 이 내각수반 지시각서는 막연하게 국토 건설을 위한 국토 계획을 당장 1963년 7월 30일까지 공포될 수 있도록 수립하라고 지시했을 뿐이었다. 구체적으로 국토 계획이 무엇이며 어떤 내용을 포함해야 하는지에 대해서는 관련 전문가가 부족했던 만큼 정부도 잘 알지 못했다. 국토 계획은 정부의 지시처럼 몇 달 만에 수립될 수 없었다.[26]

건설부는 국토 계획에 대한 이해가 턱없이 부족한 상황에서 전국적인 산업관계를 고려해야 하는 국토 계획 대신 태백산 지역, 경인 지역, 아산만 지역 및 영산강 지역의 특정 지역 개발계획을 주 내용으로 하는 『국토건설종합계획대강』 수립에 우선 착수했다.[27] 그리고 추후 해결할 숙제로 남겨둔 전국 계획의 지적 기

---

24) 김의원, 『한국국토개발사연구』, 대학도서, 1983. 이 무렵 정부가 국토종합건설계획을 추진한 이유로는 첫째, 1960년부터 추진 중이던 국토건설사업 운영의 실패가 거의 확정적인 상황이었다는 점, 둘째, 제1차 경제개발 5개년계획을 뒷받침할 사회기반시설에 대한 지리적 계획이 요구되었다는 점, 셋째, 1962년 10월 일본에서 전국총합개발계획이 발표되었다는 점 등을 생각해볼 수 있다.

25) 「건설의 터전을 찾아서」, 『동아일보』 1962. 1. 1, 5면.

26) 대한국토·도시계획학회 편, 『도시와 함께 국토와 함께』, 1997, 335~337쪽.

27) 건설부, 『국토건설종합계획대강』 제1~5부, 1963.

반을 마련하기 위해 『국토계획논총집』을 발간하기 시작했다.[28]

　『국토계획논총집』은 건설부가 만들어갔던 국토 계획 교과서였다. 건설부가 1963년부터 1968년까지 22회에 걸쳐 발간한 이 연구 자료집은 제목 그대로 국토 계획과 관련된 각종 논문 모음집이었다. 건설부 장관은 『국토계획논총집』 1호 서문에서 '국토 계획을 위해서는 폭넓은 지적 기반이 필요하므로 국토 계획이 쉽게 수립되지 못하고 있다'고 언급하면서, 이를 마련하기 위한 하나의 방편으로 논총집을 발간한다고 밝혔다. 『국토계획논총집』에는 각종 해외 사례 조사, 한국 전문가의 연구, 일본·미국 등 해외 연구 자료를 번역·정리한 내용이 실려 있었다.[29] 이 자료집에 소개된 방법론들은 이후 국토 계획 수립의 기준이 될 것이었다. 건설부 국토계획국이 주도하여 발간한 『국토계획논총집』은 건설부 담당 실무자들이 직접 사용하기 위해 만든 교과서면서 동시에 학술지 같은 역할도 겸했다. 건설부 국토계획국은 『국토계획논총집』을 통해 당시까지 한국에 잘 알려지지 않았던 국토 및 지역 계획 이론들을 학계와 공유했다.

　건설부가 국토 계획을 수립하기에 앞서 우선 관련 전문성을

---

28) 『국토계획논총집』의 한자는 일반적으로 논총에 사용되는 論叢이 아니라 論總으로 표기되어 있고, 1969년 건설부 소장도서목록에 國土計劃論 總集으로 띄어쓰기가 되어 있지만 『국토계획논총집』의 폐간사에서 이 글을 "논총집"으로 지칭하고 있기에 이 연구에서는 『국토계획논총집』 혹은 『논총집』으로 부르기로 한다.

29) 건설부 편, 『국토계획논총집』 제1집, 1963, 서문.

길렀던 또 다른 이유는 건설부가 신생 부처였기 때문이었다. 국토 계획은 이미 정부의 중요 국책사업으로 인식되고 있었다. 따라서 중앙정부는 국토 계획을 담당할 부처를 선정하는 데 신중을 기했다. 국토 계획 수립을 위한 제도와 기구의 정비 과정에서 경제기획원은 건설부를 대신해 국토 계획 수립을 진행할 부서로 몇 차례 거론되었다. 경제기획원은 국토 계획 관련 연구서로 1962년 개발계획총서 1권 『경제개발을 위한 계획기술과 공업개발계획의 방법』, 1963년 『국토개발의 기본구상—장기 경제개발 계획수립을 위한 주요 산업의 위치와 국토개발의 기본방향』을 발간하며 적극적으로 국토 계획 수립 준비를 진행하고 있었다. 반면 건설부는 1962년에야 신설된 부서였고 기능적으로는 가장 국토 계획 수립에 적합해 보이지만 부처 간 의견을 조율할 권한이 없다는 문제가 관련 부처들 사이에서 지적된 바 있었다.[30] 건설부는 국토 계획 업무를 담당하는 데 더 확실한 의지를 보이고 국토 계획의 전문부처로서 자신의 위치를 공고히 만들어야 했다. 이처럼 경제기획원과 건설부 가운데 국토 계획 주무부처를 어디로 할 것인지에 대한 논의가 진행되던 시기에 건설부는 『국토계획논총집』을 발간하여 국토 계획 분야의 전문성을 과시할 수 있었다.

건설부가 『국토계획논총집』에서 습득하고자 했던 이론은 공간과 경제 및 사회의 문제를 하나로 결합할 수 있는 시스템적 방법론이었다. 시스템적 방법론은 하나의 복잡한 시스템을 각종 구

---

30) 총무처, 『각의상정안건철(제79회~86회)』, 1963; 노경수, 앞의 글, 2014.

성 요소들의 집합체로 간주하여 하위 요소들 간의 관계를 분석·지정, 전체에 대한 판단을 내리도록 하는 사고방식이다. 미국의 경우 이 방법론은 제2차 세계대전 동안 널리 퍼졌고, 냉전 시기에는 각종 도시 문제를 해결하는 데 적용되었다.[31] 1950~60년대 미국에서 유행했던 시스템적 사고는 건설부가 구상 중이던 계획 수립 방법과 매우 닮아 있었다. 건설부는 "대강에서 상세로, 전체로부터 부분으로" 국토 계획 이론을 구축하고 국토 계획을 수립하고자 했다.[32] 이를 위해 건설부는 국토라는 하나의 거대한 시스템과 이 국토를 구성하는 여러 지역, 그리고 각 지역의 경제적·사회적 요소들을 결합할 수 있는 계획 이론을 찾고자 했다. 즉 국토 공간을 하나의 시스템으로 이해하고 그 공간을 구성하는 여러 지역을 구분하며 각 지역의 경제적·사회적 요소들을 분석해 전체 국토의 계획을 세울 수 있는 이론이 필요했던 것이다. 건설부는 국토 계획 수립을 구체적으로 실현할 수 있는 해외의 방법론들을 습득해 나가며 그 결과를 『국토계획논총집』을 통해 회람했다.

건설부가 습득했던 중요한 이론 중 하나는 미국의 최신 입지 경제학 방법론인 지역과학 이론이었다.[33] 미국의 경제학자 월터

---

31) Light, Jennifer S., *From Warfare to Welfare: Defense Intellectuals and Urban Problems in Cold War America*, The Johns Hopkins University Press, 2003.

32) 건설부 편, 『국토계획논총집』 제1집, 1963, 서문.

33) '지역과학' 분과를 만들어낸 아이사드는 템플대학교에서 수학을 전공하고 1943년 하버드대학교에서 경제학으로 박사학위를 받았다. 제2차 세계대전 이후 아이사드는 하버드에서 바실리 레온티예프 교수의 연구 프로젝트 연구원

아이사드(Walter Isard)가 집대성한 지역과학 이론은 공간의 각종 요소를 수치화하여 공간을 하나의 모델로 이해하는 데 기여했으며, 공간 계획의 역사에 '시스템 혁명'이라고 불리는 변화를 불러왔다.[34] 그의 대표 저서는 1960년에 출간된 『지역 분석의 방법론—지역과학 개론(Methods of Regional Analysis: An Introduction to Regional Science)』(The Technology Press of M. I. T. and John Wiley and Sons, Inc., 1960)이었다. 이 책은 지역의 경제적 특징을 분석하기 위한 다양한 방법들을 담고 있었다. 아이사드는 산업별 지역 분포 정도, 지역별 산업 특화 정도 등을 파악할 수 있는 방법들을 제시했다.

아이사드의 각종 방법론 중 계량적 분석의 핵심은 지역연관분석법이었다.[35] 지역연관분석법은 바실리 레온티예프(Wassily Leontief)의 산업연관분석을 지역별 산업 자료에 적용할 수 있도록 응용한 것이었다. 이 분석법은 레온티예프의 방법론과 마찬가지

으로 일하며 그의 입지 이론을 발전시켰다. 레온티예프는 경제량들 사이의 상호관계를 연립방정식 형태로 기술한 왈라스(M. E. L. Walras)의 일반균형이론(general equilibrium theory)을 계량화한 산업연관분석(input-output theory) 방법론으로 1973년 노벨경제학상을 받게 된다. 1940년대 중후반, 레온티예프의 팀에서 아이사드는 국가 규모의 경제에 적용했던 산업연관분석을 지역적 분석에 활용할 수 있도록 확장하는 작업을 맡았다. 이후 MIT 조교수로 자리를 옮긴 아이사드는 1954년 지역과학학회(Regional Science Association)를 창립했고 1956년에는 펜실베이니아대학 교수가 되어 대학원 과정에 지역과학 전공을 만들었다.

34) Hall, Peter, *Cities of Tomorrow*(4th edition), Wiley-Blackwell, 2014, pp. 392~393.

35) 지역산업연관분석(regional input-output model, theory, analysis)은 지역산업연관분석 이외에도 지역관계분석, 지역연관분석, 지역산업투입산출분석 등 다양한 용어로 불렸다. 이 글에서는 지역연관분석으로 용어를 통일해서 사용하겠다.

로 정량적 모델을 통해 찾을 수 있는 수학적 균형점을 강조하고 있었다.

지역과학 이론은 아이사드의 저서가 출판된 직후부터 미국에서 유행하기 시작했고, 1962년 일본에 지역과학학회가 설립되면서 동아시아 지역에 알려졌으며, 일본을 통해 한국에도 전파되었다. 일본의 경우 이미 1954년에 경제지리학회가 설립되어 꾸준히 학회지를 발간해오고 있었던 만큼 관련 분야 학회인 지역과학학회가 빠르게 설립될 수 있었다. 또한 1960년대 초는 일본에서도 지역 경제 분석에 대한 관심이 높아지던 시기였다. 1962년 일본 경제기획청이 '전국총합개발계획'이라는 명칭의 국토 계획을 발표하면서 일본 내에서 지역 분석, 지역 경제학 등의 분과들이 주목받았다. 관심의 고조는 1962년 아이사드가 창립했던 지역과학학회의 일본 분회 창립으로 이어졌다. 1963년에 일본에서 열린 지역과학학회 극동대회에는 아이사드가 직접 참석하기도 했다. 이런 분위기 속에서 한국 건설부는 아이사드의 지역과학 이론을 접하게 된 것이다.[36]

지역과학 분과의 여러 이론적 틀 중 건설부는 지역연관분석법에 가장 주목했다. 이 분석 방법은 산업연관분석과 마찬가지로 수학적 균형을 추구하는 것이 특징이었다. 건설부는 『국토계획논

---

36) 당시 건설부 공무원이던 김의원은 1960~70년대 일본 출장의 중요한 목적 중 하나가 일본의 계획 담당 공무원들에게 참고 자료를 얻고 일본의 계획 전문 서점에 들러 관련 서적들을 사 오는 것이었다고 회고했다. 김의원 인터뷰, 2015. 3. 5.

총집』 제7집에서 지역연관분석법을 소개하며 "제한된 자원을 가장 적절히 이용하고 소기의 결과를 최대로 확보하"는 "올바른 국토 계획"을 수립하기에 가장 적합한 방법이라고 설명했다. 건설부는 다른 지역 경제 분석 방법인 승수분석이나 비교비용분석법과 비교했을 때, 지역연관분석법은 전국적인 계량 분석이 가능하다는 점이 가장 큰 장점이라고 평가했다.[37] 전국 각 지역의 경제적 관계를 하나의 틀로 분석할 수 있는 한편, 계량적으로도 최적의 계획 수치를 도출할 수 있는 지역연관분석법은 건설부가 『국토계획논총집』을 통해 얻고자 했던 이론적 정당성을 제공하기에 적합한 방법론이었다.

건설부는 전국을 몇 개의 권역으로 구분한 뒤 개별 권역의 경제적 요소들을 계량적으로 분석하기 위해 이 같은 지역과학 분과의 이론들을 사용하고자 했다. 그러나 『국토계획논총집』은 '권역'이라는 개념으로 국토 공간을 구분하고 그 권역을 기준으로 경제적인 분석을 시도하는 기초 이론을 소개하는 데 그쳤다. 습득한 이론들을 실제 계획 수립에 사용하기 위해서는 추가적인 작업이 필요했다. 1963년부터 6년에 걸쳐 발간되어온 기초이론연구서 『국토계획논총집』은 1968년 본격적인 국토 계획 수립이 시작되면서 폐간되었고, 실무적 성격의 계획 자료들이 새롭게 발간되기 시작했다.

---

[37] 건설부 편, 『국토계획논총집』 제7집, 1964.

2) 실무적 성격의 『국토계획자료』와 본격적인 계산 준비

『국토계획논총집』의 마지막 권인 22집에서 건설부는 "앞으로는 이론적인 연구보다는 실질적인 계획 자료가 필요하게 되었으므로 본 논총집은 이로써 종간하는 바이다"라며 앞으로는 이와는 다른 성격의 자료들이 필요함을 밝혔다.[38] 새로운 자료집은 『국토계획자료』라는 명칭으로 발간되었다. 이후 『국토계획자료』는 짧은 기간 동안 다량의 소책자 형태로 발간되어 이론적인 방법들을 한국의 실제 데이터들에 적용한 결과나 구체적인 국토 계획 사례들을 소개했다. 『국토계획논총집』이 총 22권 발간되었던 것과 달리 『국토계획자료』가 총 몇 권이 발간되었는지 정확하게 파악하기는 어렵다. 그러나 7호인 『지역연관분석』이 1968년 1월 8일에 발간되고 12호인 『한국의 경제권역』이 3월 18일, 16호인 『이스라엘 국토기본계획』이 4월 30일, 21호인 『GNP에 점하는 건설산업비중』이 6월 13일, 22호인 『지역과학』이 7월 1일에 발간된 것으로 보아, 단기간에 필요한 자료를 다양하고 빠르게 제공했음을 추측할 수 있다. 그 분량 역시 『국토계획논총집』은 한 권이 수백 쪽에 달했지만 『국토계획자료』는 백 쪽 이하로 길지 않았다.

『국토계획자료』의 내용은 크게 세 가지로 구분할 수 있다. 첫째는 지역과학 이론의 계산법에 한국의 구체적인 수치나 정보를 대입한 분석 자료였다. 분석 자료들은 이후 국토 계획에 적용될 권역을 구분하고 권역별 경제상을 파악하여 실질적으로 국토 계

---

38) 건설부, 『국토계획논총집』 제22집, 1968, 종간사.

획에 도움이 될 만한 내용을 담고 있었다. 이 분석 자료에는 『지역산업연관분석법 도입과 지역개발계획』, 『한국의 경제권역』, 『지역연관분석』 등이 포함된다. 예를 들어 지역 경제 분석의 경우 『국토계획논총집』의 1집, 7집, 22집은 추상적인 내용 및 일본 사례를 제시하는 데 그쳤지만 『국토계획자료』는 한국의 실제 데이터에 지역과학 이론에 기반한 수학적 분석법을 적용하여 한국의 권역별 경제 특징을 보여주었다. 국토계획자료 7호인 『지역연관분석』에서는 앞서 『국토계획논총집』 7집에서 소개한 지역연관분석의 방법론을 토대로 한국의 8개 권역별 산업의 연관관계를 분석했다. 이 『지역연관분석』은 한국경제개발협회가 1967년에 발간했던 보고서, 『지역산업연관모델에 의한 지역경제계획에 관한 연구』를 토대로 작성되었다. 이 글은 전국의 중권별 산업별 산출액, 중권별 이입이출·교역액을 토대로 최종 수요에 의한 중권 간의 생산액을 계산했다. 또한 지역과 산업의 특성을 보여주는 수치 중 이미 『국토계획논총집』 7집에서 언급된 바 있었던 지역집중화 계수나 입지계수 등도 계산했다. 이 계수들은 한국의 지역별·산업별 입지적 특성을 보여주어 이후 어떤 산업을 어디에 배치하는 것이 더 바람직한지 평가하는 기준이 되었다.

둘째는, 각각의 계산법들이 가지는 정책적 의의를 밝히고 국토 계획을 관념적으로 뒷받침하는 자료였다. 그런 연구로는 17호인 『경제공간』과 22호인 『지역과학』을 들 수 있다. 이들 연구는 『국토계획논총집』에서 소개되었던 공간 계획 이론이나 지역과학 이론의 개념들이 가지고 있는 의의를 상술하여 실제 계획 수립에 각종 이론이 어떤 기여를 할 수 있는지 파악할 수 있도록 했다. 『경제공간』은 프랑스 지역경제학자인 자크-라울 부드빌 (Jacques-Raoul Boudeville)이 1961년 출판한 *Les Espaces Economiques*(Presses Universitaires de France)를 번역한 내용이었다. 이미 일본에서 1963년 『경제공간—지역개발계획의 이론과 실제』라는 제목의 번역본이 출판된 것으로 보아, 아마도 일본어판을 참고로 했을 것으로 생각된다. 『지역과학』은 일본의 지역경제학자 사사다 도모사부로(笹田友三郎)가 1964년 출판한 『地域の科學』(紀伊国屋書店)을 번역한 자료였다. 부드빌과 사사다의 글은 『국토계획논총집』보다 보충적인 수준에서 각각 권역 개념과 지역과학 이론을 소개했다. 『국토계획논총집』이 권역 및 지역과학의 정의나 개념, 일반적인 계산법과 기준들을 소개하는 데 그쳤다면, 『경제공간』과 『지역과학』은 방법론과 함께 해당 개념의 학문적인 배경과 흐름, 정책적 의의를 보다 풍부하게 제시했다.[39]

셋째는 해외의 국토 계획 사례를 통째로 번역한 자료들이었

---

39) 부드빌의 『경제공간』은 프랑스 경제학자 페로(Francoise Perroux)가 거점개발 방식을 처음 제시하며 발표했던 성장극 이론(growth pole theory)을 발전시킨 저서이다. 페루와 부드빌로 이어지는 성장극 이론은 전형적인 거점개발 이론이다. 페루와 부드빌, 허쉬만(Albert O Hirschman)과 프리드만(John Friedmann) 등의 거점개발 이론은 개발의 중심지에서 이루어진 경제적 성과가 낙수 효과(trickling-down effect)에 의해 비개발 지역으로 전달된다고 주장했다. 이들의 이론은 1980년대 이후 더 이상 쓰이지 않게 되었는데, 그 이유 중 하나가 기업 간의 지역적 상호작용을 분석하기 위해 연관분석법이 잘못 사용되고 있다는 점이었다. Dawkins, Casey J., "Regional Development Theory: Conceptual Foundations, Classic Works, and Recent Developments", *Journal of Planning Literature* 18:2, 2003.

다. 국토계획자료 16호인 『이스라엘 국토기본계획』과 23호인 『건국방략(공영대계)』이 해외 사례 연구의 예이다. 16호는 이스라엘 내무성 계획국에서 1964년 발간한 *The Israel Physical Plan*을 번역한 것이며, 23호는 1921년 쑨원이 작성한 국토 계획을 1942년 5월 일본에서 번역 발간한 것을 재번역한 것이었다.[40] 해외 국토 계획의 번역본은 『국토계획논총집』에서 찾아보기 힘든 형태의 자료였다. 한편 『국토계획자료』의 일부는 아니었지만 건설부는 1969년에 그해 발표된 일본의 『신전국총합개발계획』을 완역하기도 했다. 건설부는 『국토계획논총집』을 통해 국토 계획의 일부로 포함될 만한 항만시설, 국립공원 등 개별 사업들을 사례로 소개했지만 『국토계획자료』를 통해서는 완성된 형태의 국토 계획을 소개했던 것이다. 이는 이 무렵 건설부가 본격적인 국토 계획 작성을 위해 최종적인 형태의 국토 계획 예시를 참조하고자 했음을 보여준다.

이러한 『국토계획자료』의 발간은 『국토계획논총집』에서 습득했던 구체적인 이론들을 실제 계획 수립에 사용할 수 있는 형태로 변형해가는 과정이었다. 『국토계획자료』를 통해 건설부는 한국의 지역별 경제적 상황을 분석하여 국토 계획 수립의 기초 자료를 축적했다. 또한 일본과 미국을 통해 습득했던 계획 이론들이 계획 수립 과정에서 어떤 의의가 있을지 확인했다. 마지막으로 다른 국가들의 국토 계획을 참고하여 완성된 형태의 국토 계획을 구상해보았다. 그러나 『국토계획논총집』과 비교했을 때 『국

---

40) 김의원, 『(국토연구원 소장) 희귀자료 및 진서 해설』, 국토연구원, 2005.

토계획자료』의 실무적인 성격이 강하기는 했지만 여전히 『국토
계획자료』에 수록된 내용만으로 계획을 수립하기에는 부족했다.
『국토계획논총집』과 『국토계획자료』의 내용들은 주로 현황 분석
범주에 속하는 것이었기 때문에, 국가의 미래 계획 수립에 적용
하기 위해서는 한국의 국토에 대한 미래상이 필요했다.

　『국토계획자료』를 통해 계획 수립 실무에 활용할 만한 정보들
을 모은 건설부의 다음 과제는 지역과학 이론을 미래 계획 수립
에 적용하는 계산이었다. 지역연관분석법을 이용해 국토 계획을
수립하기 위해서는 가장 먼저 국토 계획을 통해 추구하고자 하는
국토의 미래상을 수치로 표현해야 했다. 지역연관분석은 그 자체
가 미래의 방향성을 지정해주는 이론이 아니었으며, 지역연관분
석을 토대로 미래의 지역별·산업별 생산량의 수학적 균형점을 찾
기 위해서는 각종 산업에 대한 미래의 최종 수요를 예측해야 했
다. 즉 계획 완료 시점에 가지고 있을 여러 사업의 최종 수요인 국
토의 미래 상황을 구체적인 숫자로 표현해야만 했다. 수학적 엄
밀성이 중요한 지역연관분석법을 효과적으로 적용하기 위해 건
설부는 『국토계획기본구상』을 통해 국가의 미래상을 구체화했다.

　건설부가 발표했던 『국토계획기본구상』은 정부가 구상한 미
래의 국가상을 수치로 표현하기 위한 일종의 가이드라인이었다.
건설부는 당시 한국의 대표적인 계획 전문가였던 주원이 1967년
에 장관으로 부임한 뒤 『국토계획기본구상』을 수립하기 시작했
다. 『국토계획기본구상』은 『국토계획논총집』 및 『국토계획자료』
의 국토 계획상과 마찬가지로 경제발전을 위해 국토 공간을 재편

한다는 목적을 공유하고 있었다. 건설부 장관 주원은 『국토계획기본구상』의 머리말을 국민교육헌장의 첫 문장인 "우리는 민족중흥의 역사적 사명을 띠고 이 땅에 태어났다"로 시작하면서 "이 땅"의 중요성을 강조했다. 국토 계획은 바로 "이 땅"을 새롭게 구분하는 작업이었다. 뒤이어 주원은 "국토는 국민의 생활을 담는 그릇인 동시에 민족 번영의 터전이다. 종래 정치학에서는 국토를 단순히 역사적인 산물로만 인식해왔으나 오늘의 국토는 오히려 국제적 단원의 뿌럭 경제,[41] 즉 국제 수평 분업이란 측면이 강조되고 있다"고 밝혔다.[42] 국토 계획은 국토를 하나의 경제 단위체로 하여 선진국 수준의 국제적 분업에 참여할 수 있도록 만드는 방법이라는 것이었다. 이처럼 국가적 단위의 경제적 성과 달성을 추구하고자 했던 이 시기의 국토 계획은 전형적인 발전국가의 국가 계획이었다.[43]

건설부는 이 같은 『국토계획기본구상』을 기준으로 국토 계획의 목표를 수치화하기에 앞서, 국토 계획 수립에서 가장 중요하게 사용될 것으로 생각한 지역연관분석법의 상세한 계산법을 연

---

41) 블록 경제(block economy)를 의미한다.

42) 건설부, 『국토계획기본구상』, 1968, 머리말.

43) 김동완은 1960년대에 이미 울산 공업단지 설치 등 불균등한 경제발전이 이루어지고 있었음에도 지역주의 정치가 발생하지 않았던 이유를 설명하며, 국가가 국민에게 지역 단위의 성과를 국가 단위의 성과로 인식시키고자 했음을 주장한 바 있다. 김동완, 「불균등 발전과 국가 공간」, 박배균·김동완 편, 『국가와 지역』, 알트, 2013.

구 용역을 통해 완전히 정리했다. 건설부 연구 용역으로 주식회사 한국종합기술개발공사가 1969년 『지역산업연관분석』을 작성했다. 이것은 "지역 간 산업연관표의 작성 방법과 지역 간 수송수요 예측 방안을 연구"한 보고서였다.[44] 보고서에는 『국토계획논총집』에 이미 수록되었던 기본적인 지역연관분석 이론도 포함되어 있었지만, 더 중요하게는 굉장히 구체적인 행동 지침을 제시하고 있어 주목할 만하다.

구체적인 변수들을 행렬식에 어떻게 배치해야 하는지 제시하고 행렬식의 풀이 과정까지 보여준 이 보고서는 프로그래밍 도안 같은 성격을 가지고 있었다. 예를 들어, 표를 작성할 때는 "통합표 부문과 120 부문별 기본표는 일련번호를 사용하"고 "299 조정작업 부문은 최종 통합표 및 기본표의 부호와는 별도로 5 digit의 부호를 사용하되 광공업 부문에서는 가급적 한국 표준산업분류에 따라 세(細)분류인 4 digit까지 그대로 택하고 5 digit에서 더욱 세분한 부문을 표시하"라고 지시했다. 또한 "36 부문별 지역 간 산업연관표 최종 통합표 양식"이나 자료 수집을 위한 각종 조사표, 그리고 조사표를 써넣는 방식들까지 상술했다. 수록된 표의 빈칸들을 모두 채워넣을 수 있다면 곧 지역연관분석법을 시행할 수 있을 정도로, 이 보고서는 세부 절차들을 알려주고 있었다.[45]

---

44) 주식회사 한국종합기술개발공사, 『1969년도 지역산업연관분석』, 건설부, 1969, 7쪽.

45) 위의 책, 65쪽.

그러나 지역연관분석법을 사용하기 위해서는 필요한 제반 조건들이 너무 많았기 때문에, 이를 실제 적용하는 과정에서 제대로 작동하지 않을 가능성이 컸다. 특히 지역연관분석법을 이용하기 위해서는 계획 수립의 단위인 개별 권역들의 산업 현황과 각 권역들이 산업적으로 서로 어떤 관계를 맺고 있는지, 즉 한 권역에서 다른 권역으로 어떤 상품들이 얼마나 이동하는지에 대한 자료가 필요했다. 이미 한국의 경제학자들은 지역연관분석법을 있는 그대로 사용하기에는 한국의 자료들이 부족한 상황임을 인식하고 있었다.[46] 각종 수치 자료들을 확보하지 못한 상황에서 지역연관분석의 이론적 방법론만 집중적으로 파고들어 계획을 뒷받침하고자 했던 건설부는 국토 계획 작성 과정에서 여러 문제에 맞닥뜨렸다.

2. 국토종합개발계획 1차 시안과 이론의 변용

일본을 통해 미국의 최신 계획 이론을 도입했던 건설부는 그 성과를 『국토계획논총집』과 『국토계획자료』를 통해 공유했다. 『국토계획논총집』과 『국토계획자료』의 발간은 건설부에게 이론적 수준에서 계획 수립의 합리적 정당성을 제공해주었지만, 이는

---

46) 한국경제개발협회, 『지역산업 연관 모델에 의한 지역경제계획에 관한 연구 보고서』, 1967, 14~18쪽.

계획안 작성의 예비 단계일 뿐이었다. 『국토계획논총집』과 『국토계획자료』가 발간되는 동안 제1차 및 2차 경제개발계획이 추진되면서 경제발전을 위한 입지 선정 및 각종 사업 간의 관계들은 더욱 복잡해졌다. 전 국토의 산업에 대한 짜임새 있는 분석과 그에 기반한 국토 계획의 필요성은 점점 커졌다.

1969년 건설부는 국토 계획의 명칭을 '국토종합개발계획'으로 확정 짓고 1차 시안 작성에 돌입했다. 그러나 건설부는 그들이 6년에 걸쳐 습득한 지역연관분석을 적용하는 과정에서 난관에 부딪혔다. 자료 부족으로 지역연관분석을 위한 행렬식을 완전히 채워넣을 수 없었기 때문이다. 지역연관분석은 각 지역 사이에서 생산 물자가 어떻게 교류되고 있는지에 대한 구체적인 자료를 사용하는 방법론이었다. 그러나 건설부가 1963년부터 국토 계획 수립을 위해 실시해 온 국토 조사는 지역 간의 관계를 파악하는 조사라기보다는 대체로 해당 지역의 현황을 파악하는 조사였다. 지역 간의 물자 이동에 대한 통계가 없었던 것은 아니지만, 건설부가 구상했던 수준의 상세한 지역연관분석법에 대입하기에는 적합하지 않았다.

자료 부족 외에도 국토종합개발계획의 목표 연도인 1981년의 한국 경제 상황에 대한 기준이 없었다는 점도 지역연관분석을 사용하기 힘들게 만드는 요인 중 하나였다. 국토종합개발계획은 10년을 계획 기간으로 했지만, 1972년 동시에 시작될 제3차 경제개발 5개년계획은 5년을 계획 기간으로 했기 때문에 건설부는 10년 뒤인 1981년의 한국 경제 상황을 자체적으로 예측할 수밖에 없었다. 심지어 국토종합개발계획의 1차 시안이 작성되고 있을 당시에는 3차 경제개발계획조차 구체적으로 수립되지 않은 상황이었기 때문에 1972~1981년의 모든 계획 수치들은 건설부가 나름대로 결정해야만 했다.[47)]

자료 부족과 미래 경제 목표의 부재라는 상황 속에서 건설부는 지역연관분석법을 있는 그대로 사용하기 어려웠다. 따라서 건설부 관료들은 지역연관분석을 통해 최종 산출액을 도출하는 방법과는 완전히 다르면서도 지역과학 이론의 틀을 좇아가는 독특한 계산 방식을 사용하게 되었다. 건설부는 최종 수요를 정한 뒤 행렬식을 계산해 계획 목표 연도의 지역별 산업 산출 값을 구하는 방법 대신, 전국의 산업별 최종 산출 값을 행렬식의 계산 없이 얻어낸 뒤 이를 건설부 나름의 기준을 통해 지역별로 배분하는

---

47) 이를 간단한 수식으로 설명하면 다음과 같다. 지역연관분석법에 따르면 지역 간 산업관계를 행렬의 인자로 두는 행렬을 A, 최종 산출을 x, 최종 수요를 d라고 할 때 이 변수들은 $x=Ax+d$라는 관계를 가진다. 이 관계식을 통해 사실상 국토 계획의 목적이라고 할 수 있는 지역별 각종 산업의 적절한 산출 값을 도출하기 위해서는 $x=(I-A)^{-1}d$라는 행렬식을 풀어야 한다. 이때 A행렬의 인자들은 지역별 통계를 통해 얻을 수 있으며 최종 수요인 d는 전문가들에 의해 결정되는 수치이다. 즉 x의 값을 구해 지역별 개발 계획의 목표를 수립하기 위해서는 현황 분석에 가까운 A행렬의 인자들 외에도 국토의 미래상인 최종 수요(d)를 수치로 설정해야 한다. 그러나 최종 수요를 정하는 작업에는 정형화된 방법이 없었기 때문에 전문가들이 정성적으로, 또는 자의적으로 도출해내야 했다. 경제기획원이 한국의 미래 경제 수준을 파악할 만한 적당한 기준(d)을 아직 제공할 수 없었을뿐더러, 행렬을 채워넣기 위한 근본적인 자료(A)도 부족했기 때문에 건설부는 1차 시안을 작성하기 위해 나름의 돌파구를 찾아야 하는 상황이었다.

방식을 선택했다. 이는 1981년의 지역별 최종 산출을 구하는 행렬식을 풀 수 없던 건설부가 이미 습득한 데이터와 이론을 어떻게든 짜 맞추어 정합적으로 보이는 공간 계획을 세우기 위해 고안한 방법이었다. 또한 국가의 목표를 먼저 설정하고 이를 지역별로 배분하는 방법은 국가의 경제 목표 달성을 위해 지역 계획을 수립한다는 한국 국토 계획의 궁극적 수립 이유에도 어긋나지 않는 것처럼 보였다.

건설부의 해결책은 1960년 일본의 산업별 최종 수요 값을 1981년 한국의 경제상에 대입하는 방식이었다. 우선 건설부는 1968년을 기준 연도로 연간 9%의 성장을 가정해 1981년 한국의 총 산출량을 예측하였다. 그리고 한국의 총 산출량을 산업별로 배분하는 기준으로 일본을 참조했다. 건설부는 한국의 산업 발전이 일본과 비슷한 형태이며, 413달러로 예측되는 1981년 한국의 GNP가 415달러였던 1960년의 일본과 비슷하므로, 1960년 일본의 산업 구조는 1981년 한국 산업 구조와 같을 것으로 가정했다. 구체적으로 건설부는 경제 성장률을 이용해 계산한 1981년 한국의 총 산출량에 1960년 일본의 산업별 산출 비율을 적용했다. 예를 들어 건설부가 예측한 1981년 한국의 공업 산출량은 4조 8,711억 5,000만 원이었는데, 1960년 일본의 전체 산업 중 자동차 관련 산업의 비율은 3.42%였다. 따라서 1981년 한국의 자동차 산업 산출량은 4조 8,711억 5000만 원 × 0.0342를 계산한 1,665억 9,300만 원이 되는 식이었다. 그러나 이렇게 계산된 한국의 산업 산출량들은 전국 단위의 값이었고, 국토 계획을 수립하기 위해서는 다시 전국적인

산업별 산출량 값을 지역별로 배분해야 했다.[48]

건설부는 지역별 산업 목표를 계산해낼 지역연관분석법을 사용하지 못했기 때문에, 자의적으로 국가 전체의 산업 목표를 각 권역에 배분했다. 추가적인 배분 과정을 위해 건설부는 각 지역의 특성을 토대로 지역별 산업을 배분할 기준을 마련했다. 건설부는 영문 초안에서 효율적인 계획을 작성하기 위해 각 지역의 특성과 기능에 맞게 산업이 배분되어야 하며 이는 지역별 경제 상황 분석에 근거할 것이라고 밝혔다.[49] 그리고 이 같은 산업 배분은 이미 진행되고 있는 각종 개발 계획들과 부합해야 한다는 점을 강조했다. 이런 지침을 토대로 건설부는 기존의 산업 배치를 개편하는 국가 계획을 제시하기보다는 1960년대에 이미 구축된 산업 배치를 오히려 강화할 수 있는 지역별 산업 배분 기준을 만들어냈다.

건설부는 전국의 산업을 지역별로 배분하기 위해 각 권역에 주 기능을 부여하고 이를 기준으로 삼았다.[50] 1970년에 작성되었

---

48) Ministry of Construction, *Indicators for Formation of Sectoral Plans*, 1969.

49) Ministry of Construction, Comprehensive national development plan (draft), 1970, pp. 31~33.

50) 권역별로 주 기능을 부여하고 이를 표로 드러내는 방식은 일본에서 1969년 발표된 신전국총합개발계획의 영향이라 볼 수 있다. 신전국총합개발계획에는 일본을 총 7개의 권역으로 구분하고 각 권역이 지방, 대도시 주변, 대도시권 중 어디에 속하는지, 권역별로 이미 설치된 공장지구에는 무엇이 있는지, 그리고 향후 식량 공급기지로 사용될 권역이 어디인지를 한 번에 나타낸 표가 수록되어 있다. 経済企画庁,『新全国総合開発計画』, 1969.

<표 1> 1차 시안의 권역별 주 기능

권역	주 기능
수도권	중핵 관리
태백권	원료 공급
대전권	식량 공급
전주권	식량 공급
대구권	농공 혼합
부산권	상공업 혼합
광주권	식량 공급
제주권	관광 기타

* 출처: 건설부, 『국토종합개발계획 〈제1차 시안요약〉』, 1970, 9쪽.

던 국토종합개발계획의 1차 시안은 8개의 권역에 대해 각각 하나의 주 기능을 부여했다(표 1 참조). 1차 시안에서 배분된 지역별 기능은 1968년에 발간된 『국토계획자료』의 지역별 산업 상황 분석 내용과 거의 일치한다. 예를 들어, 국토계획자료 7호인 『지역연관분석』은 제주권을 광주권에 포함시켜 전국을 7개의 경제 권역으로 구분하고 전국 대비 지역별·산업별 산출액 구성을 백분율로 나타냈다(표 2 참조).

　이 자료는 전국의 산업을 1차·2차·3차 산업으로 크게 구분할 때 개별 권역이 어떤 산업에 가장 적합한지 파악할 수 있게 해주었다. 세 가지 산업 중 산출액 구성비가 높은 산업이 곧 전국적 경쟁력을 가진 지역 산업이었다. 이 자료에 따르면 1차 산업의 경우 태백권을 제외한 대부분 지역이 어느 정도 산출량을 내고 있었고, 2차·3차 산업의 경우 주로 서울권과 부산권이 강세를 보였다.

<표 2> 「지역연관분석」에서 분석한 지역별·산업별 산출액 구성비(%)

	1차 산업	2차 산업	3차 산업
수도권	12.29	45.10	39.18
태백권	5.67	1.84	7.53
대전권	20.01	9.40	9.95
전주권	12.57	3.22	4.34
대구권	17.34	12.22	11.77
부산권	16.32	23.02	19.63
광주권	15.80	5.19	7.60

* 출처: 건설부, 「지역연관분석」, 1968, 6~7쪽.

1차 산업을 농림수산업으로, 2차 산업을 광공업으로, 3차 산업을 상업 및 서비스업으로 간주한다면 지역별로 서울권과 부산권이 광공업과 상업 및 서비스업에 강했으며, 대전권과 전주권, 광주권은 농림수산업이 주요 산업이었음을 확인할 수 있다.[51] 대구권의 경우 농림수산업이 주요 산업이기는 했지만 대전권과 전주권, 광주권보다는 광공업이나 상업 및 서비스업과의 차이가 크지 않았다. 이 같은 지역별 주요 산업은 1차 시안이 각 지역에 주 기능으로 부여한 산업과 거의 일치한다.

한편, 이미 확정된 계획이었던 특정지역 개발계획이나 포항종합제철 공업단지 계획과의 조정도 이루어졌다. 앞서 언급했듯이

---

51) 국토종합개발계획에서는 1차 산업, 2차 산업, 3차 산업이라는 표현 대신 농림수산업, 광공업, 사회간접자본 및 기타 서어비스업으로 산업을 분류하고 있다. 대한민국 정부, 「국토종합개발계획(1972~1981)」, 건설부, 1971, 17쪽.

건설부는 새롭게 수립될 국토 계획이 기존 개발계획들과 부합해야 함을 인식하고 있었다. 1964년 설치되었던 국토건설종합계획심의회는 전 국토를 대상으로 하는 국토 계획을 수립할 수 없었던 상황에서 개발이 시급한 지역을 지정하고 해당 지역을 개발하는 작업을 1965년부터 시작했다. 심의회는 1965년 1월에 서울-인천을 우선 특정지역으로 지정하여 경인지역 종합계획에 의해 개발되도록 하였고, 1966~1967년에 걸쳐 제2차 경제개발계획의 개발거점으로 울산, 제주도, 태백산, 영산강, 아산-서산 등을 지정했다. 이 시기의 특정지역 개발계획은 제2차 경제개발계획의 목표 달성에 필요한 공장이나 에너지 시설 등의 입지 선정을 주요 내용으로 삼고 있었다. 또한 1967년에는 이미 1966년 특정공업지역으로 지정되었던 울산을 석유화학공업단지로 결정하고, 포항을 종합제철공장의 입지로 선정했다.

국토종합개발계획 내의 공업단지 계획은 위와 같이 이미 건설이 진행되고 있던 입지들을 중심으로 작성되었다. 공업 입지를 전국으로 확대하고 특히 제철, 제강, 석유화학, 정유, 화학비료와 같은 중화학공업의 기간산업설비를 증강하기 위한 대규모 공업단지로 동남해안 임해 중화학공업벨트와 경인 임해 공업지가 선정되었다. 포항-울산-부산-마산-진해-삼천포-여수를 중심으로 하는 동남해안 임해 중화학공업벨트와 인천-아산만 일원을 중심으로 하는 경인 임해 공업지는 모두 국토종합개발계획에 앞서 공업단지 구상 및 건설이 진행되고 있던 장소였다. 건설부는 이미 진행 중인 계획들을 반영해 국토 계획을 세워야 했고, 그런 영향이 바로 대구권 지역에도 영향을 미쳤다. 대구권 지역은 이미 건립이 진행 중이던 포항종합제철 공업단지의 영향으로 대전권과 전주권, 광주권과 확실히 구분되는 '농공혼합' 기능을 부여받을 수 있었다. 대전권에 아산이 포함되어 있기는 했지만 포항종합제철 공업단지만큼 비중이 높지 않았으며 전주나 광주권에는 진행 중인 대규모 공업단지 건설이 사실상 없었기에 이들은 대구권과 달리 식량 공급이라는 단일한 기능을 부여받았다. 1차 시안에 따르면 대구권은 공업 입지의 18.22%를 분담하여 24.84%의 수도권과 22.03%의 부산권을 뒤이어 3대 공업권으로 발전할 것이었다.

이처럼 건설부가 지역연관분석법을 그대로 사용할 수 없는 상황에서 돌파구를 찾아가며 국토종합개발계획의 1차 시안을 작성했던 과정은 곧 국토종합개발계획의 구체적 특징이 형성되는 과정이었다. 1차 시안의 주된 산업 입지 계획은 일본의 산업 구조를 기준으로 구한 전국의 산업별 산출량을 1960년대의 지역별 현황과 특정지역 개발계획, 포항제철 공업단지 등을 고려해 배분한 것이었다. 이 1차 시안은 1960년대 산업 현황을 그대로 답습하면서도 새롭게 추진되는 지방개발 계획들을 반영했으며, 동시에 수도권의 산업 밀집 정도를 완화하고자 했다. 그러나 이 무렵 진행되고 있던 지방개발 계획들은 부산권인 울산 공업단지, 대구권인 포항제철 공업단지 등 경상도 지역에 집중되어 있었기에, 국토종합개발계획의 1차 시안은 기존 산업 배치와 다르지 않게 수도권과 경상권을 중점적으로 공업화하는 경향을 보였다. 이런 내용의 1차 시안은 관계부처들과 국토건설종합계획심의회 및 세미나와 공청회를 거치며 여러 주요한 지적들을 받았고, 이를 수정해 나가며 또 한 번 큰 변화를 겪었다.

3. 1차 시안에 대한 주요 문제제기와 그 해결

건설부가 작성한 국토종합개발계획의 1차 시안은 국토 계획 수립이 가진 국가적 중요성 및 영향력이 컸던 만큼 각종 관계자와의 조정을 거쳐서야 최종 계획으로 확정될 수 있었다.[52] 1969년 말 완성된 1차 시안은 곧바로 17개 관계부처들에 회람되고 국토건설종합계획심의회에 상정되었으며 전문가들의 세미나와 지역별 공청회를 통해 평가되었다. 이 조정 과정에서 1차 시안을 크게 바꿔놓는 세 가지 문제들이 각각 관계부처와 지방정부, 국토건설종합계획심의회를 통해 지적되었다.

우선 관계부처들은 국토종합개발계획의 목표 수치들이 동시에 진행 중이던 경제개발계획과 일치하지 않는다는 점을 중점적으로 지적했다. 1차 시안이 작성될 당시에는 제3차 경제개발계획

---

52) 관계부처, 국토건설종합계획심의회, 지방정부 외에 중요한 관계자는 국제연합개발계획(UNDP) 전문가들이었다. 건설부는 각종 시안을 비롯하여 국토 계획의 각 단계마다 영문 보고서를 따로 작성하여 UNDP 전문가들의 검토를 받았다. UNDP의 자문이 건설부의 계획안 작성에 어떤 직접적인 영향을 미쳤는지는 알 수 없지만, 건설부는 계획 수립의 모든 단계에서 UNDP와 작업의 진척을 공유했다.

이 확정되지 않았었지만, 1970년 즈음에는 제3차 경제개발계획의 수립이 마무리되고 있었다. 당시 경제개발계획은 국토종합개발계획이 경제개발계획의 '시녀'가 되는 것을 우려하는 이들이 있을 정도로 국토종합개발계획에 우선하여 가장 중요한 국가 계획으로 여겨지고 있었다.[53] 17개 관계부처들의 수정 요구는 주로 제3차 경제개발계획과 부합해야 한다는 점을 강조했다. 국토종합개발계획은 공간을 대상으로 한다는 특징이 있기는 했지만, ① 성장·안정·균형의 조화, ② 자립적 경제 구조, ③ 지역개발의 균형이라는 세 가지 기본 정신을 지닌 제3차 경제개발계획과 거의 동일한 주요 목표를 공유하고 있었던 만큼, 개별적으로 작동하는 계획이 아니었다.[54] 이미 1968년의 『국토계획기본구상』에서도 국토종합개발계획은 경제 계획 및 사회 계획과의 연계 속에서 작동하는 것으로 설정되어 있었기 때문에, 국토종합개발계획은 1972년 동시에 실행에 들어가는 제3차 경제개발계획과 중요 수치들을 일치시켜야 했다.

이런 지적으로 인해 건설부는 경제기획원의 제3차 경제개발계획이 제대로 작성되지 않았던 상황에서 1차 시안을 작성하며 나름의 기준으로 만들어낸 국가 경제의 수치들을 조정해야 했다. 예를 들어, 경제기획원은 기준 연도를 경제개발계획과 같은 1970년으로 채택하고 양곡수급계획, 포장도로 연장 및 포장률, 철도차

---

53) 정도현, 「국토종합개발계획의 문제점」, 대한민국 국회, 『국회보』, 1971.

54) 대한민국 정부, 『제3차 경제개발 5개년계획, 1972~76』, 1971.

량 증가 계획을 제3차 경제개발계획에 맞추라고 요청했다. 농림부 역시 각종 식량 수급 전망과 경지 정리 대상 면적, 농업용수 개발 실적 등을 조정하도록 요구했다. 상공부와 체신부도 몇몇 계획 수치를 조정할 것을 요청했는데, 건설부는 각종 의견들이 지적한 수치들을 대부분 제3차 5개년 계획에 일치시켰다고 답했다. 특히 3차 5개년계획을 수립하며 한국은행은 1970년을 기준으로 한 산업연관표를 새롭게 작성했다. 따라서 1차 시안 이후의 계획에서는 대체로 이 1970년의 산업연관표가 기준이 되었을 것임을 알 수 있다.[55)]

그러나 경제개발계획이 5개년계획이었던 반면 국토종합개발계획은 10년을 목표로 한 계획이었기 때문에, 경제개발계획의 수치를 그대로 이용하는 데는 한계가 있었다. 건설부는 이 문제를 해결하기 위해 경제개발계획의 방법을 외삽해 1981년의 계획 수치를 지정했다. 다만 3차 5개년계획의 수치들은 1976년까지의 수치였기 때문에, 실제 국토종합개발계획의 각종 목표 수치에서 1970~1976년도까지 기간은 경제기획원의 것을, 1977~1981년도까지는 건설부의 것을 따랐다. 그럼에도 이 건설부 수치는 기본적으로 경제기획원의 방법을 따른 것이었다. 예를 들어 인구의 경우, 1970년의 인구와 1976년의 인구는 각각 3,131만 7,000명과 3,434만 5,000명으로 3차 5개년계획의 내용과 일치했고, 1981년의 인구는 매년 인구증가율을 1.5%로 가정하고 3,434만 5,000명에 1.015를

---

55) 대통령 비서실, 『박정희 대통령 결재문서, 581』, 1971.

다섯 번 곱한 것을 반올림해 3,700만 명의 예측 값을 사용했다. 국민총생산 역시 1970년과 1976년의 것은 경제기획원의 수치를 따랐으며, 1981년의 국민총생산은 연평균 증가율을 8.5%로 가정하고 1976년의 값에 1.085를 다섯 번 곱한 뒤 반올림한 값을 사용했다. 건설부의 단순 외삽은 경제기획원이 제3차 경제개발계획을 수립하며 적용했던 것과 같은 방법이었다.[56]

정부 내의 관계부처가 경제개발계획과의 정합성을 위주로 건설부의 1차 시안을 지적했다면, 지방정부는 권역별로 배분된 주기능들에 문제를 제기했다. 건설부 실무자들과 국토계획조사단 위원들은 열흘에 걸쳐 여러 지방을 직접 방문해 각 지역 전문가·유지들과 국토종합개발계획의 1차 시안에 대한 면담을 진행했다. 1차 시안에 대한 가장 큰 수정 요청은 광주권과 전주권에서 나왔다. 대부분 지역은 고속화 도로를 계획에 포함해달라거나, 지역과 중앙 간의 계획 소통을 담당할 기구를 마련해달라는 등, 건설부에서 수립한 권역별 계획의 큰 틀 내에서 변경 및 추가사항을 요청했다. 그러나 이미 1960년 후반부터 '호남차별'에 민감하게 반응하고 있었던 광주권과 전주권은 그들 지역이 농업 지역인 식량 공급권으로 규정되어 있는데 식량 공급이라는 단일 기능 외에 농

---

56) 대한민국 정부, 『제3차 경제개발 5개년계획, 1972~76』, 1971. 예를 들어, 경제기획원은 1976년의 인구를 추정하기 위해 1972년부터의 인구증가율이 매년 1.5%라고 가정하고 1972년의 인구수에 1.015를 4번 곱해서 1976년의 인구수를 구했다.

공병진을 위한 기능을 부여해달라고 요청했다.[57]

이에 국토종합개발계획의 최종 계획안에서 충청, 전주, 광주권은 식량 공급에서 농업과 공업을 담당하는 지역으로 바뀌었다. 하지만 이런 주 기능의 변화가 실질적인 내용 변화를 가져왔다고 보기는 어렵다. 국토종합개발계획의 최종 계획안도 1차 시안과 마찬가지로 지역별 기능을 8개 권역에 부여했다. 그러나 최종 지역별 기능은 1차 시안과 약간의 차이가 있었다. 가장 중요한 것은 충청, 전주, 광주권이 식량 공급에서 농업과 공업을 담당하는 지역으로 바뀌었다는 점이다. 이는 전주와 광주권의 요청을 받아들인 것으로, 최종 계획안은 이리, 군산, 여수 지역의 공업화를 명시하고 있으며 충청권은 서울에서 분산되는 공업을 수용하도록 한다고 밝혔다. 그러나 이리, 군산, 여수 지역의 공업화는 이미 국토종합개발계획 이전부터 언급되던 사항이었다. 즉 건설부가 구체적인 공업 입지 내용은 바꾸지 않고 전주 및 광주권의 요청 이후 수도권을 제외한 모든 권역의 기능을 명목상 두 개씩 부여했음을 추측할 수 있다. 부산권은 원래 "상공업"이었던 것이 "상업과 공업"으로 분리되었고, 대구권 역시 "농공 혼합"이 "공업과 농업"으로 분리되었으며, 태백의 "원료 공급"은 "자원산업"으로, 제주의 "관광 기타"는 "관광 상업"으로 변했다. 그러므로 충청·전주·광주권의 주 기능 변화가 실제 계획 내용의 변화였다고 보기는 어렵

---

57) 건설부, 『국토건설종합계획심의회 소위원회 회의록 및 속기록(No. 5~No. 6)』, 1970, 25~33쪽.

〈표 3〉 권역별 주 기능의 변화

권역	1차 시안	최종 계획안
수도권	중핵 관리	중추 관리
태백권	원료 공급	자원 산업
대전권	식량 공급	농업 공업
전주권	식량 공급	농업 공업
대구권	농공 혼합	공업 농업
부산권	상공업 혼합	상업 공업
광주권	식량 공급	농업 공업
제주권	관광 기타	관광 상업

* 출처: 건설부, 『국토종합개발계획 〈제1차 시안요약〉』, 1970, 9쪽; 대한민국 정부, 『국토종합개발계획(1972~1981)』, 1971, 12쪽.

다(표 3 참조).

충청·전주·광주권의 주 기능 변화를 실제적인 내용 변화로 생각하기 어렵다는 점은, 대구권의 기능이 "농공 혼합"에서 "공업, 농업"의 순서로 바뀌었음을 통해서도 확인할 수 있다. 대구권 공업 지역은 동남해안 임해 중화학공업벨트의 일부로, 이미 1차 시안에 포항제철 등이 이 지역 대표산업으로 명시되어 있었다. 최종 계획안에서도 건설부는 대구권의 공업에 대해서 '대구, 구미, 포항을 공업 지역으로 개발하며 남동 임해 중화학공업벨트 지대와의 연계 속에서 이를 체계화한다'고 썼다. 즉 대구권의 공업 지역 역시 구체적인 내용에는 변화가 없었던 것이다. 따라서 건설부는 원래 농업 중심이던 충청·전주·광주권이 "농업-공업" 기능을 담당하도록 바꾸면서, "농공 혼합"이었던 대구권의 공업 기능을 상대적으로 강조하기 위해 "공업-농업"으로 대구권의 기능을 변경했다고 볼 수 있다.

건설부의 1차 시안에 문제를 제기한 또 다른 집단은 국토건설종합계획심의회였다. 국무총리를 회장으로 하며 국토 계획을 조정·승인하는 권한을 가지고 있었던 국토건설종합계획심의회는 계획의 표현 방식에 문제를 지적했다. 1970년 7월 22일에 있었던 제5회 국토건설종합계획심의회 소위원회 회의에서 심의회 위원들은 사회복지 모델과 인구 계획의 수치들을 지적하며 기본 목표는 그렇다 하더라도 구체적인 통계는 계획에 싣지 않는 편이 낫겠다고 말했다. 정확한 숫자를 제시하기는 현실적으로 쉽지 않기 때문에, 수치를 나열하기보다는 방향을 제시하는 쪽으로 초점을 바꾸는 편이 낫다는 지적이었다. 심의회 위원들은 계획에 포함될 지표는 대표적인 것을 선별해서 제시하고 "'유니버셜 언더스탠딩'을 가져올 수 있는 설명 방법을 찾아보"라고 건설부에 지시했다. 여기서 "유니버셜 언더스탠딩"은 두 가지로 해석될 수 있다. 첫째는 누구나 쉽게 국토종합개발계획의 효과와 목표를 이해할 수 있는 설명을 제공하라는 의미이며, 둘째는 누구나 거부감 없이 받아들일 만한 설명을 제공하라는 의미이다.[58]

이런 지적은 국토종합개발계획의 정치적 성격을 드러낸다. 국토종합개발계획의 목표는 단순히 경제개발을 위한 산업의 지리적 배분을 합리적으로 추구하는 데 있지 않았다. 1960년대 중반부터 정치적으로 야기되었던 지역 문제를 잠재우는 것 역시 국토종

---

58) 위의 책, 39~59쪽.

합개발계획의 중요한 목적 중 하나였다. 실제로 국토종합개발계획의 세부 내용은 지역 간 균등한 산업 배분을 포함하고 있다고 보기 힘들었다. 그러나 적어도 표면적으로는 지역 간 균형을 추구하는 산업 배치를 목적으로 할 필요가 있었다. 이 같은 국토종합개발계획의 정치성은 계획의 구체적인 내용과 표면적인 이미지 사이의 괴리를 불러일으켰다.

국토 계획이 지닌 정치성은 다른 예에서도 드러난 바 있었다. 1차 시안에서 건설부는 권역별 공업 입지 비율을 수치 및 그래프로 표현했다. 그러나 이 공업 그래프는 건설부가 제시한 수치를 정확히 표현하지 않았다. 건설부의 그래프는 1966년과 비교했을 때 계획이 완료된 이후인 1981년의 전국 공업 입지가 균형적으로 배분된 것처럼 표현했다. 특히 수도권의 비중이 기존 1966년보다 크게 줄어들 것처럼 그렸다. 그러나 건설부가 제시한 그래프(그림 1 참조)의 수치를 정확한 비율에 맞게 다시 그리면(그림 2 참조) 완전히 다른 형태가 된다. 이는 건설부가 "균형적인 국토개발"을 위해 인적 자원과 자연 자원을 공간적으로 배분하고자 하는 국토 계획의 목적과 성과를 과시하고자 했음을 보여준다.

심의회의 지적에 따라 건설부는 가시적으로 계획의 효과를 제시할 수 있는 '지도'를 주된 표현 방식으로 선택했다. 국토건설종합계획심의회가 지적한 바와 같이 국토 계획에서 많은 정보를 제시하는 것은 정부에게 불필요했다. 수치가 명확히 제공된 상태에서는 정부가 원하는 대로 그래프 등을 변형하여 그리기가 쉽지 않기 때문이다. 지도는 '국토'라는 지리적 대상을 다루는 국토종

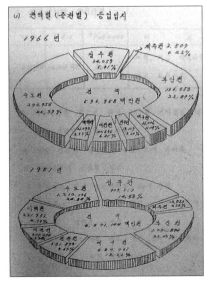

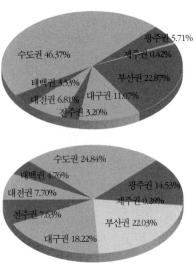

〈그림 1〉 제1차 국토종합개발계획 1차 시안의 권역별
공업입지 비율
* 출처: 건설부, 『국토종합개발계획 〈제1차 시안
요약〉』, 1970, 18쪽.

〈그림 2〉 제1차 국토종합개발계획 1차 시안의 권역별
공업입지 수치를 토대로 작성한 그래프
* 출처: 필자 작성.

합개발계획의 특징을 가장 잘 부각하면서 동시에 그 구체적 계획
내용을 모호하게 만들 수 있는 방식이었다. 국토종합개발계획의
최종 계획안에는 총 19개의 지도가 포함되어 있었다. 구체적인 목
표 지점이 수치로 명시되지 않고 지도라는 불분명한 표현 방법이
사용된 최종 계획안은 두 가지에 유동적으로 대처할 수 있었다.
첫째는 광주권과 전주권 등 1차 시안에 대한 지방정부들의 지적
들이었다. 광주권과 전주권의 수정 요구로 건설부는 농업과 공업
을 해당 지역의 주 기능으로 제시했다. 그러나 지도로 최종 계획
이 표현됨에 따라 실제 광주권과 전주권에 얼마나 많은 공업 기

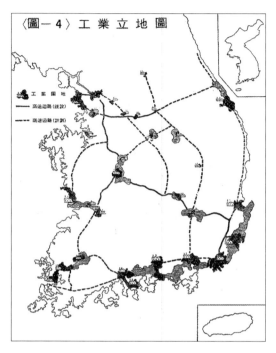

〈그림 3〉 제1차 국토종합개
발계획의 공업입지도
* 출처: 대한민국 정
부, 『국토종합개발계획
(1972~1981)』, 1971, 27쪽.

능이 부여되었는지 구체적인 확인이 불가능했다. 1차 시안의 경
우 건설부는 광주권과 전주권이 각각 전국 권역 입지의 14.53%와
7.63%를 차지할 것이라고 밝혔지만, 공업 입지가 지도로 표현된
이후에는 정확히 어느 정도의 공업 입지가 할당될 것인지 밝히지
않았다. 최종 계획은 남동해안과 경기만 임해 지역에 대해서만
각각 전국 공업 비중의 33%와 15.6%를 차지하게 될 것이라고 언
급하여, 최종 시안에서의 주 기능 변화가 실제 계획 내용의 변화
로 이어졌는지를 확인하기 힘들게 만들었다. 둘째, 지도를 이용한
표현은 향후 국토개발을 유동적으로 수행할 수 있는 여지를 남겼

다. 지도로 표현된 국토종합개발계획 최종 계획안은 국토 전체가 어떻게 발전하게 될 것인지 한눈에 파악할 수 있게 했다. 그러나 구체적인 수치들이 최소화됨에 따라 사실상 발전이 어느 정도로 이루어질지에 대해서는 의도된 모호함을 안고 있었다.

관계부처, 지방정부, 국토건설종합계획심의회의 문제제기와 건설부의 수정 과정은 곧 국토종합개발계획을 정합적인 외양을 띠는 최종 보고서로 만들어내는 과정이기도 했다. 『국토계획논총집』, 『국토계획자료』, 『지역산업연관분석』을 통해 습득했던 이론적 틀 및 자료들을 수정하고 변용하는 과정을 거쳐 작성된 1차 시안은 불필요하게 많은 수치가 뒤섞여 있는 번잡한 보고서였다. 건설부는 겉으로 드러나는 주요 수치들을 하나의 기준으로 통일하고, 엄밀하지 않을뿐더러 정치적으로도 불리할 수 있는 수치들을 삭제하여 한 권의 완성된 보고서를 작성해냈다. 도시와 농촌이 균형을 이루고, 농업과 공업이 병행 발전할 수 있도록 산업을 조화롭게 배치하는 것이 주요 목적임을 밝히고 있는 국토종합개발계획 최종 계획안은 이런 과정을 거쳐 1971년 10월 27일 대통령 공고 제26호로 마침내 발표되었다.

4. '합리적' 국가계획, 의도된 모호함과 유연성

국가적 스케일에서 국토를 하나의 단위체로 생각하고 이 국토를 각 지역으로 구분하며 개별 지역이 전체 국토를 위해 담당해야 할 기능을 부여하는 시스템적 구조는 제1차 국토종합개발계획의 가장 중요한 특징이었다. 발전국가론의 기존 논의들은 제1차 국토종합개발계획의 수립 과정을 건설부가 국토를 권역으로 조직된 경제 단위체로 이해하고, 지역과학 이론을 대표하는 계량적 방법론인 지역연관분석을 습득하여 국토를 "합리적"으로 운영하고자 했던 작업으로 파악할 것이다. 한국에서 이전에 실행된 바 없는 국토 계획 수립을 위해 계획 담당 부서인 건설부는 해외의 계획 이론을 도입했고 이를 적용하고자 했기 때문이다.

그러나 본격적으로 계획안을 작성하는 과정에서 해외의 계획 이론은 건설부가 기대했던 것처럼 작동하지 않았다. 지역과학 이론의 계량적 방법론에 근거해 전국의 여덟 권역에 각각의 임무를 배분했던 제1차 국토종합개발계획은, 계획 이론을 그대로 적용하여 수립된 것이 아니었다. 제1차 국토종합개발계획은 건설부 실무자들이 미국의 선진 지역과학 이론을 습득·전유하고, 그것을 한국의 실정에 맞게 적용하는 과정에서 맞닥뜨린 각종 어려움을 극복하기 위해 나름의 해결책을 모색하며 작성되었다. 제1차 국토종합개발계획의 최종안은 이론적 한계뿐만 아니라 그것을 확정하는 과정에서 등장했던 여러 정치적인 요구들에도 조응하며 형성되었다. 이론의 적용 단계에서 발생한 문제와 함께 각종 정치사회적 문제들을 봉합하여 최종적으로 완성된 계획안은 해외의 이론과 건설부 내외의 정치사회적 상호작용 끝에 일견 '합리적'으로 보이도록 짜기워진 패치워크(patchwork)였다. 패치워크로서의 국가 계획은 의도된 모호함과 유연성을 안고 있었기에 어디에나 부합할 수 있어 보이면서도 사실은 상충하는 내용을 가지고 있었다.

지금까지 하나의 완성품으로 짜기워진 국토종합개발계획의 블랙박스를 열기 위해 계획 수립의 전 과정을 실무적 수준에서 구체적으로 살펴보았다. 기존 발전국가론 논의는 앞서 분석했던 계획 수립의 구체적 과정들을 간과하였다. 완성된 계획안은 서로 들어맞지 않는 각종 계획 이론과 자료, 정치적·행정적 조정들이 짜임새 있어 '보이도록' 끼워 맞춰진 상태였다. 따라서 완성된 계획안에서 확인할 수 있는 국가 계획은 꽤나 그럴듯했다. 이 최종 계획안은 국가 목표를 달성하기 위한 효율적 계획이 국가발전의 성공 요소였다는 합리적 계획 이론의 관점에 들어맞아 보일 수 있다. 그러나 이 글에서 필자는 1960~70년대의 국토 계획을 관료들이 지식을 습득하고 전유하는 과정을 거치며 구성된 산물로 이해하고, '계획 합리성'을 그 자체 가변적이며 행정적·정치적 맥락과 상호작용하는 분석의 대상으로 보았다. 또한 합리성의 근원으로 여겨진 관료들의 전문성도 주어진 것이 아니라 6년 이상의 시간 동안 만들어진 것이었으며, 그들이 습득한 이론 자체도 일본을 통해 한국에 들어온 미국의 시스템적 방법론이라는 특수한 것임을 보였다.

그 결과, 1970년대 한국의 국토 계획은 지역과학 이론에 근거하여 작성된 필연적인 결과라고 볼 수 없음이 드러났다. 제1차 국토종합개발계획의 '소수 거점 개발'이라는 특징은 지역과학 이론을 도입하고 이를 전유하는 과정에서 만들어진 것이었다. 한국의 국토 계획은 해당 계획이 본질적으로 추구하고자 하는 목적이 무엇인지에 따라 전혀 다른 모습으로 수립될 수도 있었다. 제1차 국토종합개발계획이 한국의 유일한 길이 아니었음을 보여주는 하나의 근거는, 같은 시기에 작성된 오탐-메트라(OTAM Metra International)의 국토 계획안이다. 건설부의 원조 요청에 따라 한국의 국토 계획을 자체적으로 수립했던 오탐-메트라의 국토 계획안은 건설부가 선택할 수 있었던 또 다른 길을 보여준다.

UNDP의 용역회사로 한국을 방문한 오탐-메트라는 한국 지역 계획 보고서에서 한국 정부의 현안을 "기준 개발 계획(reference development scheme)"(그림 4 참조)으로 삼아 그들의 대안과 직접 비교했다.[59] 이들은 기준 개발 계획에서는 주요 산업이 서울-부산 축을 따라 분포하고 있으며 그 일부만 구미나 이리와 같은 지방도시에 위치하고 있음을 지적했다. 이런 기준 개발 계획에서는 빠른 도시화와 두세 개 거점도시로의 집중이 지속될 것이라고 말했다. 특히 부산과 서울로 농촌 인구의 이주와 군과 시의 고급 인적 자원 유출이 계속될 것이라며 우려를 표했다. 반면 그들의 제안 개발 계획(proposed development scheme, 그림 5 참조)은 기준 개발 계획과 비교했을 때 소수 몇몇 도시로의 집중을 막고 농촌 지역의 수용 능력을 강화해 더 균형적인 성장 패턴에 도달할 수 있게 해준다고 밝혔다. 이 계획 역시 기본적으로 서울-부산을 제1축으로 했지만, 기준 계획보다 대전-전주, 군산-전주 축을 강화하고 있다. 또한

---

59) OTAM Metra International, *Regional Physical Planning Final Report*, volume 1~7, 1972.

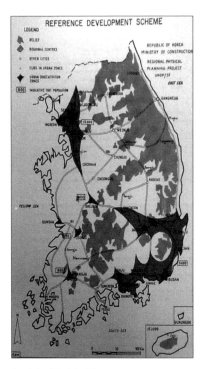

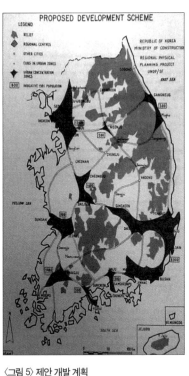

〈그림 4〉 기준 개발 계획
* 출처: OTAM Metra International, *Regional Physical Planning Volume 1 General Report Final Report*, 1972, p. 27.

〈그림 5〉 제안 개발 계획
* 출처: OTAM Metra International, *Regional Physical Planning Volume 1 General Report Final Report*, 1972, p. 37.

기준 계획과 달리 남해안 축의 연속적 산업 배치를 거점항구를 중심으로 한 집중된 점형 배치로 변형하여 부산과 분리된 거점도시들이 생길 수 있도록 만들었다. 오탐-메트라는 거점도시들의 수를 늘리면 부산과 서울 이외의 도시들로 인구 분산이 가능해질 뿐만 아니라 다양한 지역에 현대적 도시를 구축하여 농촌 지역의 편리성 역시 높아진다고 주장했다. 오탐-메트라는 그들의 대안을 따른다면 단기적으로는 한국 정부가 추구하는 경제적인 목표들에 부정적인 영향을 미칠 가능성이 있지만, 한국이 이룬 경제성장의 정당한 이익을 아직 나누어 받지 못한 집단들의 문제를 해결해야만 궁극적으로 더 높은 국가 안정성을 얻고 사회 구조의 유지가 가능할 것이라고 분석했다.[60]

이처럼 지역과학 이론의 적용을 비판했던 오탐-메트라의 지역 계획은 지역과학 이론이라는 특수한 '합리성'에 기대어 수립된 한국 국토 계획의 특징을 더욱 부각시킨다. 시스템적 방법론을 따랐던 한국 국토 계획의 궁극적인 목표는 결국 한국이라는 국가적 단위의 경제성장에 있었다. 정부의 농공병진 전략은 국토 전체를 기준으로 보았을 때 농업과 공업을 모두 발전시키겠다는 의미였으며, 한 지역 내에서 농업과 공업을 모두 발전시킨다는 의미가 아니었다. 국가의 경제성장을 위해서는 모든 지역이 동일한 역할을 담당하기보다는 식량 및 원료 제공과 공업이라는 업무가 분담되어야 했으며, 각각의 성과가 효율적으로 교류될 수 있는 운송시설들이 새롭게 건설되어야 했다. 지역과학 이론에 근거해 국가라는 하나의 경제 단위체와 이를 구성하는 여덟 개의 지역 간의 관계를 설정한 제1차 국토종합개발계획은 대한민국이라는 단일 경제체를 운영하기 위한 계획이었다.

지금까지도 한국 계획 전문가들 사이에서는 제1차 국토종합개발계획으로 심화된 지역 간 개발 격차 문제와 이를 해소하기

---

[60] ibid.

위한 지역 균형 발전 논의가 활발하게 이루어지고 있다. 이를 생각해볼 때, 한국 정부가 시행했던 제1차 국토종합개발계획이 합리적으로 선택할 수 있는 유일한 길이 아니었다는 분석은 기존 공간 계획들에 대한 평가와 앞으로의 공간 계획 수립에 있어서도 시사점을 제공한다.

'과학대통령
박정희'
신화를 넘어

과학
권력
국가

제2부

1960~70년대 한국 사회와 과학 담론

'전 국민의 과학화운동'

—과학기술자를 위한 과학기술자의 과학운동

문만용

1. 과학기술자의 관점에서 본 과학기술 발전

한국 현대 과학기술은 단기간에 압축적 성장을 기록했다고 평가받고 있으며, 최근 한국 과학기술이 거둔 성취의 메커니즘을 이해하려는 여러 시도가 이루어지고 있다.[1] 한국 과학기술의 성장이 정부 주도(government-led)로 이루어졌다는 관점에 많은 이들이 동의하는 것으로 보인다. 필자 역시 이 관점에 큰 이견은 없지만, 그것이 정부나 대통령이 유일하거나 절대적인 행위자임을 의

---

[1] 예를 들어 김근배는 해방 이후 한국 과학기술이 달성한 성취를 '제도-실행 도약론'으로 모델화했다. 김근배, 『한국 과학기술혁명의 구조』, 들녘, 2016. 홍성주와 송위진은 과학 정책의 전개를 통해 그 과정을 이해하고자 했으며, 문만용은 연구체제의 형성과 변천을 통해 압축적 성장을 규명하고자 했다. 홍성주·송위진, 『현대 한국의 과학기술 정책—추격의 성공과 탈추격 실험』, 들녘, 2017; 문만용, 『한국 과학기술 연구체제의 진화』, 들녘, 2017.

미하지는 않는다고 생각한다. 또한 몇몇 연구들이 지적했듯이, 압축적 성장 과정에서 한국 정부가 항상 동질적이고 단일한 행위자로 작동한 것도 아니었다.[2] 사실 한국 과학기술의 성장은 잘 조직된 하향식 정책 수립 및 집행의 산물만이 아니라, 과학기술자와 정부의 상호작용, 그리고 이를 둘러싸고 있던 국제 환경이 긍정적 요인으로 작용한 결과물이었다. 정부가 과학기술 정책에 관심을 쏟기 이전부터 과학기술 진흥의 필요성을 강조하고 그에 대한 사회적 담론을 불러일으킨 과학기술자들의 '탈식민주의 갈망'이 존재했으며,[3] 그 열망이 정부 정책망에 포섭되어 구체화되면서는 국제적 협력이 중요한 변수가 되었다.[4] 물론 그 과정에서 과학기술자들의 구상은 정부의 의도에 맞추어 변용 및 적응을 거쳐야 했다.

흔히 한국 정부가 과학기술자들을 동원했다고 설명되지만, 그 이면에는 과학기술자들이 정부를 활용하여 자신들의 분야나 기관의 위상을 강화시키려 했던 전략 역시 존재했다. 권위주의 체제 아래의 과학기술 발전을 다룬 여러 연구들은 과학기술자들이

---

2) Joel R. Campbell, *The Technology Policy of the Korean State Since 1961*, The Edwin Mellen Press, 2009, p. 33; Hee-Je Bak, "The Politics of Technoscience in Korea", *EASTS: an International Journal* 8-2, 2014.

3) 문만용, 「한국 과학기술자들의 '탈식민주의 갈망'―한국의 현대적 과학기술 체제의 기원」, 『역사와 담론』 75, 2015.

4) Tae Gyun Park, "The Roles of the United States and Japan in the Development of South Korea's Science and Technology during the Cold War", *Korea Journal* 52-1, 2012.

과학의 중립성이나 순수성을 내세워 체제의 요구에 저항하기보다, 과학 활동을 하기 위해 정권이 요구하는 바를 수행하거나 더 나아가 자신들의 구상을 실현하기 위해 정권을 적극 활용하여 해당 분야, 연구소, 새로운 사업의 성장을 이끌어냈음을 보여주었다.[5] 물론 한국 과학기술자들이 정부와 대등한 관계에서 자신들의 기획을 실현할 수 있는 상황은 아니었지만, 그렇다고 과학기술자들이 정부의 정책이나 지도에 수동적으로 따라간 것만도 아니었다. '전 국민의 과학화운동'은 그러한 양상을 보여주는 흥미로운 사례가 될 수 있다.

1979년 10·26 사건으로 박정희 대통령이 갑작스레 사망한 직후 한국과학기술단체총연합회(이하 과총)가 펴내는 잡지 『과학과 기술』 11월호는 박정희에 대한 추모 글을 특집 기획으로 실었다. 「과학기술 발전의 금자탑 이뤄, 연구기반 구축·고급인력 양성·과학화운동 등」, 「어록에 나타난 과학입국의 집념, 국가 발전은 과학기술 진흥에 있음을 간파」, 「과학기술 진흥은 그의 신념, 헌법에 조문 신설·과학기술회관 신축도 지원」 등 6편의 글은 박정희에 대한 과학기술자들의 우호적 시각을 잘 보여준다. 이 제목 중에 '과학화운동'과 '과학기술회관 신축 지원'이라는 부분이 눈에 띈다. 과학화운동은 1973년 박정희가 연두 기자회견에서 제안한

---

5) Mark Walker, *Science and Ideology: A Comparative History*, Routledge, 2003; Lino Camprubí, *Engineers and the Making of the Francoist Regime*, MIT Press, 2014; Sang-Hyun Kim, "Science and Technology: National Identity, Self-reliance, Technocracy and Biopolitics", Paul Corner and Jie-Hyun Lim ed., *The Palgrave Handbook of Mass Dictatorship*, Palgrave Macmillan, 2016.

'전 국민의 과학화운동'을 의미하며, 과학기술회관은 과총이 오랫동안 희망했던 과학기술단체들의 보금자리였다. 각기 다른 필자에 의해 작성된 글에 나타난 박정희의 두 가지 기여는 사실 무관한 것이 아니었다. 이 글은 과학기술처가 추진한 '과학기술 풍토 조성사업'을 추적하면서 둘 사이의 관계를 찾아보고자 한다.

전 국민의 과학화운동의 전개 과정을 정리한 송성수는 이 운동이 한국 사회에서 '과학기술문화'가 형성되는 시점이었으며, 동시에 위로부터의 과학기술문화운동의 한계를 보여준 사례라고 설명했다.[6] 김동광은 전 국민의 과학화운동은 남북한 체제경쟁의 산물이자 유신 이념을 구현하기 위해 과학과 과학기술자가 동원된 사례로, 국가에 의한 일방적인 과학 계몽의 특성을 지니고 있었으며, 역으로 과학 계몽에 지배이념의 확산이라는 성격을 부여했음을 지적했다.[7] 전 국민의 과학화운동의 중요한 축이었던 과총의 새마을기술봉사단에 대해 연구한 이영미는 과학기술의 '문화적 동원'이었다고 규정하면서, 동시에 동원에는 강제의 의미를 넘어 과학자들의 동의가 수반되었음을 주장했다.[8] 최근 강미화는

---

6) 송성수, 「'전(全)국민과학화운동'의 출현과 쇠퇴」, 『한국과학사학회지』 30-1, 2008.

7) 김동광, 「박정희 시대의 과학과 동원된 계몽—'전국민과학화운동'을 중심으로」, 김환석·김동광·조혜선·박진희·박희제, 『한국의 과학자 사회—역사, 구조, 사회화』, 궁리, 2010.

8) 이영미, 「1970년대 과학기술의 '문화적 동원'—새마을기술봉사단 사업의 전개와 성격」, 서울대학교 석사학위 논문, 2009.

1970년대 과총의 활동을 통해 과학자사회와 정부의 관계 변화를 추적하는 학위 논문을 발표했는데, 과총이 자신들이 원했던 사업에 대한 정부의 지원을 이끌어내기 위해 새마을기술봉사단 등의 활동으로 적극 협력해 나갔음을 잘 보여주었다.[9]

이하에서는 이러한 선행연구를 수용하면서, 특히 강미화가 주목했던 과학기술자의 의도와 정부의 관계라는 점에 초점을 맞추어 '전 국민의 과학화운동'을 살펴보려 한다. 이를 통해 '과학기술 풍토 조성'은 자신들의 활동을 이해하고 후원할 수 있는 사회를 만들기 위한 과학기술자들의 희망이 반영된 사업이었고, 그 확장판이 전 국민의 과학화운동이었으며, 과학기술처는 대통령의 구상과는 조금 다른 구도하에 이 정책을 추진해 나갔음을 보일 것이다. 여러 부처가 참여한, 다양한 내용을 담고 있는 사업이었던 전 국민의 과학화운동을 과학기술자의 입장에서 다시 봄으로써 그에 대한 이해의 폭을 넓히고자 한다.

2. '과학기술 풍토 조성'의 등장

해방 직후 과학기술자들은 새로운 국가 건설에 발맞추어 과학기술 진흥이 중요함을 강조하고 국가 차원에서 과학기술 발전

---

9) 강미화, 「한국 과학자사회와 정부의 관계 변화—1960~70년대 한국과학기술단체총연합회를 중심으로」, 전북대학교 박사학위 논문, 2015.

을 꾀할 수 있는 정책적 노력을 요구했다. 하지만 1950년대 후반까지 과학기술은 정부나 정치권의 주된 관심사가 아니었고, 집권 초기 박정희에게도 과학기술은 우선순위가 그리 높지 못했다. 1960년대 중반까지 과학기술에 대한 정책적 관심이 그리 크지 않았고, 과학기술은 기술교육의 맥락에서 제한적으로 다루어질 뿐이었다. 1963년 국가재건최고회의가 펴낸 『한국군사혁명사』에서 과학은 산업·경제가 아닌 문화의 영역에서 다루어졌다.[10]

이러한 양상은 1966년 2월 한국과학기술연구소(KIST)가 설립되어 산업기술 연구를 통해 경제발전에 기여함을 내세우면서 변화하기 시작했으며, 1967년 대통령의 연두기자회견에 처음 등장한 '과학기술 진흥'이라는 이슈는 그해 시정연설에서부터 경제 분야로 자리를 옮기게 되었다. 이런 상황 속에서 과학기술자들은 자신들의 권익을 옹호하고 과학기술 진흥이라는 오랜 희망을 구체화시키기 위해 1966년 5월 19일 발명의 날을 기해 '제1회 전국과학기술자대회'를 열었다. 이 대회를 준비하면서 과학기술인을 총망라한 전국적 조직체를 건설해야 한다는 의견이 모아졌고, 과학기술자대회는 과총의 발기총회를 겸하게 되었다.

과학기술자대회의 취지문은 "모든 지도자나 일반 국민들에게 호소하여 조국 근대화의 유일한 방법은 과학기술 능력의 개발밖에 없다는 진리를 인식"시킴으로써 "과학기술 진흥사업이 범국가

---

10) 국가재건최고회의/한국군사혁명사편찬위원회 편, 『한국군사혁명사』, 1963, 2~3쪽.

제1회 전국과학기술자대회 1966년 5월 19일 '제1회 전국과학기술자대회'가 개최되었다. 이 대회를 준비하면서 과학기술인을 총망라한 전국적 조직체를 건설해야 한다는 의견이 모아졌고, 과학기술자대회는 과총의 발기총회를 겸하게 되었다. 국가기록원 소장 사진.

적 사업으로 추진되도록 분위기와 환경을 조성하는 데 선구적 역할을 수행"하도록 해야 하며, 이를 위해 과학기술자들이 "스스로의 권익을 옹호하며 나아가서는 모든 국민에게 과학기술의 중요성을 인식시키는 동시에 위정자 제위에게 과학기술 진흥 정책의 시급한 확립을 촉구하는 계기를 마련"해야 한다고 주장했다.[11]

이를 위해 과학기술자들은 정부에게 ① 과학기술진흥법을 조

---

11) 「전국과학기술대회 취지문(1966. 5. 19)」, 김동일, 「科總 前史考(下)」, 『과학과 기술』 1981년 10월호, 11쪽에서 재인용.

속히 제정할 것, ② 과학기술자의 처우를 개선할 것, ③ 과학기술회관을 건립할 것, ④ 국무위원을 행정 책임자로 하는 과학기술 전담부처를 설치할 것 등 4가지를 건의했다.[12] 과학기술진흥법은 1967년 1월 국회를 통과했으며, 1967년 5월의 대통령 선거를 한 달 앞두고 과학기술처가 설립되었다. 그에 따라 과학기술자들은 처우 개선과 과학기술회관 건립에 역량을 모을 수 있게 되었다.

이러한 배경 속에서 1967년부터 실행된 제2차 과학기술 진흥 5개년계획에 과학기술 진흥을 위한 기본목표의 하나로 '과학기술 풍토 조성'이 포함되었다. 기술개발 극대화, 연구활동 촉진, 선진 과학기술 지식의 도입 등과 함께 "과학적인 풍토를 조성하여 사회생활과 사고방식의 과학화"를 기하는 것이 4대 기본목표로 설정된 것이다.[13] 이는 국민들의 삶을 '과학화'하겠다는 구상이 과학기술 진흥을 위한 정책의 하나로 처음 제기되었음을 의미했다. 그에 따라 신생부처인 과학기술처는 KIST 설립, 과학기술기금 조성 등과 함께 '생활의 과학화, 과학하는 국민'을 목표로 한 과학기술 풍토 조성을 과학기술 진흥을 위한 주요 사업으로 제시했다.

과학기술진흥은 과학하는 국민, 과학하는 풍토에서만이 개화할 수 있는 것이다. 우리 국민은 오랫동안 산업경제의 전근대적 전통사

---

12) '제1회 전국과학기술자대회'의 추진 배경과 과정에 대해서는 한국과학기술단체총연합회, 『과총 40년사(연혁집)』, 2006, 58~63쪽 참고.

13) 대한민국정부, 『제2차 과학기술진흥 5개년계획 1967~1971』, 1966, 9쪽.

회의 인습 속에서 살아왔으며 사농공상 제도하의 과학기술을 천시하는 환경 속에서 살아왔다. 합리적인 사고 경제적인 소비생활 건강한 의식주를 목적으로 하는 생활의 과학화운동과 함께 과학기술을 우대하는 사회 풍토 조성 없이는 근대화를 촉진시킬 수 없는 것이다.[14]

그러나 이듬해인 1968년 과학기술연감에서 이와 관련된 내용이 모두 빠질 정도로 아직은 중요 사업으로 자리 잡지 못했다. 1969년 연감에는 "과학적 풍토 위에서만 한 나라 과학기술은 힘차게 성장할 수 있다"며 '생활의 과학화와 과학적 풍토 조성'이 다시 등장했다.[15] 이를 위해 과학기술처는 과학관을 이관하고 증축했으며, 과학의 날 행사를 진행하고 과학기술자에 대한 포상을 실시했다. 또한 과학기술후원회를 통해 과학자를 존중하는 사회 풍토를 조성하고자 했다. 흥미롭게도 과총의 숙원이던 과학기술회관 건립 추진도 과학적 풍토 조성에서 다루어졌다. 그러나 이듬해 연감에서는 과학기술 풍토 조성에 대한 논의가 또다시 사라지는 등 아직은 과학기술처가 역점을 두어 추진하는 사업에까지 이르지는 못했다.

---

14) 과학기술처, 『과학기술연감 1967』, 1967, 6쪽.

15) 과학기술처, 『과학기술연감 1969』, 1969, 5쪽.

3. 과학기술자들의 자발적 동원 노력

과총이 중요 과제로 추진하던 과학기술회관은 단순히 하나의 건물이 아니라 과학기술 진흥을 위한 상징으로서 과총 설립 이전부터 과학기술자들이 주장했던 과학기술센터에 기원을 두고 있었다. 해방 직후 안동혁, 이태규 같은 과학기술자들은 정부가 과학기술 행정기구와 연구소가 통합된 기구를 세울 것을 주장한 바 있다. 또한 1959년 546명의 과학기술자들이 참가한 제1차 원자력 학술회의에서 채택된 대정부 '건의문'에는 과학기술진흥법 제정을 비롯해 과학기술교육 문제, 과학기술자에 대한 처우 개선과 함께 과학기술센터 설립이 중요한 요소로 담겨 있었다.[16] 과학기술센터는 과학기술 진흥을 위해 연구와 행정, 기획 기능이 종합된 기관으로 구상되었다. 하지만 그들의 건의는 뒤이은 정치적 격변 속에서 별다른 반향을 얻지 못했다.

쿠데타로 권력을 장악한 이후 박정희는 여러 분야의 지식인들을 대거 동원했고, 이에 대해 '교수정치'라는 비난이 제기될 정도였다.[17] 하지만 초기 박정희 정권은 과학기술에 대한 관심이 그리 크지 않았기 때문에 과학기술계가 본격적으로 정권과 결합되는 것은 상대적으로 늦게 이루어졌다. 1965년부터 소위 조국 근대화가 주창되고 이를 위한 민족 주체의식과 인간개발이 강조되면

---

16) 제1차원자력학술회의, 「건의문」, 1959.

17) 황병주, 「유신 체제의 대중인식과 동원 담론」, 『상허학보』 32, 2011, 147쪽.

서 새로운 지식인들이 동참하게 되었다. 이 시기는 한국의 '현대
적 과학기술 체제'가 형성되던 때로, 과학기술자들도 과총을 통해
자신들의 목소리를 모으면서 조국 근대화에 동참을 모색해 나갔
다.[18]

1967년 이후 과총은 과학기술 관련 학회 및 단체의 총연합체
로서의 기능을 효과적으로 수행하기 위해 과학기술회관이 꼭 필
요하다는 판단 아래 이를 최우선 과제로 추진했다.[19] 당시 대부분
의 학회가 변변한 사무실도 마련하지 못하고 있는 실정이었기 때
문에 과학기술회관에는 과총을 이루는 개별 학회의 사무소가 입
주하고 도서관이나 컨퍼런스룸 등 학술활동을 위한 공동 시설도
만들어서 제반 과학기술 활동을 활발하게 하겠다는 계획이었다.
과총 이사였던 주리회는 더 나아가 과학기술회관 부설로 특수연
구시험소(전자시험소, 토양연구소, 정밀계기시험소 등)를 설치하고, 특수
도서, 공업소유권, 산업정보 알선 등 생산 업무와 직결되는 부서
를 병설하자는 구상을 밝혔다.[20] 이는 학회와 기술단체를 수용함
과 동시에 핵심 연구를 직접 수행하는 과학기술활동의 총본산이

---

18) 1960년대 지식인들의 동원에 대해서는 노영기·도진순·정용욱·정일준·정창현·
홍석률, 『1960년대 한국의 근대화와 지식인』, 선인, 2004; 허은, 「1960년대 후반
'조국 근대화' 이데올로기 주조와 담당 지식인의 인식」, 『사학연구』 86, 2007; 임
종태·변학문, 「한국적 두 문화의 현대적 기원」, 홍성욱 엮음, 『융합이란 무엇인
가』, 사이언스북스, 2012 등을 참고.

19) 과학기술회관은 한국과학기술센터로도 불렸는데, 1972년 조속한 완공을 위해
과총이 조직한 '한국과학기술센터 건립기성회'에서도 그 명칭이 확인된다.

20) 주리회, 「우리 과학기술계도 진흥의 길에!」, 『과학과 기술』 1969년 10월호.

될 공간을 마련하겠다는 방안으로, 1959년의 과학기술센터에 비해 행정기구와 종합연구소가 빠진 모델이었지만 과학기술학회들의 실질적인 구심점이 될 것으로 기대를 모았다. 이미 행정기구인 과학기술처와 종합연구소 KIST가 세워졌기 때문에 과학기술자들의 구상은 이전보다 축소될 수밖에 없었다. 그럼에도 불구하고 과학기술자들의 과학기술회관 건설 지원 건의는 쉽게 받아들여지지 못했다. 일종의 직능단체 혹은 압력단체인 과총의 건물을 짓는 데 정부가 지원하는 것을 주저했기 때문이었다.

과총은 꾸준히 조국 근대화, 국가 발전에 과학기술 진흥이 핵심 요소임을 강조하면서 대정부 건의문을 발표하는 한편 내부적으로 과학기술자들 스스로 최대한 노력할 것을 요구했다. 1969년 4월 과총 회장 김윤기는 전국과학기술자대회에서 북한의 도발에 대해 언급하며 승공과 조국 방위를 위한 과학 분야의 연구와 개발이라는 과제가 과학기술자들의 최대 임무임을 주장했다. 정부 정책에 순응하며 국가 발전에 기여하는 '기능적 지식인'을 이상적이고 진정한 지식인으로 강조했던 박정희 정권에게 과총으로 대표되는 과학기술인은 딱 맞는 '지식인'이 될 수 있었다.[21] 1970년 1월 박정희는 과총에 보낸 치사를 통해 과학기술자의 전문적 권위나 역할에 대한 언급 없이 조국 근대화와 민족중흥을 위한 '산업 역군'으로서 그간의 공로를 치하하고 앞으로도 수출 산업에서 과학기술자들이 적극 협조해줄 것을 요구했다. 이러한 치

---

21) 허은, 앞의 논문.

사에 대해 김윤기는 "더욱 깊은 연구와 정진으로 '육성되는 과학'에서 '공헌하는 과학'으로 웅비할 결의를 새롭게 하"자고 제안했다.[22]

1971년 최형섭이 2대 과학기술처 장관에 오르면서 과학기술처와 과총은 새로운 관계에 놓이게 되었다. 원자력연구소 소장, KIST 초대 소장, 한국원자력학회 설립 등 여러 활동을 통해 과학기술계 중심인물 중 한 사람으로 자리매김한 최형섭은 자신이 '과학관료'로서 과학기술계와 정부를 연결하는 역할을 담당한다고 생각했기 때문에 과학기술자들에게 훨씬 적극적으로 여러 가지를 요구할 수 있었다.[23] 특히 과총의 회장이었던 김윤기와 와세다대학 동문으로 친밀한 관계를 맺고 있던 최형섭은 과총에게 정부 정책에 충실히 따르는 동맹군의 역할을 요구했다.

조국 근대화의 주력부대임을 자임한 과학기술계는 과학기술과 과학기술자의 역할을 드러내기 위해 과학기술 풍토 조성을 강조하면서 '과학화'의 필요성을 제기했다. 과학계 원로 안동혁은 과학기술 진흥개발 자체를 '과학화'해야 한다며, 국민 대중을 기반으로 한 과학기술 진흥이 필요함을 주장했는데, 특히 과학기술자의 처우를 교정하지 않고서는 과학기술 진흥이 이루어질 수 없

---

22) 박정희, 「치사: 한국과학기술단체총연합회 회장 김윤기 귀하」, 『과학과 기술』 1970년 1월호; 김윤기, 「신년사: '육성되는 과학'에서 '공헌하는 과학'으로」, 『과학과 기술』 1970년 1월호.

23) 문만용·강미화, 「박정희 시대 과학기술 '제도구축자'—최형섭과 오원철」, 『한국과학사학회지』 35-1, 2013.

다고 강조했다.[24] 한 기업인은 과총이 압력단체로서 좀 더 실력행사를 해야 한다면서 "온 국민의 생활을 과학화하는 데 자극이 되는 행사를 계획"할 것을 주문하기도 했다.[25]

최형섭은 과학기술처 장관이 된 후 첫 번째인 1972년초 대통령 연두순시 때 업무계획보고를 통해 '과학기술 풍토 조성'을 과학기술 진흥을 위한 중요 시책으로 추진할 것임을 밝혔다. 그는 한 나라의 과학기술 진흥은 국민의 과학에 관한 이해와 관심을 바탕으로 형성되기 때문에 국민 전체의 과학기술 수준이 향상되고 과학이 생활화되도록 과학 지식의 보급과 과학 사상의 앙양에 힘을 기울이겠다고 밝혔다. 아울러 현대인의 교양으로서 한 가지 이상의 기능을 몸에 지니게 하여야 한다는 것이 자신의 신념이라고 덧붙였다.[26] 이는 이후 전 국민의 과학화운동의 대표 슬로건이 된 '1인1기(1人1技)'를 의미했다.

흥미롭게도 최형섭의 보고에 대해 대통령은 단 한 가지 지시사항을 남겼다. 현재 우리의 형편상 "과학기술 연구 예산이 부족하다, 과학자들에 대한 처우가 나쁘다, 시설이 미비하다 등등 여러 얘기가 나오겠지만 우리가 가지고 있는 것만 잘 정비하고 효과적으로 운영하는 방안을 구축"한다면 좋은 성과를 낼 수 있을

---

24) 안동혁, 「과학기술개발의 기본방향」, 『과학과 기술』 1972년 1월호.

25) 이봉인, 「생활의 과학화부터」, 『과학과 기술』 1972년 8월호.

26) 「1972년 업무계획보고(대통령 각하 연두순시)」, 과학기술처, 『과학기술진흥시책 1973년』, 1973, 10쪽, 전북대학교 한국과학문명학연구소 최형섭 아카이브.

것이라는 지적이었다. 더 나아가 "유명무실하고 간판만 달고 있는 연구소, 남이 연구했던 것을 그냥 카피해서 내고 거기 앉아서 월급이나 타먹는 연구원, 가장 유능한 사람을 좌천시키는 그런 연구소는 있어보았자 아무 소용이 없다"고 비판했다.[27] 이는 국공립 연구기관을 정비·통합하겠다는 최형섭의 구상에 대한 답변으로, 비록 일부 연구소에 대한 지적이었지만 과학기술계에 대한 박정희의 부정적 시각의 단면을 보여주었다.

최형섭은 곧이어 1972년 『과학과 기술』의 신년사를 통해 과학기술 진흥을 위한 풍토 조성을 3대 시책의 하나로 제시하면서 '생활의 과학화'를 활발하게 전개할 것임을 약속했다.[28] 이를 위해 과학기술처 진흥국에 과학기술 풍토조성과를 설치했으며, 과학기술후원회를 한국과학기술진흥재단으로 개편하고 조직 및 이사회, 사업 등을 확대·개편하여 풍토 조성사업의 수행주체로 삼고자 했다. 최형섭은 자신이 회장으로 있던 한국원자력학회 회원이었던 성좌경, 최상업 등을 이사진으로 영입하여 한국과학기술진흥재단이 정부와 관련된 과학기술 사업들을 담당하게 했다.[29]

한편으로 과학기술계에 대한 대통령의 부정적 인식을 확인한 최형섭은 과총이 정부에게 지원을 요청하기 이전에 스스로 정부

---

27) 「대통령 각하 지시사항」, 과학기술처, 『과학기술진흥시책 1973년』, 31~32쪽.

28) 최형섭, 「신년사: 과학하는 인구의 저변 확대 위한 풍토 조성에 주력」, 『과학과 기술』 1972년 1월호.

29) 한국과학문화재단, 『한국과학문화재단 40년』, 2007, 62~63쪽.

사업에 협력하는 모습을 보여주는 것이 필요하다고 생각했다. 이는 김윤기가 주장한 '공헌하는 과학'과 같은 맥락이었다. 1972년 제7회 과학기술자대회를 맞이하여 과총은 회장 김윤기가 "민족적 양심의 발로"라고 표현한 '과학기술자 윤리요강'을 채택했다. 그는 "과학은 결코 과학기술자 몇몇 사람이 이룩할 수 없는 것이며, 온국민이 과학을 알고 또 과학적인 생활을 즐거할 줄 아는 바탕이 마련되어야 하는 것"이라고 주장하며, 선구적 역군으로서 과학기술자의 결의를 새롭게 하기 위해 윤리요강을 채택했다고 밝혔다.[30] 이 윤리요강은 전문성을 바탕으로 과학기술자사회의 권위나 자율성을 강조하기보다 성실과 공정, 비밀유지나 의뢰자의 이익 보호 등 직업인으로서의 의무를 내세우면서 과학기술자들의 협조를 약속했다.[31]

조국의 발전을 위해 봉사하겠다는 과총의 선서는 새마을기술봉사단의 결성으로 이어졌다. 최형섭은 과총에게 당시 정부가 역점을 두고 추진하던 새마을운동에 과학계가 동참할 것을 주문했다. 여기에는 새마을운동을 총괄하는 새마을중앙협의회에 참여하지 못한 과학기술처가 새마을운동에 합류할 수 있는 계기를 만

---

30) 김윤기, 「과학기술자 윤리요강은 민족적 양심의 발로다」, 『과학과 기술』 1972년 4월호.

31) 윤리요강의 의미 등 과총의 설립과 그 성격에 대해서는 김동광, 「과학자의 전국조직 결성—'한국과학기술단체총연합회'의 탄생을 중심으로」, 김환석·김동광·조혜선·박진희·박희제, 『한국의 과학자 사회—역사, 구조, 사회화』, 궁리, 2010.

들고자 한 의도가 작용했다. "전 국토에서 벌어지고 있는 새마을 운동에 편승"하기 위해 소득증대사업을 매개로 과학기술의 확산을 기도해보자는 것이 최형섭의 구상이었다.[32] 이에 과총은 1972년 4월 새마을기술봉사단을 조직해 농촌의 근대화에 과학기술자들이 자발적으로 참여하도록 했다.

새마을기술봉사단은 과총 산하 학회의 회원들로 구성되어 농어촌 과학기술 보급사업의 추진을 목표로 했다. 제1기술지원단(농수산 분야), 제2기술지원단(공학 분야), 제3기술지원단(보건위생 분야), 제4기술지원단(종합 분야) 등 4개의 기술지원단으로 구성된 새마을기술봉사단은 농어민의 소득증대와 생활·사고방식의 변화를 목적으로 농어민 대상의 다양한 활동을 추진했다. 기술봉사단은 기술지도 책자를 발간하고 농어촌 순회강연이나 과학영화 상영을 추진했으며, 농어민을 직접 만나 필요로 하는 지식을 제공하는 기술상담도 진행했다. 1973년부터는 봉사단원이 주기적으로 농어촌 마을을 방문해 주민들이 처한 현안에 대해 해결방안을 제시하는 현지 기술지도 방식의 봉사를 주된 활동으로 전개했다.[33]

김윤기는 "과학기술의 총동원"이라는 슬로건을 내세워 과학기술자들의 동참을 촉구하면서 새마을기술봉사단이 어떤 정치적 목적이나 돈을 벌기 위해 조직된 것이 아니라 순수한 봉사단임

---

32) 최형섭, 『불이 꺼지지 않는 연구소』, 조선일보사, 1995, 283쪽.

33) 새마을기술봉사단의 구체적인 활동에 대해서는 이영미, 앞의 논문 참고.

을 강조했다.[34] 그러나 그의 호언과 달리 새마을기술봉사단의 기저에는 과총과 과학기술처의 정치적 계산이 깔려 있었다. 그러한 속뜻은 새마을기술봉사단을 소개한 『과학과 기술』의 기사 바로 다음에 실린 글이 "대통령 각하께 꼭 보여드리고 싶은 글"이라는 머리글을 달고 있는 「저개발국가에 있어서의 과학의 후진성」이라는 사실에서도 드러난다. 이 글은 스티븐 데디에(Stevan Dedijer)가 1963년 발표한 논문으로, 후진국일수록 최고 통치자의 과학발전에 대한 관심이 중요하다는 점을 지적하고 있다.[35] 이 글은 출판된 지 2년 만에 『신동아』에 전문이 번역 소개되었다. 나온 지 거의 10년이 지난 글을 다시금 게재한 배경에는 대통령의 주목을 끌어내려는 과학기술자들의 의도가 담겨 있었다.

정부의 적극적인 지원을 희망했던 과총은 정부의 정책에 전적으로 동의할 수밖에 없었다. 1972년 모든 사채를 동결하는 '8·3 긴급조치'는 자본주의 체제의 국가가 경제주체들 간의 채권-채무 관계를 일방적으로 파기하는 이례적인 조처로 국내외에서 커다란 논란이 되었다. 하지만 이에 대해 과학기술계는 적극적 호응을 밝히는 결의문으로 화답했다. 곧이어 과총 창립기념으로 개최된 세미나의 주제를 '8·3 긴급조치와 기술혁신의 방향'으로 잡아 국내 기업이 당면하고 있는 가장 큰 과제가 기술혁신이라 규정

---

34) 김윤기, 「새마을 기술봉사단을 활용하자」, 『과학과 기술』 1972년 6월호.

35) Stevan Dedijer, "Underdeveloped Science in Underdeveloped Countries", *Minerva* 2-1, 1963.

하고, 이를 달성하기 위한 여러 방안을 제안했다.[36] 또한 초헌법적 비상조치였던 10월 유신이 선포되자 과총은 '10월 유신에 대한 과학기술인의 결의'를 발표하여 즉각적인 동의를 표시했다. 1972년 유신체제 선포를 전후로 박정희 정권은 탈정치화된 경제적 동원기제를 완성했으며, 그 과정에서 상공부와 재무부 출신의 관료 및 테크노크라트들이 핵심적 역할을 담당했다고 설명된다.[37] 과학기술자들은 그 과정에 직접 초대를 받지는 못했지만 스스로 자신들의 역할을 부각시키며 적극적인 동참을 외치고 나선 것이다.

4. '전 국민의 과학화운동'의 출범

유신 체제를 세워 장기집권의 기반을 마련한 박정희는 전국가적 동원 체제를 강화해 나갔다. 그는 1973년 1월 5일 국무회의에서 새마을운동이 유신 이념을 구현하는 범국민적 운동이라 밝히고, 기본방침으로 '모든 국토의 산업권화', '모든 일손의 생산화', '모든 농민의 기술자화' 등 3가지를 강력히 추진하라고 지시했다. 과총은 이에 화답해 "과학유신의 방안"을 발표하여 정부에

---

36) 「특집 과총창립기념 세미나. 주제 '8·3 긴급조치와 기술혁신의 방향」, 『과학과 기술』 1972년 9월호.

37) 김정주, 「1970년대 경제적 동원기제의 형성과 기원―한국 사회는 박정희 체제를 어떻게 넘어설 것인가?」, 『역사비평』 81, 2007.

적극 협력할 계획임을 밝혔다.

> 1. 대통령 각하의 새마을운동 기본방침인 '전국민의 기술자화'와 '전국토 산업권화' 구현을 위해 과총 새마을기술봉사단을 적극 활용토록 해야 한다.
> 2. 과학유신의 중추가 될 과학기술재단을 과학진흥법에 의하여 설치함과 아울러 과학기금의 확보로써 과학기술의 총동원 태세가 수립되어야 한다.
> 3. 기술개발공사(가칭)를 법률로써 (무역진흥공사와 같은 체제) 설립하여 정부 각 부처를 위시 모든 기관 공장 등이 필요로 하는 기간산업 건설, 수출전략산업 계획, 국토개발사업에 국내 기술을 동원 활용하는 체제를 마련한다.
> 4. 8·3 긴급조치에서도 기술혁신이 강조된 바 있거니와 이의 구체안으로 생산기업체에 기술연구기관이 설치되도록 제도화하여야 한다. (…)[38]

모두 8개 항으로 된 방안은 대부분 과학기술자들이 정부에게 요구하는 내용을 담고 있었다. 즉 유신에 대한 적극적 동조를 표방하면서 자신들이 희망하는 과제들을 나열한 것이었다. 두 번째 요구사항으로 제시된 과학기술재단은 과총이 1967년부터 설립을 바랐던 것으로, 미국의 국립과학재단을 모델로 하여 대학의 과학

---

38) 「과학 유신의 방안」, 『과학과 기술』 1973년 1월호.

기술 연구 활동을 지원하는 기관으로 구상되었다.[39] 과학기술처는 과학기술자들의 요구를 수용해 1972년 말 과학기술진흥법을 개정하여 과학기술재단 신설을 명시했으나 더 이상 구체적인 진척을 보지 못하고 있었다.

박정희는 1973년도 1월 12일 연두 기자회견에서 중화학공업화 선언, 치산녹화 10개년계획과 함께 '전 국민의 과학화운동'이라는 새로운 의제를 내놓았다. "80년대에 가서 우리가 100억 달러 수출, 중화학공업의 육성 등등 이러한 목표 달성을 위해서는 범국민적인 과학기술의 개발에 총력을 집중해야 되"며, 이를 위해 "국민학교 아동에서부터 대학생·사회 성인까지 남녀노소 할 것 없이 우리가 전부 기술을 배우고 익히는 '전국민의 과학화운동'을 전개하자"는 제안이었다.[40] 이는 여러 과학기술자들이 밝힌 온 국민을 과학화해야 한다는 믿음이 반영된 것이자, 일주일 전 밝혔던 '모든 농민의 기술자화', 더 거슬러 올라가면 1965년 농협이 주창한 새농민운동에서부터 제기되었던 '과학하는 농민'에게 요구된 합리적 생활양식과 과학적 영농법을 사용하는 농민상이라는 기치가 전국민에게 확대된 것이었다.[41] 기자회견의 전후 맥락상 전 국

---

39) 과학기술재단은 과학기술진흥재단으로도 불렸는데, 1972년 한국과학기술후원회가 개편된 한국과학기술진흥재단과는 다른 기관이었다.

40) 「1973년도 연두기자회견(1973. 1. 12)」, 『박정희대통령 연설문집 제10집』, 대통령비서실, 1974.

41) 새농민운동에 대해서는 문만용, 「일기로 본 박정희 시대의 농촌 과학화」, 『지역사회연구』 21-1, 2013; 김태호, 「'과학영농'의 깃발 아래서―박정희 시대 농촌에

민의 과학화운동은 중화학공업화 선언과의 관련이 크게 부각되었지만, 농민들에게 먼저 부과되었던 과학화라는 이데올로기가 외연을 크게 확장한 결과이기도 했다. 결국 농촌 발전, 중화학공업화, 수출 신장이라는 국가적 과업을 위해 전국민이 과학기술을 익혀 참여하라는 총동원령으로, 이제 과학기술은 정부의 과학기술 담화 차원에서는 전국민이 배워야 할 의무사항의 지위에 오르게 되었다.

전 국민의 과학화운동이라는 시책을 누가 어떻게 입안했는지는 충분히 알려져 있지 않다. 청와대 경제2수석이었던 오원철은 회고록에서 자신이 박정희에게 '과학화 정책'을 건의했다고 주장한 바 있다. 오원철은 1972년 말 중화학공업화를 위한 기초보고로 대통령에게 '중화학공업화와 80년대의 미래상'이라는 제목의 브리핑을 했고, 박정희는 보고에 포함된 '과학화 정책'에 대해 질문했다. 이에 대해 오원철은 선진 공업국이 되기 위해서는 전국민이 과학화되어야 한다는 뜻으로, 구체적으로는 기계공업 등 중화학공업 육성에 필요한 수준 높은 기능자 양성을 위해 장기간에 걸친 국가적 노력이 요구되며, 전국민·전업종의 과학기술화가 필요하다는 의미라고 설명했다고 한다.[42]

서 과학의 의미」, 『역사비평』 119, 2017 참고.

42) 오원철, 『한국형 경제 건설 7권』, 한국형경제정책연구소, 1999, 538~539쪽. 오원철은 1961년 발표한 글에서도 '국민의 과학화'가 필요함을 주장한 바 있다. 그는 경제개발을 이끌어낼 수 있는 종합경제부흥 5개년계획을 과학적 기초하에 세울 것과 민간의 연구발명을 장려하는 등 '국민의 과학화'가 필요함을 주장

이와는 달리 최형섭은 과학기술처 장관에 임명된 이후 과학기술 풍토 조성을 위한 여러 방안을 구상하다 1972년부터 미국 국제개발처(USAID) 한국지부의 과학고문을 맡고 있던 홀(Newman A. Hall) 교수에게 자문을 구했다고 한다. 그와 함께 풍토 조성의 기본 개념을 정립하고 그 실천 방안을 구상한 결과 도출된 것이 전 국민의 과학화운동이라고 주장했다.[43] 하지만 그 주장을 뒷받침하는 직접적 근거를 제시하지는 않았다.

현재로서는 오원철이 설명한 '과학화 정책'의 방향이 박정희가 제안한 전 국민의 과학화운동과 더 친화성이 높다고 보인다. 그러나 분명한 것은 과학기술처는 그러한 구상을 과학기술자를 지원하고 과학기술 활동을 뒷받침하기 위한, 보다 넓은 개념의 '과학기술 풍토 조성사업'으로 흡수했다는 점이다.

연두 기자회견으로부터 5일 뒤 대통령의 과학기술처 연두순시 자리에서 최형섭은 1973년 사업계획을 보고하면서 전국민의 과학화·기능화를 첫 번째 주요 시책으로 꼽았다.[44] 그는 새마을기술봉사단 등 과학기술처가 관여하고 있는 과학기술 풍토 조성사업을 길게 설명하면서 "온 국민이 1인1기의 목표 아래 '전국민의 과학화, 기능화'를 촉진"하여야 하며, 이를 위해 체력장과 유사한

했는데, 글 곳곳에서 과학에 대한 강한 믿음을 드러냈다. 오원철, 「산업부흥의 문제점」, 한국산업기술인구락부 편, 『산업부흥의 문제점』, 예문사, 1961.

43) 최형섭, 앞의 책, 276쪽.

44) 「전국민의 과학화·기능화—조기기능교육추진」, 1973, 전북대학교 한국과학문명학연구소 최형섭 아카이브

기능장 제도를 도입하는 등 실업교육을 강화하겠다고 밝혔다. 동시에 기능자의 사회적 지위 향상이 기능 숙달의 요체라고 강조했다. 과학기술 풍토 조성을 위한 1973년도 사업계획은 크게 '생활의 과학화'와 '학술활동 지원'이라는 두 항목으로 설명되었다. 주목할 점은 전국민 과학화를 위한 구체적 사업계획에서 학회활동 지원, 국제학술대회 참가지원, 재외한국과학기술자의 활용, 과학기술회관 건립, 과학기술용어 제정 등으로 구성된 학술활동 지원이 생활의 과학화와 함께 양대 축을 이루고 있었고, 학술활동 지원에 포함된 대부분 사업이 과총과 관련을 맺고 있었다는 사실이다. 이는 과학기술처가 전국민 과학화를 일반 국민들을 대상으로 한 과학계몽사업만이 아닌 과학기술자를 대상으로 한 과학학술활동 제고까지 포괄하는 넓은 시책으로 이해했음을 보여준다.

박정희는 1973년 3월 '전국민의 과학화를 위한 전국교육자 대회'의 치사를 통해 국민의 과학화란 사고방식과 생활습성의 과학화를 의미한다고 설명했다.

'국민의 과학화'란 무엇이냐? 우리는 '과학' 하면 흔히들 연구실과 정밀한 고급 기기를 연상하게 됩니다만, 여기서 말하는 과학화는 반드시 그것만을 뜻하는 것은 아닙니다. 그보다는 오히려 사고방식과 생활습성을 과학화해서, 비록 간단하고 초보적인 과학 지식이라 할지라도 이것을 새마을운동과 식목·조림사업에 유용하게 활용할 줄 아는 그러한 국민을 만들자는 것입니다. 다시 말해서 어느 특정한 연구실에서만이 아니라, 우리 사회의 각계각층이 모두가 자기의

직종에서 생산과 직결되고 국력 배양과 직결되는 과학기술의 생활
화를 말하는 것입니다. 그렇기 때문에 나는 국민의 과학화운동이 다
음과 같은 두 개의 기본 방향에서 서로 유기적인 연관성을 맺고 강
력히 추진되어야 한다고 믿습니다. 그 첫째는, 과학을 앞세우고 과학
을 일상생활에 활용할 줄 아는 과학적 생활 풍토를 조성하는 일입니
다. (…) 둘째는 과학 및 기술교육 제도의 대폭적인 개선이 있어야 할
것입니다.[45]

곧바로 그는 공업고등학교 증설, 기능장제 실시, 공업기술 분
야에서 국가고시제에 의한 자격제 실시 등 생산 위주의 기술교
육 개선 방안을 제시했다. 과학기술의 생활화 사례로 새마을운동
과 식목·조림에서 과학 지식 활용이 제시된 것은 전 국민의 과학
화운동이 전 농민의 기술자화의 연장에 있음을 보여준다. 정리하
면 전 국민의 과학화운동이란 과학적 생활 풍토 조성과 기술교육
의 강화로 압축될 수 있으며, 그 대상은 학생들과 농민들을 포함
한 일반 국민들이었다. 농촌의 획기적 발전, 중화학공업 육성, 수
출의 대폭 신장이라는 목표를 달성하기 위해 모든 국민이 과학을
이해하고 활용하는 삶을 살고, 국가가 필요로 하는 성실하고 능
력 있는 인재를 양성하는 것이 대통령이 밝힌 과학화운동의 목적
이었다.

---

45) 「전국민의 과학화를 위한 전국 교육자 대회 치사(1973. 3. 23)」, 『박정희대통령
연설문집 제10집』, 113~118쪽.

흥미롭게도 같은 자리에서 과학기술처 장관 최형섭의 '국력배양과 국민의 과학화운동'이라는 기조연설은 같은 얘기를 하면서도 조금은 다른 결을 보였다. 그는 과학기술처의 과학기술 진흥시책을 설명하면서 그런 정책들에 대해 전국민이 호응하고 능동적으로 참여할 때만이 소기의 성과를 이룩할 수 있으며, 이를 위해 과학기술 풍토 조성에 힘쓰고 있다고 밝혔다. 그에 따르면, 이 운동의 기본방침은 첫째, 모든 국민의 사고와 생활습성을 과학화하고 과학기술을 존중하여 과학 지식을 일상생활에 활용할 줄 아는 과학적 생활 풍토를 조성하고, 둘째, 국민 각자가 한 가지 기술과 기능을 익혀서 국가 개발에 기여하고 자기의 삶의 향상을 도모하기 위한 기술과 기능의 습득을 촉진하며(1인1기), 셋째, 산업기술을 전략적으로 개발하는 것이었다.[46] 사실 산업기술의 전략적 개발이란 연구단지 건설, 연구소 설립, 기업의 연구개발활동 지원 등 매우 방대한 정책수단을 포함하고 있으며, 그 주체는 과학기술자가 되어야 했다. 따라서 이 주장에 의하면 전 국민의 과학화운동은 사실상 대부분의 과학기술 정책을 포괄하는 정책기조가 되어야 했다.

실제로 이후 과학기술처가 작성한 전 국민의 과학화운동의 대상과 목표에 의하면 층위가 다양했다. 일단 대상은 ① 비과학기술계(초중고생, 농어민, 주부, 일반 직장인), ② 과학기술계(실업계 고교생, 전

---

46) 최형섭, 「국력배양과 국민의 과학화운동(전국교육자대회 기조연설문)」, 과학기술처, 『과학기술진흥시책 1973년』, 107~124쪽.

문학교 초대생, 이공계 대학생, 과학자, 기술자, 기능자, 전문직 종사자), ③ 기타 (재소자, 단순노동자, 미취업자, 비진학 청소년) 등으로 구분되어 있었다. 그리고 과학화운동 세부 추진 현황도 ① 과학적 생활 풍토의 조성, ② 전국민의 기술 및 기능화, ③ 산업기술의 혁신 등으로 구분되어 있었다.[47] 대통령의 제안이 생활의 과학화와 기능교육 강화를 통한 인력 양성을 목표로 했다면, 과학기술처의 방안은 그에 더해 과학기술자를 대상으로 한 기술개발, 학술활동 지원 등을 중요하게 포함한 것이다.

이후에도 과학기술처는 전 국민의 과학화운동을 과학기술 풍토 조성의 확장판으로 간주하여 기존의 풍토 조성사업과 혼용했다. 1974년 대통령의 과학기술처에 대한 연두순시 자리에서 최형섭은 과학기술처가 "매년 계속사업으로 추진하여온 과학기술 풍토 조성사업을 전 국민의 과학화운동으로 확대 발전시키는 한편 각 부처가 추진하는 과학화 사업의 기본 방향의 제시와 종합 조정 기능을 담당"했다고 밝히면서, 그해의 관련 사업을 과학기술 계몽보급, 학술활동 지원, 새마을 기술지원으로 구분해서 설명했다.[48] 일반적으로 전 국민의 과학화운동은 대중을 대상으로 한 과학문화운동, 과학기술 대중화사업으로 이해되지만 과학기술처는

---

47) 과학기술처, 『과학기술연감 1973』, 1973, 13~20쪽.

48) 「1974년 업무계획보고(대통령 각하 연두순시)」, 과학기술처, 『과학기술진흥시책 1975년』, 1975, 31~36쪽, 전북대학교 한국과학문명학연구소 최형섭 아카이브

그에 머물지 않고 과학기술자의 전문적 활동도 범주에 포함시켜 집행했던 것이다.

대통령은 생활 속 과학화를 실천하는 데 큰돈이 드는 것은 아니라고 보았지만 과학기술자들의 생각은 조금 달랐다. 초대 과학기술처 장관을 지낸 과학기술자 출신 김기형도 전 국민의 과학화운동의 핵심 기치인 "1인1기의 근본은 과학적으로 관찰 분석 종합하는 학습 실습이 필요하므로, 이론과 실기의 우수한 교사를 확보하고 실천실습 시설과 충분한 운영관리비와 정보제공이 소요됨으로써 전국적으로 막대한 투자가 필요하게 된다"고 보았다.[49] 그의 주장대로 1인1기를 위한 교육에도 과감한 예산 증가가 있어야 했고, 전문가들의 학술활동을 뒷받침하기 위해서도 상당한 지원이 필요했다. 즉 전 국민의 과학화운동은 단순한 대중동원운동이 아닌 과학기술 교육과 연구를 고양시키기 위한 광의의 정책이 되어야 했다. 물론 당장 과학기술 관련 예산을 크게 늘리는 것은 쉽지 않은 일이었기 때문에, 과총을 중심으로 한 과학기술자들은 과학기술회관 등 가시적인 목표에 더욱 집중했다.

5. 과총의 과학화운동 수확하기

박정희의 제안에 힘입어 '전 국민의 과학화운동', 이를 품고

---

49) 김기형, 「일인일기의 구체적 방안」, 『과학과 기술』 1973년 7월호.

있는 '과학기술 풍토 조성'의 입지는 더욱 확고해졌다. 1974년 과학기술연감은 전 국민의 과학화운동을 계기로 과학기술 풍토가 크게 달라지고 있다면서 각 부처들이 추진하고 있는 세부 사업들을 소개했다. 과학기술처가 주관하고 있는 이 사업에는 문교부, 문공부, 건설부, 법무부, 국방부 등 여러 정부 부처가 참여했으며, 강연회, 전시회, 영화 상영, 과학문고 및 기술교본 발간, 학생 과학 콘테스트, 방송 프로그램 제작, 세미나, 기술지도 등 다양한 개별 사업들이 포함되었다. 과학기술처는 과학기술 풍토 조성사업의 틀에 이 운동을 포함시킨 다음 과학기술자를 위한 학술활동 조성을 중요 세부 사업의 하나로 추진했다. 논리적으로 과학기술자도 전국민의 일원이기 때문에 전 국민의 과학화운동에 과학기술자를 대상으로 하는 학술활동 지원 등이 포함된 것은 이상한 일은 아니었다. 결과적으로 과학기술처가 전 국민의 과학화운동을 과학기술 풍토 조성사업으로 전유함으로써 과학기술자, 특히 과총은 과학화운동의 주된 행위자이자 주된 수혜자로 부상하게 되었다. 학술활동 지원의 구체적 내용은 학술대회, 종합과학심포지엄, 과학용어 제정사업, 과학자 포상, 과학기술회관 건설, 해외 과학기술인력 활용 등으로 대부분 과총과 긴밀한 관련을 맺고 있었다. 과학기술 풍토 조성이 처음 제기된 배경이 과학기술자가 인정받고 과학기술활동에 우호적인 사회를 만드는 것이었음을 고려한다면 전문가들의 활동을 고무하기 위한 정책은 자연스러운 귀결이라 볼 수 있다.

　전 국민의 과학화운동 또는 과학기술 풍토 조성사업을 통해 과총은 자신의 존재를 인정받아 오랫동안 붙잡고 있던 숙제들을 마무리 짓고자 했고, 이 전략은 효과가 있었다. 1974년 과학기술처 연두순시에서 박정희는 과총의 새마을기술봉사단 사업에 대해 "상당히 흥미 있는 이야기이며, 매우 착안이 좋다고 생각한다"며 관계부처와 잘 연구해서 농촌에 과학기술을 보급시키게 하라고 지시했다.[50] 또한 유류세로 에너지기술개발 연구를 추진하겠다는 계획에 대해서도 좋은 구상이라며 적극 추진하라는 지시를 내렸다. 이는 2년 전 같은 자리에서 그가 과학기술계에 대해 보였던 비판적 인식과는 많이 달라진 모습이었다. 대통령의 관심에 부응하기 위해 새마을기술봉사단은 각 도별 지부를 설치하고 활동을 강화해 나갔으며, 이러한 노력은 그해 말 전국새마을지도자대회에서 단체표창을 받으면서 인정을 받았다. 이러한 결과에 고무된 최형섭은 1975년 과총 연두순시에서 "새마을기술봉사단 사업은 시대적으로 매우 의의가 있는 일이다"라고 평가하면서 "단계적으로 치밀한 계획을 세워 효과 있게 추진해 나가면 충분한 뒷받침이 있을 것"이라 약속했다.[51] 아울러 과총의 육성을 위한 방안을 본격적으로 검토하겠다는 뜻을 밝혔다.

대통령으로부터 인정을 받은 과총은 마침내 숙원사업이었던 과학기술회관의 준공과 과학기술재단 설립을 이끌어냈다. 1966년

---

50) 「유류세 사용 에너지 기술개발, '새마을'기술봉사활동 강화: 대통령 과학기술처 연두순시서 지시」, 『과학과 기술』 1974년 1월호.

51) 「새마을 기술봉사활동은 의의 커」, 『과학과 기술』 1975년 1월호.

발족 당시부터 과학기술회관 건설을 주요 사업으로 내세운 과총은 1971년 3월 서울 역삼동에 어렵게 부지를 확보하고 가을에 기공식을 가졌지만 재원 마련에 곤란을 겪고 있었다. 회원단체들의 모금이 목표치에 크게 미치지 못했기 때문에 정부의 지원이 필수적이었다. 결국 1973년 정부로부터 5,600만 원의 보조금을 받으며 공사가 속도를 냈으며, 이듬해 4,600만 원, 1976년 1억 원의 추가 지원금을 받아 1976년 9월 과학기술회관을 완공했다.[52] 또한 과총이 1967년부터 설립 필요성을 제기했던 과학기술재단도 오랜 준비 끝에 1977년 한국과학재단의 설립으로 결실을 보았다.[53] 1972년 말 과학기술진흥법에 명시된 과학기술재단에 대해 과학기술자들은 "기술개발의 토대를 다지기 위한 기초과학 연구의 추진이 과학화운동의 첫걸음"이라면서 기초연구활동 지원을 목적으로 한 과학기술재단 설립을 희망했다.[54] 최형섭은 1973년부터 과학기술처의 주요 사업의 하나로 과학기술재단 설립을 보고했지만, 예산 등의 문제로 구체화되지 못하다가 1975년 1월 대통령의 승인을 얻게 되었고, 2년 뒤 한국과학재단이 공식 출범했다. 과총의 초기 역사를 분석한 강미화는 새마을기술봉사단을 비롯해 과학기술계가 국가 정책에 적극적인 참여의지를 보이고 노력한 결과

---

52) 과학기술회관의 건설 과정에 대해서는 강미화, 앞의 논문, 193~218쪽 참고.

53) 과총의 과학기술재단 설립 요구와 과학재단의 설립까지의 과정에 대해서는 같은 논문, 219~248쪽 참고.

54) 김정흠, 「과학기술연구재단 설립 계획안」, 『과학과 기술』 1973년 11월호.

가 대통령의 신뢰와 기대를 불러일으켰고, 이것이 과학기술회관이나 과학재단에 대한 정책결정으로 이어졌다고 보았다. 둘 사이의 직접적 인과관계를 보이기는 쉽지 않지만 새마을기술봉사단이 과총, 더 나아가 과학기술계에 대한 대통령의 태도를 변화시키는 요인의 하나였음은 충분히 인정할 수 있다. 즉 과총의 과학화운동이 인정을 받고 결실을 맺게 된 것으로 보아도 무리는 없을 것이다.

1973년 떠들썩하게 시작한 전 국민의 과학화운동은 이듬해부터 각 주체마다 관련 조직을 보강하거나 추가적 사업을 기획하는 등 안정적으로 추진되는 단계로 접어들었다. 과학기술처는 1974년 과학교사 및 장학사들을 대상으로 과학기술 풍토 조성에 관한 세미나를 처음 개최한 이후 매년 같은 세미나를 개최하여 과학기술 계몽보급에 대한 다양한 차원의 논의 기회를 제공했다. 이 세미나에서 정부 주도 과학화운동의 문제나 한계가 지적되기도 했지만 관련 정책에 큰 영향을 미치지는 못했다.

전 국민의 과학화운동은 시간이 지날수록 행사 위주의 관성을 지니게 되었고, 전체적인 활력이 떨어지게 되었다. 새마을기술봉사단도 초기의 높은 열의와 달리 사업 자체에 대한 충분한 재정지원이 뒤따르지 못하면서 봉사활동의 한계를 드러내기 시작했다.[55] 1979년에 들어와 박정희는 다시 한 번 과학화운동을 대대적으로 보급하라고 지시했다. 이에 과학기술처는 1991년까지를

---

55) 이영미, 앞의 논문, 58~60쪽.

목표로 한 전 국민의 과학화운동 추진 기본계획을 마련했는데, '새마을운동 제2단계 점화'라는 표현을 사용하면서 새마을운동과 과학화운동의 관련을 더욱 명시적으로 밝혔다.[56] 과총도 과학화 운동을 선도할 것을 다시 결의하고, '국민과학화운동추진위원회'를 신설했다.

흥미롭게 과총은 재개된 과학화운동의 핵심을 과학교육으로 상정하고, 『과학과 기술』에서 이 문제를 심층적으로 다루었다. 1979년 4월호부터 8월호까지 매달 「초등교육적 측면에서 본 전 국민의 과학화운동의 효과적인 전개방안」 등을 시작으로 중등교육, 고교교육, 성인교육, 대학교육 순서로 과학교육의 문제를 다루었다. 이 특집에 실린 글에는 과학화운동의 일환으로서 과학교육 문제뿐 아니라 과학교육의 근본 목적이나 당시 과학교육 자체가 지니는 여러 문제점을 다루는 내용 등이 포함되었다. 과학기술 발전의 길은 기초과학 육성에 있다며, 생활과학 중심이 아닌 올바르고 충실한 과학교육을 실시할 것을 강조하거나, 철저한 실험·실습에 기반한 과학교육이 필요하며 실험·실습이 없는 교과서 위주의 교육을 극복하기 위해 과학교육 시설투자의 증대가 시급하다는 주장 등이 제기되었다. 이처럼 과학기술자들은 과학화운동의 재개를 각급학교의 과학교육 전반의 문제를 검토하고 개선을 희망·요구하는 장으로 활용했다.

하지만 박정희 사후 과학화운동에 대한 관심은 크게 낮아졌

---

56) 「1991년까지 선진복지국가형 과학풍토 정착화」, 『과학과 기술』 1979년 3월호.

다. 1982년 과학기술연감에도 '전국민 과학화'라는 표현이 등장했고, 여전히 '과학기술 풍토 조성사업'과 함께 다루어졌다. 하지만 같은 해 새마을기술봉사단의 해체 이후 청소년을 대상으로 한 과학화가 주가 되면서 1983년부터 전 국민의 과학화운동은 '전국민'이 빠진 '과학화운동' 또는 '과학기술 풍토 조성'으로 설명되었다. 풍토 조성에는 과학기술 계몽을 위한 정책뿐 아니라 전문적인 과학기술활동을 지원하기 위한 시책이 그대로 들어 있었다. '전국민'은 사라졌지만 과학기술자들을 위한 풍토 조성은 제자리를 지키고 있었다.

6. 전 국민의 과학화운동, 어떻게 볼 것인가

'전 국민의 과학화운동'은 과학기술을 모든 국민이 배우고 익혀야 될 생활규범이자 이데올로기로 만들겠다는 운동이었다. 1960년대 과학과 기술이 대부분의 빈곤, 근대화, 산업화 등의 문제에 만병통치약으로 여겨지던 낙관적 믿음이 등장했고, 1970년대 중반까지 많은 후발국가들이 이러한 낙관주의를 공유하고 있었다.[57] 기능을 익히고 과학을 배움으로써 생각과 생활을 과학화하고, 생활 주변의 부조리와 미신을 몰아내고 합리적이고 근대적

---

57) Jacques Gaillard, V.V. Krishna and Roland Waast ed., *Scientific Communities in the Developing World*, Sage Publications, 1997, p. 35.

인 생활을 영위할 수 있다는 전 국민의 과학화운동의 기조는 과학에 대한 낙관주의이자 과학주의의 산물이라 할 수 있다. 과학화운동의 전도사를 자임했던 홍문화의 "오늘날을 과학시대라고 하며, 과학자야말로 오늘날의 성직자라고 할 수 있겠다"라는 발언은 그 같은 분위기를 잘 보여준다.[58] 그는 과학기술자들에게 '과학기술 복음'을 전파하는 데 앞장서자고 제안했다.

전 국민의 과학화운동은 박정희가 연두 기자회견에서 제창한 다음 촉발되었기 때문에 과학기술에 대한 그의 관심이 잘 반영된 사례로 언급된다. 박정희 시대 과학기술에 대한 서술에서 박정희를 주어로 한 서술을 쉽게 찾아볼 수 있다. "박정희는 한편으로 해외의 과학기술자를 불러들이고, 다른 한편으로 국민들에게 과학기술의 중요성을 인식시키기 위한 대대적인 운동을 벌였다"는 것이 한 예이다.[59] 그러나 과학화를 위한 대대적인 운동은 이미 과학기술처가 추진하고 있던 과학기술 풍토 조성사업의 변주곡이었으며, 정책으로 수용되기 이전부터 과학기술자들이 줄곧 주장하던 요구사항이었다. 전 국민의 과학화운동이 제안된 이후 과학기술처는 과학기술 풍토 조성의 구도 속에 대통령의 구상을 포함시켜 더 넓은 방식의 과학화운동을 기획하고 추진했다.

전 국민의 과학화운동은 생활의 과학화, 과학의 생활화, 1인1기 등을 기치로 하여 전개된 위로부터의 과학문화운동 또는 과학

---

58) 홍문화, 「전국민 과학화의 의의와 방향」, 『과학과 기술』 1979년 4월호, 14쪽.

59) 김동광, 앞의 논문, 106쪽.

기술 대중화운동이었다. 중장기적으로는 우수한 인재들을 과학기술자로 양성하겠다는 목표를 지니고 있었으며, 이를 위해 모든 국민이 과학을 이해하고 기술을 익히려는 환경을 조성하겠다는 것이 기본 취지였다. 유능한 과학기술자들이 충분한 역량을 발휘하여 국가 발전에 기여할 수 있는 풍토를 만드는 것이 궁극적인 지향점이었기 때문에 과학기술자를 위한 운동의 성격도 지니고 있었다. 실제 과학기술처는 학술활동 조성, 과학기술자에 대한 인식 제고, 과학기술회관 건축 등 과학기술자가 수혜자가 되는 세부 사업들을 과학화운동으로 밀어넣었다.

과학기술 풍토 조성의 필요성을 주장했던 과학기술자들의 대의기구인 과총은 전 국민의 과학화운동을 새로운 기회의 장으로 활용했다. 과학기술자들이 정부 정책에 적극적으로 호응하고 동참하는 모습을 보여줌으로써 과총이 원했던 과제들을 해결하고자 했던 것이다. 과총은 '과학관료'인 최형섭을 매개로, 새마을기술봉사단을 돌격대 삼아 자신들의 숙원사업을 해결하기 위해 과학화운동에 적극 참여했다. 과학화운동은 전국민을 대상으로 한 캠페인이었지만 주체이자 대상이었던 과학기술자들은 '자발적 동원'을 통해 자신들의 존재의의를 보였고, 의도했던 지원을 이끌어내면서 과학기술활동의 기반을 구축해 나갔다.

과학화운동과 새마을운동은 비슷한 시기에 제시된 국민운동으로, 새마을기술봉사단과 같은 사업을 통해 서로 연결되기도 했고, 1979년 전 국민의 과학화운동이 다시 한 번 제기될 때는 새마을운동과의 긴밀한 관련이 명시적으로 주장되기도 했다. 새마을운동은 사회경제환경이라는 구조적 요인 대신 개인적 노력과 정신적 무장을 강조하는 경향이 있었고, 전 국민의 과학화운동은 사회의 비합리적 관행도 과학화하려는 개인적 노력에 의해 극복할 수 있는 것으로 보았다. 그렇기에 과학화운동은 국가적 필요뿐 아니라 국민 각자의 생활 발전과 복지 증진을 위해서도 필요 불가결하다고 주장되었다. 하지만 환경개선이나 소득개선으로 일정 부분 체감이 가능한 새마을운동과 달리 과학화운동은 국민들이 그 운동의 결과를 쉽게 느끼고 확인할 수 있는 가시성과 계측성이 약했다. 따라서 여러 기관들이 다양한 사업을 진행했음에도 과학화운동이 국민들의 삶 변화에 큰 변수가 되기 어려웠다. 결과적으로 과학화운동은 일반 국민 속에서보다 과학기술자사회에서 효과가 더 잘 발현되었다. 과학화운동을 통해 과학기술자단체와 정권/정부의 연계가 깊어졌고, 과학기술자들은 자발적 동원을 통해 원하던 물적·제도적 후원을 이끌어내면서 자신들의 입지를 다질 수 있었다. 이 과정에서 대통령과 과학기술계의 신임을 받은 과학기술처 장관 최형섭의 정치력이 중요하게 작용했다. 물론 주된 행위자로 참여했던 과총은 과학기술자사회를 대표하는 기구로서 공식 인정을 받게 되었지만 정부에 지나치게 의존하고 추종하는 태도로 인해 현장 과학기술자들의 신뢰를 받는 데는 실패했으며, 그 영향은 이후에도 계속되었다. 결국 전 국민의 과학화운동은 '위로부터의 과학문화운동'이었지만 동시에 과학기술자를 위한 과학기술자들의 '아래로부터의 과학정치운동'이기도 했다.

'과학영농'의 깃발 아래서

─박정희 시대 농촌에서 과학의 의미

김태호

1. '과학'이라는 만능열쇠

"박정희 시대에 한국의 과학기술이 크게 성장했다"는 말은 통설 수준에서는 박정희 사후 사십 년이 다 되어가는 지금까지도 대체로 사실로 받아들여지고 있다. 박정희를 오늘날까지도 '과학대통령'으로 기억하는 이들이 많은 것도 그 때문이다. 그러나 정확히 무엇이 어떻게 성장한 것인지에 대해서는 사람마다 주목하는 지점이 다르다. 어떤 이들은 한국 과학기술자의 수─이 또한 국내인가 해외인가에 따라 시기구분이나 평가가 달라질 수 있지만─에 주목하고, 어떤 이들은 특정 연구자 또는 연구집단이 생산한 연구결과의 양이나 질이 국제적으로 어느 정도 수준에 올랐는지를 판단의 기준으로 삼는다. 또 어떤 이들은 정부 안에서 과학기술 담당부처의 위상과 역할을 눈여겨보기도 하고, 국가 차원의 연구개발 관련 법령이나 제도의 변천을 추적하기도 한다. 대학의 이공계 학과 정원, 또는 정부출연연구소의 숫자나 규모를 지표로 삼기도 한다. 이처럼 박정희 시대에 크게 성장했다는 '과학기술'이 구체적으로 무엇을 가리키는지는 사람마다 다를 수 있다.

더욱이 위에서 열거한 요소들은 대학이나 연구소와 같은 학술기관의 과학기술 활동을 평가할 때 중요한 지표가 되는 것들인데, 박정희 시대의 과학기술을 평가할 때 고급 학술기관에만 주목하는 것이 과연 타당한 연구방법론인가 근본적인 질문을 던질수 있다. 박정희를 '과학대통령'이라는 이름으로 소환해낼 때, 대중들에게 지배적인 이미지는 대학이나 연구소의 고급 과학기술 인력, 또는 당대의 저명한 과학자의 얼굴 못지않게 포항제철과 같은 산업현장, 기능올림픽에서 개선한 기능공, 또는 '녹색혁명'을 향해 매진하는 농촌의 풍경 같은 것들이기 때문이다.

이런 맥락에서 "박정희 시대에 한국의 과학기술이 크게 성장했다"는 통설에 대한 학문적 평가는, "과학기술이 성장했느냐 하지 않았느냐"라는 질문에 대한 답을 구하기에 앞서 "어떤 과학기술이냐"라는 질문을 던짐으로써 시작해야 한다. 과학이나 기술은 현대사회에서 매우 높은 수준의 보편성을 추구하는 활동이지만, 그것을 가리키는 '과학기술'이라는 이름은 시대의 산물이다. 과학기술에 대한 사람들의 인식과 기대가 시대에 따라 달라지기 때문에, '과학기술'이라는 낱말이 뜻하는 바도 시대상황에 따라 조금씩 달라져왔다.

심지어 '과학기술'이라고 붙여서 한 낱말로 쓰는 나라도 한국과 일본 외에는 찾아보기 어려운데, 이 또한 이 낱말이 시대의 산물임을 보여준다. 일본에서 20세기 초 '과학기술'이라는 말이 태어난 배경에는, 지식인들 사이에 만연한 사회주의적 성향을 경계하고 실용적으로 국가에 복무하는 방향으로 과학과 기술을 발전시키고자 했던 일본 기술관료(technocrat)들의 바람이 깔려 있었다.[1] 이렇게 형성된 과학기술이라는 신조어가 일제강점기 한국에 소개되었고, 광복 후에도 국가 주도의 발전전략 등과 들어맞는 면이 있어 오늘날까지 널리 쓰이게 된 것이다. 이에 비해 현대 중국에서는 과학과 기술을 합쳐서 '과기(科技)'라고 표현하는 경우가 종종 있으나 일본이나 한국처럼 하나의 낱말로 구별되는 의미를 지니지는 않는다. 서구권 언어에도 한 낱말로 '과학기술'에 대응하는 개념은 사실상 없다. 따라서 과학기술 정책이나 과학기술의 역사에 대한 한글 문헌을 영어 등으로 번역할 때는 'science and technology'와 같은 표현을 쓸 수밖에 없고, 한 낱말로 된 '과학기술'이 지니는 미묘한 의미의 차이는 사라지게 된다.

한국에서 '과학', '기술', '과학기술'이라는 낱말들, 그리고 더 잘게 나누면 '순수과학', '응용과학', '공학', '산업기술', '기능' 등의 하위개념들이 서로 경쟁하면서 구획을 조정해가는 과정에 대해서는 한층 더 폭넓고 정밀한 논의가 필요할 것이다. 그와 같은 본격적인 연구의 필요성을 환기하고 물꼬를 트는 의미에서, 이 글은 우선 '과학'이라는 단어가 박정희 시대 농촌에서 어떻게 받아

---

1) Hiromi Mizuno, *Science for the Empire: Scientific Nationalism in Modern Japan*, Stanford University Press, 2008. 특히 Chapter 2, "Technocracy for a Scientific Japan" 참조.

들여졌는지 추적하고자 한다. '과학'을 우선 살펴보는 까닭은, 그 것이 위에 열거한 모든 낱말과 바꿔 쓸 수 있는 가장 유연한 개 념이기 때문이다. 논리적으로는 '과학'이 '기술'이나 '과학기술'보 다 상위개념은 아니지만, 대중의 언어생활에서는 '과학'이라는 낱 말로 '과학'과 '기술'의 모든 영역을 포괄하는 것이 큰 문제가 되 지 않았다. 다만 '과학'이라는 커다란 우산 아래 무엇이 들어가는 지는 시대상황에 따라 달라지고, 그것이야말로 당대의 대중이 과 학에 대해 어떻게 인식하고 무엇을 기대했는지를 보여준다. 그리 고 도시가 아닌 농촌을 살펴보는 까닭은, 일견 과학과 멀어 보이 지만 실제로는 박정희 시대에 '과학'이라는 말이 도시 못지않게 활발히 쓰였던 장소가 농촌이었기 때문이다. 박정희 정부 초기의 도시와 농촌의 발전 수준 격차를 감안하면, 도시에서 이야기하는 '과학'과 농촌에서 이야기하는 '과학'이 같은 것을 의미할 수는 없 었다. 동시에, 그럼에도 불구하고 가장 낙후된 지역에서 '과학'을 이야기하지 않을 수도 없었던 것이 국가의 입장이었다. 결과적으 로 박정희 시대의 농촌에서 '과학'이라는 말은 농촌개발의 거의 모든 의제를 정당화해주는 만능열쇠가 되었다.

따라서 농촌에서 '과학'의 의미를 추적하는 것은 한편으로는 과학과 인접 개념들의 변천사, 또 다른 한편으로는 농촌개발 담 론의 변천사를 그 교차점에서 함께 보여줄 수 있다. 이 글은 박정 희 시대 농촌에서 '과학' 개념의 의미 변화를 살펴보기 위해 특히 '과학(적) 영농'이라는 말에 집중할 것이다. '과학(적) 영농'이 언제 어떤 맥락에서 본격적으로 등장하는지, 그리고 그 말의 의미와 용법이 농촌의 상황에 따라, 정부 정책의 변화에 따라 어떻게 미묘하게 달라졌는지, 당시의 언론 기사를 중심으로 추적할 것이다.

2. 농업 관련 논의에서 '과학'이라는 낱말의 등장

1) 일제강점기 농업에서 '과학'의 의미

일제강점기에도 농업을 이야기할 때 '과학'이라는 말이 가끔 등장하기는 한다. 하지만 이때 '과학' 또는 '과학적'이란 구체적인 내용이 있는 말이라기보다는 '근대' 또는 '근대적'과 마찬가지로 막연하게 쓰였다고 할 수 있다. 그 자체가 특정한 뜻을 담고 있다기보다는 '재래' 또는 '관행'이라는 말과 짝을 이루어 대비되는 개념으로 쓰는 것이 일반적인 용례였기 때문이다. 즉 이 시기에 농업에서 '과학'을 이야기할 경우, 그것은 적극적으로 어떤 가치를 담아내기보다는 '재래'로 표상되는 기존의 삶과 일의 방식으로부터 벗어나라고 촉구하는 소극적인 의미로 쓰이곤 했다. 이광수의 소설 『무정』(1917)의 끝부분에 다음과 같이 돌연 '과학'이 튀어나오는 것도 같은 맥락에서 이해할 수 있다.[2]

---

2) 이광수가 이 작품을 썼을 당시의 한국 과학의 현실에 비추어 이 대목의 의미를 더 깊이 해석한 것은 정인경, 『뉴턴의 무정한 세계: 우리의 시각으로 재구성한 과학사』, 돌베개, 2014, 17~28쪽 참조.

그래서 그네는 영원히 더 부하여짐 없이 점점 더 가난하여진다. 그래서 (몸은 점점 더 약하여지고 머리는 점점 더) 미련하여진다. 저대로 내어버려두면 마침내 북해도의 '아이누'나 다름없는 종자가 되고 말 것 같다. 저들에게 힘을 주어야 하겠다. 지식을 주어야 하겠다. 그리해서 생활의 근거를 안전하게 하여주어야 하겠다.

"과학! 과학!" 하고 형식은 여관에 돌아와 앉아서 혼자 부르짖었다. 세 처녀는 형식을 본다.

"조선 사람에게 무엇보다 먼저 과학을 주어야겠어요. 지식을 주어야겠어요."

사실 오늘날 '과학'과 자연스럽게 짝을 이루는 '영농'이라는 말도 전근대의 한자문화권에는 없던 말이다. 일단 농업을 '경영' 한다는 말 자체가 근대적인 생각을 반영한 것이다. 서구로부터 '경영'과 '경영학' 따위의 개념을 번역해 들여온 뒤 이것을 농업에 적용한 것이다. '영농'이라는 낱말은 1920년대부터 신문에 드물게 보이기 시작하지만, 일본식 용어를 그대로 들여와 쓴 것이지 그 용어에 담긴 함의를 고민하거나 논쟁한 흔적은 보이지 않는다. '영농자금'이나 '영농이민' 같은 일본의 정책 용어를 그대로 쓰다 보니 자연스럽게 용어가 따라 들어온 것으로 보인다.

비록 처음에는 그 의미가 매우 모호했지만, 식민권력이 한반도 농업에 대한 장악력을 높여가면서 농업에서 '과학'이라는 말도 점차 구체적인 의미를 획득하기 시작했다. 특히 권업모범장(1929년 농사시험장으로 개편)이 1915년을 전후하여 일본에서 도입한

'우량종'을 본격적으로 권장하고, 1920년부터 조선총독부가 산미증식계획을 시행하면서, 농업에서 '과학'이란 총독부와 권업모범장이 권장하는 특정한 농업기술을 채택하는 것을 의미하게 되었다. 구체적으로는 질소비료에 반응성이 좋은 개량품종을 재배하고 그에 맞추어 질소비료를 다량 사용하는 것이 근대적이고 과학적인 영농으로 규정되었다. 이러한 담론에서 발화의 주체는 언제나 총독부와 지도기관 등의 국가기구였고, 농민은 인습과 관행에 얽매여 있으므로 국가가 공급하는 '과학'을 통해 계도해야 할 대상이 되었다.[3] 이런 점에서 당시 농업의 '과학성'이란 해당 영농기술의 특정한 내용보다는 오히려 발화의 주체에 따라 결정되는 것이었다고도 할 수 있다.

그러나 그와 같은 권고를 따를 수 있는 '과학적' 농민은 당시 한반도에 많지 않았다. 기아를 면하는 것이 당면 과제였던 대다수 소작농들에게 돈을 들여 질소비료를 사라는 권고는 전혀 현실적이지 않았다. 더욱이 당시 한반도의 수리설비도 대체로 열악한 수준이어서, 대부분의 논은 천수답(天水畓)이었다. 따라서 식민권력이 권장한 '과학적' 품종도 실제 농촌에서는 열악한 환경에

---

3) 예를 들어 「북선의 특이성 연구: 과학적 영농법 지도, 함북 농무과 방침 수립", 『매일신보』 1936. 12. 7, 석간 4면 등의 기사가 있다. 이처럼 '과학'의 이름을 앞세워 농민들을 국가 주도의 농업 시스템으로 복속시키는 것은 근대 일본에서도 일어난 일이다. 과학사학자 후지하라 다츠시(藤原辰史)는 이것을 "과학적 정복"이라고 표현하고 있다. 藤原辰史, 『稲の大東亜共栄圏─帝国日本の〈緑の革命〉』, 吉川弘文館, 2012.

적응해온 재래종보다 나쁜 결과를 거두는 일도 잦았다. 그럼에도 불구하고 개량품종과 금비(金肥)의 사용은 투자여력이 있는 일본인 대지주를 중심으로 확산되어갔다.[4] 조선인 농민의 반발이나 비협조는 "공연한" 반감 또는 "농민이 기술개량에 대해 의욕이 없는" 탓으로 폄하되었다.[5]

2) 광복 이후 소득증대의 '과학'으로서 축산의 강조

광복 후에는 일본의 영향력이 약해지고 미국의 영향력이 커진 것을 반영하여, 농업에서 '과학'을 이야기하는 맥락에도 변화가 보인다. 한편으로는 일본 농학과의 연결이 끊어지면서 일본식 품종과 농법은 과학적이고 재래식 품종과 농법은 낙후된 것이라는 식의 이분법을 고수할 근거도 필요도 약해졌다. 광복 후의 주요 벼 품종들도 근원을 따지면 일제강점기 농사시험장에서 육성을 시작한 것이기는 하지만, 처음부터 한반도에서 육성된 이들 품종을 외래종으로 인식하는 이는 거의 없었으므로 일본 품종 대 한국 품종 같은 식의 구도는 성립하지 않았다.[6]

---

4) 홍금수, 「일제시대 신품종 벼의 도입과 보급」, 『대한지리학회지』 38권 1호, 2003, 64~66쪽.

5) 예를 들어 盛永俊太郎, 「育種の発展─稲における」, 農業発達史調査会 編, 『日本農業発達史』 第九巻, 中央公論社, 1956, 第二章, 173쪽에서는 일본 도입 품종의 보급이 지연된 것이 "당초 농민 다수는 혹은 성적에 의구심을 품고, 또는 공연히 그것들을 싫어했"기 때문이라고 평하고 있다.

6) 김태호, 『근현대 한국 쌀의 사회사』, 들녘, 2017, 제2장 「되찾은 땅, 새로 짓는 벼 (1945~1960)」 참조.

다른 한편으로는 미국의 농촌 개발 담론이 수입되면서 '과학 (적)영농'이나 '영농의 과학화'라는 말에 새로운 의미가 추가되었다. 일례로 1947년의 『동아일보』 기사는 미군정의 농정 개편 구상을 소개하면서 "영농의 과학화"라는 표현을 쓰고 있다. 농업개량연구소와 농업진흥협회 등 미국식의 농촌지도기관을 설치하는 목적이 영농의 과학화라는 것이었다.[7] 또한 1953년의 『동아일보』 사설은 UNKRA의 모범부락 사업을 소개하면서, 이것이 "영농의 과학 합리화 및 농민 생활의 과학화를 기도한 것"이라고 평가하고, 다음과 같이 그 필요성을 소개했다.

> 우리나라의 농지 수확이 일본의 그것의 절반도 안 된다는 사실은 (…) 우리 농민이 일본 농민보다 게으르다는 것과 농업경영을 합리화하려는 노력이 없으며 <u>옛날부터 해오던 영농 방법을 해마다 반복하고 있는 데에 있을 것이다.</u> (…) 과거 일정 때에도 농민 계몽을 위해서는 개량종자를 보급시켰고 방방곡곡에서 양계강습회 양돈강습회도 열었고 농민들에게 '농사시험장' 견학도 장려하였고 모범부락을 건설할려고 노력하였으며 소위 '독농가 표창' 같은 것도 하느라고 하였다. 운크라만이 애를 써보았자 우리 정부가 이미 호흡을 맞추지 않으면 모든 일은 허사다.[8] (밑줄—인용자)

---

7) 「영농의 과학화 기도—농업개량연구소 설치」, 『동아일보』 1947. 11. 15, 2면.
8) 「영농의욕을 진기(振起)하라」, 『동아일보』 1953. 5. 14, 1면.

광복 후 10년도 지나지 않은 시점에서 "일정 때에도" 했던 일을 제대로 하지 않는다고 정부를 비판하는 것은 상당히 놀라운 일이지만, 결국 이 사설이 주장하는 "영농의 과학 합리화"는 "옛날부터 해오던 영농 방법"에서 벗어나 새로운 종자와 농법을 받아들이는 것이었다.

이렇게 '과학적 영농'이나 '영농법 과학화'와 같은 생소한 표현들이 1950년대 중후반까지 서서히 입지를 다져갔다. 특히 미국에서 수입한 농업기술이나 농민단체 등을 소개할 때 이러한 표현이 자주 쓰였는데, 이것은 미국에서 농학이 자연과학(생물학, 화학 등)과 사회과학(경제학, 사회학, 인류학 등)을 아우르는 '농업과학'으로 위상을 다진 것의 영향으로 볼 수 있다. 미국에서 농업은 자연 속에서 이루어지는 자급자족적 활동이 아니라 이미 "자연의 의존성에서 탈피"한 산업이자 기술로 변모해 있었다.[9] 점차 커져가는 미국의 영향력 아래서 한국도 농업을 바라보는 관점을 그와 같이 바꿔야 한다는 생각이 이러한 표현의 이면에 깔려 있었던 것이다.

농업을 '과학'으로 바꾸려면 과거와 결별해야 하므로, 과학적 영농이나 영농법의 과학화는 사실상 과거의 부정을 촉구하는 구호의 역할을 했다. 과거와 단절하고 새로운 농촌을 건설하는 것

---

9) 이종화, 「한국농업의 오늘과 내일」, 『새힘』 63호, 1963. 5, 2쪽(정은정, 「1960년대 미국의 한국 '농촌 만들기' 담론 전략─미 공보원(USIS) 발간 '농촌 사람들을 위한 잡지 『새힘』' 분석을 중심으로」, 경북대학교 대학원 사회학과 석사학위 논문, 2006, 64쪽에서 재인용).

이 목표였으므로 과학은 젊은 세대와 결부되기도 하였다. 일례로 1955년의 4H운동에 대한 소개글에서는 "과학지식의 명령에 따르는 농촌 청소년의 두 팔 앞에서는 무식도 빈곤도 질병도 운산무소(雲散霧消)하게 만드는" 것이라는 포부가 표현되어 있는데, 이처럼 '과학'은 '계몽'과 사실상 동의어로 쓰이기도 했다.[10] 이 기사가 소개한 4H운동 또한 미군정기 미국의 제안에 의해 도입되어 미국식 농촌개발의 이념을 전파하는 창구 역할을 했다. 과학으로 무장한 젊은 세대가 "지방에 뿌리박힌 인습과 비과학적인 영농방법 등을 계몽 개선하여 농촌민의 생활을 개선"해야 한다는 당대의 사명감은, 농촌 재건사업에 관한 각종 기사에 빈번히 등장한다.[11]

즉 '과학'이라는 말이 소환되는 맥락은 한편에는 "낙후한 인습"을, 다른 한편에는 그로부터 탈피하는 계기를 마련해주는 "계몽"을 상정하고 있다. 그리고 계몽은 국가와 같은 주체가 위로부터 수행하는 것이다. 따라서 국가 주도로 새로운 기구나 제도가 도입될 때는 그 명분으로 '과학성'이 특히 강조되었다. 이때 '과학적'이라는 말은 사실상 '선진적', '진보적', '우월적'이라는 말과 동의어였다. 미국 공보원(USIS)에서 한국 농민을 대상으로 발간한 잡

---

10) 이기홍(농림부 농사교도과장), 「4H클럽 운동의 전망」, 『경향신문』 1955. 6. 2, 4면.

11) 「대학생 농촌계몽반—어려움 도울 역군, 환송식 마치고 25일부터 파견」, 『매일신문』 1961. 7. 24.

지 『새힘』을 분석한 정은정의 연구에 잘 드러나듯, 미국의 '과학적' 농업의 위력에 강한 인상을 받은 한국의 농민들은 "우리 한국의 영농 방식이 얼마나 어처구니없는 주먹구구 방식이었던가"라는 고백을 하게 되고, 그를 바탕으로 "낡은 생활습관을 탈피하지 않으면 아무런 발전이나 생활의 개선도 바랄 수 없다"는 결의를 다지게 되었다.[12]

이렇게 종래의 영농 방식을 탈피하고 미국식 과학적 영농을 받아들인 논리적 귀결은 소득증대를 추구하는 산업으로서의 농업이 된다. 그리고 그 방편으로 특히 강조된 것은 축산이었다. 당시 '과학'의 이름 아래 소개된 각종 농업기술이나 농촌경영의 원리들이 현실에서 의미하는 것은, 벼농사 중심의 자급자족형 농업에서 벗어나 상품작물의 재배와 축산을 중심으로 하는 시장지향형 농업으로 방향을 전환하는 것이었다. 특히 『새힘』에는 축산과 벼농사를 대립 구도로 놓는 글이 많이 실렸는데, 이는 한편으로는 사료 수출의 확대라는 미국의 경제적 이해관계와도 연결되는 것이었다. 예컨대 "축산을 하는 농부들은 일반적으로 더욱 많은 고기, 달걀, 우유 등을 먹게 되기 때문에 보통 농부들보다 건강하다"든가, "식량으로서의 쌀의 중요성이 감퇴되어가고 있"다는 주장들이 빈번하게 소개되어 농민들에게 새로운 시대의 농업이 지

---

12) 『새힘』, 74호, 1964. 4의 독자 의견(정은정, 「1960년대 미국의 한국 '농촌 만들기' 담론 전략」, 55쪽에서 재인용).

향해야 할 목표로 제시되었다.[13]

그러나 1960년대 초반 농촌과 농민의 실상을 감안하면 축산과 상품작물의 재배를 통해 시장지향적 농업으로 전환하자는 주장은 지극히 비현실적인 것이었다. 농지개혁의 결과 자작농 계층이 형성되기는 했으나, 농가당 경지 규모는 대단히 작았고 절대다수의 농민들은 여전히 생존을 위한 농업 이외의 선택을 할 여력이 없었다. 축산에 뛰어들려면 가축과 시설 등을 갖추고 사료를 구입하기 위해 상당한 투자가 필요하고, 그 자금을 회수하는 데도 긴 시간이 걸린다. 당시 농촌의 상황에서 미국처럼 축산으로 돈을 버는 선진적 농업을 추구하자는 것은 현실성이 없는 남의 나라 이야기에 지나지 않았다. 그럼에도 불구하고 이런 이야기들이 농촌에 유포되어 일정한 영향을 미치고 있었다는 것은, 그 실체가 무엇이건 '과학'이 농촌에 접목되었으면 하는 기대가 잠재되어 있었음을 보여준다.

3. 전 국민적 동원 체제 아래의 '과학영농'

1) 농협과 "과학하는 농민"

이에 비해 1960년대 후반이 되면 '과학(적) 영농'이라는 표현이 한국적 맥락에 좀 더 긴밀하게 결합하면서 독자적인 생명을 얻게

---

13) 정은정, 앞의 글, 65~66쪽.

된다. 축산과 상품작물 재배 등 미국의 농업을 그대로 이식하는 것과는 결이 다른 이야기들이 '과학영농' 안에 포함되기 시작했고, '과학영농'은 일반명사라기보다는 특정한 용법을 지닌 한 단어의 고유명사로 쓰이기 시작했다.

고유명사처럼 쓰이게 된 '과학영농'의 뜻은 '국가기구(농촌지도소와 농협 등)가 권장하는 영농' 또는 '자본주의 시장경제의 원리에 따라 적극적인 소득증대를 추구하는 영농'으로 풀이할 수 있다. 이것은 큰 틀에서는 일본 식민권력이나 미국 원조기관이 이야기한 '과학적' 농업이 뜻하는 바와도 다르지 않다. 하지만 1960년대 이전의 '과학영농' 담론이 주체와 내용 모두 모호한 상태에 머물러 있었던 데 비해, 1960년대 중후반 이후로는 적극적으로 과학영농 개념을 주창하며 국민을 동원하는 주체가 형성되었고 그 내용도 구체성을 띠게 되었다.

먼저 주체의 측면을 살펴보면, 1960년대 중후반에는 농협의 '새농민운동'이 눈에 띈다. 농협은 1961년 농업협동조합법에 의해 구 농업협동조합과 농업은행을 합병하면서 새롭게 출범하였다. 조직 개편을 거치면서 농협중앙회장은 정부가 임명하고, 각 지역 조합장은 중앙회장이 임명하는 구조가 확립되었다. 그에 따라 농협은 농민의 자생적 협동조합의 성격보다는 사실상 정부의 농정 방침을 농업 현장에서 관철시키는 준정부조직과 같은 성격을 강하게 띠게 되었다.

이러한 상황에서 1964년에 제4대 농협중앙회장으로 취임한 문방흠(1921~2013)은 1965년부터 '새농민운동'을 시작했다. 새농민운동은 일차적으로는 새롭게 출범한 농협이 농민들에게 스스로의 존재를 각인하고 농촌사회에 뿌리내리기 위한 사업이었다. 농협 측 자료에 따르면 "당시 농민들은 협동조합의 필요성을 제대로 인식하지 못했을 뿐만 아니라 (…) 조합원으로서의 의무보다는 권리만 주장하기 일쑤"였으므로, "농민 자신의 안으로부터의 개혁을 유도함으로써 이 땅에 새로운 기풍을 일으키고자" 새로운 농민의 상(像)을 농협이 앞장서서 제시했다는 것이다. 농협은 각 면에 '개척원 센터'를 설치하고 개척원을 주재시켜 새농민운동의 거점으로 삼고, 이를 통해 지역 농민과의 접촉을 넓히고자 했다. 새농민운동이 주창한 '새농민 상(像)'은 "자립하는 농민, 과학하는 농민, 협동하는 농민" 세 가지의 구호로 표현되었다. 자립은 "인습적 타성에서 벗어나 진취적이고 희망에 찬" 농민을, 과학은 "부지런히 배우고 꾸준히 연구하고 영농과 생활을 개선"하는 농민을, 협동은 "공동의 이익을 위하여 돕고 힘을 뭉쳐 살기 좋은 고장을 만드는" 농민을 대표하는 덕목이었다.[14] 농협은 새농민운동에 대한 호응을 이끌어내기 위해 이듬해인 1966년부터 '새농민상(像)'을 선정하고 그에 맞는 모범농민을 선정하여 표창하기 시작했다.

1966년 첫 번째 새농민상 수상자는 모두 11명이었는데, 대상에 해당하는 '종합상' 아래 '자립상', '과학상', '협동상'과 '여성상'이 있었고, 여기에 더해 6인의 '노력상'이 선정되었다. 다만 상의

---

14) 「『농민신문』과 농협운동」, 『농민신문 50년사─농업인과 함께, 온국민과 함께』, 농민신문사, 2014, 156쪽.

이름이 달라도 언론에 공개된 수상자 공로는 비슷한 경우가 많았다. 애초에 "자립, 과학, 협동"의 세 가지 구호가 상호배타적으로 구분되는 것이 아니었고, 농협이 밝힌 시상의 취지도 "전국 조합원 중에서 개척심이 강하며 새로운 영농기술을 조합원들에게 보급시켜 살기 좋은 내 고장을 만든 농민들에게" 준다는 매우 포괄적인 것이었다.[15] 상금 액수를 감안하면 사실상 종합상(1966년 당시 3만 원)이 1등상, 새농민운동의 세 구호인 자립, 과학, 협동이 여성과 더불어 2등상(각 2만 원), 나머지 노력상은 3등상(각 1만 원)의 의미가 있었다.

과학상 수상자들의 면면을 살펴보면 비록 자립상이나 협동상과 뚜렷이 구별되는 '과학적' 업적이 두드러지는 것은 아니지만, 그래도 새로운 영농기술을 받아들이고 보급하고자 노력한 이들이 많았다. 1966년의 첫 번째 '새농민 과학상' 수상자로 선정된 경북 청도군 화양면 합천동의 장복주는 직접 전시포(展示圃)를 만들어 마을 사람들에게 종자 소독을 비롯한 표본영농법을 설파하고 개량종자를 권장했다.[16] 이듬해의 수상자는 경북 영주군 영주읍 상망리의 이춘직이었다. 그는 서울대 농대를 졸업하고 영주군 농협 감사로 재직하던 지역 엘리트로, 그의 업적은 토마토와 수박 등 과수 재배로 소득을 높이고, 양계를 시작하여 소득증대와 비

---

15) 「새농민상 6명의 얼굴, 영광의 흙손들」, 『경향신문』 1972. 8. 14.

16) 「농민의 상 11명 선발 표창」, 『매일경제』 1966. 9. 22, 3면; 「우리는 이렇게 농사지었다─영예의 새농민상」, 『경향신문』 1966. 9. 24, 5면.

료 자급을 동시에 도모했으며, 양계를 이웃에 보급하고 계란 판매장을 만든 것 등이었다.[17] 1968년의 수상자인 충북 음성군 소이면 갑산리의 정기혁은 논에 양파, 감자, 마늘 농사 등을 벼농사와 돌려 짓는 이모작 기술을 연구·보급한 점, 양어장과 도정공장, 비육우 축사를 건립한 점 등을 공로로 인정받았다.[18]

이처럼 구체적인 업적은 조금씩 다르지만, 농협이 '과학하는 농민'으로 인정한 이들의 공통점을 추출하자면 소득증대를 위해 새로운 기술을 익히는 농민, 나아가 그것을 위해 국가가 보급하는 새로운 지식을 적극적으로 습득하며 국가의 지도에 협조하는 농민이라고 할 수 있다. 과거의 작목이나 농법을 고수하기보다는 소득을 높일 수 있는 방법을 고민하고 새로운 가능성에 도전하는 농민, 그리고 자신이 해보고 좋은 것은 주변에도 적극적으로 권하는 농민이 농협이, 나아가 국가가 생각하는 이상적인 '과학하는 농민'이었다. 1967년 대통령 연두교서도 "영농기술의 향상에 의한 증산"을 중요하게 언급하고 있으며, 나아가 "생계 위주의 농업으로부터 소득과 영리를 목표로 한 농업으로 발전"시키는 것을 목표로 천명했다.[19]

이처럼 '과학하는 농민'의 뜻이 생존을 위한 농업을 벗어나 이윤을 위한 농업을 지향하는 농민이라면, 그것이 전혀 새로운 것

---

17) 「농촌의 기수, 새농민상」, 『경향신문』 1967. 8. 17, 5면.

18) 「농촌재건의 상록수—새농민상 프로필과 공적」, 『동아일보』 1968. 8. 17, 5면.

19) 「대통령 연두교서 전문」, 『매일경제』 1967. 1. 17, 3면.

은 아니다. 수사만 놓고 본다면 일제강점기 식민권력과 미군정도 똑같은 메시지를 전달했다. 다만 1960년대 초반까지는 그 수사를 현실에서 추구할 수 있는 물적 기반이 없었기 때문에 수사가 수사로 그쳤던 데 비해, 1960년대 중반 이후로는 농협과 같은 외곽 조직이 확충되면서 '과학하는 농민'이 공허한 선언에 머물지 않고 실제로 농민을 동원할 수 있는 정치적 구호가 되었다.

농협이 시작한 새농민운동은 1970년대의 새마을운동에도 영향을 주었다. 새농민운동의 구호였던 "자립, 과학, 협동" 중 "과학"을 "근면"으로 바꾸면 새마을운동이 내세운 "근면, 자조, 협동"이 된다. 당시 과학이라는 낱말이 뜻했던 것이 "소득증대를 위한 새로운 지식 습득에 적극적인 자세"였다는 점을 생각하면, '근면'이라는 구호를 '과학'을 포괄하는 상위개념으로 볼 수 있는 여지도 있다. 새마을운동의 영웅으로 각광 받은 농민 하사용이 말했듯이, 새마을운동의 정수가 "목구녕만 살기 위한 농사가 아니라 돈을 벌기 위한 농업으로의 대전환"이었다면, 이것은 새농민운동이 그렸던 새농민의 상과 일치한다.[20] 즉 새마을운동이 대통령의 적극적인 후원 아래 전국적 동원 체제를 갖추기 전까지, 사실상의 준정부조직이었던 농협이 "자립하는 농민, 과학하는 농민, 협동하는 농민"의 구호로 농민 동원의 첫 단계를 떠맡은 것이라고도 할 수

---

20) 하사용, 「근대화 전략과 새마을운동」, 국사편찬위원회 구술자료, 2004, 62쪽; 한도현, 「1970년대 새마을운동에서 마을 지도자들의 경험세계—남성 지도자들을 중심으로」, 『사회와 역사』 88집, 2010, 280~281쪽에서 재인용.

있다.

새농민상의 표창은 2017년 현재까지도 이어지고 있다. 표창을 시작한 지 5년째인 1971년에는 수상자를 회원으로 하는 '새농민회'가 결성되었다. 1981년부터는 이전까지는 별도의 '여성상'을 제외하면 농가 세대주였던 남성 농민이 상을 독점했던 것을 개선하여, 여성상을 폐지하고 부부 공동 시상으로 바꾸었다. 그리고 1991년부터는 매달 최대 20쌍의 '이달의 새농민' 부부를 선정하고 매년 그 가운데 20쌍의 본상 수상자를 따로 시상하는 방식으로 바꾸어 수상자 수가 크게 늘어났다. 그에 따라 새농민회의 회원도 급증하여 1999년에는 사단법인 '전국새농민회'로 발전하였다.[21] 수상자 수가 크게 늘어남에 따라 자립상, 과학상, 협동상과 같은 종래의 구분은 의미가 없어졌다. 하지만 막연하게 떠돌던 '과학영농'이라는 수사에 구체적으로 살을 붙이기 시작했다는 점에서 농협의 새농민운동은 역사적 의미가 있다.

한편 '과학영농'이라는 구호는 종래의 문자매체뿐 아니라 라디오와 같은 새로운 매체를 통해서도 농민들에게 전달되기 시작했다. 농가를 대상으로 한 대중매체의 영농정보 프로그램은 1958년부터 시작되었다. 특히 1962년 공보부가 '농어촌 라디오 보내기 운동'을 시작한 것을 계기로 라디오는 국가의 메시지를 농가

---

21) 「유용한 영농정보—새농민운동」, 북시흥농협 홈페이지(http://buksiheung.nong hyup.com/user/indexSub.do?codyMenuSeq=23519491&siteId=buksiheung, 2017. 4. 15 접속).

에 직접 전달하는 중요한 창구가 되었다.[22] 같은 해 한국방송공사(KBS)에서 '라디오 농업학교'가 시작되었고, 그 뒤를 이어 동양방송(TBC)은 1963년, 문화방송(MBC)은 1964년, 동아방송(DBS)은 1965년부터 매회 20~30분 정도를 할애하여 영농 정보를 방송하였다.[23] 농촌 보급이 한층 더뎠던 텔레비전의 농업 방송은 1970년대 들어서 전국적인 새마을운동의 열기에 힘입어 비로소 시작되었다. 1972년 한국방송공사가 〈밝아오는 새농촌〉, 1973년 문화방송이 〈새마을 새아침〉, 1975년 동양방송이 〈푸른 광장〉 등의 프로그램을 각각 아침 시간에 정규편성하여 농업과 농촌 정보를 제공하였다.[24] 그리고 1981년부터는 한국방송공사에서 〈앞서가는 농어촌〉을 방영하여 매일 아침 날씨 정보 등을 알리고 그날 필요한 영농 작업을 권고하는 등, 본격적으로 전파매체를 통한 영농 지도를 시도하였다.[25] 〈앞서가는 농어촌〉은 이후 2002년 편성 폐지될 때까지 20년 동안 꾸준히 방영되며 방송을 통한 영농 지도라는

---

22) 농어촌 라디오 보급 사업의 양상과 파급 효과 등에 대한 상세한 분석은 김희숙, 「라디오의 정치—1960년대 박정희 정부의 '농어촌 라디오 보내기 운동'」, 『한국과학사학회지』 38권 3호, 2016, 425~451쪽 참조.

23) 김선요, 「독농가의 매스컴 접촉 실태 분석」, 『한국농업교육학회지』 8권 1호, 1976, 79~84쪽; 신건식, 「TV 농가방송 시청 반응」, 농촌진흥청 연구지도속보, 1982.

24) 신건식, 「TV 농가방송 시청 반응」, 농촌진흥청 연구지도속보, 1982.

25) 권일남, 「농민의 농가방송 시청실태와 개선방안」, 서울대학교 대학원 석사학위 논문, 1987.

새로운 농촌 지도 방식이 정착되는 데 크게 기여했다.[26]

이렇게 전파매체를 통해 전달된 내용이 그 자체로 크게 새로운 것은 아니었다. 대체로 축산과 상품작물의 재배를 권유하고 거기에 필요한 실제적 지식을 때맞춰 알려주는 것이었다. 하지만 정보를 지체 없이 실시간으로 전달한다는 전파매체의 특성 덕에, 지속적으로 영농 정보 방송에 노출된 농민들은 부지불식간에 시장지향적인 근대적 농업의 사이클을 몸에 익히게 되었다. 또한 농민들이 방송을 통해 일단 인지한 새로운 작목이나 영농법은, 실제 영농 현장에서 더 순탄하게 수용될 수 있었다.

2) '과학영농'이 내장된 품종, 통일벼

이렇게 '과학영농'이라는 말은 여러 장치를 통해 국가에 독점되었고, 그 뜻도 사실상 "농업의 변화를 추구하며 국가의 지도에 협조하는 농민"과 마찬가지가 되었다. 하지만 과학영농이라는 말이 포괄하는 작목이나 영농기술이 너무 다양했기 때문에, 모든 농민이 공유할 수 있는 보편적인 과학영농의 보편적인 이미지는 형성되지 않았다.

여기에 전환의 계기를 마련한 것이 1970년대 전국에 폭발적으로 보급되었던 다수확 신품종 벼 '통일'과 그 후계 품종들이었다. 통일벼('통일'과 후계 품종의 통칭)가 '과학영농'이라는 개념의 보편적

---

26) 노광준·김성수, 「다채널시대 농업전문방송채널에서의 공익성 실현 탐색 연구」, 『한국농촌지도학회지』 10권 2호, 2003, 229~237쪽.

인 상을 농민들에게 심어주게 된 것은 다음과 같은 특징들 때문이었다.

첫째, 벼는 전국의 모든 농가가 재배하는 가장 중요한 작물이었으므로 파급효과가 컸다. 특별한 가축이나 상품작물의 영농법을 지도하는 것과는 달리, 벼의 장려 품종을 바꾸고 새로운 재배법을 보급하는 것은 전국의 농민에게 영향을 미칠 수 있는 큰 변화였다.

둘째, 통일벼 재배로 소기의 성과를 거두기 위해서는 국가의 영농 지도가 더없이 중요했다. 통일벼는 동남아시아에서 재배되는 인디카(Indica) 계열의 유전자를 도입한 품종이었기 때문에 종래 한반도에서 재배하던 품종들과 생태적으로 크게 달랐다. 통일벼에 맞춰 개발한 농법을 충실히 적용하지 않으면 오히려 재래품종보다 수확이 줄어들 수도 있었다. 따라서 통일벼를 재배하는 농민들은 전에 없이 국가에 의존적인 관계를 맺게 되었다. 모 키우기, 모내기, 물대기, 병충해 방제, 수확 후 처리에 이르기까지 통일벼만의 독특한 재배기술이 필요했고, 그것들을 익히기 위해서는 연중 농촌지도사의 조언에 따라 '과학적 영농법'을 익혀야 했기 때문이다.

셋째, 통일벼는 '과학영농'이 추구한 시장지향적 농업의 전도사 역할을 했다. 축산 또는 상품작물을 재배하여 시장지향적 농업으로 전환하는 것은 영농 규모가 크고 투자를 감행할 수 있는 일부 농민에게만 가능한 일이었다. 이에 비해 통일벼는 거의 전량 국가가 추곡수매를 통해 사들였으므로, 아직 화폐경제에 충분

통일벼 시식회 1970년대 전국에 폭발적으로 보급되었던 '통일벼'는 '과학영농'이라는 개념의 보편적인 상을 농민들에게 심어주었다. 사진은 1973년 열린 공무원들의 통일벼 시식 장면이다. 국가기록원 소장 사진.

히 편입되지 못했던 중소농들도 통일벼 재배를 통해 현금 수입을 얻을 수 있었다.[27] 이 밖에도 통일벼는 보급 초기부터 "필리핀에서 해외 과학자들과 협력하여 개발한 과학적인 품종"임을 강조하는 등 국민들에게 농업에서도 '과학'이 중요하다는 인식을 심어주는 데 여러 가지로 기여했다.

이른바 '증산왕'들은 통일벼 재배에 가장 적극적으로 협조했

---

27) 통일벼의 특징과 그것이 농촌사회에 야기한 변화에 대한 더 자세한 설명은 김태호, 『근현대 한국 쌀의 사회사(한국의 과학과 문명 10)』, 들녘, 2017 참조

던 농민이라고 볼 수 있을 것이다. 그들은 또한 당시에 '과학영농'의 힘을 과시한 산 증인이기도 했다. 통일벼를 통한 쌀 증산 운동이 고조되자 정부는 일정 기준 이상의 수확을 얻은 농민들을 시상하여 본보기로 삼고자 했다. 통일벼를 전국적으로 확대 보급한 두 번째 해인 1973년 봄, 농림부는 10아르 당 600킬로그램 이상의 단위 수확고를 올린 농민들에게 10만 원의 상금을 주겠다고 발표했다. 농림부와 농촌진흥청은 당시 평균의 두 배에 가까운 이 기준을 맞출 수 있는 농가는 많아야 1백여 호 정도밖에 되지 않을 것으로 생각하고 그에 맞춰 예산을 짰다. 하지만 가을에 농가 실적을 조사한 결과, 여름이 따뜻했던 덕에 통일벼가 대단히 좋은 성적을 거두어 전국적으로 3,765농가가 수상 기준을 충족했다. 충남 서천군 한산면의 조권구가 거둔 다수확 최고기록은 무려 10아르 당 780.8킬로그램이었다. 이후 증산왕으로 상금을 받은 농가의 수는 1974년에는 29,418호, 1975년에는 53,603호, 1976년에는 53,808호에 이르러, 비용에 부담을 느낀 정부가 개인 다수확 농가에 대한 시상을 폐지하기에 이르렀다.[28]

정부는 통일벼 보급을 더욱 확대하기 위해 증산왕들의 수기를 책자로 엮어 전국에 보급하였다. 증산왕들의 지역과 영농 환경, 영농 규모 등은 저마다 달랐지만, 이들은 하나같이 정부가 권

---

[28] 정부는 대신 통일벼 집단재배단지에 대한 시상은 지속하였다. 통계 자료는 다음을 참조. 최현옥, 「한국 수도육종의 최근의 진보」, 『한국육종학회지』 10권 3호, 1978, 201~278쪽.

장하는 통일벼를 재배했고 통일벼 경작에 필요한 정부지침을 꼼 꼼하게 따라 '과학영농'을 실천했기 때문이다. 농촌진흥청에서 는 갖가지 '표준영농교본'을 발행하여 전국에 보급했는데, 증산왕 수기는 『성공사례』와 같은 제목의 소책자로 묶여 배포되었다. 이 들을 살펴보면 대체로 영농 규모 1헥타르 미만의 중소농이었으 며 상대적으로 나이가 젊어서 성취동기가 강하고 정보 습득도 빠 른 편이었다. 따라서 정부 시책에 자발적으로 협조함으로써 국가 기관의 자원을 활용하겠다는 적극적인 자세를 보일 수 있었으며, 국가가 권장하는 새로운 영농기술을 습득하는 데도 거부감이 적 었다.[29] 이처럼 정부 시책에 협조적이며 열린 자세로 무엇이든 배 우려 하는 농민은 농사에 '과학'이라는 말이 처음 등장한 이래로 국가가 늘 원해왔던 농민의 모습에 가깝다. 증산왕에 도전하려는 농민은 농촌지도관서에 다수확 농가에 응모하겠다는 뜻을 밝히 고, 지도관서는 종래의 통일벼 재배 실적을 감안하여 지원 농가 를 선정한다. 그리고 시기별로 싹 틔우기, 모판 관리, 방제 시기와 방업, 관개, 추수 등 재배의 모든 단계에 걸쳐서 한 명의 농촌지도 사가 몇 곳의 농가를 책임지고 관리하였다.

이렇게 '관행'을 버리고 국가의 지도에 따라 '과학'을 받아들 이는 농민이 늘어난 것 또한 통일벼라는 품종의 힘으로 설명할

---

29) 『새마을 소득증대 표준영농교본 32. 성공사례(식량증산편)』, 농촌진흥청, 1976; 『새마을 소득증대 표준영농교본 39. 성공사례(식량증산편)』, 농촌진흥청, 1977 등 참조

수 있다. 통일벼는 전례 없는 다수확과 추곡수매를 통한 현금 수입을 약속하는 기적과 같은 품종이었지만, 그 약속이 현실로 이루어지려면 농민은 경작의 모든 단계에서 국가의 지도에 귀의해야만 했다. 때로 약속한 성과를 거두지 못했을 경우에는 그 책임이 생소한 품종을 권장한 국가에 돌아가는 것이 아니라, '과학영농'을 제대로 이해하지 못하고 국가의 지도를 충실히 이행하지 않은 농민에게 돌아가곤 했다. 농민들의 수기에도 '증산왕'에 오르기까지 여러 차례 시행착오를 겪고, 그때마다 통일벼의 재배법을 제대로 숙지하지 못한 자신을 책망하는 이야기가 빈번하게 등장한다.[30]

이처럼 통일벼라는 기술적 인공물은 그것을 받아들이는 사람들이 특정한 행위를 할 수밖에 없도록 유도하는 역할을 했다. 마치 '과학영농'이라는 구호가 통일벼에 내장되어 있던 양, 통일벼를 재배한 이들은 국가가 기대하는 과학영농의 상에 자신들을 맞춰갔다. 동시에 통일벼가 전국으로 확대 보급되면서[31] 통일벼를 재배해본 이들은 '과학영농'이라는 구호의 내용을 자신들의 통일

---

30) 예를 들어 1976년의 전라남도 증산왕 정순기는 통일벼 재배 다섯 해 만에 증산왕의 영예를 안았는데, 해마다 잘못된 점을 고치고 새로운 지식을 얻어 자신의 경작법을 다듬어 나갔다. 정순기, 「과학영농으로 이룩한 보람」, 『새마을 소득증대 표준영농교본 32. 성공사례(식량증산편)』, 45~51쪽.

31) 쌀 자급을 선포한 이듬해인 1978년에 통일벼는 전국 논 면적의 76%를 차지해 최대 재배면적을 기록했다. 기후나 환경 문제로 재배할 수 없는 지역을 빼면 전국의 논 전부를 통일벼로 채운 것이나 마찬가지다.

벼 경작 경험에 비추어 채워넣게 되었다. 듣는 사람마다 다른 것을 의미했던 '과학영농'의 구호가, 통일벼 보급 이후에는 보온못자리에서 모를 키운다든가 추수 후 탈곡 전 볏단을 논에 세워서 말린다든가 하는 구체적인 내용을 담게 된 것이다. 즉 1970년대 국가가 이야기한 '과학영농'은 사실상 통일벼 재배를 의미했고, 반대로 통일벼 재배에 필요한 기술들은 모두 과학적이고 새로운 영농기술로 인식되어 정당성을 획득했다. 통일벼의 역사적 의미는 이처럼 '과학영농'의 구호가 모든 농민에게 통용되는 공통의 의미를 갖게 함으로써 그것이 실제적인 힘을 갖고 회자될 수 있게끔 한 데서도 찾을 수 있을 것이다.

3) 관행 타파를 부르짖던 '과학영농'이라는 관행

1970년대에 농민을 동원한 사업은 통일벼 재배 외에도 여러 가지가 있었다. 그리고 그 동원 기제들은 모두 유신정권을 지탱하는 구성요소들이었으므로 서로 중첩되는 일이 잦았다. 특히 1970년부터 정부가 강력하게 추진한 새마을운동은 농촌의 환경개선사업으로 출발하여 곧 전국의 모든 동원사업을 아우르는 거대한 동원 체제로 성장하였다.[32] 새마을운동이 시작되기 전까지 따로 진행되어왔던 여러 동원사업들도 새마을이라는 거대한 우

---

32) 그러나 새마을운동은 국가가 주도하여 시작한 것이라기보다는, 이미 농촌에서 잘 살아보겠다는 열망이 임계점에 근접했고 자발적인 운동들이 시작되었던 것을 국가가 전유했다는 평가도 있다. 김영미, 『그들의 새마을운동』, 푸른역사, 2009 참조.

산 아래로 들어갔다. 농협이 "자립, 과학, 협동"의 이름 아래 주도했던 새농민운동도 1970년대에는 "근면, 자조, 협동"을 내세운 새마을운동으로 사실상 흡수되다시피 했다. 심지어 1970년대 박정희 정부의 농업 정책 가운데 가장 우선순위가 높았던 통일벼 보급사업도 새마을운동의 '농가소득 증대사업'의 하위항목으로 소개되는 경우도 있었다.[33]

새농민운동이나 통일벼 보급사업에서 핵심적인 구호였던 '과학영농'도 자연스럽게 새마을운동의 의제 가운데 하나로 포섭되었다. 일례로 1974년 농협중앙회에서 대통령에게 보고서로 제출한 「우리 농촌은 어떻게 달라지고 있는가」에는 '과학하는 농민'이라는 소제목 아래 식량증산을 위한 통일벼 재배교육, 채소 작목반 교육, 경운기 조작교육 등의 사진이 실려 있으며, 양송이나 감귤과 같은 상품작물의 "팔기 위한 생산"도 달라진 농촌의 모습으로 소개되고 있다.[34] 대중매체에서 지역 새마을운동의 사례를 소

---

33) 이것은 역사를 기록한 부처에 따라 달라지는 부분이기도 하다. 전국적으로 새마을운동을 관장했던 내무부 쪽 자료에서는 통일벼 보급사업을 새마을운동의 일부분으로 취급하는 것이 보통이지만, 통일벼의 개발과 실제 현장 보급을 책임졌던 농촌진흥청과 농림부 쪽의 자료에서는 새마을운동에 대한 언급이 거의 등장하지 않는다. 그러나 새마을운동의 극성기였던 1970년대 후반에는 농촌진흥청도 증산왕의 수기에 "새마을 소득증대 표준영농교본"의 이름을 붙여 펴낼 수밖에 없었던 것처럼 '새마을'이라는 이름이 정부가 주도한 모든 동원사업을 대표하게 되었다.

34) 대통령비서실, 「우리농촌은 어떻게 달라지고 있는가?」, 1974. 국가기록원 대통령기록물, 철번호 EA0005620, 건번호 0001, http://theme.archives.go.kr/viewer/common/arch WebViewer.do?singleData=Y&archiveEventId=0049280908(2017. 5. 1 접속).

개할 때도 '영농기술 과학화' 또는 '과학적인 영농'이 주요 항목으로 반드시 포함되었다. 그 실제 내용은 1960년대에 그러했듯 사실상 소득증대를 가로막는 요인들을 분석하고 해결책을 찾는 데 초점이 맞춰져 있었다.[35]

여기에 중첩된 또 하나의 동원사업이 과총(과학기술단체총연합회)이 과학기술계를 대표하여 새마을운동에 협조하는 차원에서 1972년부터 시작한 '새마을기술봉사단' 운동이다. 이듬해인 1973년부터 '전 국민의 과학화운동'이 범정부 차원에서 개시된 뒤 새마을기술봉사단 운동도 명목상 전 국민의 과학화운동의 일부인 양 서술되기도 하였지만, 새마을기술봉사단 운동은 엄연히 전 국민의 과학화운동보다 먼저 시작된 과총의 주력 사업이었다. 새마을기술봉사단은 대학이나 연구소의 과학기술 전문가들이 집단적으로 농어촌을 찾아 다니며 구체적인 기술적 문제들을 파악하고 개선책을 제시하는 것을 목표로 하는 동원 운동이었다. 다만 그 구체적인 문제들은 대체로 간단한 기술들을 조합하여 적용하면 해결할 수 있는 것이어서, 실제로는 일선 연구자들의 전문성을 제대로 활용했다기보다는 도시와 농촌이 연결되어 있고 과학기술자들도 전국적 동원사업에 참여하고 있다는 것을 선언적으로 보여주는 전시행사의 성격이 강했다.[36]

---

35) 「새마을 사업—그 현장 (상)」, 『매일경제』 1973. 5. 31, 5면.

36) 이영미, 「1970년대 과학기술의 '문화적 동원'—새마을기술봉사단 사업의 전개와 성격」, 서울대학교 대학원 석사학위 논문, 2009.

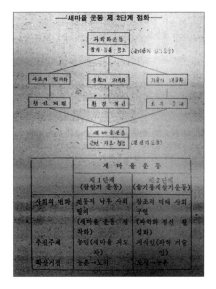

"새마을운동 제2단계 점화"
과학기술계는 1979년에 전 국민의 과학화운동이 "새마을운동 제2단계"라고 주장하며 두 운동을 하나로 묶고자 했다. 종래의 새마을운동이 농촌을 중심으로 진행된 '잘 살기 운동'이었다면, 새마을운동 제2단계로 승화될 전 국민의 과학화운동은 도시에서 시작하는 '슬기롭게 살기 운동'이라는 것이었다. 과학기술처, 「전 국민의 과학화운동을 위한 정부 시책」, 『과학과 교육』, 1979. 5, 23쪽.

과학기술계는 새마을운동의 기세가 드높던 1979년에 전 국민의 과학화운동이 "새마을운동 제2단계"라고 주장하며 두 운동을 하나로 묶고자 했다. 근면, 자조, 협동을 내세운 종래의 새마을운동이 농촌을 중심으로 진행된 '잘 살기 운동'이었다면 제2단계의 새마을운동으로 승화될 전 국민의 과학화운동은 합리, 능률, 창조를 지향하며 도시에서 시작하는 '슬기롭게 살기 운동'이라는 것이었다. 또한 도시의 지식인, 특히 과학기술인을 추진주체 삼아 '사고의 합리화', '생활의 과학화', '기술의 대중화'를 목표로 해야 한다고 주장했다.[37] 이는 1979년 4월 13일의 종합과학기술심의

---

37) 과학기술처, 「전국민 과학화 운동을 위한 정부 시책」, 『과학과 교육』 1979. 5, 23

회에서 '전 국민의 과학화운동 기본계획'을 확정한 데 따른 후속 조치였다고 할 수 있다. 이 기본계획은 종래의 기술봉사단 활동과 같은 전문가 위주의 동원사업에 더하여 특히 생활과학 분야를 지원 육성하는 것을 골자로 하였다. 구체적으로는 생활과학 책자 발간, 과학신문 발간, 대학에 생활과학과 및 농업기계과 설치, 과학고등학교 설립, 학생 발명 경진대회의 실시 등이 포함되었다.[38] 유신 정권이 1979년 10월 예상보다 일찍 종식되는 바람에 여기에 열거한 사업들은 여름에 이미 접수가 끝난 '전국학생과학발명품 경진대회' 정도를 제외하면 대부분 현실화되지 못하고 말았다. 그러나 과학과 기술이라는 어휘가 대중의 생활 속에 이만큼 여러 방면으로 깊이 들어왔다는 하나의 지표로서 주목할 필요가 있다.

하지만 농촌의 새마을운동을 모범 삼아 도시 대중을 전 국민의 과학화운동으로 동원해내고자 했던 과학기술계의 바람은 별다른 성과를 거두지 못했다. 물론 가장 큰 이유는 '새마을운동 제2단계'가 제대로 시작도 하기 전에 유신 정권이 종식된 것이다. 또 하나의 이유라고 한다면 당시 '과학'이라는 말에 담긴 상징자본을 전 국민의 과학화운동이 독점할 수 없었다는 것이었다. 농촌에는 정부 주도의 동원사업들을 제외하고는 '과학'이라는 말을 쓸 수 있는 기회가 사실상 없었다. 농민은 과학의 시혜를 입고 계

쪽.

38) 「'과학하는 마음' 풍성한 결실—1회 전국 학생 과학발명품 경진대회 결산」, 『동아일보』 1979. 11. 9, 5면.

몽되는 대상으로서 동원되기는 했으나, 농촌의 '과학'이란 사실상 정부가 독점적으로 내려 보내는 것이었다. 농민이 '과학영농'을 할 수는 있으나, 농민의 업은 결국 농업이기에 농민이 '과학'을 업으로 삼을 수는 없었다. 이에 비해 기능과 발명을 강조하던 시기 도시의 제조업 노동자들은 이미 기능올림픽 등의 이벤트를 경험함으로써 자신들의 업을 통해 국가 과학기술 발전에 이바지할 수 있다는 생각을 할 기회를 얻었다.[39] 이런 차이를 무시하고 새마을 운동의 경험을 그대로 적용하여 '과학'의 이름으로 도시 노동자나 학생을 동원하려던 기획은, 결국 '과학'이라는 구호의 특성을 살리지 못한 채 또 하나의 군대식 동원사업에 머무르고 말았다.

농업에서 '과학'이라는 단어는 그 의미가 인접 개념들과 중첩되고 국지적으로 충돌하기도 하면서 계속 쓰임새를 넓혀갔다. 하지만 영농 현장의 실제적 필요에 의해 아래로부터 형성된 개념이 아니라 위로부터 주입된 개념이었기 때문에, 국가의 농정 기조가 바뀌면 그 강조점도 갑자기 바뀌는 등의 한계로부터 자유로울 수 없었다. 예를 들어 1970년대 중반 이후 '과학영농'이라는 말이 지닌 기존의 의미에 '영농 집단화'가 추가된 것을 지적할 수 있다. 새마을기술봉사단 등 농촌을 직접 방문하는 전문가가 늘어나면서, 농가당 경작 규모가 지나치게 작아서 기계화 등 영농 비용 절

---

39) 이른바 '기능올림픽'을 통해 드러난 1970년대 기능인력 정책과 기능 담론에 대해서는 김태호, 「갈채와 망각, 그 뒤란의 '산업전사'들―'국제기능경기대회'와 1970~80년대의 기능인력」, 『역사문제연구』 36호, 2016, 103~148쪽을 참조

감 조치를 시도하기 어렵다는 의견들이 신문 지면을 통해 나오기 시작했다. 이는 "영농 규모를 합리화"하여 효율을 높이자는 주장으로 이어졌다.[40] 이것이 과연 과학기술 전문가들이 농촌을 방문하여 새롭게 알아낸 사실인지는 의문의 여지가 있다. 농가당 경작 규모가 작아서 영농 효율이 떨어진다는 주장은 이미 농지개혁이 완료된 지 얼마 지나지 않은 1950년대부터 제기되어왔기 때문이다. 다만 제3공화국이 농지개혁의 기존 성과를 계승하는 데서 한 발 더 나아가 헌법으로 소작을 금지한 상황에서, 개인이 주체가 되어 영농 규모를 확대하는 것은 경자유전의 원칙과 충돌하는 것으로 여겨질 우려가 있었다.[41] 따라서 소작이냐 자작이냐와 같은 정치적 논쟁의 여지를 줄이면서 영농 규모를 확대할 수 있는 방안으로 집단재배가 권장되었다. 그에 따라 과학영농 옆에 슬그머니 '협동영농' 같은 단어들이 보이기 시작한다.[42]

통일벼는 여기에서도 효과적인 매개로 이용되었다. 어차피 통일벼를 경작하려면 새로운 농경지식을 습득해야 하는데, 넓은 면적에서 집단적으로 재배할 경우 기술 보급이나 생육상태의 관리가 훨씬 수월해졌다. "품종과 재배기술을 통일함으로써 필지 간

---

40) 예를 들어 김정수, 「새마을사업의 능률화—과총련 전문가들의 현장조사보고 (6)」, 『매일경제』 1973. 6. 16, 5면.

41) "농지의 소작제도는 법률이 정하는 바에 의하여 금지된다"(제3공화국 헌법 제113조).

42) 「농촌복지 발돋움—81년까지의 새마을사업 장기계획」, 『경향신문』 1973. 9. 19, 4면.

의 격차 없이 모두 다수확할 수 있고 동일한 작업을 동시에 하게 되기" 때문이다.[43] 따라서 통일벼를 권장하는 국가나 통일벼를 선택한 농민이나 여건이 맞는다면 집단재배를 선호했다. 특정 지역의 농민들이 '계약 재배단지'를 결성하고 통일벼 경작을 약속하면, 정부는 기술 지도와 영농자재 지원 등을 책임지는 것이 보통이었다.[44] 이와 같은 계약 재배단지 운영을 통해 정부는 통일벼 경작 면적을 쉽게 넓힐 수 있었을 뿐 아니라, 농민들이 영농의 집단화에 대한 경험을 축적하도록 유도할 수 있었다.

그러나 1970년대 말 농정 기조가 바뀌고 통일벼가 퇴조하면서 그동안 '과학영농'이라는 구호 안에 축적되어왔던 의미들은 그 타당성을 잃고 말았다. 정부가 통일벼 보급에 매진한 결과 쌀의 생산량은 급격히 증가하여 1977년에는 국내 생산량이 수요량을 넘어섰다. 정부는 "녹색혁명 성취"를 선언하고 각종 기념행사를 벌였지만,[45] 다른 한편으로는 이듬해부터 추곡수매를 통한 통일벼 위주의 증산 정책을 완화하는 방향으로 정책의 기조를 바꿈으로써 누적된 재정부담을 줄이고자 했다.[46] 또한 1978년에는 통일벼가 새로운 돌연변이 도열병에 대한 취약성을 드러냄으로써 통

43) 김인환, 『한국의 녹색혁명—벼 신품종의 개발과 보급』, 수원: 농촌진흥청, 1978, 88쪽.

44) 김사중, 「협동으로 이룬 갯벌의 꿈」, 『새마을 소득증대 표준영농교본 32』, 88~89쪽.

45) 김인환, 앞의 글, 1978, 170~182쪽.

46) 「쌀 잉여시대—전환기맞은 양정」, 『조선일보』 1977. 12. 6, 2면.

녹색혁명 성취 정부가 통일벼 보급에 매진한 결과 쌀의 생산량이 급격히 증가하여 1977년에는 국내 생산량이 수요량을 넘어섰다. 정부는 각종 기념행사를 벌였으며, 박정희 대통령이 농촌진흥청에 내린 휘호 "녹색혁명 성취"를 새긴 기념비가 만들어지기도 했다. 국가기록원 소장 사진.

일벼의 수확량도 급감했고, 통일벼를 강제적으로 권장하는 정책에 대한 농민의 반발도 표면화되었다.[47] 그 결과 한편으로는 정부가 더 이상 권장하지 않아서, 다른 한편으로는 농민들이 외면해서, 과학영농의 이름 아래 정부가 줄곧 권장해왔던 영농행위 중 많은 것들이 농업 현장에서 설 자리를 잃어버렸다.

1980년대 들어 통일벼 중시 정책은 공식 폐기되었고, 상당 부

---

47) 임구빈, 「통일벼에서 노풍까지」, 『신동아』, 1978. 11, 191쪽.

분 통일벼 재배와 결부되었던 '과학영농'이라는 구호는 다시 기의를 잃고 모호한 상태로 돌아갔다. 그러나 '과학영농'이라는 말은 사라지지 않았고, 사실상 '소득증대'를 위한 모든 영농행위를 뜻하게 되면서 오히려 1980년대와 1990년대를 거치면서 일종의 상투어로 정착되었다. 1980년대에는 작목 다각화를 통해 소득증대를 도모하는 것이 과학영농으로 포장되었고, 1990년대 중반 이후 농산물 시장이 본격적으로 개방되자 새로운 작목이나 기술을 도입하여 수입 농산물과의 경쟁을 이겨내고 고수익을 올리는 것이 과학영농으로 묘사되었다.

이렇게 '과학영농'이라는 말이 사실상 소득증대, 나아가 성공적인 농가경영과 같은 뜻으로 쓰이게 되면서 구체적인 의미는 오히려 점점 모호해지고 말았다. 2017년 현재 '과학영농'이라는 단어는 농업 관련 문서 어디에서도 쉽게 찾을 수 있지만, 효과적인 영농 또는 성공한 영농이라는 동어반복적 의미 외에는 사실상 가리키는 바가 없는 것이나 마찬가지인 말이 되었다. 관행적 영농을 비판하면서 자기 자리를 확보했던 '과학영농'이라는 구호가 지금은 또 하나의 관행이 된 셈이다.[48]

---

48) 다음 기사의 제목과 같이 화자와 대립하는 입장을 비난하는 수사로서 '과학'을 이용하는 쓰임새는, 관행과 과학을 사사건건 대비했던 이전 시기와 연속성을 보여주기도 한다. 「사설: 과학영농 거부하는 농민·국회·정부의 '삼각동맹'」, 『한국경제』 2016. 9. 22.

4. '과학기술'이라는 개념의 역사성

과학이라는 말의 쓰임새가 이렇게 모호하고 유동적인 것에 대해서, 과학의 뜻을 제대로 이해하지 못하고 개념을 오용한 것이라고 비판하는 시각도 있다. 전 국민의 과학화운동이 "새마을운동 제2단계"를 자처하며 야심찬 계획을 내놓았던 1979년에도 이미 이 운동에서 이야기하는 '과학화'의 상이 적절한 것인지에 대한 비판의 목소리가 있었다. 특히 대학에서 순수과학을 전공하거나 과학의 본질을 탐구하는 과학사학자 또는 과학철학자들은 '과학' 또는 '과학화'라는 말이 자의적으로 쓰이는 것을 우려하기도 했다. 과학사학자 박성래는 종합과학기술심의회가 '전 국민의 과학화운동 기본계획'을 발표하고 얼마 지나지 않아 다음과 같은 비판적 의견을 냈다.

> 물론 과학상식의 보급은 미신의 타파 정도에는 효과가 조금 있겠지만, 과학에 내재하는 합리적 정신이 우리 사회의 부조리를 제거하는 데 도움을 주리라는 것은 지나친 기대인 것이라. 이런 목표에서라는 차라리 잘 쓴 소설 한 편을 읽히는 것이 훨씬 나을 것이다. (…) 여기 특히 주의해야 할 것은 지나친 '생활과학'의 강조는 자칫하면 본래의 목표에 역행할 수도 있다는 것이다. 청소년이 과학자를 지망하는 것은 '아인슈타인'이나 '파스퇴르'같이 인류에 공헌하겠다는 꿈 때문이지 자기집 전기밥솥을 고쳐보겠다는 현실 때문은 아니

기 때문이다.[49)]

  이와 비슷한 맥락에서 동료 과학사학자이자 과학철학자인 송
상용도 "운전교육이나 실시하고 텔레비전 수리법을 가르치는 것
이 과학화인 줄 착각하는" 풍조를 경계해야 한다고 지적하기도
했다.[50)] 그가 지적했듯 "과학화라고 해서 국민 전체가 과학을 깊
이 이해하고 기술의 세부까지 습득해야 한다는 (…) 그것은 실제
로 가능하지 않을 뿐 아니라 그럴 필요도 없는 것이다." 과학 또
는 과학화라는 이름과 실제가 부합하지 않았고 거기에 대해 진
지한 토론과 반성이 없었던 당시의 상황은, 결국 독재정권이 대
중을 동원하는 명분으로 '과학'의 이름을 빌려다 쓰는 결과를 낳
았다. 당시에 적게나마 존재했던 비판의 목소리를 다시 새겨보는
것은 그에 대한 역사적 반성의 의미에서도 필요한 일이다.

  그러나 현재 시점에서 역사를 쓰는 입장에서는, 당시 대중동
원을 하는 쪽에서 과학을 '옳게' 이해하고 있었느냐는 가치판단
못지않게, 당시 낮은 수준에서나마 공유되었던 과학의 상이라는
것이 있었는지, 있었다면 그것은 어떤 모습이었고 무엇을 매개로
형성되었는지 정리해보는 것도 흥미로운 일일 것이다. 과학 또는
과학기술이라는 낱말이 특정한 의미를 가리키지 않으면 '오해'

---

49) 박성래, 「과학을 존중하는 풍토를 가꾼다—'전국민 과학화 운동'에 붙여」, 『중
앙일보』 1979. 5. 3, 4면.

50) 송상용, 「생활의 과학화—배경과 전망」, 『과학과 교육』 16권 5호, 1979, 12~15쪽.

또는 '오용'이라고 단정하기보다는, 각 역사적 시기에 따라 그 낱말이 어떤 의미를 획득하고 어떻게 유통되었는지 구성주의적으로 접근하면 그 시대의 지배적인 과학관을 읽어낼 수 있기 때문이다.

그런 관점에서 정리해보면, 일반명사로서의 '과학'은 사실 1960년대 초반까지는 농업과 관련해서 눈에 띄는 변화를 만들어내지 못했다. 심지어 구호의 차원에서도 일제강점기 이래 반복된 '미신타파'와 별다른 차별성을 보여주지 못했다. 1960년대 중반에는 농협을 비롯하여 담론을 생산하고 유포할 주체가 형성되었고, '과학영농'은 축산을 수단 삼아 시장지향적 농업으로 이행하자는 뜻으로 통용되었다. 그 의미가 한층 구체화된 계기는 1970년대 통일벼의 본격 보급이었다. 통일벼가 퇴장한 뒤에도 '과학영농'이라는 말이 살아남아 쓰이고는 있으나, 그 구체성과 설득력이 절정에 달했던 것은 1970년대 후반이었다.

이런 맥락에서, '과학영농'의 구호가 확산되는 과정은 농민과 농촌에 국가의 지도가 침투하는 과정과도 일치한다. 여기서 '과학'이란 국가가 개발하고 보급하는 지식과 실천이라는 점에서 주체가 분명한 개념이다. 따라서 '과학영농'이라는 말의 역사는 한편으로는 농업의 주도권을 둘러싼 국가와 개인의 힘겨루기의 역사이기도 하다. 그 역사를 살펴보는 것은 일견 중립적으로 보이는 '과학영농'이라는 수사 뒤에 숨어 있는 국가의 모습을 다시 드러내 보이는 일이기도 하다.

박정희를 '과학대통령'으로 추억하는 정서의 저변에는 오늘날 세계적으로 높은 수준에 도달한 한국 과학기술의 씨앗을 박정희가 뿌렸다는 평가가 깔려 있다. 물론 박정희가 과학기술의 발달에 많은 관심을 기울였고 그 목표를 위해 때로는 전폭적인 지원을 아끼지 않았던 것은 사실이며, 그가 과학기술에 관련된 여러 기관을 방문하여 나눠준 붓글씨들을 보면 그 스스로도 과학기술을 진흥한 대통령으로 기억되고자 하는 바람을 갖고 있었던 것으로 보인다. 그러나 박정희를 '과학대통령'으로 추앙하는 이들이 생각하는 '과학'과 당대의 사람들이 접하고 향유했던 '과학'은 같은 것인가? 지금까지 살펴본 농촌의 사례를 보면, 박정희 정권기 농촌 지역의 과학 담론은 사실상 외피만 바꿔 쓴 근대화 담론이었다. 그 담론을 효과적으로 구현할 수 있는 통일벼라는 인공물이 성공적이었던 시기에는 잠시 구체성을 얻은 것처럼 보였으나, 통일벼의 쇠퇴와 함께 그 일시적인 효과도 사라졌다. 과학 내부의 복잡함에 대한 성찰, 과학발전이 시민사회와 어떤 관계를 맺어야 하는지에 대한 고민, 농민을 동원의 대상이 아닌 주체로 세우기 위한 장기적 계획 등이 결여된 농촌의 과학 담론은 1980년대 이후 공허한 관용구가 되고 말았다.

생태적 약자에 드리운 인간권력의 자취

—박정희 시대의 쥐잡기 운동

김근배

1. '자연의 거울'에 비친 인간사회

박정희 시대는 각양각색의 전 국민 운동이 분출한 시기였다. '무지한' 국민들을 상대로 근대적 계몽을 실시하고, 동시에 정부가 주도하는 국가적 사업에 그들의 '개화된' 힘을 이용하려고 했다. 이른바 '근대적' 지식과 도구가 권력 체제의 위계 그물망을 따라 전파되어갔고, 이를 매개로 강력한 국민 동원 체제가 만들어졌다. 전 국민 운동은 정부가 화려하게 내건 구호에 맞춰 정치와 경제를 포함한 '사회적 개조'를 강력하게 추진하기 위한 사회정치적 전략이었다.

그 가운데 하나로 1970년대에 사회를 떠들썩하게 한 쥐잡기 운동이 있었다. 한국에서 쥐잡기 사업은 크고 작은 형태로 자주 시행되었으나, 국민적 운동의 방식을 띤 것은 이때가 처음이었다. 인간사회에서 쥐는 언제나 성가시고 불편한 존재였지만, 그렇다고 해서 '박멸의 대상'으로 여겨진 경우는 드물었다. 그러던 것이 새로운 시대 분위기를 타고 쥐를 대상으로 한 국민적 운동까지 일어나게 되었다. 국가 차원의 장기간에 걸친 쥐잡기 운동은 다른 나라에서도 좀처럼 찾아보기 힘든 특별한 사례였다. 그렇다면 이 국가적 쥐잡기 운동은 어떤 의미를 지니는 것일까?

최근 들어 인간사회를 보다 풍부하게 엿볼 수 있는 전 국민 운동에 대한 연구자들의 관심이 부쩍 높아지고 있다. 새마을운동은 물론이고 가족계획 운동, 혼분식 장려 운동, 주택 개량 운동, 주곡 증산 운동, 전 국민의 과학화운동 등에 대한 연구성과가 크게 늘어난 것만 보더라도 새로운 연구경향을 엿볼 수 있다.[1] 하지만 자연을 주된 대상으로 삼은 국민적 운동은 지금껏 주목을 받지 못했다. 쥐잡기 운동과 같이 자연을 중심 표적으로 삼은 전 국민 운동은 아무래도 인간사회의 정치체제, 권력 구조, 생활양식 등을 직접적으로 드러내는 데 한계가 있다고 보았기 때문일 것이다.

사실, 근대에 들어 인간사회는 점점 더 자연세계로 끊임없이 자기 확장을 꾀하는 모습을 보였다. 근대화는 달리 보면 자연계의 대지, 생물, 광물 등을 인간사회의 일부로 더 많이, 그리고 더 강하게 편입하는 과정이었다. 그로 인해 자연세계는 인간사회의 다양한 욕망, 권위, 이해가 드리워진 새로운 공간이자 그 구도와 강도가 예민하게 읽히는 화면이 되었다. 때로는 인간의 사회망을 넘어 인간과 자연을 포괄하는 생태망에 대해 그 구성물을 대칭적

---

1) 최근의 주요 연구성과로 공제욱 엮음, 『국가와 일상―박정희 시대』, 한울, 2008; 김영미, 『그들의 새마을운동―한 마을과 한 농촌운동가를 통해 본 민중들의 새마을운동 이야기』, 푸른역사, 2009; 김태호, 『근현대 한국 쌀의 사회사』, 들녘, 2017 등이 있다.

시각으로 바라보는 일이 필요한 것도 그 때문이다.

생태적 사슬에 따르면 쥐는 사회적 약자라 할 노동자, 농민보다 훨씬 더 낮은 위계 서열에 위치한 나약한 존재이다. 인간사회의 위세가 쥐를 포함한 자연세계로 확장되는 순간, 쥐는 확실히 '생태적 최약자'의 일원으로 전락한다. 그럴 경우 쥐는 인간사회의 권력과 욕구가 가장 첨예하게 표출되는 대상이 되고, 다시 거꾸로 인간사회의 내면이 굴절될 방향을 민감하게 보여주는 시금석이 될 수 있다. 그러므로 시대에 따라 변화된 쥐잡기 방식은 인간사회의 형상을 새로운 접근으로 파악해줄 '자연의 거울'일 수 있다.

이 글은 1970년대 한국에서 벌어진 사상 유례없는 국민적 쥐잡기 운동을 전반적으로 파악하는 가운데 그 속에 투영된 인간사회의 면모를 읽어내고자 한다. 쥐와의 싸움이 전면전으로 치닫게 된 새로운 계기는 무엇이었을까? 쥐를 '적대적 존재'로 간주한 인간의 숨은 의도는 도대체 어디에 있었던 것일까? 쥐잡기 운동을 벌이기 위해 인간사회의 어떤 점들이 실제로 활용되었는가? 쥐를 상대로 벌인 국민적 운동은 역으로 인간사회에 어떤 반향을 가져왔는가? 이 글은 이런 질문들에 답하는 방식으로 전개될 것이다. 그 과정에서 쥐잡기 사업의 전개 양상과 더불어 인간사회의 내부 풍경도 엿볼 수 있을 것이다.

2. 사상 유례 없는 '쥐와의 전쟁'

쥐를 대상으로 한 인간의 싸움은 역사적으로 계속 이어져왔다. 쥐는 주요 생활공간을 인간과 공유할 뿐 아니라 곡물, 채소 등 인간의 주식을 주로 먹기 때문에, 양자는 '불편한 동거'를 해왔던 까닭이다. 인간은 막대한 피해를 주는 쥐를 잡거나 몰아내야 했고, 쥐는 인간의 가혹한 제거 노력에 맞서 자신의 생존 능력을 교묘하게 키워야 했다. 어찌 보면 인간과 쥐의 쫓고 쫓기는 경주는 길고 긴 인류 역사의 한 단면이라 해도 틀린 말이 아니다.

한국 근현대 역사에서도 쥐를 몰아내기 위한 노력은 여러 차례 되풀이되었다.[2] 1960년대 박정희 정부가 들어선 이후에도 쥐잡기 사업은 거의 매년 열리는 낯익은 행사였다. 하지만 대부분의 쥐잡기 사업은 일부 지역에 한정되었고, 설령 전국 규모로 시행되더라도 한두 해 만에 흐지부지되곤 했다.[3] 넘치는 의욕에 비해 쥐잡기 운동의 지속성과 실효성은 생각만큼 크지 못했던 것이다.

한국에서 쥐잡기 사업은 시기에 따라 개인, 지역, 혹은 국가

---

2) 이미 1910년대에 조선총독부도 쥐잡기 운동을 전국적으로 장려한 적이 있었는데 그 특징은 '전염병 예방', '일시적 시행', '경제적 유인' 등이었다. 박윤재, 「1910년대 초 일제의 페스트 방역 활동과 조선 지배」, 하현강교수정년기념논총간행위원회, 『한국사의 구조와 전개』, 혜안, 2000, 783쪽; 권기하, 「1910년대 총독부의 위생사업과 식민지 '臣民'의 형성」, 연세대학교 석사학위 논문, 2010, 47~55쪽.

3) 월터 하워드 외, 「한국의 쥐 방제」, 농촌진흥청, 1975.

차원에서 전개되곤 했다. 개인 차원의 쥐잡기는 가정, 사무실, 창고 등에서 시시때때로 이루어졌다. 쥐약이나 쥐덫을 구입해 피해가 심한 특정 공간의 쥐들을 잡는 방식이었다. 일부 구역을 대상으로 한 지역 차원의 쥐잡기는 대도시 위생 문제의 해소나 새로운 약제의 시험을 목적으로 간헐적으로 벌어졌다. 대개는 특정 시군이 쥐잡기 사업의 대상 지역이 되었다. 국가 차원의 쥐잡기 운동은 우리나라에 서식하는 모든 쥐를 제거하는 것이 궁극적인 목표였다. 정부에서 재원과 인력을 대대적으로 동원하여 총력전을 펴는 방식이었다.

쥐잡기에 동원된 논리는 위생 문제, 양곡 손실, 인명피해, 재산 훼손, 생활불편 등으로 매우 다양했다. 어느 때나 쥐가 인간에게 해로운 동물이라는 점을 내세울 수 있는 모든 요소들이 빼곡히 나열되었다. 그렇지만 시대별로 강조되는 측면이 서로 달랐던 것에서 보듯 '쥐의 사회사'가 존재했다. 이를테면, 근대 초기부터 상당 기간은 질병을 전파하는 위생적 측면이 부각되었으나 박정희 시대 들어서는 무엇보다 양곡 손실이라는 경제적 측면이 훨씬 더 강조되는 방향으로 바뀌었다.

1960년대 초반의 쥐잡기 사업은 다분히 시범적인 성격을 띠었다. 경제적으로나 위생적으로 인간에게 피해를 끼치는 쥐를 대량으로 잡을 방안을 모색하기 위해서였다. 먼저 정부는 1961년에 미국 대외원조처(USOM)와 공동사업으로 전국에서 특정 지역을 선별해 쥐약을 이용한 방제 작업을 벌였다. 이때 사용하고 남은 쥐약으로 농촌진흥청은 바로 다음 해에 전남 지역에서 독자적

연도	수행기관	대상 지역	방제법	비고
1961	USOM	시범 투약	왈파린	
1962	농촌진흥청	전남	왈파린	
1963	농림부	충남, 전북, 경북, 경남	왈파린	
1964	농림부	전국	왈파린, 인화아연제	최초 전국 실시
1965	농림부	전국	왈파린, 인화아연제	
1970	농림부	전국	인화아연제	최초 2회 실시
1971~73	농림부	전국	인화아연제	
1974	농수산부	전국	인화아연제	도시 지역 제외, 2회 실시
1975	농수산부	전국	왈파린, 피복인화아연제, RH-787	도시 지역 제외, 2회 실시
1976~78	농수산부	전국	RH-787, 피복인화아연제	도시 지역 제외

* 출처: 월터 하워드 외, 「한국의 쥐 방제」, 농촌진흥청, 1975, 238쪽; Shin, Young-Moo, "District Rat Control Schemes: A Review of Rat Control Campaigns in Korea", *Asian Rats and Their Control*, Taiwan, 1976, p. 87의 표를 일부 수정 보완했음.

으로 쥐잡기 사업을 추진하기도 했다. 효과가 좋다는 판단에 따라 1963년에는 농림부가 직접 나서서 대상 지역을 확대하여 쥐잡기 사업을 벌였다.[4] 무엇보다 서식 쥐의 90% 이상을 잡았다는 일부 지역의 놀라운 조사 결과가 쥐잡기 사업 확대의 주요 배경 요인이 되었다.

1960년대 중반에 이르러 정부는 전국 차원에서 쥐잡기 운동을 전개하게 되었다. 2년에 걸쳐 모든 지역을 대상으로 상당한 예산

---

4) Shin, Young-Moo, "District Rat Control Schemes: A Review of Rat Control Campaigns in Korea", *Asian Rats and Their Control*, Taiwan, 1976; 월터 하워드 외, 앞의 글, 1975.

을 들여 쥐잡기 사업을 의욕적으로 추진했다. 하지만 일 년에 한 번만 실시해서는 효과를 거두기 힘든 데다가, 쥐약 공급에 필요한 예산 확보도 쉽지 않았다. 전국 차원의 간헐적 쥐잡기는 오히려 번식력이 강한 쥐를 일정 기간 키웠다가 다시 잡는 꼴이었다. 게다가 개나 닭과 같은 가축의 뜻하지 않은 피해도 예상외로 컸다.[5] 결국 전국적인 쥐잡기 사업은 예산과 인력의 낭비라는 생각 때문에 한동안 중단되고 말았다.

한국에서 쥐잡기 운동이 새로운 전기를 맞게 된 것은 타이슨(Edwin L. Tyson)이 쥐 방제 대책을 제기하면서부터였다. 그는 미국 스미소니언연구소 소속으로 미 육군 의학연구소의 지원을 받아 유행성출혈열을 연구하기 위해 한국을 찾은 생물학자였다. 한국에서 연구하는 동안 그는 도처에 쥐들이 엄청나게 많다는 사실에 놀라 경기도 파주 일대의 쥐 실태를 조사했다.[6] 조사 기간은 1967~68년간의 겨울철 3개월로 길지 않았지만, 이 조사는 쥐 퇴치의 시급성을 아주 설득력있게 보여주었다.[7] 유행성출혈열 연구를 위해 쥐에 대해 가졌던 그의 관심이 뜻밖에도 한국의 쥐잡기 국가사업을 새롭게 자극하는 계기가 되었다.

---

5) Shin, Young-Moo, op.cit., 1976; 월터 하워드 외, 앞의 글, 1975.

6) Tyson, Edwin L., "An Evaluation of Rat Control Methods", 『동물학회지』 11권 3호, 1968.

7) ibid. "An Outline of Rat Control Program for the Republic of Korea"로 6쪽짜리의 분량인데 원본이 아직까지 알려져 있지 않아 그 내용은 저자의 다른 글이나 신문 기사 등을 통해 간접적으로 파악할 수밖에 없다.

미 스미소니안연구소의 생물학 연구원인 E. L. 타이슨 박사의 자료에 의하면 우리나라 쥐의 총 마리 수는 6천만 마리[8]로 한 집에 14.63마리인 셈이며, 쥐 한 마리의 연간 양곡 손해액은 약 1,230원으로 연간 약 723억 원, 이는 매호당 연간 18,000원의 손해를 입고 있다는 것이다.

이것은 우리나라 전 양곡 생산의 20%가 쥐에게 먹히고 있다는 것이며, 인명피해(연탄가스 중독의 원인 및 각종 질병의 전염)와 화재피해는 제외된 것으로 이것까지 포함하면 피해는 훨씬 더 늘어날 것으로 판명되었다.

따라서 이 같은 쥐의 박멸 작업의 기본 요건으로는 ① 계속적인 구서(驅鼠) 작업, ② 구서 작업에 필요한 예산의 확보, ③ 쥐의 생활환경과 양곡을 봉쇄시키고, ④ 훈련된 구서 작업요원의 이동(里洞) 배치 등을 제시하였다.[9](밑줄―인용자, 이하 같음)

한국 정부에게 타이슨의 조사 자료는 대단히 충격적이었다. 한국에 서식하는 쥐의 숫자가 처음으로 알려졌고, 그로 인한 경제적 피해도 구체적으로 제시되었기 때문이다. 그동안 쥐들이 주변에 많다는 것은 경험적으로 알고 있었지만, 이렇게까지 숫자가

---

8) 자료에 따라 타이슨이 제시한 쥐의 총수는 6천만 마리 혹은 9천만 마리로 다르다. 그 이유는 타이슨이 발표한 경기도 파주 지역의 실제 조사 결과와 그에 기초한 전체 쥐의 추정치가 서로 달랐기 때문인 것으로 보인다.

9) 『동아일보』 1968. 7. 9.

엄청나고 피해가 천문학적인 규모라는 사실은 미처 몰랐다. 게다가 타이슨은 곳곳에 득실거리는 쥐들을 잡기 위해 지속적인 '전국적 퇴치 운동'을 제안했다. 선진국의 과학자가 구체적인 수치를 들어가며 제시한 것이니 그 과학적 근거에 대한 신뢰도는 매우 높았다.

이 일을 계기로 쥐잡기에 대한 언론의 관심도 부쩍 높아졌다. 주요 신문들은 「쥐를 없애자」, 「쥐 박멸 작전」 등의 기사를 썼다. 특히 동아방송은 쥐가 사람에게 끼치는 막대한 피해를 알리고 범국민적 쥐잡기 운동을 일으키기 위해 장기간 캠페인을 벌였다. 모든 쥐를 잡기 위해 "한 집에 30마리 쥐를 잡읍시다"라는 슬로건 아래 보름 동안 국민 계몽과 참여를 독려하는 방송을 했다.[10] 이렇게 언론이 앞장서서 전국적인 쥐잡기를 위한 사전 정지작업을 활발히 펼쳤다.

1969년 정부부처의 하나인 무임소 장관실은 대학교수와 관계부처 담당자들로 구성된 동물해분과위원회를 만들어 방대한 분량의 보고서를 펴냈다. 이 보고서는 쥐의 생태와 피해는 물론 그 방제 방법과 대책까지 망라했다. 특히 쥐잡기 사업의 기본 방향으로 '서류 방제 체계의 일원화', '전국적으로 정기적인 집단구서 실시', '구서제의 무상공급', '국민의 구서 의욕 고취 및 구서 담당 직원의 훈련', '연구기관을 통한 구서 방법 연구' 등을 제시했다. 이것이 추후 "정책 수립과 연구 발전에 도움[이 되고] (…) 국민적 호

---

10) 『동아일보』 1968. 9. 7.

응을 불러일으키는 데 하나의 이정표"가 되기를 기대했다.[11]

드디어 국무회의에서 거국적인 쥐잡기 운동을 펼치기로 결정했다. 주관기관으로 농림부가 결정되었지만 이전과는 달리 국가적 사업을 이끄는 역할이었다. 전국을 대상 지역으로 삼을 뿐 아니라 모든 국민들을 빠짐없이 포괄했다. 쥐약도 만성 약제인 왈파린이 아니라 급성 약제인 인화아연제로 완전히 바뀌었다. 사업에 소요되는 막대한 경비를 크게 줄이고 쥐잡기 효과를 즉시 보여주기 위해서였다. 그야말로 '쥐와의 전면전'이 우리나라에서 본격적으로 펼쳐지기 시작했던 것이다.[12]

하지만 1970년에 쥐잡기 사업이 전국적으로 두 차례 벌어졌음에도 쥐 퇴치는 여전히 어려운 문제였다. 물론 이때 잡힌 쥐는 1차 시기에 4천 2백만 마리, 2차 시기에 3천 3백만 마리로, 어느 정도 과장되었을 것을 생각해도 경이적인 수치였다. 그러나 정치권력자나 사업 추진자들은 쥐잡기 운동을 아무리 강력하게 펼친다 해도 쥐를 근본적으로 없애기는커녕 크게 줄이는 것조차 불가능하다는 사실을 곧 알아챘다. 겉으로는 쥐 박멸을 위한 강력한 의지와 엄포를 과시했지만, 속으로는 승산 없는 싸움이라는 사실을 누구보다 잘 알게 되었다. 왜냐하면 쥐의 새로운 증식은 시간의

---

11) 무임소 장관, 「각종 사고 및 재해 방지 대책」, 1969.

12) Walter E. Howard는 쥐 방제 접근의 대표 사례로 한국 모델을 소개하면서, 그 가장 큰 특징을 '정부의 권한'과 '국민의 추종'이라고 말했다. Howard, Walter E., "Some International Approaches to Rat Control", *Great Plains Wildlife Damage Control Workshop Proceedings*, University of Nebraska, 1983.

문제였고 사업의 효과는 쥐약의 기피성으로 금방 떨어졌기 때문이다. 서구에서는 이미 오래 전부터 쥐약으로는 쥐를 퇴치할 수 없다는 사실이 알려져 있었다.[13]

언론도 이미 1972년에 "쥐잡기 운동의 방향이 잘못됐다"는 예일대학 교수들의 주장을 상세히 소개한 바 있었다. 그들은 그간 벌어진 쥐약을 이용한 쥐잡기 사업을 검토한 결과 "문제 삼아야 할 것은 쥐가 아니라 바로 도시 자체(서식처—인용자)"라고 보았다. 쥐는 환경의 황폐 때문에 증식하므로 "쥐만을 잡을 것이 아니라 도시의 황폐를 제거"해야만 그 숫자를 줄일 수 있다는 것이었다. 환경개선으로 먹이와 서식처가 줄어들면 쥐의 번식력과 생존율도 자연 감소할 것으로 여겼다. 그러므로 쥐잡기 운동은 쥐를 직접적으로 제거하기보다 그 서식처를 개선하는 데 중점을 두는 것이 훨씬 효과적이라는 주장이었다.[14]

1974~75년에는 호응이 극히 저조한 도시 지역을 제외하고 새로운 약제를 사용하여 다시 연간 2회의 쥐잡기 사업을 벌인 적도 있었지만, 쥐잡기 회수는 시행 둘째 해부터 곧바로 일 년에 한 번으로 줄어들었다. 그 성과가 의문시되었지만, 어쨌든 일 년에 한 번은 열리는 연례행사로 확고히 자리를 잡았다. 실질적으로는 큰 효과가 없을지라도, 외형상 엄청난 양의 쥐를 잡아내면서 당당히

---

13) Keiner, Christine, "Wartime Rat Control, Rodent Ecology, and the Rise and Fall of Chemical Rodenticides", *Endeavour* Vol. 29 No. 3, 2005.

14) 『경향신문』 1972. 3. 27.

전과를 과시할 수 있었던 까닭이다. 쥐잡기는 사업에 참여한 국민들이 자신의 성과를 눈으로 생생히 확인하고 느낄 수 있는 대표적인 전시사업이었던 것이다.

사실 국가 차원의 쥐잡기 운동은 다른 나라에서는 그 사례를 찾아보기 힘들다. 쥐잡기 사업을 벌인다 해도 특정 지역에 한정하여 일시적으로 진행했다. 드물게 국가적 쥐잡기 운동이 일어난다 해도, 장기간 사업으로 계속 추진하는 것은 도무지 기대하기 어려웠다. 한두 번의 사업만으로도 쥐 퇴치가 결코 쉬운 일이 아님을 깨달을 수 있기 때문이다. 그런 점에서 한국의 쥐잡기 운동은 아주 특별한 사례이다. 그 이유는 무엇보다 정치권력이 쥐잡기 운동에 개입함에 따라 그 의미가 단순히 쥐 퇴치에만 머무르지 않았던 데 있었다.

3. 전면전에 스며 있는 정치경제적 동기

쥐잡기 운동을 국가 차원에서 벌이려면 그에 걸맞은 근거와 이유가 제시되어야 한다. 이전에 한국에서 쥐잡기 사업이 일회성 행사로 그친 데는 쥐가 얼마나 나쁜 동물인가에 대한 사회적 공감이 형성되지 못했던 점이 컸다. 이로 인해 대대적인 쥐잡기 사업에 필요한 정책결정자들의 설득, 예산의 확보, 국민의 동원 등에 실패했다. 그렇다면 1970년대에 추진된 정부의 쥐잡기 운동에는 어떤 인간적 의도가 내재되어 있었던 것일까?

국가적인 쥐잡기 운동에 국민들을 동원하기 위해서는 무엇보다 쥐를 인간의 적으로 최대한 부각시켜야 했다. 그동안 쥐는 인간에게 피해를 주는 동물이기는 했지만 주변에 흔한, 그래서 불가피한 '공존의 대상'이었다. 인간에게 쥐는 불편하고 성가신 동물 정도로 여겨지고 있었다. 이러한 그간의 인식에 커다란 변화가 일어나며 쥐를 박멸의 대상으로 간주하기에 이르렀다. 그 일단을 당시 어느 인사가 『국회보』에 실은 글을 통해 엿볼 수 있다.

공적인 서족(鼠族)을 우리는 언제까지나 방치해두어야 할 아무런 이유가 있을 수 없다. 그것은 우리의 뻗어가는 생산력을 좀먹고 인간 식량을 도식(盜食)할 뿐 아니라 경제 손실과 인명피해에 이르기까지 백해무익의 제2의 공적(公敵)이기 때문이다. 말하자면 우리의 사상적인 제1의 공적이 공산주의 그것이라면 제2의 공적은 바로 인간 실리와 인명에 도전해오는 서족이 아니겠는가.

공적은 그것이 여하한 것이든 두어둘 수 없는, 두어서는 안 될 악의 원천이기 까닭에 국가의 부와 사회공익의 견지에서 기어이는 없애버려야 할 대상이며 공적 박멸(撲滅)은 모든 것에 앞서 정책 설정이 우선하지 않으면 안된다.[15]

이처럼 쥐는 이데올로기적 측면에서 당시 한국인들과 가장 적대 관계에 있던 공산주의와 유사한 존재로까지 묘사되었다. 쥐

---

15) 허관, 「식량의 간접 증산과 구서 사업의 정책화」, 『국회보』 85호, 1968, 72쪽.

의 위험성을 강조하기 위해 원폭으로 묘사하기도 했지만,[16] 가장 현실감 있는 비유는 아무래도 북한이었다. 쥐를 북한에 비유한 표현은 그만큼 쥐가 사악하고 위험하다는 점을 강조하기 위해서였다. 북한이 국가의 근간을 위협하는 존재로 여겨졌듯이, 쥐도 국민들의 생명을 갉아먹는 존재로 부각되었다. 형태만 다를 뿐 모두 가장 해롭고 위험스러운 국가의 공적이었다. 그래서 쥐잡기 운동은 반공주의에서 내건 멸공(滅共)처럼 모든 쥐를 완전히 없애는 박멸(撲滅)을 목표로 내걸었다. 쥐와 북한의 유비는 이렇게 북한은 물론 쥐에 대한 국민들의 적대적 감정과 분노를 자극하는 데 아주 효과적인 수사 전략이었다.

때문에 국가의 쥐잡기 운동은 국민들의 생사가 달린 일종의 전쟁이었다. 쥐잡기 운동에 대한 군사주의적 표현은 쥐를 효과적으로 잡는 방법을 제시함과 동시에 쥐를 적대적 존재로 단정짓는 이중의 의미가 내재되어 있었다. 당시 신문 기사의 제목들만 보더라도 「쥐 소탕전」, 「쥐잡기 작전」, 「쥐잡기 선전포고」, 「사령관에 농림차관」, 「8천만 마리 섬멸 목표」 등이 요란하게 내걸렸다. 쥐는 공산주의에 버금가는 제2의 공적으로서 마치 군사작전을 펴듯이

---

16) 당시 언론은 인간과 쥐의 화해할 수 없는 상황을 여러 방식으로 묘사했다. 그 중에서도 "지구는 인간이 아닌 쥐에 의해 지배되고 있으며 쥐는 원폭보다도 더 무서운 공포의 대상이 되고 있다"(『한국일보』 1972. 3. 24), "긴장완화, 외교평화협상의 세계적 명수인 키신저 장관 같은 이도 수적으로 따지거나 피해 위협으로 보나 지금 같은 불균형 상태로는 우리와 쥐를 화해·공존시킬 수는 없을 것이다"(『경향신문』 1975. 10. 23) 등은 대표적인 사례이다.

총력전을 펼쳐 완전히 없애버려야 할 존재로 떠올랐다.

> 전국적으로 쥐잡기 운동이 벌어지고 있다. D데이는 오는 3월 25
> 일 오후 7시, 목표는 8천만 마리, 소탕 지역은 5백 50만 호의 쥐 거점
> 과 공공건물 및 창고 등. 농림부 차관이 사령관이 된 쥐 소탕 작전의
> 무기는 단 한 가지. 쥐약을 집집마다 일정한 날짜에 놓아 일망타진
> 하자는 것이다. 쥐약은 공짜다. 20g짜리 쥐약(인화아연) 6백만 봉지를
> 각 가정과 창고 등에 놓아 아예 일망타진하자는 것이 쥐잡기 소탕
> 작전의 계획이다.[17]

전국적인 쥐잡기 운동의 이면에는 정치적 성격도 있었다. 먼
저, 국가 차원의 쥐잡기 사업 계획이 국무회의의 논의를 거쳐 통
과된 시점은 1969년 10월 18일로,[18] 바로 대통령 박정희가 장기 집
권을 위해 개헌안을 국민투표에 붙인 다음 날이었다. 이 쥐잡기
사업 계획은 대통령에게 직접 보고되어 결재까지 받을 정도로 정
치권력의 깊은 관심을 끌었다.[19] 실제로 국가적 쥐잡기 사업을 기
획하고 제기한 주체는 보이지 않는 정치적 실세로 행세한 무임소
장관(김윤기)이었다. 무임소 장관은 "국무회의 의장(당시는 대통령—인

---

17) 『동아일보』 1971. 3. 23.

18) 농림부, 「(제1차) 쥐잡기 사업보고서」, 1970(국가기록원 소장), 5쪽.

19) 대통령비서실, 「70년도 제2차 쥐잡기 사업 실시계획 보고」, 1970(국가기록원 소
장).

·용자)이 특히 지정하는 사항의 조사, 연구 및 조정에 관한 사무를 관장"하는 부처였다.[20] 이곳이 주도하여 쥐잡기 사업 계획을 마련했고 국무회의 안건으로도 제출했던 것이다. 즉 국가적 쥐잡기 운동은 농림 업무를 관할하는 농림부가 아니라 대통령을 특별 보좌하는 정치적 실권을 쥔 무임소 장관이 주창한 셈이었다.

국가 차원의 쥐잡기 운동은 때로는 정치적 사건과 맞물려 추진되었던 것 같다. 연도별로 쥐잡기 사업은 그다지 일관성 없게 실시된 것처럼 보인다. 일 년에 한번 시행되는가 하면 두 번 시행되기도 했고, 봄이나 가을에 시행되는가 하면 겨울에 시행되기도 했다. 특히 겨울에는 추운 날씨 탓에 쥐약이 얼어 효과가 크게 떨어짐에도 몇 차례나 시행되었다. 쥐잡기 회수와 날짜는 얼마든지 인위적으로 조정이 가능했던 것이다. 이 사실은 쥐잡기 사업에 쥐잡는 일 그 자체만이 아니라 다른 요인이 시시때때로 개입될 수 있었음을 보여준다.

예컨대, 전국적인 쥐잡기 운동이 일 년에 두 차례 실시된 경우가 있었다. 그 가운데 1970년은 3선개헌에 맞서 야당의 공세가 거셌고, 특히 40대 기수론을 내세운 김영삼과 김대중의 활약이 두드러졌던 시기였다. 1974~75년은 유신 체제에 맞선 정치인과 재야 인사, 기자, 대학생들의 저항운동이 격렬하게 일어났던 시기였다.

---

20) 대한민국 정부, 「무임소 장관실 직제」, 『관보』 제5629호, 1970. 1960년대 말까지도 무임소 장관에 관한 공식적인 직제는 존재하지 않았다. 그럼에도 2명의 무임소 장관(정무, 경제)이 임명되어 막강한 권한을 가지고 대통령이 부여한 특별 임무를 정부와 정당, 국회를 넘나들며 수행했다.

구체적으로는 1970년 1차 사업은 대통령선거가 시작되는 날에, 1975년 2차사업은 대통령의 특별시국담화문이 발표된 다음 날에, 1978년에는 국회의원 선거를 며칠 앞둔 시점에 시행되었다.

급기야 1978년에는 신문에 「쥐잡기 날 쥐약뿐 아니라 득표약도 함께 뿌린다」는 기사가 실렸다. 그해 12월의 국회의원 선거를 앞두고 전국적인 쥐잡기 사업이 실시되었는데 이것이 집권여당의 불법 선거로 악용되고 있다는 것이었다. 당시 야당인 신민당 선거대책본부는 "통·반·이장 등이 쥐약을 주민들에게 나눠주기 위해 호별 방문을 하면서 돈 봉투를 전달, 표를 잡는 운동이 전개될 우려가 있다"[21]며 거센 불만을 드러냈다. 이렇게 쥐잡기 운동의 조직과 활동은 정치권력의 의지가 전달되고 발현되는 통로 및 분신으로 쓰일 수 있었다.

정치권력은 거대 사업을 추진할 경우 그것을 정치적으로 판단하고 활용하려는 경향을 지닌다. 전국적인 쥐잡기 운동도 예외는 아니어서, 국민들의 관심을 돌리고 환심을 사며 불만을 해소하는 등 새로운 정치적 출구로 활용될 수 있었다. 더구나 쥐잡기 사업은 "국민적 관심사"로 인정 받을 만큼 많은 사람들의 호응을 얻었다. 이렇게 해서 쥐는 인간의 무차별 공격의 더할 나위없이 좋은 대상이 되었다. 쥐잡기 사업은 국민들이 자신의 권위와 능력을 우회적으로 유감없이 발휘하고 확인할 수 있는 유용한 대리만족의 소재였다. 일종의 떠들썩한 '인간권력의 시험장'이었다.

---

21) 『경향신문』 1978. 12. 8.

무엇보다 국가적 쥐잡기 운동은 이전의 위생과의 관련을 넘어 경제적 측면과 더 직접적인 연관을 맺었다. 당시 박정희 정부는 경제개발을 최고의 국가 목표로 내세우고 있었다. 이런 상황에서 쥐잡기 사업은 경제적 가치를 적절히 담보할수록 그 위상이 높아질 수 있었다. 경제개발에서 일익을 담당해야만 쥐잡기 사업도 정치권력의 주목을 끌며 지속적으로 추진될 수 있었던 것이다. 그러므로 쥐잡기 운동은 전략적으로 경제적 가치를 확고히 획득하는 것이 중요한 선결 과제였다.

　　국민적 운동이 시행될 무렵 한국에 서식하는 쥐의 총수와 그것이 끼치는 경제적 피해에 대한 하나의 '표준적 해석'이 농림부에 의해 마련되었다. 당시 널리 유포된 주장에 따르면, 쥐는 국민 1인당 세 마리로 총 9천만 마리(때로는 약 1억 마리)로 추산되었고, 하루에 쥐가 먹어치우는 곡물을 계산해보면 그 피해양이 무려 240만 석에 달한다고 했다. 이는 곡물 총생산량의 약 8%로서 110만 명의 대구 시민이 일 년 동안 먹을 분량에 해당된다고 주장되었다. 이로 인해 쥐잡기 운동은 중요한 근대화 사업이자 경제운동이라고까지 여겨졌다.

　　이번 쥐잡기 운동이 성공한 날에는 우리나라가 연간 막대한 양의 외곡을 도입할 필요도 없을 뿐만 아니라 이로써 절약된 외화는 당면한 경제개발에 그만큼 큰 도움이 되겠다는 것이다. 무릇 큰 일은 작고 하찮은 일로부터 시작된다는 것이 하나의 진리로 되어 있다. 부디 국민 한 사람마다 세 마리의 쥐만 잡으면 이 나라의 경제사정은 면목을 달리할 뿐만 아니라 전염병의 만연을 방지할 수 있는 위생 면에도 큰 도움이 된다는 것을 명심해주기 바란다.

이것이 바로 근대화 작업을 촉진한 결과가 될 것이고 또한 진실한 의미의 제2경제운동이 되지 않을까 한다.[22]

물론 이 표준적 해석은 시기에 따라 신축적인 변동을 보였다. 심지어 한국에 서식하는 쥐의 총수가 2억 마리로까지 추산된 적도 있었다. 가정의 집쥐에 야외에 사는 들쥐까지 전부 포함시켰기 때문이다. 그에 따라 쥐로 인한 경제적 피해도 당연히 늘어나 3백만 석을 넘는다는 주장이 나왔다. 어느 때부터인가 경제 손실의 대상도 슬그머니 양곡이 아닌 쌀로 계산되기 시작했다. 이와 같이 한국에 존재하는 쥐의 규모와 그 피해는 필요에 따라 얼마든지 '자의적인 구성'이 가능했다.

이처럼 쥐의 규모와 그로 인한 피해는 추정되고 가공된 것이었다. 특히 쥐잡기 사업이 가져올 경제적 효과는 크게 부풀려진 것이 틀림없었다. 한번 쥐잡기 사업을 펼칠 때마다 농림부는 약 1억 원의 예산을 들여 4천만 마리의 쥐를 잡았다며 무려 2백억 원의 경제적 성과를 거두었다고 주장하곤 했다. 언제나 죽은 쥐는 양곡, 돈과 같은 경제적 지표로 치환되어 표현되었다. 하지만 쥐는 특성상 그 숫자가 줄어들면 다시 원래의 수준을 빠르게 회복하는 경향이 있다. 그러므로 쥐를 몇 마리 잡았다고 해서 정확히

---

22) 『동아일보』 1970. 1. 26.

그만큼의 경제적 이익을 거두었다는 것은 의도적인 눈속임에 불과했다.

물론 정부는 사업의 성과가 체계적이고 정확한 과학적 조사에 의해 확인된 것임을 누누이 강조했다. 일부 지역을 표본으로 선정하여 살서율을 측정하고, 면 단위로 경찰기관과 지도기관, 행정기관의 입회하에 죽은 쥐의 숫자를 확인하며, 모든 지역은 수집한 죽은 쥐를 사진으로 찍어 상부기관에 보고하도록 했다.[23] 국무회의에서도 쥐잡기 사업 결과 보고는 꽤나 좋은 반응을 얻었다. 무엇보다 죽은 쥐를 말로만 보고하는 것이 아니라 첨단기술로 떠오른 컬러사진으로 일일이 찍어 방대한 증빙 자료를 첨부한 덕분이었다.

하지만 신문은 이에 대해 비판적인 기사를 종종 내보냈다. 한 신문은 「숫자 좋아하는 농수산부」라는 제목하에 "항상 통계숫자를 즐겨 밝히는 농수산부가 이번에는 21일 국회 농수산위에 제출한 자료에서 우리나라에 서식하고 있는 쥐의 총수를 1억 4천 9백 18만 1백 81마리라고 친절하게 마지막 끝자리까지 표시한 숫자를 제시, 이채"[24]롭다고 비꼬았다. 다른 기사에서는 "귀신들이 아닌 이상 관내 쥐의 숫자를 정확히 파악하기란 사실상 불가능한 일인데도 보고기일 안에 "우리 관내 쥐는 총 몇 마리로서…" 하는 보

23) 농림부, 「제2차 쥐잡기 사업보고서」, 1970(국가기록원 소장); 농림부, 「쥐잡기 사업보고」, 1971(국가기록원 소장).

24) 『동아일보』, 1975. 10. 21.

고서를 어김없이 작성해 올렸던 것을 보면 직원들이 모두 초인적인 능력을 가졌거나 아니면 허위보고, 둘 중의 하나임에 틀림없다"[25]고 비판했다.

한편, 정부는 경제발전과 관련해서 수출진흥을 중요하게 여기고 있었다. 수출에 유리한 산업과 제품일수록 정부의 관심과 지원도 많이 받았다. 쥐잡기 열풍에 편승해서 등장한 쥐 방제업체 가운데 일부는 쥐 모피를 가공해 새로운 수출상품을 만든다고 해서 사회적 주목을 끌었다.[26] 언론은 이들 업체를 이색 수출상품을 생산하는 유망 기업으로 널리 소개했다. 업체에서는 쥐 가죽을 이용한 제품 생산을 외국에서 시도한 적이 있으나 실패로 끝났기에 한국이 최고의 자리에 오를 것이라는 자신감도 내비쳤다. 상공부 직속의 수출정보센터 연구부는 청와대 수출진흥회의에서 쥐 가죽 아이디어를 내 호평을 받았다. 이때 쥐 가죽은 사람들의 혐오감을 줄이고 외국에 알리기 좋도록 '써피', '머스키피', '코리아밍크' 등으로 불렸다.

일례로 한국모피공업㈜은 전국 각지에서 수집한 쥐의 가죽을 화학약품으로 가공처리하여 그로부터 만든 제품을 해외로 수출했다. 쥐 가죽으로 코트, 핸드백, 장갑, 모자, 목도리, 가구시트, 장

---

25) 『동아일보』 1977. 4. 2.

26) 이 시기에 쥐 방제 및 가공업체로는 한국방서협회(회장 최대식), 한국 쥐잡기 운동본부(본부장 신윤곤), 전우방제공업(대표 전순표), 한국모피공업(대표 조병철), 농산물재단지연구소(회장 이준석), 정우물산(대표 배정우) 등이 있었다.

신구 자재 등 다양한 제품을 만들어 판매하려고 했던 것이다. 이 업체의 대표 조병철은 수출진흥회의에서 대통령 박정희로부터 수출에 기여한 대표적 공로자로 표창을 받았고, 1973년에는 25만 달러 해외수출이라는 야심찬 목표를 밝히기도 했다.[27] 이렇게 만들어진 쥐 가죽 제품은 신세계백화점에서 열린 모피 패션쇼에 당당히 출품되어 주목을 끌기도 했다.

그리고 방대한 양의 죽은 쥐 처리는 사회적으로 골칫거리였다. 죽은 쥐가 부패하여 악취를 풍기고 가축이 방치된 죽은 쥐를 먹어 2차 피해를 입을 수 있었다. 이를 해소하기 위해 초기에는 죽은 쥐를 땅에 묻거나 태웠지만, 일부에서는 그 경제적 활용에 대해 색다른 의견을 제시했다. 농작물의 퇴비로 쓰거나 돼지와 닭과 같은 가축의 사료로 사용하거나 식용으로 먹는 등의 제안이 있었고, 실제로 일부는 시도되기도 했다. 그러나 이러한 방안은 그다지 성공적이지 못했다. 무엇보다 사람이 먹게 될 농작물과 가축을 키우는 데 죽은 쥐를 쓰는 것은 아무래도 꺼림칙했던 탓이다.

당시는 정부가 속성수와 유실수를 이용한 전국토의 산림녹화 사업에 한창 열의를 올리고 있을 때였다. 정부는 이에 착안하여 각 지역에 죽은 쥐를 조림지 비료로 사용할 것을 지시했다. 나무별로 죽은 쥐의 양과 매몰 거리, 후속처리 등 구체적인 시행지침이 하달되었다. 아울러 쥐를 비료로 사용한 수목과 그렇지 않은

---

27) 『대한뉴스』 제868호, 1972. 2. 26; 『매일경제』 1972. 8. 2.

수목의 성장을 비교하여 효과를 파악하도록 했다. 정부는 죽은 쥐 이용 실적을 상부 기관에 지속적으로 보고할 것을 모든 지역에 지시했으므로, 이 방안은 상당한 효과를 보았다.[28] 이로써 죽은 쥐를 경제적으로 활용할 또 다른 길이 열렸다.

이처럼 국가적 쥐잡기 운동에는 다양한 인간적 동기, 특히 사업을 주도한 정치권력의 지향, 의도, 목표가 내재되어 있었다. 그결과 당시 국가적으로 중요하게 여긴 이데올로기, 정치상황, 경제개발 등과 같은 측면들이 쥐잡기 사업에도 복잡하게 투영되었다. 무엇보다 쥐잡기 사업은 엄청난 물적·인적 자원이 동원되는 대규모 국가사업이었기 때문에 정치권력의 의지가 곳곳에 스며들 여지가 컸다. 오히려 정치권력의 다양한 이해관계가 개입됨으로써 쥐잡기 운동은 실효성이 의문시됨에도 계속 추진될 수 있는 든든한 동력을 얻었다.

4. 국가 차원의 인적·물적 공세

인간이 쥐를 잡는 방식은 다양할 수 있다. 개인의 자유로운 의지와 선택에 맡기거나, 자발적인 국민들의 조직적 노력을 통해 이루어지거나, 정부의 일사불란한 강압적 동원에 의해 추진될 수

---

28) 전라남도, 「쥐의 조림지 비료활용 조치」, 1973(국가기록원 소장); 경상북도, 「제2 차 쥐잡기에 따른 잡은 쥐 처리」, 1976(국가기록원 소장).

도 있다. 정부의 개입과 국민들의 참여가 어떻게 이루어지는가에 따라 쥐 잡는 방식도 사뭇 다르게 전개될 수 있는 것이다.

당시 한국에서는 정부가 전면에 나서서 국민들의 대대적인 참여를 독려하는 방식으로 쥐잡기 사업이 추진되었다. 쥐를 일시에 대거 잡기 위해, 즉 사업의 단기적 효율을 극대화하기 위해 정부가 채택한 '대량방제 전략'이었다. 소탕해야 할 쥐가 많으면 많을수록 그에 맞서는 인간의 조직적 위용도 막강해야 한다고 판단했기 때문이다. 이로써 쥐를 일시에 대량으로 잡기 위한 총공세가 치밀하게 준비되었다.

쥐잡기 운동의 기본 전략은 사업이 추진되기 전에 윤곽이 짜여졌다. 1969년 무임소 장관이 발간한 보고서를 보면, 쥐잡기 사업을 농림부 주관으로 일원화하여 거국적으로 실시하고, 농림부 차관을 위원장으로 하여 관계부처 관료와 전문가들로 구성된 대책위원회를 설치할 것을 제시했다. 쥐잡기는 전국적으로 일제히 연 2회 실시하고 집단투약을 위해서는 쥐약을 무상으로 공급함과 동시에 강제성이 동반되어야 한다고 보았다. 전 국민의 적극적인 참여를 이끌어내려면 계몽 지도를 철저히 하고 시상제도를 활용하는 등의 조치가 필요하다는 점도 강조했다.[29]

1970년 쥐잡기 운동이 추진되자 예정대로 쥐잡기 사업 추진본부가 농림부 차관을 책임자로 하고 정부부처의 국장들이 가세하는 형태로 결성되었다. 이때 참여한 정부부처 및 산하 기관은 농

---

29) 무임소 장관, 앞의 글, 1969, 329~338쪽.

〈표 1〉 중앙단위 쥐잡기 사업 추진본부 구성도

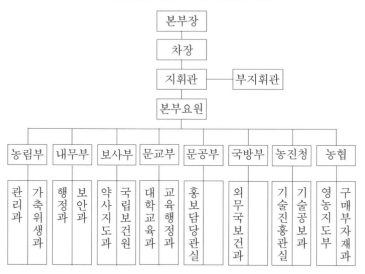

* 출처: 농림부, 「제2차 쥐잡기 사업보고서」, 1970, 37쪽; 농림부, 「쥐잡기 사업보고」, 1971, 31쪽.

림부를 비롯하여 보건사회부, 내무부, 문교부, 문화공보부, 국방부, 경제기획원, 교통부, 총무처, 농촌진흥청, 농협중앙회, 공공기관 등이었다. 쥐잡기 운동을 이끌 참모본부가 정부의 주요 부처들이 망라된 가운데 대규모 조직으로 만들어졌던 것이다.[30] 정부 부처 가운데 농림부와 산하 기관들이 사업 전반을 주관하되 내무부와 문교부는 공무원과 학생 동원을, 보사부는 쥐약 검사 관리

---

30) 쥐잡기 사업 추진본부는 본부장(농림부 차관), 차장(식산 차관보), 지휘관(양정국장), 부지휘관(관리과장), 본부요원(정부부처 국장) 등으로 편제되었다. 처음에는 관여하지 않던 경제기획원, 교통부, 총무처, 공공기관 등은 쥐잡기 운동이 확대됨에 따라 추후 역할이 부여된 기관들이었다.

를, 문공부는 사업 홍보를 담당하는 방식으로 분업화되었다.[31]

쥐잡기 운동에는 모든 경찰과 공무원들이 총동원되었다. 내무부 주도로 전국 지방장관회의, 시장군수회의, 농림부 주관으로 농촌진흥청회의, 농촌지도소회의, 문교부 주도로 전국 시군교육장회의, 전담교사회의 등이 순차적으로 열렸다. 국가적 쥐잡기 사업을 지시하고 관련 내용을 철저히 교육시키기 위해서였다. 이와 함께 추진본부는 중앙은 물론 도-군-면 단위에도 설치되어 관계 기관 담당자들이 참여하는 협의회를 정기적으로 열었다. 국가적 쥐잡기 사업을 이끌 '주도 집단'을 형성하고 그들이 맡은 임무를 충실히 이행하도록 하기 위한 행정 조치였다.

그동안 대규모 쥐잡기 사업은 농림부, 보사부, 때로는 시·도(내무부)가 맡아서 주관 기관이 저마다 달랐다. 경제 피해가 강조되면 농림부가, 위생 문제가 불거지면 보사부가, 특정 지역에서 추진되면 시·도가 쥐잡기 사업을 이끌었다. 그런데 이때부터는 농림부가 국민적 쥐잡기 운동을 주관하는 공식 기관으로 선정되었다. 쥐에 의한 피해가 농업 분야에서 가장 크고 농림부가 방대한 지방 조직을 잘 갖추고 있기 때문이었다. 이렇게 피해 양상과 행정 조직이 고려되어 농림부가 쥐잡기 운동을 주도하게 되었다.[32]

당시 농림부는 전국적인 조직체계를 갖추고 있었다. 도·군·면

---

31) 농림부, 「(제1차) 쥐잡기 사업보고서」, 1970.

32) 아직은 새마을운동이 시작되기 전이라 농림부가 내무부보다 전국적으로, 특히 농촌 지역에 더 잘 짜인 행정조직체계를 갖추고 있었다.

에 관계 공무원이 배치되었을 뿐만 아니라 산하 기관인 농촌진흥청의 일선기구도 광범위하게 분포되어 있었다. 마을에도 작업지도반, 자원지도자, 4-H구락부, 농사개량구락부, 생활개선구락부 등의 소모임들이 널리 조직되어 있었다. 때문에 농림부는 국민적 쥐잡기 운동을 이끌기에 가장 알맞은 정부부처로 여겨졌다.

추진본부는 쥐잡기 사업을 지도·독려·확인하기 위해 중앙부처 관료들 중심으로 현지확인반을 편성해 파견했다. 현지확인반은 지역별 자체 계획 수립, 협의회 개최, 교육 실시, 지도 계몽, 약제 배부, 투약 사항, 농민의 인식도, 리본 패용, 현수막 게양 등을 직접 검점하는 임무를 맡았다. 이들은 군-면-리까지 나가 담당 구역의 쥐잡기 사업 전반을 살피는 암행감찰과 같은 역할을 했다. 추진본부는 고위급 정부요인, 모든 국회의원, 신문기자 등에게 일일이 전화를 걸어 쥐약 수령 여부를 확인하고 쥐잡기 사업에 솔선수범해줄 것을 당부했다. 이는 사실 사회 지도층 인사들에게 전 국민적 사업에 대한 적극적인 동참을 압박하기 위한 행위였다.[33]

강력한 행정력 동원과 더불어 국민들의 지도 계몽도 강조되었다. "[온국민 단합하여] 다같이 쥐를 잡자", "쥐는 살찌고 사람은 굶는다", "[일제 투약으로] 남은 쥐 모두 잡자", "너도 나도 쥐를 잡아 양곡 손실 막아내자", "쥐잡아 증산하고 병마 막자", "쥐를 잡아 없애

---

33) 농림부, 「(제1차) 쥐잡기 사업보고서」, 1970; 농림부, 「제2차 쥐잡기 사업보고서」, 1970.

자", "한 집에 한 마리만 잡아도 수만 명이 먹고 산다" 등의 구호
가 요란하게 나붙었다. 매번 전단지 6백만 부가 제작되어 호당 한
부씩, 리플렛 1백만 부가 만들어져 통반당 4매씩 배포되었다. 포
스터는 30만 부가 부락당 3매씩 배부되었고, 표어 20만 부가 전국
의 모든 차량에 부착되었다. 공무원, 학생, 공공기관 직원들은 일
주일 동안 "쥐를 잡자"는 리본을, 특히 공무원들은 견장 및 완장
을 착용하고 다녔다. 언론 광고에도 심혈을 기울여 중앙지 10개에
광고를, 라디오와 TV에도 5백 회의 방송을,[34] 극장에서는 매회마
다 영상물을, 거리에서는 차량 가두방송을 대대적으로 내보냈다.
도시의 주요 거리에는 쥐잡기 선전탑, 현판, 애드벌룬이 설치되었
고 모든 마을에 "집집마다 18마리의 쥐를 잡자"는 현수막을 내걸
어 국민적 운동의 분위기를 한층 돋우었다.[35]

　　국민들을 대상으로 한 교육도 광범위하게 실시되었다. 교육
대상은 크게 농민과 학생들이었다. 쥐잡기 교재 약 10만여 부를
제작하여 교육에 활용했다. 농촌진흥청이 주도하여 농민들의 '단
계별 교육'이 이루어졌다. 도-군-면-리 단위로 하향식 교육이 시
행되어 최종적으로는 모든 마을까지 쥐잡기 교육이 실시되었
다. 문교부는 처음에는 초중고 학생만을 대상으로 쥐잡기 교육

---

34) KBS에서는 20여 일 동안 하루에 두 차례씩 퀴즈 캠페인을 벌였다. "쥐잡는 날
　　은 몇 월 몇 일 몇 시냐"라는 문제를 낸 정답자에게 당시 가장 인기를 끌고 있
　　던 라디오를 1대씩 시상했다.
35) 농림부, 「제2차 쥐잡기 사업보고서」, 1970; 농림부, 「쥐잡기 사업보고」, 1971.

"쥐약 놓아 쥐를 잡자" 선전탑　정부는 전 국민적 쥐잡기 운동을 펼치기 위해 적극적인 지도 계몽을 시도했다. 전단지, 표어, 홍보영상, 가두방송 등과 함께 거대한 선전탑도 만들어졌다.

을 실시했으나 곧 대학생으로까지 범위를 확장했다. 지성인이라 여겨진 대학생들이 쥐잡기 사업을 성공적으로 이끌 책임을 가지고 있다고 여겼기 때문이다.[36] 1970년 2차 쥐잡기 운동 당시에는 1,273만 명, 1971년 쥐잡기 운동 때는 892만 명이 교육을 받았다고 하니,[37] 거의 모든 국민들이 망라되었던 셈이다.

---

36) 농림부, 『쥐잡기교재(대학교육)』, 1970, 1쪽.

37) 1970년 제2차 쥐잡기 운동 때는 농민 290만 명, 학생 816만 명, 공무원 164만 명 (교사 포함), 군인 3만 명 등 총 1,273만명을, 1971년 쥐잡기 운동 때는 농민 291만 명, 학생 514만 명, 공무원 86만 명(교사 포함), 군인 1만명 등 총 892만 명을 교육시켰다.

"쥐를 잡자" 선전차량 쥐잡기 운동을 독려하기 위해 정부는 선전차량을 앞세운 가두행진을 조직하기도 했다.

지역별로 쥐잡기 사업을 둘러싼 경쟁이 일어나면서 일부 지역에서는 새로운 홍보 선전 방법도 속출했다. 예컨대 충남과 경북, 경남은 공군의 협조를 얻어 비행기로 쥐잡기 전단지 10~25만 장씩 대대적으로 뿌렸다. 경북과 경남, 전북, 강원, 경기에서는 중고등학생 밴드나 농악대를 동원하여 "쥐를 잡자"는 현수막을 걸고 연주하며 가두행진을 벌였다. 전북에서는 지역 군수들이 담화문을 발표하여 쥐잡기 사업을 독려했다. 학생들을 대상으로 쥐잡기 홍보 그림그리기 대회나 웅변대회를 개최한 곳도 많았다.[38] 이에 대해 일부 언론은 쥐잡기 운동을 위해 이렇게 과도한 선전을

---

38) 농림부, 「제2차 쥐잡기 사업보고서」, 1970; 농림부, 「쥐잡기 사업보고」, 1971.

벌일 필요까지 있느냐며 곱지 않은 시선을 보냈다.

그러나 이러한 대규모의 쥐잡기 작전이 과연 수자 풀이나 책상 위의 데이터처럼 일사불란하게 진행되느냐에는 아무래도 의심이 간다. 쥐를 잡기 위해 던져둔 빵 조각에 어린이 셋이 중독된 사실은 이번 쥐잡기 운동의 불상사였다.

일 년에 한 번 이렇게 대규모로 야단스럽게 벌이기보다 좀 더 조용히 실리를 추구할 수는 없을까? 풍조가 그렇다고 쥐잡기에까지 대규모 선전이 꼭 따라야 하는 것은 아무래도 내키지 않는 일이다.[39]

실제 예산 사용도 1970년 2차 쥐잡기에서는 쥐약(74.7%), 조직(15.7%), 선전(7.3%), 1971년에는 쥐약(61.6%), 조직(17.2%), 선전(10.7%)의 용도로 이루어졌다. 기본적으로 쥐약의 비중이 가장 컸지만 시간이 갈수록 조직과 선전을 강화하여 사업 성과를 높이려 했던 것을 알 수 있다. 하지만 국민들의 참여는 농촌에 비해 도시 지역에서 전반적으로 낮았다. 대부분의 농촌 지역에서 그 성과가 목표의 100%에 이른 반면, 도시는 겨우 20~30%대에 머문 경우도 적지 않았다.[40] 정부는 도시 지역에서 쥐잡기 사업을 강화하려 애썼으

---

39) 『경향신문』 1971. 3. 27.

40) 일례로, 1971년 쥐잡기 운동에서 서울과 충북은 쥐 수집 실적이 약 240만 마리로 비슷했지만 공급된 쥐약이 107만 포와 27만 포였기에 사업 실적은 각각 23%와 124%로 현저한 차이를 보였다.

나 무위로 끝났고, 1974년부터는 서울, 부산, 대구, 인천 등을 대상 지역에서 제외하기에 이르렀다.

투약 시간은 내무부의 주도로 엠프방송, 사이렌, 타종 등을 통해 요란하게 알렸다. 국민들의 일사불란한 행동 개시를 촉구하기 위해서였다. 이로써 쥐와의 전면전이 온 국민이 참여한 가운데 전격적으로 실시되었다. 쥐약은 개별적으로 투약하지 말고 부락별로 공동 조제하여 일시에 놓도록 했다. 학생들은 잡은 쥐의 꼬리를 학교에 가져가 실적을 검사받았고, 죽은 쥐는 지역별로 일정한 장소로 모아져 경찰과 지도기관의 입회하에 계산되었다. 수집한 죽은 쥐는 화려한 컬러 사진으로 찍어 '박멸 작전 실적'을 빠짐없이 실어 보고하도록 했다.

추진본부는 공적심사위원회를 구성해 우수 시도는 최대 50만 원을, 개인에게는 표창과 함께 최대 5만 원을, 협조를 많이 한 유관기관장에게는 감사장을 수여했다. 1971년 쥐잡기 운동 때 충남도는 목표의 161%, 충남 천원의 한 농민은 578마리, 통운인천지점은 1,231마리, 경북 의성산운국교는 1,937마리, 보병제31사단은 39,794마리의 쥐를 잡는 놀라운 성과를 거두었다.[41] 이들 시도와 개인, 기관은 정부 표창을 받고 언론에도 널리 소개되었다.

한편, 쥐를 잡기 위해서는 적절한 방제 방법이 요구되었다. 특히 국가적 쥐잡기에는 강력한 효능을 지닌 무기가 필수적이었다. 당시 외국이나 전문가들 사이에서 가장 호평을 받던 약제는 기피

---

41) 농림부, 「쥐잡기 사업보고」, 1971.

성과 부작용이 적은 만성 약제였다. 그 가운데서도 왈파린(Warfarin)은 쥐가 잘 먹어 효과가 아주 좋고 사람과 동물의 피해도 거의 없다는 점이 주목을 끌었다. 그 덕분에 왈파린은 세계보건기구(WHO)에서 권장하는 가장 좋은 쥐약으로 여겨지고 있었다.

하지만 정부는 쥐약선정회의를 열어 급성 약제의 일종인 인화아연제를 선택했다. 인화아연제는 아주 강력한 효능을 지닌 데다가 국내에서 합성이 가능해 가격이 저렴했고, 독특한 맛과 냄새로 사람과 가축의 피해도 적다고 판단되었기 때문이다. 더구나 구토제를 첨가할 경우 쥐는 반응을 일으키지 않는 대신 사람과 가축은 토하게 되므로 2차 피해를 더 줄일 수 있다고 보았다.[42] 이렇게 해서 1970년대 국가적 쥐잡기 운동의 '공식 쥐약'으로 토주석을 가미한 인화아연제가 결정되었다.

정부는 국민들의 적극적인 호응과 참여를 이끌어내기 위해 인화아연제 쥐약을 '무료'로 나눠주었다. "가령 무상이 아니고 유상이라 하면 일반시민은 이를 거절했을"[43] 정도로, 무료 쥐약의 대량공급은 쥐잡기 운동의 원활한 추진을 위해 매우 중요한 요소였다. 이로 인해 정부는 쥐약 공급 등을 위해 매번 평균 1억 5천만 원 정도를 지출했다. 쥐잡기 사업 예산은 물가와 쥐약 값의 상승으로 갈수록 늘어 1976년에는 2억 5천만 원으로까지 불어났다.

---

[42] 사실은 닭도 쥐처럼 토하지 못하는 특성을 가지고 있었는데 당시에는 이를 제대로 알리지 않아 결과적으로 피해가 커졌다.

[43] 『동아일보』 1976. 6. 3.

또한 정부는 무료로 나눠주는 인화아연제 쥐약이 '가장 안전한 쥐약'이라고 광고나 언론을 통해 대대적으로 홍보했다.[44] 사람이나 가축에게 2차 독성이 없을뿐더러 설령 약간 있더라도 구토제를 혼합했으므로 문제될 것이 없다는 설명이었다.

그러나 이는 국민들이 쥐약을 적극 투약하도록 하기 위한 과장된 정책 조치였다. 실제로는 쥐약으로 인한 피해가 끊이지 않았다. 우선 쥐약이 널리 보급됨에 따라 인명피해도 급격히 늘어났다. 먹을거리가 부족했던 당시 상황에서 처음 보는 쥐약을 과자나 설탕으로 오인해서 먹는 바람에 목숨을 잃은 사람들이 생겼다. 쥐약이 자살이나 타살의 새로운 도구로 이용되는 사례는 수없이 발생했다.[45] 아울러 개, 고양이, 닭과 같은 가축이 죽임을 당하고 족제비, 뱀, 새와 같은 야생동물도 큰 피해를 입었다. 일례로 전북 정읍에서는 "가축 540마리가 죽고 조류는 전멸되다시피 했다"[46]는 보도까지 있었다. 그나마 야생동물의 피해는 대수롭지 않게 여겨 관심조차 두지 않았던 것이 당시의 사회 분위기였다.

정부 입장에서 가장 중요한 것은 쥐약의 효과였다. 어떻게 하든 쥐를 많이 잡는 것이 최고의 목표이자 미덕으로 여겨졌던 탓

---

44) 『경향신문』 1970. 1. 21.

45) 이우석 외, 「살서제 중독의 임상적 고찰」, 『대한내과학회잡지』 제14권 제3호, 1971만 보더라도 한 대학병원에 쥐약 중독으로 입원한 사람들이 1970년 들어 예년의 2~3배로 크게 늘어났음을 알 수 있다. 그 가장 큰 요인은 쥐잡기 운동을 위해 무료로 나눠준 쥐약이었다.

46) 『조선일보』 1970. 2. 15.

이다. 그런데 인화아연제는 가격이 싼 대신에 기피성이 있는 쥐약이었다. 급성 약제를 먹은 쥐들이 격렬한 경련과 마비 증상을 나타내는 데다가 독특한 맛과 냄새가 있어 주변의 쥐들이 살포된 쥐약을 쉽게 알아차렸다. 안전성을 증진하기 위해 첨가한 구토제는 쥐의 기피성을 더 높이는 효과를 가져왔다.[47]

이 기피성으로 말미암아 급성 쥐약을 이용해서는 쥐잡기율을 60% 이상으로 높이기는 일반적으로 어려웠다.[48] 상당수의 쥐들이 쥐약의 강한 독성에도 불구하고 살아남아 다음부터는 그것을 먹지 않았기 때문이다. 실제로 정부도 전국적인 쥐잡기 운동을 벌일 때마다 사업 목표에서 60%를 최고치로 잡았다.[49] 즉 많은 쥐들이 살아남을 것이라는 점을 정부 관계자들도 사전에 잘 알고 있었다는 것이다.

결국 인화아연제는 국가적 쥐잡기 사업에서 장기간 지속적으로 사용할 수 있는 화학약제가 아니었다. 한 전문가는 "기피성으로 인하여 사업 성과는 매년 떨어지고 있는 현실"[50]이라고 진단했

---

47) 당시 한 연구는 시험용 쥐들을 대상으로 단순히 독먹이의 일회적인 섭식률만 가지고 인화아연제에 대해 "기피성을 찾아볼 수 없다"는 판단을 내렸다. 조태형 외, 「살서제의 효력에 관한 기초적 연구」, 『농사시험연구보고』 14집(가축위생 편), 1971.

48) 배대한 외, 「쥐의 생태와 방제에 관한 연구」, 농촌진흥청, 1971, 40~41쪽.

49) 농림부 보고서에 따르면, 쥐의 총수에서 목표로 삼은 계획치 60%를 달성하면 쥐잡기 사업 실적은 100% 달성된 것으로 계산되었다.

50) 전순표, 「한국의 구서사업 현황」, 『한국식물보호학회지』 13권 4호, 1974, 253쪽.

다. 급성 약제는 강한 독성을 지니고 있지만, 다른 한편 기피성이라는 반대급부도 있었다. 쥐약의 살서율과 기피성은 모순적인 관계였다. 그런 까닭에 쥐의 뛰어난 예민함과 대응력을 인간이 따라잡기란 매우 벅찬 일이었다.

급성 약제가 지닌 기피성 문제는 전국적인 쥐잡기 운동의 핵심 과제로 떠올랐다. 정부는 이 문제를 해결하려고 절치부심했다. 대학 및 연구소의 과학자들에게 연구비를 지원하여 기존 쥐약을 시험하거나 새로운 약제를 개발하는 등의 노력을 기울였다. 그에 따라 복어알을 이용한 새로운 약제가 개발되기도 했지만 상용화까지 이르지는 못했다.[51] 그에 반해 기존 쥐약을 개량한 피복인화아연제나 새로 보급된 쥐약 RH-787은 좋은 반응을 얻어 실제 쥐잡기 사업에 대규모로 쓰이기에 이르렀다.

1976년부터 국가적 쥐잡기 운동에 RH-787이 본격적으로 사용되었다. RH는 이 쥐약을 개발한 미국의 롬앤하스(Rohm & Haas)사의 약자로, 연구실에서 787번째로 개발한 제품이라는 의미를 담고 있었다. 이 기업은 RH-787이 오직 한 번의 섭식으로 쥐를 죽게 하고 쥐약에 저항력을 지닌 쥐들에도 효과가 뛰어난 '유일무이의 쥐약'이라고 소개했다. 이와 더불어 RH-787은 사람과 가축에게 어떠한 위험도 일으키지 않는 완전무결한 약으로 알려졌다.[52] 즉

---

51) 진갑덕 외, 『복어알을 이용한 살서제(쥐약) 개발에 관한 연구』, 과학기술처, 1971.

52) Zonana, Victor F., "Rohm & Haas's New Vacor Rat Poison Is Cited in Death of Seven

선택성을 지닌 혁명적이고 완벽한 쥐약이 탄생한 것처럼 소개되었다. 이 쥐약은 한국에서 '백호'라는 이름으로 불렸다. 미국에서 붙여진 이름 백코(Vacor)가 뜻밖에도 백호로 둔갑하여, 아주 강력한 최고의 쥐약이라는 이미지를 국민들에게 호소력있게 전달했다. 하지만 이 쥐약이 보급되면서 예고되지 않은 문제들이 잇따라 발생했다. 다음에 소개하는 사례는 RH-787이 과장되게 광고됨으로써 빚어진 대표적인 불상사이다.

> 농수산부가 쥐잡기용으로 전국에 공급한 쥐약에 '인축에 거의 해가 없다'고 적혀 있어 이 쥐약을 시험삼아 먹은 음식점 종업원 2명이 숨졌다. (…) 이들은 지난 4월 30일 쥐잡기용으로 시로부터 배정받은 경기도 시흥군 서면 소하리 S화학제품인 백호 쥐약 네 봉지가 남아 있자 지난 7일 같은 종업원 이모군 등 4명과 함께 "요즘 쥐약은 먹어도 죽지 않는다"고 얘기하던 끝에 "시험해보자"면서 정씨와 황군이 10g들이 쥐약 한 봉지씩을 먹고 배가 아파 마산도립병원에 입원치료를 받았으나 19일 오전 둘 다 숨졌다는 것이다.[53]

사실 RH-787은 미국의 롬앤하스사가 새로 개발한 급성 약제

South Koreans", *The Wall Street Journal*, 7 July 1975.

53) 『동아일보』 1975. 5. 20. 위키리크스가 공개한 바에 따르면, 당시 주한미국대사관은 본국에 보낸 비밀 보고서에서 "문제가 있다면 미국 판매를 금지"시켜야 한다며 "이번 사건은 미국 기업과 정부를 곤경에 빠뜨릴 수 있는 문제"라고 말했다. 『한겨레신문』 2014. 11. 7.

로 판매를 눈앞에 두고 있었다. 당시 『월스트리트저널』의 보도에 따르면, 이 쥐약으로—한국에서는 알려지지 않은—최소한 한국인 7명의 사망이 보고되어 미국에서 시판이 지연되고 있었다고 한다. 미국 환경보호청(EPA)은 한국에서와는 달리, "사람이 먹을 때는 치명적이거나 해로울 수 있다"는 점을 명확히 표기할 것을 승인 조건으로 요구했다는 것이다.[54] 이렇듯 한국 정부는 무리하게 시제품 단계에 있는 RH-787을 국가적 쥐잡기 사업에 사용함으로써 뜻밖의 사고와 피해까지 불러일으켰다.[55]

이 쥐약으로 인한 인명피해는 당시에 정확히 알려지지 않았다. 어느 의대 교수는 1976~78년 동안 국내 문헌에 보고된 약 4백 명의 중독환자를 분석했는데, 그중 1백 명이 사망한 것으로 드러났다.[56] 하지만 실제 중독환자는 이보다 훨씬 더 많아, 적어도 1천 명에 달할 것으로 추정되고 있다.[57] 설령 중독치료를 받아 생존했다 해도 당뇨병, 신경증, 신장병과 같은 후유증을 강하게 남겼다. 이렇게 인명피해가 엄청나게 발생한 원인은, 우선 쥐약의 안전성을 너무 과장되게 홍보했고, 동시에 약효의 잠복기로 인해 조기 치료가 힘들었기 때문이다. RH-787은 그간 사용된 약제 가운데

---

54) Zonana, Victor F., op.cit., 1975.

55) 제2차 세계대전 시기에 새로 개발된 쥐약 ANTU가 미국 볼티모어에서 벌어진 쥐잡기 운동에 널리 사용된 사례 연구로 Keiner, Christine, op.cit., 2005 참고.

56) 김민정 외, 「국내 살서제 RH-787 중독환자의 실태」, 『대한당뇨병학회지』 제5권 제1호, 1979.

57) 강형원, 『공포의 대왕 하늘을 내려오다 2』, 초록배, 1999, 220쪽.

인명피해를 가장 많이 낸 불명예스러운 쥐약으로 기록될 만하다.

쥐잡기 운동은 반드시 승리해야만 하는 싸움이었다. 이 일을 주도한 정치권력이 하찮은 쥐와의 전쟁에서 질 경우, 그것은 정책적 실패를 자인하고 자신의 권위까지 떨어뜨리는 일이었다. 무소불위의 권력을 지닌 정권으로서는 너무나 수치스러운 일이 아닐 수 없었다. 이로 인해 모든 국민이 쥐잡기 사업에 동원되었고, 강력한 화학약제가 전국에 무료로 배부되었다. 심지어는 성과가 저조한 도시 지역을 쥐잡기 사업 대상에서 제외하는 조치까지 취하면서 가시적인 성과를 최대로 높이려 했다. 하지만 쥐와의 전면전은 정치권력의 뜻대로만 되지 않았다. 전면적인 공세를 지속적으로 폈지만 살아남은 쥐는 순식간에 원래 규모로 다시 불어났다. 싸움은 결코 끝나지 않고 양자의 '대치전선'만이 지루하게 요동칠 뿐이었다.

5. 인간쥐 담론과 사회정화의 저변 강화

쥐는 인간에게 친숙한 동물이지만 인간과 비교하기에는 너무나 하찮고 불결한 동물이다. 때문에 당시 인간을 비하할 때 '쥐 같은 놈', '쥐새끼'라는 말은 가장 나쁜 욕으로 통했다. 물론 쥐를 서생원, 양상군자, 쥐서방 등으로 다소 점잖게 부르는 경우도 있었으나, 그것도 속된 표현에서 벗어나는 것은 아니었다.

1970년대 들어 국민적 쥐잡기 운동이 활기를 띨수록 인간과 쥐의 관계는 훨씬 더 긴밀해졌다. 당시 대학 캠퍼스에 떠도는 최고 유행어가 "미워도 한세상"과 함께 "일시에 쥐를 잡자"는 말이 있을 정도로,[58] 쥐는 우리 사회의 담론, 문화, 일상의 한가운데 있었다. 쥐는 다른 어떤 사물보다 인간과의 비교, 은유, 상징이 빈번하게 일어나는 주된 소재가 되었다.

인간과 쥐의 유사성을 강조하는 기제로 '쥐의 의인화(擬人化)', 혹은 '인간의 의서화(擬鼠化)'가 광범위하게 일어났다. 쥐의 습성, 행동, 피해 등을 포착해서 그와 닮은 모습을 한 인간을 쥐로 묘사하는 방식이었다. 쥐를 이야기할 때마다 그와 유사한 인간에 대한 이야기도 자주 등장했다. 이로 인해 우리 사회의 어떤 사람들은 '인간이라기보다 오히려 쥐에 가까운 존재'로 여겨졌다. 이름하여 '인간쥐'(인쥐, 사람쥐)였다.

이 시기는 쥐가 인간에게 적대적 존재로 간주되고 있을 때라서, 사악하고 흉칙한 표본이나 상징으로 여겨지는 경우가 많았다. 사회적으로 위험하고 쓸모없는 사람이나 집단을 쥐와 같은 부류로 빗대어 표현하곤 했다. 인간에게 백해무익한 쥐를 몰아내야 하는 것처럼, 사회에 해악만 끼치는 쥐 같은 인간도 영원히 추방해야 하는 것은 당연한 논리적 귀결이었다. 국민적 쥐잡기 운동이 활발히 벌어질수록 '인간쥐'에 대한 사회적 경각심과 적대심도 동시에 커져 나갔다.

---

58) 『동아일보』 1973. 11. 12.

우리는 이번 쥐잡기 운동과 함께 사람의 형태로 둔갑한 '사람쥐' 도 잡아야 할 것을 제창하고 싶다. 일 년에 무려 1백여만 섬의 양곡을 먹어치운 쥐를 잡아야 한다는 것도 시급한 일이겠지만, 이보다도 더 가공할 일은 사람으로 둔갑한 쥐들이 더욱 악랄한 짓을 하니까, 이를 모조리 잡아버려야겠다.

쥐잡기 운동을 벌이고 있지만 그래도 쥐는 용서를 해줄 점이 없지 않다. 만약에 쥐란 족속들이 이 지상에서 멸종을 당했다고 하자. 무슨 부작용이 일어날지도 모른다. 쥐는 사람에게 전염병을 매개하는 생태를 지니고 있지만 그 반면에는 하나의 천적으로서 인간사회에 이익을 주는 경우도 있을 법한 일이다. (…) 그러나 사람쥐만은 차제에 일대 토벌령을 내리고 볼 일이다. 이것만은 천적이 없으니까 멸종을 시킨다 해도 상관이 없겠다. 우선 사람쥐 가운데서도 송사리 떼 같은 쥐는 그만두고 왕쥐를 먼저 잡고 볼 일이 아니겠는가. 하나 부정부패의 단속이니 또는 관기확립(官紀確立)이니 하고 떠들어대고 있지만 이는 헛된 구호로만 그치고 있으니 딱하기 이를 데 없다. 우리 사회는 지금 쥐가 2백여만 섬의 양곡을 먹었다고 해서 야단법석을 피울 때가 아니라 사람쥐가 떼를 지어 국가와 사회의 기둥뿌리를 갉아먹고 파먹고 있다는 사실을 크게 걱정할 일이로다.[59]

이렇게 쥐잡기 운동과 더불어 인간쥐는 모든 신문에서 많은 사람들이 자주 제기하고 논의하는 사회적 담론이 되었다. 쥐잡

---

59) 『동아일보』 1971. 3. 25.

기 운동을 벌일 때마다 인간쥐에 대한 이야기는 빠지지 않고 단골 메뉴로 등장했고, 누구나 일상에서 자연스럽게 나누는 대화의 소재로 떠올랐다. 이렇게 해서 인간쥐는 특정 개인에 대한 비방이나 욕설을 넘어서 사회에 실제로 존재하는 인간적 실체로 자리잡았다. 쥐잡기 운동을 하듯이 인간쥐의 퇴치도 국가적 과제로 쉽게 정당화될 수 있었음은 물론이다.

하지만 인간쥐라는 말이 사회적으로 널리 유행하게 된 가장 큰 이유는 아무래도 그 '이미지'에 있었다. 사악하고 쓸모없는 사람들이 왜 인간쥐인지를 장황하게 설명하는 경우도 있었지만, 대개는 인간쥐라는 한 마디, 혹은 그 이미지만으로도 그 못된 점을 충분히 보여줄 수 있었다. 무엇보다 쥐는 생긴 모습부터 혐오스럽고 미천한 동물이므로 그와 한족속이라는 점만 살짝 드러내도 인간 이하의 존재라는 의미가 잘 전달될 수 있었다. 이 때문에 사회에 해악을 끼치는 사람들을 표현할 때 쥐의 이미지가 널리 활용되었다.

우선 인간쥐로는 '북괴'나 '공비'가 종종 거론되었다. 1970년대 국민적 쥐잡기 운동이 일어나자 북한이나 간첩을 쥐로 빗댄 표현이 늘어났다. 간첩과 쥐를 은연중에 대비시키는 일이 아주 흔하게 일어났고, 아울러 무장간첩이나 간첩선을 추적하여 소탕할 때 "고양이 앞의 쥐꼴", "독 안에 든 쥐"라는 수사도 빠지지 않고 등장했다. 포위망에 갇힌 적군을 쥐의 모습으로 형상화한 것이었다. 언론에서는 "간첩을 색출하는 정신으로 쥐를 찾아내 그것을 박멸해야 한다"[60]는 주장도 했다. 간첩이든 쥐든 철두철미한 전투적 태세로 그 뿌리를 완전히 뽑아야 한다는 것이었다.

더불어 쥐잡기 운동은 마치 적군과 싸우는 전투처럼 묘사되었다.[61] 여기서 말하는 '적군'은 쥐 그 자체일 뿐만 아니라 북한 혹은 간첩을 빗댄 표현이기도 했다. 예컨대, 쥐잡기 운동을 총지휘하는 사람을 사령관, 추진본부를 군사령실, 쥐잡기 운동을 소탕작전 혹은 토벌령, 쥐 서식지를 거점 지역, 예산과 쥐약을 전비와 무기, 쥐잡기 날짜의 발표를 선전포고, 쥐잡기의 시행을 D데이와 총공격, 사업의 성과를 일망타진 등으로 지칭했던 것이다. 어떤

---

60) 『경향신문』 1970. 5. 15.

61) 20세기 초반 서구에서 전개된 쥐 퇴치 활동을 전쟁에 비유해서 연구한 성과로는 Russell III, Edmund P., ""Speaking of Annihilation": Mobilizing for War against Human and Insect Enemies, 1914~1945", *The Journal of American History* Vol. 82 No. 4, 1996 참고.

면에서 보면 쥐잡기 운동은 북한이나 공비를 염두에 두고 펼치는 군사 작전의 상징이기도 했다.

> 올봄 쥐잡이 작전의 'D데이 H아워'는 오늘 저녁 7시이다. 전국에 서식하는 집쥐, 지붕쥐, 생쥐 등 8천만 마리에 대한 화학전(化學戰) 총공격을 감행하려는 것이다. 작년 한햇 동안 두 차례에 걸쳐 7천 5백만 마리를 잡았다고 하니 올해는 1차전부터 좀 더 큰 전과(戰果)를 올리도록 공격력을 발휘해야 할 일이다.
> 쥐의 적성(敵性)을 정리해보면 새삼 얄밉고도 무서워 정말 사람의 적(敵)이구나 하는 생각이 절실해진다. (…) 그대로 두다가는 그야말로 인류 대 서족의 대접전(大接戰)이 일어날지 모를 일이다. (…) '토치카'와 동굴을 파며 물체의 그늘로만 일정 '코스'를 내왕하는 쥐의 '게릴라'성과 야행성은 흡사 공비(共匪)의 소행을 연상케 한다. 약탈과 인명 상해 행위를 자행할 뿐 아니라 세균 전염병을 퍼뜨리고 평화로운 방 천장을 소란스레 뒤흔들며 이·벼룩·진드기까지 달고 다니는 불결성에다 각종 중독증을 야기케 하는 만행이 매우 닮은 게 있기 때문이다.[62]

쥐잡기 운동으로 죽은 쥐들은 지역별로 특정 장소로 집결되었다. 산더미처럼 쌓인 죽은 쥐들은 소탕 작전의 성과물이었고, 많은 사람들이 주변에 운집해 분노, 희열, 두려움 같은 감정을 공

---

62) 『한국일보』 1971. 3. 25.

부정부패와 '인간쥐' 인간쥐에 대한 문제를 빈번하게 제기했던 언론은 고위관료, 기업인, 파렴치범 등을 겨냥하여 '인간쥐'라고 비판하는 경우가 많았다. 왼쪽은 『경향신문』 1972년 3월 25일자의 만평, 오른쪽은 『동아일보』 1977년 10월 10일자의 만평이다.

유했다. 마치 한국 군대에 의해 사살된 간첩들의 시신이나 그것을 찍은 사진 전시회에 사람들이 몰려와 격앙된 표정을 짓는 것과 매우 비슷했다. 이렇게 쥐잡기 운동과 간첩 소탕 작전 간에는 의례, 감정, 의식의 측면에서 유사성이 존재했다.

또한 사회에 해악을 끼치는 것으로 여겨진 다양한 부류의 사람들이 또 다른 인간쥐로 지목을 받았다. 어떤 이들이 쥐처럼 여겨지는가는 명확한 기준이 존재하는 것이 아니어서, 시기와 사람에 따라 달랐다. 대부분의 사람들이 공감할 정도로 심각한 사회적 폐해를 불러일으키는 이들을 인간쥐로 부르는 경우가 많긴 했으나, 이해관계에 따라 자의적으로 과도하게 때로는 편향되게 인간쥐라는 말을 사용하기도 했다. 때문에 실제 쥐 못지않게 인간쥐를 둘러싼 담론의 사회적 범람은 피하기 힘든 일이었다.

우리 주변에도 이러한 쥐와 같은 몹쓸 버릇을 몸에 익히고 있는 사람이 적지않이 있는 것을 볼 수가 있다. 얼마 전에 떠들썩했던 [와우]아파트 붕괴 사건만 하더라도 적은 공사 비용이 그러한 결과의 큰 원인이었다고 말할 수는 있겠으나, 그 적은 비용이나마 밑에서부터 갉아먹는 사람들이 없었던들 건물 자체가 주저앉을 정도는 면했을 것이라고 하겠다. [경부]고속도로를 달리면서도 같은 느낌을 갖게 된다. 쥐새끼들이 사정없이 갉아먹고 물어뜯어놓은 것 모양, 여기저기 곰보처럼 땜질한 곳이 헤아릴 수 없을 정도로 많아 우리들의 시야를 피곤케 한다. 이것도 누군가가 도로를 남몰래 갉아먹었던가 아니면 큰 덩어리를 물어뜯어갔기 때문일 것이다. 쥐가 전염병을 옮겨 사람에게 해를 주는 것처럼 우리 사회에 있어서도 이와 같은 갉아먹고 뜯어가는 사람이 난무하여 부정부패가 일소되지 않는 것 같다. 우리 사회가 건강하고 명랑해지기 위해서 이번의 쥐잡기 운동과 함께 '사람쥐'잡기운동이 하루라도 빨리, 그리고 강력히 전개되었으면 하겠다.[63]

쥐잡기날을 맞을 때면 꼭꼭 생각나는 것이 그놈의 인쥐들이다. 공교롭게도 이번 쥐잡기 운동을 벌이기에 앞서, 농수산부는 자체 안의 큼지막한 인쥐 하나를 몰아낸 뒤, 그래 놓고 나서 벌이는 운동이고 보면 서족들한테도 좀 당당할 것같기는 하다. 서족이 갖가지 전염병의 숙주가 되고, 그러고도 사람의 양식을 훔쳐먹는 고약한 동물

---

63) 『조선일보』 1970. 5. 9.

이기는 하지만 그보다 고약한 것은 사실 인쥐족이었다. 이들이 곧 총화정신(總和精神)에 재를 뿌리면서 국가의 재산을 축내는 족속임으로 해서 하는 말인데, 대동공업과 천일사, 부산상의에도 토실토실 살이 찐 인쥐가 들어앉아 있었음을, 쥐잡자는 기사가 난 날의 신문지면은 또 다시 알려주고 있었다. 쥐잡기도 중요하지만 이 인쥐들을 깡그리 잡아내야 한다. 3백65일 24시를 야옹거리면서 (…).[64]

언론에서 인간쥐에 대한 문제를 빈번하게 제기할 때마다 그 것은 고위관료, 기업인, 파렴치범 등을 겨냥하는 경우가 많았다. 특히 부정부패를 저지르는 비리 정치인과 공무원, 기업인에 대해 자주 문제제기를 하며 관기(官紀) 확립을 내세웠다. 언론의 입장에서는 인간쥐를 거론하는 것이 사회적 해악을 전반적으로 지적하고 한편으로는 정부의 실정과 비리를 에둘러 비판하는 방편이기도 했다. 그에 비해 정부가 인간쥐를 직접 거론하는 경우는 드물었으나, 그것은 국가와 사회의 존립을 해친다고 여겨지는 사람과 집단을 강하게 내몰 명분이 될 수 있었다.

당시 정부는 사회정화 추진과 명랑사회 건설을 주요 캠페인으로 벌이고 있었다. 박정희 정권 등장과 더불어 추진된 이 사업은 1960년대 후반 들어 더 강도를 높여 나갔다. 그 범위는 거리질서 확립을 비롯하여 어른 공경, 고운말 쓰기, 장발 단속, 불량배 퇴치, 부정부패 척결, 사회치안 확보 등에 이르기까지 망라했다.

---

64) 『서울신문』 1976. 5. 12.

1972년 10월유신을 단행한 이후에는 정부에 맞서 시위, 집회, 파업 등의 행위를 하는 정치적 반대세력까지 정화의 주요 대상으로 삼았다.

명랑사회는 어두운 사회, 더러운 사회와 대비되었다. 넓게 보면 쥐잡기 운동도 명랑사회를 만들기 위한 사업의 일환이었다. 이 때문에 '한국쥐잡기운동본부'(본부장 신윤곤)는 "10·17선언을 전폭 지지하며 새마을운동의 일익인 쥐없는 명랑한 사회 건설을 위하여 투쟁할 것을 다짐한다"[65]고 밝혔다. 쥐잡기 운동이 자연을 정화하는 것이라면, 사회악을 퇴치하기 위한 노력은 사회를 정화하는 것이었다. 이때 사회악으로 지목을 받은 대표적인 사람들이 다름 아닌 인간쥐들이었다.

그러므로 사회정화 운동과 쥐잡기 운동은 별개의 사업이 아니었다. 둘 다 나쁜 것들을 몰아낸다는 '정화'라는 공통점을 가지고 있었고, 인간쥐를 매개로 양자가 연결되어 있었다. 사회정화 운동은 달리 말하면 '인간쥐잡기 운동'이었다. 뿐만 아니라 사업 추진 방식도 정부 주도로 국민들을 동원한 총력전이었다는 점에서 유사성이 존재했다. 이렇게 자연을 대상으로 한 쥐잡기와 인간사회를 대상으로 한 사회정화는 서로 마주보고 있는 거울과 같았다.[66]

---

65) 『경향신문』 1972. 10. 25.

66) 당시 중국에서는 4인방 규탄 운동과 병행해서 쥐, 빈대, 파리, 모기 등 네 가지 해로운 동물을 몰아내는 4충방(四蟲幇) 타도 운동이 전국적으로 벌어졌다.

결국 인간쥐로 분류된 사람들은 '사회적 공적'이었다. 쥐가 인간사회와 긴밀한 관련을 맺게 되자 인간 가운데 사회적·정치적으로 해악을 끼친다고 판단되는 개인 및 집단이 쥐와 같은 부류로 취급 받았다. 이들은 쥐와 같은, 쥐만도 못한 존재이므로 인간으로서의 최소한의 대접도 받기 어려웠고, 사회적으로 가혹한 처벌을 받는 것은 당연한 일이었다. 이처럼 쥐잡기 운동은 인간쥐라는 사회적 실체를 공인하고 그들에 대한 억압 행위를 정당화하는 사회 분위기의 강화에 일조했다.

6. 그 '쥐'는 우리에게 무엇이었나

1970년대 한국은 또 다른 전쟁을 치렀다. 다른 나라에서는 그 예를 찾아보기 힘든 쥐와의 전면전이었다. 당시 정부가 전면에 내세운 경제개발을 가로막는 암적인 존재로 쥐가 지목되자, 그를 몰아내기 위한 전쟁은 사회적으로 중요한 가치를 지니게 되었다.

쥐와의 전면전에 정당성을 부여하기 위해 이데올로기, 정치상황 등도 다양한 방식으로 활용되었다. 쥐는 하루아침에 공산주의에 버금가는 사회적 공적이 되었고, 국민적 쥐잡기 운동이 정부

『동아일보』, 1977. 4. 8. 이와 유사하게, 나치 독일에서도 유태인이 '해충', '역병' 등으로 묘사되며 핍박당했던 적이 있었다. Russell III, Edmund P., op.cit., 1996, p. 1520.

의 전폭적인 지원과 격려 속에 시작되었다.

국가적 쥐잡기 운동은 물적·인적 자원을 대대적으로 결집시킨 총력전이었다. 이 사업을 진두지휘할 참모본부가 농림부를 비롯한 거의 모든 정부부처, 그리고 산하 기관까지 포괄하는 형태로 막강하게 꾸려졌다. 전 국민들이 쥐잡기 사업에 동원되었을 뿐만 아니라, 강력한 신종 화학약제가 전국에 무료로 배부되었다. 국민들의 전의를 드높이기 위해 요란한 선전이 이루어지고 우수한 성과를 거둔 사람들에게는 상당한 포상금이 지급되었다. 당시 사회에서 작동하고 있던 모든 인간적 기제가 쥐잡기 운동에 고스란히 스며들었던 것이다.

그러나 국가적 쥐잡기 운동은 별로 성공적이지 못했다. 매년 강력한 최고의 쥐약이 무수히 뿌려지고 수많은 쥐들을 잡았음에도 쥐는 사라지기는커녕 줄어들지조차 않았다. 해가 거듭되어도 정부는 매년 목표로 삼은 약 4천만 마리의 쥐를 잡고 또 잡았다. 살아남은 쥐들이 교묘한 생존 능력을 발휘하며 원래의 규모로 다시 늘어났기 때문이다. 인간의 전면전에 맞선 쥐들의 저항력이 만만치 않았기에, 치열한 공방전만 매번 되풀이되었다. 오히려 독성이 강한 쥐약을 사용했다가 인명, 가축과 같은 우군의 피해만 눈덩이처럼 불어났다.

쥐를 상대로 한 전쟁은 인간사회에도 반향을 가져왔다. 쥐잡기 운동을 계기로 사회적·정치적으로 해악을 끼치는 사람들이 인간쥐로 불렸다. 이런 현상은 당시 벌어지고 있던 사회정화 운동을 강화하는 데 일조했다. 사회정화 운동에서 퇴치 대상으로 삼은 대표적인 사람들이 인간쥐였기 때문이다. 사회악을 몰아내기 위한 사회정화 운동은 달리 말하면 '인간쥐잡기 운동'이었다. 이렇게 자연을 대상으로 한 쥐잡기 운동과 인간사회를 대상으로 한 사회정화는 서로 연결되어 있었다.

이후 쥐는 서서히 줄어들었다. 그 주된 원인은 쥐잡기 사업이 아니라 뜻밖에도 환경 개선사업이었다. 주택, 창고, 부엌, 지붕, 하수도, 개천, 도로 등이 예전과 달라지면서 쥐의 먹을거리와 서식처가 위협을 받게 되었다. 마치 사회적 빈곤층이 근대화와 더불어 누추한 도시 주변지대로 밀려나가는 것과 비슷한 현상이었다. 다른 점이 있다면 빈곤층에게는 경제력이, 쥐에게는 특히 시멘트가 가장 중요한 사회적 혹은 자연적 '진입 장벽'으로 작용했다는 사실이다. 결국 환경 자체의 근본적 변화로 생태적 약자인 쥐도 적응을 하지 못하고 점차 도태되는 운명을 맞았다. 사회적·생태적 약자들은 인간이 새로이 바뀌 나간 근대적 환경에 적응하기 힘들었다는 점에서 서로 다르지 않았다.

쥐잡기 사업도 인간이 벌이는 활동이므로 거기에는 필연적으로 인간 권력의 자취가 드리운다. 아울러 인간과 자연이 서로 긴밀한 연계성을 가질수록 쥐잡기 사업의 메시지는 인간사회로 되돌아온다.

소위 근대화는 인간과 자연을 더 긴밀하게 연결하고자 하는 인간적 노력의 소산이다. 그리하여 인간과 자연은 상호 연관된 '순환적 연결망'을 형성하게 된다. 우리가 근대 시기의 인간사회와 자연세계를 대칭적 시각으로 바라볼 필요도 이 때문에 생긴다. 이런 점에서 인간과 자연을 포괄하는 시선은 인간사회를 또 다르게 바라보는 눈이 될 수 있다.

갈채와 망각, 그 뒤란의 '산업 전사'들

— '국제기능경기대회'와 1970~80년대의 기능인력

김태호

1. 기능 '올림픽'과 기술인력

1976년 8월 1일, 한국의 양정모는 몬트리올 올림픽 레슬링 자유형 62킬로그램급 경기에서 한국(남한)에 최초의 올림픽 금메달을 안겼다. 한국인이 딴 최초의 금메달은 1936년 베를린 올림픽 마라톤에서 손기정이 딴 것이지만, 일제강점기였으므로 메달의 국적은 일본으로 기록되었다. 따라서 '대한민국'이라는 이름으로 양정모가 처음 금메달을 따낸 것은 한국인의 자존심을 높여주는 사건으로 대서특필되었고, 8월 3일 귀국한 그를 위해서 김포공항에서 서울시청까지 대대적인 차량행진이 마련되었다.

이듬해인 1977년 7월 17일, 다시 수만 명의 인파가 김포공항에서 서울시청에 이르는 길을 메웠다. 스물한 대의 무개 차량에 올라타고 이 인파의 환영을 받은 사람들은 이번에도 "올림픽 금메달리스트"라고 불렸지만, 이들이 참가했던 것은 다른 종류의 올

국제기능경기대회 우승 기념 카퍼레이드 1977년 7월 17일, 처음으로 국제기능경기대회 종합 1위를 하고 귀국한 선수단을 환영하는 차량행진이 벌어졌다. 국가기록원 소장 사진.

림픽이었다. 이들은 네덜란드 위트레흐트에서 열린 국제기능경기대회(International Vocational Training Competition)에서 종합 1위를 차지하고 돌아온 "선수단"이었다.[1] 한국 선수단은 17개국이 참가한 이 대회에서 금메달 12개, 은메달 4개, 동메달 5개로 첫 종합우승을 차지했다. 현지에서 우승이 결정된 7월 11일부터 국내 언론은 이

---

1) 한국인들에게는 물론 '국제기능경기대회'라는 공식 명칭보다는 '기능올림픽'이라는 이름이 훨씬 친숙하다. 그러나 이 글에서는 한국 사회 안에서 재생산되어온 친숙한 이미지에 얽매이지 않고 객관적인 맥락 안에서 주제에 접근하겠다는 의미를 담아, 특별히 필요한 경우를 빼면 '국제기능경기대회'라는 이름을 쓸 것이다.

들을 영웅으로 묘사했으며, 17일 귀국한 참가자들은 김포공항에서 신촌을 거쳐 시청 앞까지 차량행진을 벌이고, 중앙청과 용산을 지나 국립묘지까지 참배했다.[2] 이들은 다음 날 청와대를 찾아 대통령 박정희에게 직접 훈장을 받고, "기술을 배워 (…) 자신을 개발만 하면 대학을 나온 사람보다 사회를 위해 더 훌륭한 봉사를 할 수 있다는 긍지를 갖고 일하라"는 격려도 받았다.[3]

박정희 정부는 산업 진흥을 위해 고급 기능인력 양성이 필요하다고 판단하고 1960년대 후반부터 기능교육에 많은 지원을 했다. 특히 세칭 "기능올림픽"이라는 별명으로도 불리던 국제기능경기대회는 기능교육에 대한 국민적 관심을 높이기에 적절한 소재라고 인식되었으므로, 정부는 여기에 참여하는 선수들에게 지원을 아끼지 않았다. 또한 대회에서 좋은 성과를 거둔 참가자들을 국민적 영웅으로 묘사하여 젊은이들의 모범으로 삼고자 하였다. 정부의 전폭적인 지원에 힘입어 한국은 국제기능경기대회에서 뛰어난 성과를 거두었다. 1977년 위트레흐트 대회에서 처음으로 종합우승을 한 이래, 최근의 2015년 상파울루 대회까지 한국은 단 두 차례를 빼고는 종합우승을 놓치지 않았다.[4]

그러나 국제기능경기대회에 대한 사회적 열기는 1980년대 중

---

2) 「국제기능올림픽 선수단 개선—세계에 떨친 '기능한국'」, 『경향신문』 1977. 7. 18.

3) 「선진공업국 대열에 오를 자신감—박 대통령, 기능올림픽 선수단에 훈장, 격려」, 『경향신문』 1977. 7. 19.

4) 1993년 타이페이 대회에서는 타이완, 2005년 헬싱키 대회에서는 스위스가 각각 우승을 차지했고 한국은 2위에 올랐다.

반 무렵 서서히 식어갔다. 위에서 보았듯 한국의 성적은 줄곧 수위를 놓치지 않았지만 대중의 관심은 다른 곳으로 옮겨 간 것이다. 국제기능경기대회뿐 아니라 기능교육 전반에 대한 관심도 약해져, 실업계 학교들은 신입생을 모집하는 데 어려움을 겪을 지경이 되었다. 보수 신문들은 이렇게 바뀐 세태에 대해 개탄하며 국제기능경기대회에 대한 관심을 촉구하는 기사를 싣기도 했다.[5]

국제기능경기대회 또는 기능올림픽이 이렇게 갑자기 전 국민적 관심사가 되었다가 또 이렇게 관심을 잃어버리게 된 것은, 1970년대부터 1980년대 사이에 한국 사회가 겪은 급격한 변화와 맥을 같이한다. 국제기능경기대회는 기능교육의 성과를 겨루는 이벤트이므로, 기능인력 정책의 원인 또는 동기라기보다는 결과 또는 특정한 재현의 방식이라고 할 수 있다. 하지만 1970년대 한국 정부가 국제기능경기대회에 각별한 관심을 기울였던 것을 감안하면, 이 이벤트는 당시 국가가 구상하고 있었던 기능인력 정책의 핵심 요소들을 충실히 반영했다. 국제기능경기대회는 국가의 구상을 국민에게 알리는 쇼윈도의 역할을 했고, 국민들은 이 쇼윈도에 재현된 국가의 의도에 저마다의 방식으로 반응했다. 이 글은 국제기능경기대회라는 쇼윈도 너머를 들여다봄으로써 1970~80년대에 한국 사회에서 '기능'이라는 개념과 기능공의 지위가 어떻게 달라져왔는지 살펴보고자 한다.

당대 언론의 각광을 받았던 것에 비해서는 국제기능경기대회

---

5) 최현묵, 「기적은 계속됐지만… 환호는 사라졌다」, 『조선일보』 2009. 9. 8, A1면.

라는 이벤트 자체를 집중적으로 다룬 선행연구는 의외로 많지 않
다. 국제기능경기대회를 언급한 연구들도 국제기능경기대회라
는 현상보다는 그 배경이 되는 정책과 제도의 변화를 다룬 연구
들이 많다. 김근배와 문만용은 일련의 연구를 통해 한국의 과학
기술인력이 형성되고 과학기술 교육과 연구가 학교와 연구소 등
다양한 공간에서 제도화되는 과정을 재구성했다.[6] 홍성주는 한국
과학기술 정책의 역사를 정리하면서 인력 정책을 중요한 부분으
로 다루었다.[7] 한경희와 다우니는 한국에서 '엔지니어'라는 집단
이 형성되는 과정을 추적하면서 기능인력 양성 정책의 변천을 다
루었다.[8] 또한 김형아와 박영구 등은 1970년대 정부가 중화학공업
화 정책을 추진하는 과정에서 기능을 익힌 고숙련노동자 집단이
형성되는 데 주목했다.[9] 지민우와 임소정도 금오공업고등학교의
역사를 통해 국가의 후원 아래 고급 기능인력이 양성되는 과정을
재조명했다.[10] 황병주는 국제기능경기대회 자체에 초점을 맞추

---

6) 김근배, 『한국 근대 과학기술인력의 출현』, 문학과지성사, 2005; 문만용, 『한국
   의 현대적 연구 체제의 형성』, 선인, 2010 등.

7) 홍성주, 「한국 과학기술 정책의 형성과 과학기술 행정체계의 등장, 1945~1967」,
   서울대학교 대학원 박사학위 논문, 2010.

8) 한경희·게리 리 다우니 지음, 김아림 옮김, 『엔지니어들의 한국사—근현대사
   속 한국 엔지니어들의 변천사』, 휴머니스트, 2016.

9) 김형아 지음, 신명주 옮김, 『박정희의 양날의 선택 (유신과 중화학공업)』, 일조
   각, 2005; 박영구, 『한국의 중화학공업화—과정과 내용 2』, 해남, 2012, 특히 제7
   부 "교육, 기술, 인력과 연구."

10) 지민우, 「중화학공업화 초기 숙련공의 생애사 연구—'금오공고 졸업생'을 중심

어, 국가 주도의 성장 담론이 지배하던 시절 청소년들이 '기능올림픽'이라는 좁은 문을 향해 경쟁적으로 동원되는 과정을 "패자부활전"으로 묘사하였다.[11]

이 글은 이들 선행연구와 같은 주제를 다루고 있으나 조금 다른 방향에서 접근하고자 한다. 우선 국제기능경기대회 자체의 역사를 살펴볼 것이다. 흔히 '기능올림픽'이라는 이름으로 불려오기는 했으나, 초창기의 국제기능경기대회는 그 역사와 위상이 올림픽에 비할 만한 행사는 아니었다. 오히려 한국을 비롯한 동아시아 국가들의 참가를 통해 국제기능경기대회가 '기능올림픽'이라는 별명이 무색하지 않도록 성장했다고 할 수 있다. 기존 연구들이 주로 국제기능경기대회를 둘러싼 국내의 정책과 담론 등에 주목했던 데 비해, 이 글은 국제적 맥락에서 이 대회의 기원과 성장 과정을 요약하고, 한국 정부가 이 이벤트가 지닌 상징성을 어떻게 전유했는지 살펴봄으로써 국제기능경기대회를 이해하는 데 새로운 시각을 제공하고자 한다. 또한 이 글은 '기능'과 '기술'이라는 낱말의 쓰임새의 변천 과정에 주목할 것이다. 기능올림픽 신화가 부침을 겪었던 과정은 '기술자'라는 말을 둘러싼 힘겨

으로」, 연세대학교 대학원 석사학위 논문, 2013; 임소정, 「금오공업고등학교의 설립과 엘리트 기능 인력의 활용, 1973~1979」, 서울대학교 대학원 석사학위 논문, 2015.

11) 황병주, 「기능올림픽, 패자 부활의 잔혹사—조국의 번영을 몸으로 이룩하는 산업전사들?」, 권보드래·김성환·김원·천정환·황병주, 『1970, 박정희 모더니즘—유신에서 선데이서울까지』, 73-86쪽.

루기의 과정이기도 하기 때문이다. 서로 다른 배경과 역할을 가진 전문인력들이 기능교육의 주도권을 둘러싸고 보여준 엇갈린 행보를 복원하는 것은 한국 사회의 거시적 변화라는 맥락 안에서 기능인력의 위치를 파악하는 데 중요한 단서가 될 것이다.

2. 국제기능경기대회(IVTC)와 한국

1) 국제기능경기대회가 '기능올림픽'이 되기까지

국제기능경기대회는 1950년 스페인에서 시작되었다. 한국인들이 '기능'이라는 말에서 쉽게 연상하는 중북부 유럽의 독일이나 스위스 등과는 여러 모로 다른 곳인데, 스페인에서 이 대회가 비롯되고 국제대회로 성장한 것은 냉전이라는 맥락을 감안해야 이해할 수 있다. 내전(1936~1939)을 거치며 스페인의 산업 기반은 황폐졌고 지역과 계급에 따른 분열도 심각했다. 스페인 청년기구(Organización de Juventud Española)는 전국적인 직업교육 운동으로 이 상황을 타개하고자 1946년 전국 협의체를 결성하고, 지역과 전국 규모의 직업교육 경연대회를 열기로 합의했다. 프랑코 정부가 직업교육을 통해 "청소년의 불량화와 사상 악화를 방지하고 근로정신을 북돋우"자는[12] 구상을 지지하면서, 가톨릭교회와 기업들도 후원에 가세하였다. 이듬해인 1947년 약 4천 명의 젊은이들이

---

12) 강명순, 「제15회 국제기능경기대회 참관기」, 『대한기계학회지』 7(1), 45쪽.

참석한 가운데 첫 번째 전국기능경기대회가 열렸다. 1950년에는 옆 나라 포르투갈이 동참하면서 국제대회로 확장할 가능성을 보여주었다.[13] 1953년 대회는 서독, 영국, 프랑스, 모로코, 스위스 등이 참가하면서 국제대회의 모습을 갖추기 시작했다. 이듬해인 1954년에는 대회 명칭을 국제 직업훈련 경연대회(IVTC: International Vocational Training Competition)로, 대회 주관기구의 이름을 국제직업훈련기구(IVTO: International Vocational Training Organization)로 정하여 제도적 기반을 다졌다.

프랑코 정권은 반란으로 공화국을 전복하고 내전이 끝난 뒤에도 공화주의자와 사회주의자에 대한 대규모 학살을 자행했기 때문에 제2차 세계대전이 끝날 때까지 국제사회에서 고립되었다. 그러나 전후 냉전 체제가 수립되면서 스페인은 미국 주도의 반공 진영에 합세하여 서서히 국제사회에 재진입할 수 있었다. 국제기능경기대회는 소위 서방세계의 청년들이 스페인을 방문하게끔 함으로써 스페인이 국제사회의 일원으로 위상을 다지는 계기로 이용되었다. 제6회 대회(1957)까지는 모두 스페인의 마드리드에서 열렸고, 그 뒤로도 1970년대 중반까지는 두세 번에 한번 꼴로 스페인에서 대회가 열렸다.

하지만 프랑코 정권의 독재정치가 지속되는 동안에는 사회주의 국가들은 당연하게도 전혀 참여하지 않았고, 서방세계 국가들도 미온적인 태도를 보였다. 서유럽의 선진 산업국들 가운데 대

---

13) WorldSkills International에서는 이 1950년 대회를 제1회로 친다.

회 초기부터 활발히 참여한 것은 서독뿐이었고, 영국과 벨기에는 약간의 인원을 보내는 데 그쳤다. 프랑스는 1950년대에 소수의 참가자를 보냈으나 1961년부터 1975년까지는 참여하지 않았다. 선진 산업국들은 이미 산업화의 성숙 단계에 들어섰고 산업인력 정책의 틀이 잡혔으므로 이와 같은 전시성 행사가 딱히 필요하지 않았다. 더욱이 프랑코 독재정권이 주관하는 행사에 참여한다는 정치적 부담도 있었기 때문에, 프랑코가 건재했던 동안에는 유럽에서 참가 규모가 크게 늘지 않았다.

이렇게 스페인의 관제 행사로 끝나버릴 수도 있었던 국제기능경기대회가 '올림픽'이라는 별명이 무색하지 않은 규모로 확장될 수 있었던 것은, 1960년대 이후 동아시아 국가들이 국가적인 관심 아래 대거 참여했기 때문이다. 같은 자본주의 진영이라도 서유럽 국가들이 자신들보다 산업화가 뒤처진 스페인이 주도하는 행사에 적극적으로 참여할 동기가 부족했던 데 비해, 전후 강력한 국가 주도의 공업 진흥 정책을 펴던 일본, 남한, 타이완은 국제기능경기대회를 자국의 기능교육 진흥을 위한 방편으로 이용하고자 하였다. 이 세 나라는 기능인력 양성 정책은 조금씩 달랐지만, 모두 국내 기능경연대회를 국제기능경기대회의 예선 성격으로 치름으로써 기능교육에 대한 국내의 관심을 높였다. 일본이 1962년, 한국이 1967년, 타이완이 1970년부터 웬만한 서유럽 국가들을 능가하는 규모의 선수단을 파견함으로써 국제기능경기대회는 1960~70년대에 걸쳐 외연이 크게 확장되었다. 1961년 200명을 밑돌던 참가자 수가 일본과 한국이 참가한 뒤로 250명 전후로 늘어났고, 타이완까지 참가한 1970년 이후로는 300명에 근접하였다.[14] 그리고 1990년대 들어 냉전이 종식되면서, 참가국과 참가자 수가 다시금 크게 늘어서 각각 20개국과 400명을 넘어섰다.[15]

동아시아 3국은 그저 참가자 수를 늘리는 데만 기여한 것이 아니라, 타국을 압도하는 성적을 거두었다. 일본은 1962년 첫 참가부터 1975년까지 12개 대회에서 1위를 6번, 2위를 4번(금메달 수 기준) 차지함으로써 유럽 위주로 진행되던 국제기능경기대회의 판도를 뒤흔들어놓았다.[16] 그 뒤로는 한국과 타이완이 두각을 나타냈다. 1977년부터 2015년까지 21회의 대회에서 한국은 종합 1위 19회와 2위 2회, 타이완은 종합 1위 1회와 2위 3회를 차지했다. 요컨대 1962년 일본의 첫 참가 이후 현재까지 33차례의 대회에서 일본, 한국, 타이완 중 한 나라가 27번 우승을 차지했다. 그 이외의 국가가 종합우승을 한 것은 6회로, 그중 4번은 개최국이 우승한 것이고, 개최국의 이점 없이도 동아시아 3국 이외의 국가가 우승

---

14) 이상 대회 규모에 대한 자세한 정보는 IVTO History: from 1950 to June 2000, electronic book, available in PDF, from https://www.worldskills.org/about/history/, pp. 32~103; "History of WorldSkills", WorldSkills International web site, https://www.worldskills.org/about/history/(2016. 9. 15 접속) 등을 참조.

15) 국제직업훈련기구의 회원국 숫자는 구 사회주의권과 중립 성향의 나라들이 대거 참여하기 시작한 2000년대 이후 한 번 더 급증하여, 2016년 10월 현재 총 76개국에 이른다. "Member organizations", WorldSkills International, https://www.worldskills.org/about/members/(2016. 9. 15 접속).

16) 종합순위 1위는 1963, 1964, 1966, 1969, 1970, 1971년 대회, 2위는 1962, 1965, 1967, 1968년 대회였다. 1976년에는 3위, 1975년에는 5위를 기록했다. 箱田昌平,「日本のものづくりと技能の形成」,『追手門経済論集』43(1), 2008. 9, 216쪽.

한 것은 1975년과 2005년의 스위스뿐이다.[17]

이렇게 국제기능경기대회가 명실상부한 국제경연으로 자리 잡아가면서, 스페인의 독점적 지위는 점차 허물어졌다. 대회 초창기에 우승을 도맡아 하던 스페인은 참가국이 늘어나고 경쟁이 치열해지면서 좀처럼 입상자를 내지 못하는 처지가 되었다. 스페인이 대회를 개최한 것도 프랑코 사망 직전인 1975년 마드리드 대회가 마지막이었다. 국제직업훈련기구(IVTO)가 창설될 때부터 사무총장(1950~1983)과 회장(1984~1992)을 맡았던 알베르 비달(Francisco Albert-Vidal)이 1993년 사망한 뒤에는 회장 자리도 네덜란드의 뵈크 (Cees H. Beuk, 1992~1999 재임)와 뒤셀도르프(Tjerk Dusseldorp, 1999~2011 재임) 등에게 넘어갔다. 주도권을 잃은 스페인은 1993년 타이페이 대회부터 2005년 헬싱키 대회까지 참가하지 않았다가 2007년 시즈오카 대회부터 다시 참가하기 시작했지만 더 이상 특별한 위상을 누리지는 못했다. 네덜란드가 조직의 주도권을 잡으면서 1999년부터 행사와 기구의 이름도 각각 'WorldSkills Competition'과 'WorldSkills International'로 바뀌었고, 조직 사무국도 네덜란드 암스테르담으로 옮겼다.[18]

---

17) 1965년 글라스고 대회 영국, 1967년 마드리드 대회 스페인, 1968년 베른 대회 스위스, 1973년 뮌헨 대회 서독, 1975년 마드리드 대회 스위스, 2005년 헬싱키 대회 스위스 등이다.

18) "Contact Us", WorldSkills International website, https://www.worldskills.org/about/contact/ (2016. 9. 1 접속). 다만 WorldSkills Foundation의 본부는 여전히 스페인 마드리드에 있다.

동아시아 국가들이 참가하며 촉발된 변화는 대회 명칭에서도 감지된다. 대회의 공식 명칭은 1999년까지 'International Vocational Training Competition'이었고 1999년 이후 'WorldSkills Competition'이었지만, 대회 개최국 사정에 맞게 유연하게 번역 또는 번안하는 것이 용인되었다. 그에 따라 나라마다 서로 다른 이름들을 써왔는데, 우리에게 친숙한 '기능올림픽'이라는 이름은 사실 그다지 일반적인 번안은 아니었다. 발상지인 스페인에서는 처음부터 'Concurso Internacional de Formación Profesional', 독일어권인 서독과 스위스 등에서는 'Internationaler Berufs wettbewerb', 영국에서는 'International Apprentice Competition' 등 개인의 직업훈련에 초점을 맞춘 이름을 써왔다. 그에 비해 올림픽이라는 이름은 사실 일본과 한국이 선호하면서 널리 퍼진 측면이 있다. 일본은 대회를 개최할 때 영문으로는 공식 명칭인 IVTC를 사용했지만, 국내에서는 '國際技能オリンピック' 또는 '國際技能五輪'이라는 이름을 통용하고 있다. 한국은 국내에서 '국제기능올림픽'이라는 이름을 통용한 것은 물론 1978년 부산에서 개최한 대회의 공식 이름으로도 'International Youth Skill Olympics'을 썼다. 이것이 서구어 공식 명칭에 '올림픽'이라는 말이 공식적으로 들어간 첫 사례인데, 오히려 그 이후로 1980년대 들어 서구에서 열린 대회명에도 '올림픽'이라는 낱말이 들어가는 경우가 조금씩 늘어났다.[19]

---

19) 타이완은 "國際技能五輪"이나 "國際青年技能奧林匹克"라는 명칭도 쓰지만 IVTC의 원래 의미에 가까운 "國際技能競賽"라는 이름을 주로 쓰고 있다.

이처럼 국제기능경기대회의 역사를 자세히 살펴본 것은, 한국 밖의 시선으로 되돌아볼 때 비로소 이 대회의 성격이 어떻게 변화해왔는지, 그리고 동아시아 국가들이 어떻게 그 변화를 능동적으로 추동해왔는지 잘 드러나기 때문이다. 국제기능경기대회는 처음부터 명실상부한 국제행사는 아니었지만 국가 주도의 공업화에 매진하던 동아시아 3국이 그 상징적 가치를 발견하고 전유함으로써 국제행사로 성장할 수 있었다. 특히 첫 출천부터 국가가 깊숙이 개입하여 기획했던 한국은 국제기능경기대회를 처음부터 '올림픽'으로 규정하고 참가함으로써 그것을 올림픽으로 만들면서 동시에 '제패'했다고까지 말할 수 있을 것이다.

2) 한국의 기능인력 양성 정책과 국제기능경기대회 참가

동아시아 3국은 국내대회를 국제대회와 연동시킨다는 점에서는 서로 비슷했지만, 대회에 참가할 '선수'를 양성하는 과정에서는 조금씩 달랐다. 일본은 상대적으로 기업의 역할이 컸던 데 비해 타이완과 한국은 국가가 인력 양성 과정에 더 넓고 깊게 개입했다.

일본에서는 기업이 청소년을 견습공으로 채용한 뒤 사내에서 교육과 실습을 시켜 숙련공으로 키워내는 '양성공(養成工)'의 전통이 일찍부터 이어져왔다. 양성공제도는 1899년 설립된 미츠비시(三菱) 나가사키조선소의 미츠비시 공업예비학교, 1910년 설립된 히타치 광산의 도제양성소, 야하타(八幡)제철소의 유년직공양성소 등까지 거슬러 올라간다. 1910년대에는 국민교육이 확산되면

서 (구제)소학교를 졸업한 이들을 견습공으로 채용하여 양성하는 관행이 정착되었고, 1939년에는 '공장사업장기능자양성령'이 제정되어 일정 규모 이상의 사업장에서는 일정 비율의 양성공 육성이 의무화되었다.[20] 이런 전통이 있었으므로 1960년대 이후 국제기능경기대회에 참가하는 기능공도 양성공 가운데서 선발할 수 있었다. 일본 정부는 1963년부터 '기능오륜전국대회'를 매년 개최하여, 격년으로 열리는 세계대회의 예선으로 삼았다. 일본 경제가 급속도로 성장하던 1960년대에 기업 양성공들이 예선을 통과하고 국제대회에서 좋은 성적을 거두자, 이것은 "제조(ものづくり)의 대국이 되었다는 자신감으로 이어졌다."[21] 히타치(日立)공업전수학교를 비롯하여 덴소(デンソウ), 도요타(豊田), 닛산(日産), 마즈다(松田), 세이코-엡손 등 6개 회사의 양성공들이 지금까지도 일본이 획득한 메달의 대부분을 차지하고 있다.[22]

타이완은 1965년 단기 직업교육기관을 설립하면서 적극적인 기능인력 양성 정책을 펴기 시작했다. 특히 일본과 비교하면 국영기업의 비중이 높았으므로, 정부 정책의 변화가 그대로 고용방침에 반영되어 노동시장에 영향을 줄 수 있었다.[23] 공업고등학

---

20) 大場隆広, 「戰後日本における養成工の役割: デンソーの事例を 中心に」, 『札幌学院大学経済論集』 7, 2014, 88쪽.

21) 箱田, 앞의 글, 216쪽.

22) 위의 글, 215~218쪽.

23) Francis Green, David Ashton, Donna James, and Johnny Sung, "The Role of the State in Skill Formation: Evidence from the Republic of Korea, Singapore, and Taiwan", *Oxford*

교를 대거 설립하고, 일반 중학교 졸업생을 위한 5년제 실업고등 전문학교와 공업고등학교 졸업생을 위한 2년제 전문학교를 1960 년대 후반 신설하였다. 그 결과 1960년대 후반에는 중학교를 졸업하고 실업계 고등학교로 가는 학생이 일반 고등학교로 진학하는 학생보다 많아졌다. 이렇게 기능인력의 저변이 넓어짐에 따라 1968년부터는 전국기능경연대회를 실시하였다.[24] 중화인민공화국과의 외교 문제 때문에 국제기능경기대회에 참가하는 데 약간의 진통이 있었으나, 1971년 히혼 대회부터 정식으로 참가할 수 있게 되어 국내대회와 국제대회의 연계 구조를 확립하였다.[25]

한국은 기업 대신 국가가 관장하는 교육 시스템을 통해 기능인력 양성을 도모했다는 점에서는 일본보다 타이완에 가까운 길을 택했다. 산업자본도 함께 형성되어가는 중이었으므로 불가피한 선택이었을 테지만, 기업이 인력 양성 과정에서 '무임승차'하

Review of Economic Policy 15(1), p. 86.

24) Dar-chin Rau, "Transformation and Reform of Vocational Education and Training in Taiwan, Republic of China", Ian Finlay, Stuart Niven, and Stephanie Young, *Changing Vocational Education and Training: An International Comparative Perspective*, London and New York: Routledge, 1998, pp. 74~77.

25) 타이완은 1968년 주대만 스페인 대사관을 통해 IVTO 가입을 요청했으나 동의를 얻지 못했다. 이듬해에도 두 차례 다시 요청한 끝에야 1969년 11월 특별회원국 지위를 획득했고, 1970년 도쿄 대회에 참여하여 정식 회원 자격을 얻었다. Chun-Huang Lu, "A case study of skill and knowledge requirements implicit in working blueprint from the International Vocational Training Competition's (Skill Olympics') cabinetmaking event", Ph. D. Dissertation, Iowa State University, 1992, pp. 14~18.

는 관행이 이때 비롯되었다는 비판도 있다.[26] 그럼에도 불구하고, 적어도 외견상으로 한국 정부의 집중적인 투자는 대단히 성공적인 결실로 되돌아왔다. 정권의 실세가 진두지휘하고 최고 권력자가 적극적으로 후원한 사업이었기 때문이다.

수출 증대를 통해 경제성장을 도모하던 박정희 정부에게 숙련노동자의 부족은 심각한 문제였다. 1966년 현재 기술공과 기능공의 3분의 2가 "무학 또는 국졸"이며, 기술계 전문학교를 졸업한 이들은 6.5%에 불과할 정도로 노동력의 전문성이 취약한 것이 현실이었다.[27] 이를 타개하기 위해 정부는 산업화 과정에서 늘어나는 고등교육에 대한 수요를 인문계보다는 실업계로 흡수하고자 했다. 1963년의 '산업교육진흥법'은 중등교육에서 인문계와 실업계의 비율이 당시 6 : 4 정도였던 것을, 궁극적으로는 3 : 7까지 역전시키는 것을 목표로 하였다.[28] 1967년 1월 공포된 '직업훈련법'은 그 구체적인 방안을 담고 있었다. 이 법안에 따르면, 직업훈련공단 직영 공공직업훈련소, 노동청의 허가를 받아 비영리기관이 운영하는 훈련소, 노동청의 인정 또는 위탁을 받은 사업체 내 훈련소 등에서 기능교육을 받으면 그 비용을 국가가 일부 또는 전부 보조한다. 또한 교육 수료 후 기능검정을 통과하면 기능사의

---

26) 박영구, 「공업화와 교육—중화학공업화와 기능공 육성」, 『경제사학』 52, 2012. 6, 117~141쪽.

27) 한독실업학교, 『인력개발과 직업훈련(연구보고)』, 인천: 한독실업학교, 1966, 22쪽.

28) 한경희·다우니, 앞의 책, 111~112쪽.

자격을 얻으며 "노동청장은 기능사를 우선적으로 채용하도록 알선하여야" 한다(제24조).[29] 처음 법안을 성안하였을 때는 기능훈련 수료자에게 더 많은 혜택을 주고 인문계 진학을 장려하지 않겠다는 취지가 한층 더 노골적으로 드러나 있었다. 예를 들어 초안에는 "기능사에 대하여는 사업주는 보수에 있어서 우대하도록 노력하여야 한다"거나 "사업주는 기능사인 구직자는 이를 우선적으로 채용하도록 노력하여야 한다"(이상 제23조)는 등 더 강도 높은 표현이 포함되어 있었지만, 법안 검토 과정에서 사기업에 이를 강제할 수단이 없어 완화되었다.[30] 또한 법안이 국회에 제출된 직후의 신문 보도에 따르면, 직업훈련소의 입소 자격은 "일반 학력을 전혀 무시, 기술훈련 경력만을 인정"하고, 교육 후에는 "일체의 해외 파견 기술자는 직업훈련을 마친 사람에 한하기로" 하는 특혜도 줄 뿐 아니라, 장차 직업훈련소를 점차 확대하여 "의무교육 수료 후 진학 않는 모든 청소년을 직업훈련소에 수용할 방침"이라는 다소 과격한 구상까지 검토되기도 했다.[31]

이렇게 박정희 정부가 실업교육 진흥 정책을 본격 추진하던 시점에, 초대 중앙정보부장이자 박정희 정권의 실력자 김종필은

---

29) 「직업훈련법(법률 제1880호)」, 『관보』 제4549호, 1967. 1. 16, 23~25쪽. 국가기록원 관리번호. BA0190326.

30) 「직업훈련법(안)」, 국무회의 의안번호 제812호, 1965. 9. 2, 국가기록원 관리번호 BA0084446.

31) 「직업훈련법안 마련 기술교육에 새 기틀―ILO서 150만 달러 원조 약속」, 『동아일보』 1965. 10. 9, 7면.

국제기능경기대회 한국위원회 개최 박정희 정부가 실업교육 진흥 정책을 본격 추진하던 시점에, 초대 중앙정보부장이자 정권의 실력자였던 김종필은 국제기능경기대회에 주목하고 한국의 참가를 기획하였다. 국가기록원 소장 사진.

일본에서 일명 "국제기능올림픽"이라고 불리던 국제기능경기대회에 주목하고 한국의 참가를 기획하였다. 그는 1966년 1월 29일 스스로 회장을 맡아 '국제기능경기대회 한국위원회'를 설립하여, 산업계와 학계와 정부 각 부처의 주요 인사들을 대회 준비에 참여시켰다.[32] 위원회에는 정치인, 언론인, 학자, 기업인, 군부 또는 군 출신 요인 등이 대거 이름을 올렸으며 상공부 장관, 문교부 장관, 건설부 장관, 보사부 장관, 경제기획원 차관, 국립공업연구소

---

32) 「기능'올림피크' 한국위원회 발족」, 『경향신문』 1966. 1. 31, 5면.

장 등이 당연직 이사로 참여했다.

국제기능경기대회 한국위원회는 설립 즉시 본대회에 참가하기 위한 준비에 착수했다. 이듬해인 1967년 마드리드 대회부터 참가하는 것을 목표로 하고, 1966년 제15회 위트레흐트 대회에는 김재순(국회 상공분과위원장 겸 한국위원회 부회장)을 단장으로 한 11인의 참관단을 파견하여 대회 운영 방식을 익히고 국내 통용 기술과의 차이점 등을 파악하였다.[33] 그리고 9월 2일부터 6일까지 경인, 대구, 부산에서 지방기능경기대회를, 10월 22일 전국기능경기대회를 개최하였다. 사전에 대회를 소개한 신문 기사에 따르면 이 국내대회는 "말만으로 믿어온 우리나라 각 분야 기술자들의 기술 수준을 측정하고 형편없는 청소년 기능자들의 사회 지위 향상에 크게 도움을 줄 것"을 목표로 하였다. 총 30분야에 이르는 다양한 종목은 "청년들이 전담하는 기계 분야"와 "여성들이 많이 하는 수공예 부문"으로 성별화하여 인식되었고, "동양의 유일한 참가국인 일본은 (…) 1등을 차지하여 선진공업국임을 자랑하기에 이르렀다"는 것을 강조하여 국제기능경기대회가 한국이 도전할 만한 목표로 제시되었다.[34]

이 기사에서도, 그리고 이후의 문헌에서도 거듭 나타나는 용

---

33) 김종우, 「제15회 국제기능올림픽대회 참관기」, 『전기협회지』 1966. 8, 2~9쪽; 강명순, 「제15회 국제기능경기대회참관기」, 『대한기계학회지』 7(1), 1967, 45쪽. 한편 이 참관기 중에 강명순은 "이것이 Olympic game과 무엇이 다르랴"는 독백(48쪽)을 통해 이 대회에 걸고 있는 기대를 드러내기도 하였다.

34) 「과학적으로 측정될 젊은 기술공들의 손재주」, 『동아일보』 1966. 8. 4, 6면.

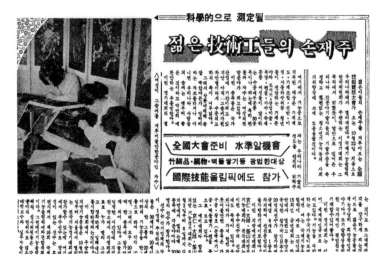

"과학적으로 측정될 젊은 기술공들의 손재주" 『동아일보』 1966. 8. 4, 6면 기사. 국제기능경기대회 한국위원회는 1966년 9월 2~6일까지 경인, 대구, 부산에서 지방기능경기대회를, 10월 22일 전국기능경기대회를 개최하였다. 각 분야 기술자들의 기술 수준을 측정하여 국제대회를 준비하기 위함이었다.

어의 혼선을 주목할 만하다. 한국에서 통용되는 정책 또는 법률상의 용어로서 '기술자', '기술공', '기능공'은 서로 다른 대상을 지칭한다. 엄밀히 말하면 기술자는 이공계 대학 이상의 학력으로 전공 부문에 종사하는 이들을, 기술공은 전문학교 이상을 졸업한 중간급 인력을, 기능공은 그 이하 학력이지만 숙련된 노동을 할 수 있는 이들을 가리킨다.[35] 제1차 기술진흥 5개년계획은 1961

---

35) 제1차 기술진흥 5개년계획 입안 당시의 공식적인 규정으로 기술자(engineer)는 "이공계 대학을 졸업하고 전공 부문에 종사하는 자", 기술공(technician)은 "현업에 다년간 취업하여 실기 면에서 능숙하고 기술적 이론을 이해하는 자", 기능공(craftsman)은 "기술면에 종사하는 자 중에서 기술자와 기능공을 제외한 자(단

년에 1 : 1.3 : 33이었던 기술자, 기술공, 기능공의 구성비를 1966년 까지 1 : 5 : 25로 조정하는 것을 목표로 하였다. 즉 상대적으로 전 문성이 떨어지는 기능공에 비해 기술자와 기술공을 추가 양성하 여 피라미드 형태를 바로잡겠다는 것이었다. 특히 기술공의 부족 이 더 심각한 문제라고 인식하고 있었으므로 전문학교(초급대학), 공업고등학교, 직업훈련소, 군 등 가능한 경로를 총동원하여 숙련 된 기술공을 양성하겠다는 목표를 세웠다.[36] 하지만 정부가 목표 한 수준의 기술공을 양성할 수 있는 여건은 기대만큼 빨리 갖추 어지지 않았다. "실기 면에서 능숙하고 기술적 이론을 이해하는" 기술공을 양성할 수 있는 수준의 공업고등학교는, 뒤에서 다루겠 지만 1970년대가 되어야 제 틀을 갖출 수 있었다. 이렇게 기표에 상응하는 기의를 현실세계에서 찾아보기 어려운 상황이었으므로 '기술자', '기술공', '기능공'이라는 말은 정부 보고서를 벗어난 공 간에서는 뚜렷한 구분 없이 섞여 쓰이게 되었다. 위의 기사에서 도 기술공과 기능공이 혼용되고 있다. 또한 오늘날까지도 일상생 활에서 '기술자'라는 말이 공식 문서에서 지칭하는 고도의 전문 지식을 갖춘 고급인력이라기보다는 '기능공'에 가까운 뜻으로 쓰 이고 있는 것도 그 흔적으로 볼 수 있다. 하지만 "싸우면서 건설 한다"는 구호로 내달리던 고도성장의 시대에, 이런 불명료함은

단순 육체노동자는 제외)" 등이다. 경제기획원, 『제1차 기술진흥 5개년 계획, 1962~1966년: 제1차 경제개발 5개년 계획 보완』, 1962, 14쪽.

36) 경제기획원, 『제1차 기술진흥 5개년 계획, 1962~1966년』.

명쾌하게 해결하기보다는 당장은 안고 갈 수 밖에 없는 짐이기도 했다.

3. 한국의 기능올림픽 성적과 그 여파

1) 정부의 전폭적 지원과 그 결과

첫 번째 국제기능경기대회 '선수단'의 결단식은 1967년 6월 28일 공화당 의장실에서 열렸다.[37] 이들은 7월 4일부터 17일까지 스페인 마드리드에서 열린 제16회 대회에 참가하여, 실망스럽지 않은 성과를 내고 돌아왔다. 제화의 배진효(칠성양화점)와 양복의 홍진삼(이성우양복점)이 금메달, 목형의 김성동(중앙목형제작소)이 은메달, 판금의 전경선(일신산업주식회사)과 도장의 김순성(경기공업전문학교)이 동메달, 선반의 정만용(동양특수기계제작소)이 장려상을 받았다.[38] 금메달을 우선 세는 올림픽식 메달 집계로는 종합 6위의 성적이었다. 입상자의 종목과 소속에서도 알 수 있듯이 1970년대와는 달리 경공업에 해당하는 종목들이 좋은 성적을 거두었으며,

---

37) 이듬해부터는 결단식 장소가 한국위원회 사무국이나 YWCA 등 다른 장소로 바뀌었다가, 1977년 이후로는 정수직업훈련원이 되었다. 한국개발연구원 국민경제교육연구소, 『한국인의 장인의식—국제기능올림픽대회 입상자들을 통해 본 장인의식의 현주소』, 한국개발연구원 국민경제교육연구소, 1994, 45~66쪽.

38) 「제16회 국제기능올림픽대회 참가 및 귀국환영계획 보고」, 제52회 국무회의 안건(의안번호 제861호), 1967. 7. 20, 국가기록원 관리번호 BA0084510.

'선수단'을 격려하는 권력자
1967년 7월 27일 국제기능
경기대회 입상자를 환영
하는 칵테일파티에서 선
수단과 악수하는 김종필.
문서철 『제16회 국제기능
올림픽 개선자를 위한 만
찬 참석』, 국가기록원 관
리번호 CET0031476.

학생 참가자보다는 산업 현장에서 경력을 쌓은 이들이 많았다.

당시까지 한국 선수가 올림픽에서 금메달을 딴 적이 없었으
므로, 이 또 하나의 '올림픽' 금메달도 정부의 대대적인 홍보와 함
께 귀하게 받아들여졌다. 7월 26일 귀국한 '선수단'을 위해 공항
영접, 차량행진, 환영대회와 리셉션, 청와대 방문, 언론 인터뷰가
마련되었고, 그 뒤에는 각자 소속된 지방위원회별 환영대회까지
이어지는 거창한 환영식이 열렸다.[39] 이후 국제기능경기대회에서
돌아온 이들이 차량행진을 거쳐 청와대를 방문하고 박정희에게

---

39) 노동청·(사)국제기능올림픽대회한국위원회, 「국제기능올림픽대회 파견 선수
단 귀국환영계획」, 1967. 7. 18, 위 국무회의 안건의 첨부 문서, 국가기록원 관리
번호 BA0084510.

격려금을 받는 것은 연중행사가 되었다. 박정희는 선수단이 귀국하면 "한 번도 빠지지 않고 청와대로 불러 격려를 했다"고 한다.[40] 김종필은 1969년까지 한국위원회 회장을 지내면서 지역별 대회와 전국대회를 거쳐 선발된 선수들을 집중적으로 훈련시키고 국제대회에 보내는 패턴을 확립하였다. 전폭적인 지원에 힘입어 한국 대표단은 1971년까지 이어지는 네 차례의 대회에서 3위 두 번, 4위 두 번을 기록했고, 그 다음 1973년 뮌헨 대회에서는 2위로 올라섰다.[41]

　국제기능경기대회의 성과를 대대적으로 홍보하는 것과 동시에, 한국 정부는 기술공 양성을 위한 학교 설립에도 박차를 가했다. 인천에는 1955년 설립된 단기 교육기관인 직업보도학교가 있었는데, 이것이 1958년 인하대 부설 중앙종합직업학교로 계승되었다가 박정희가 독일을 방문한 이듬해인 1965년 독일의 기술 원조를 받아 '한독실업학교'로 이름을 바꾸었다. 1967년 뤼브케 서독 대통령의 한국 답방을 계기로 인천 한독실업학교 외에 추가로 실업계 학교를 지원하기로 한독 양국이 합의했고, 그에 따라 서

---

40) 「박 대통령의 인간적 향기(김종필 증언록 소이부답 76)」, 『중앙일보』, 2015. 8. 31, 12면.

41) 대회가 끝나기 전 한국 언론은 메달 집계의 착오로 성급하게 "첫 세계 제패"라는 뉴스를 전했다가 곧 정정 기사를 내보내기도 했다. 작은 소동이기는 하지만 대회의 성적에 대한 국내의 높은 관심을 반영하는 사례로 볼 수 있다. 「한국기능, 세계 첫 제패—뮌헨 기능올림픽, 금6 은3 등… 종합 1위」, 『조선일보』, 1973. 8. 12, 7면.

독이 지원한 50만 달러 상당의 기자재를 이용하여 1967년 3월 해운대의 부산수산대학 임시교사 자리에 '부산한독직업학교'가 문을 열었다. 같은 해 이른바 '동백림 사건'이 일어나면서 한독 관계가 악화되고 서독의 지원이 끊기기는 했으나, 부산한독직업학교는 국립부산기계공고로 개편된 뒤 박정희가 1970년대 다섯 차례 방문할 정도로 각별한 관심을 기울여서 엘리트 기능인의 산실로 명성을 얻었다. 이들 학교는 수업료와 기숙사비 면제 등의 혜택을 내걸었고, 당시로서는 웬만한 대학보다도 나은 실험 및 실습 설비를 갖추고 있었다. 게다가 재학 중 전공 관련 자격증을 따면 군 단기복무의 특혜를 주기도 했다. 그에 따라 부산기계공고는 전국 중학교에서 성적 상위 5% 이내인 학생을 교장이 추천하고, 그 안에서 다시 3% 안팎을 선발해야 할 정도로 경쟁이 치열했다.[42]

유신정권이 중화학공업화를 전면에 내세운 1970년대에는 이와 같은 엘리트 공업고등학교들이 더 생겼다. 이들 학교는 정권의 강력한 지지하에 해외 원조를 독식할 수 있었기 때문에, 당시로서는 파격적인 설비와 특전을 갖추었다. 위에서 보았듯 한독직업학교는 독일의 원조에 힘입어 문을 열었고, 1972년 문을 연 금오공고(구미)는 일본 차관으로, 1973년 문을 연 정수직업훈련원(서울 용산구)은 미국 원조자금으로 각각 초기 설비를 갖추었다. 이 밖에도 마산의 경남대 부속 공업전문학교를 기계공고로 개편하였

---

42) 이지은, 「박정희가 설립한 '부산기공'은 어떤 학교?」, 『중앙일보』 2008. 8. 12.

고, 구미의 구미농고를 구미공고로 전환하는 등, 공고 설립이 잇따랐다.[43] 1970년대 중반에는 중화학공업기지 안에 공업교육기관을 설립하여 산업현장과의 연계를 도모하기도 하였다. 1977년에는 창원 기계공업기지 안에 창원기계공고와 한백직업훈련원이, 1981년에는 구미공단 안에 구미전자공고가 문을 열었다.[44]

정부는 기능인 양성을 촉진하고자 병역혜택도 약속하였다. 1973년 제정된 '병역의무의 특례규제에 관한 법률'은 "특수한 기술 분야 등에 종사하는 병역의무자에게는 당해 분야에서 국가에 공헌할 기회를 보장하여 이로써 병역의무를 마친 것으로 보게 함으로써 국토방위와 경제자립의 국가적 목적을 균형있게 달성하게 하려는 것"을 목표로 했다. 여기에서 "특수한 기술 분야 등에 종사하는 병역의무자"는 한국과학원(KIST) 학생과 같은 고급 과학기술자부터 기간산업체 근무자, 나아가 "학술, 예술 또는 체능의 특기를 가진 자"에 이르기까지 폭넓게 정의되었는데, 기술공과 기능공도 군수업체 소속이거나 국가 자격검정을 통과한 뒤 기간산업체(범위는 시행령으로 규정)에 근무하는 경우 보충역 신분으로 해당 기업에 5년간 근무함으로써 병역을 마칠 수 있었다(제3조). 또한 해당 업체에 근무하는 실업계 고등학교 졸업자가 아직 기능검정을 취득하지 못한 경우, 입영 연기를 허락하여 그 사이 기술검정

---

43) 위의 글.

44) 박영구, 앞의 글, 121~122쪽. 한백(韓白)직업훈련원은 벨기에(白耳義)의 지원으로 노동청이 설립한 교육기관이었다.

을 받을 수 있도록 편의를 봐주기도 했다(제4조).[45] 이 법이 특별히 기능교육 진흥을 위해 제정된 것은 아니었지만, 시행령에 따라 병역특례의 범위가 달라지는 것이었으므로 실제로는 상황에 따라 유연하게 적용될 수 있었다. 일례로 1977년 국제기능경기대회에서 처음으로 종합우승을 거둔 직후에는 국회에서 "예능·학술·체육을 통한 국위선양자"에 대한 규정을 대회 입상자에게 적용하자는 논의가 이루어지기도 했다.[46] 이 밖에도 금오공고의 예에서 보이듯 뒷날 굴절된 형태로 시행되기는 하지만, 사병이 아닌 기술부사관으로 복무하는 것도 정부가 제시한 "특전" 중의 하나였다.[47]

그에 따라 공업고등학교의 숫자는 1970년 59곳에서 1979년 95곳으로 절반 이상 늘어났으며, 학생 수는 1970년 68,367명에서 1979년 188,373명으로 거의 세 배가 되었다.[48] 공업고등학교가 전체 실업계 고등학교에서 차지하는 비중은 15% 내외이기는 하지만,[49] 이 시기 급격하게 늘어난 2차, 3차 교육에 대한 수요를 흡수

---

45) 「병역의무의 특례규제에 관한 법률(법률 제2562호)」, 『관보』 제6389호, 1973. 3. 3, 30~32쪽, 국가기록원 관리번호 BA0192381.

46) 「기능올림픽 우승자 현역 복무 면제 검토」, 『조선일보』 1977. 9. 30, 1면.

47) 임소정, 앞의 글, 46~48쪽.

48) 금오공과대학, 『금오공과대학 5년사: 1979~1984』, 구미: 금오공과대학, 41쪽, 표 1.

49) 1985년 현재 총 635곳의 실업계 고등학교 가운데 상고가 227곳(35.8%), 종합 실업계고가 204곳(32.1%), 그 다음으로 공고가 102곳(16.1%), 농고가 61곳(9.6%) 순

하는 데 공업고등학교도 상당한 기여를 한 것으로 볼 수 있다.

2) 국제기능경기대회에 대한 국내의 관심

이렇게 기능교육에 대한 관심이 조성되는 가운데, 국제기능경기대회에서 한국 대표단의 성적은 점점 좋아졌다. 입상하는 종목도 초기에는 "제화, 양복 등 '손재주' 부문에서만 금메달을 타 후진성을 면치 못했으나" 점차 공업기술 분야로 확장되었다.[50] 그에 상응하여 대표단의 규모도 점점 커졌다. 1973년과 1975년 대회에서는 각각 독일과 일본에 이어 2위를 차지했고, 1977년 위트레흐트 대회에서는 이윽고 종합우승을 거두었다. 다음 1978년 대회가 다름 아닌 한국의 부산에서 열릴 예정이었으므로, 1977년 대회의 성적은 초미의 관심사가 되었다. 결국 금메달 12, 은메달 4, 동메달 5개로 종합우승을 차지하자 국내 언론은 일제히 "국위선양"의 낭보를 전했다. 이 해의 환영식은 한층 더 성대하게 벌어져서, "개선"한 선수단은 영부인 고 육영수의 묘소를 비롯하여 국립묘지 곳곳에 헌화하였다.[51]

제24회 대회는 한국에서 열렸다. 1971년 히혼 대회에서 IVTC는 한국에서 1975년 대회를 열 것을 권유하였고, 한국 정부가 국

이었다. 『문교통계연보』 1985년의 자료를 이정근(책임연구자) 외, 『실업계 고등학교 교육의 내실화 방안』, 교육개혁심의회, 1987, 10쪽에서 재인용.

50) 「자랑스런 솜씨—입상의 배경과 전망」, 『조선일보』 1968. 7. 16, 6면.

51) 『제23회 국제기능올림픽대회 선수단 국립묘지 참배』 사진자료철, 1977, 국가기록원 관리번호 CET0031622.

영부인 묘소 참배하는 선수단 1977년 7월 17일, 제23회 국제기능경기대회에서 우승하고 돌아온 선수단이 국립묘지의 고 육영수 여사 묘소를 참배하고 있다. 국가기록원 소장 사진.

내 사정으로 1년 뒤인 1976년 열겠다고 화답하여 성사되었다. 그 뒤 앞선 두 대회들이 주최측 사정으로 격년으로 열리게 되면서 개최 시기가 1978년으로 연기되었고, 장소도 부산으로 변경되었다.[52] 첫 대회였던 1967년 마드리드 대회에 9명이 참가했던 것에 비해, 부산 대회에는 세 배가 넘는 31명의 한국 대표단이 참가했다. 그중 무려 22명이 금메달, 6명이 은메달, 3명이 동메달을 따서 전원 입상하는 놀라운 성적을 거두며 지난 대회에 이어 2연패, 그

---

52) 경제기획원 총무과, 「1976년도 제24회 국제기능올림픽대회 서울 개최 계획안」, 문서철 『경제장관회의안건(제58~62차)』, 85~103쪽, 1973, 국가기록원 관리번호 BA0139631; 「1978년도 제24회 국제기능올림픽대회 서울 개최 계획(안)」, 1976, 국가기록원 관리번호 BA0084801.

뒤로 1991년 대회까지 9연패하는 기틀을 닦았다. 당시 성적은 "일본이 세운 17개의 [금메달] 기록을 훨씬 앞서는 것이며 16회 대회 이후 우리나라가 따낸 금메달 총수 41개의 절반을 넘는 대기록"으로 칭송되었다.[53] 특히 그때까지 국내의 중화학공업화 정책에도 불구하고 금메달이 양복과 같은 경공업에 편중되어 있었는데, 중공업 분야(프레스 공구 제작, 선반 밀링, 정밀기계 제작, 기계 제도 등)에서 처음으로 금메달을 따냄으로써, 1970년대 내내 중화학공업화에 매진했던 정부에게 모범 사례를 만들어주었다. 중화학공업화가 한창 진행 중이었으므로, 이들 직종에서 새롭게 입상한 이들은 직장에서 경험을 쌓은 숙련공보다 엘리트 기능교육기관에서 최신 설비로 훈련한 학생들이 많았다. 전체 금메달 22개 중에 금오공고가 금메달 4개, 은메달 2개, 정수직업훈련원이 금메달 4개, 은메달 1개, 부산기계공고가 금메달 4개, 성동기계공고가 금메달 2개, 한양공고와 전주공고가 각 금메달 1개 등 모두 16개의 금메달을 공업고등학교 재학 중인 학생들이 따냈다.[54] 최신 설비를 갖춘 학교에서 올림픽 선수촌처럼 집중훈련을 거듭한 끝에 성과를 내

---

53) 한편 일본의 메달 수가 줄어든 것은 특유의 기업 '양성공' 제도와 관련이 있다. 경제 환경 변화에 따라 해당 직종 직공에 대한 수요가 줄어들면 선수의 수와 수준이 떨어지기 때문이다. 일례로 히타치(日立) 공업전수학교 출신은 용접 분야에서 강세를 보였으나, 히타치가 원가 절감을 위해 용접 로봇을 도입하면서 용접공 수요가 줄어들었고, 그 결과 일본은 용접 직종에서 1980년대에 순위가 계속 하락하기도 했다. 箱田, 앞의 글, 217쪽.

54) 「"기능한국"… 메달도 많고 화제도 많고…」, 『조선일보』, 1978. 9. 12, 6면.

기 시작한 것이다. 또한 주최국의 국산 자재를 가지고 대회를 치름으로써 국산 자재의 수준을 평가받을 기회를 얻은 것도 부수적인 소득이었다.[55]

국제기능경기대회의 입상자들은 각종 혜택을 받았다. 앞서 언급했듯 보충역 복무 등의 병역혜택이 있었고, 직장에 소속된 이들은 포상금을 받거나 직급이 올라갔다. 박정희 대통령은 입상자들의 환영식에서 따로 포상금을 주었는데, 그 금액이 높을 때는 1백만 원에 이르렀다. 이것은 "서울에 집 한 채를 살 수 있을 정도"의 거금이었다고 한다. 기능을 익힘으로써 명예를 얻을 수 있을뿐 아니라 실제 사회경제적 지위도 중산층으로 올라갈 수 있는 길이 열린 것이다. 이와 같은 여러 특전은 다시 대중적으로 홍보되어 기능교육에 대한 사회적 관심을 높였고, 재능과 야망을 갖춘 우수한 학생들이 엘리트 공업고등학교로 대거 진학하기에 이르렀다. 일례로 1970년대의 금오공고는 출신 중학교 졸업성적 5% 안에 들어야 합격을 바라볼 수 있었다.[56]

하지만 이와 같은 환호와 열기는 당시 노동현장의 현실을 호도하는 것이기도 했다. 한국이 국제기능경기대회에 참가한 초창기에는 불우했던 청년들이 학교, 군, 또는 소년원 등에서 기능을 익혀 자립하고 재사회화되었다는 사연들이 미담으로 소개되곤

---

55) 원종수, 「제24회 국제기능올림픽대회 옥내배선경기 상황보고」, 『전기저널』 21, 1978. 9, 15쪽.

56) 임소정, 앞의 글, 38~42쪽.

했다.[57] 그러나 1970년대 말이 되면 국제기능경기대회에서 상을 타고 돌아와 차량행진으로 개선했던 이들은 대부분 인문계 고등학교로 진학할 수 있는 우수한 성적으로 엘리트 공업고등학교에 진학한 인재들이었다. 그리고 "제화, 양복 등 '손재주' 부문"을 제외하면 거의 전원 남성이었다. 이렇게 고숙련, 엘리트, 남성 "기술공"들이 언론의 각광과 사회 각 부문의 지원을 받으며 중산층으로 진입하고 있던 바로 그 시기에, 저숙련, 저학력, (대부분) 여성 제조업 노동자들은 개선의 기미가 보이지 않는 열악한 환경에서 생존을 위한 노동을 하고 있었다. 전태일이 청계천 봉제 노동자의 현실을 고발하며 자결한 것이 1970년이지만, 국제기능경기대회에서 계속 좋은 성적을 거두던 1970년대 내내 봉제와 제화로 대표되는 저임금 노동의 여건은 크게 나아지지 않았다. 그러나 극도의 언론 탄압이 자행되던 유신 시기에 이 부분은 제대로 보도되지 않았다. 1979년 8월, 한쪽에서는 국제기능경기대회 3연패를 목표로 훈련에 박차를 가하고 있을 무렵, 다른 한쪽에서는 YH무역의 여성 노동자들이 신민당사를 점거하고 경찰과 대치하고 있었다. 이처럼 생산노동자 집단이 분화되고 국가권력이 이들을 구분하고 선별하여 분할통치하는 과정에서 국제기능경기대회는 성공적인 소수에게 사회적 관심을 돌림으로써 노동현장의 모순을 은

---

57) 예를 들어 「금메달 안은 '영광의 손'—기능올림픽 두 소년」, 『조선일보』 1967. 7. 18, 7면 같은 기사는 "어려서 부모를 여의고" "부모와 헤어져 살아야 했던" 불우한 청년 둘이 국제기능경기대회에서 금메달을 따게 된 사연을 소개하고 있다.

폐하는 수단으로 이용되기도 했다.

4. 쇠퇴 없는 망각?

1) 1980년대 한국 사회와 경제의 변화

1970년대 말의 환호가 무색하리만치, 국제기능경기대회에 대한 사회적 관심은 1980년대 들어 빠르게 식었다. 서울 도심의 차량행진은 1980년대 중반 이후 사라졌고, 국제대회마다 종합우승을 도맡아 하면서 언론 보도도 점차 뜸해졌다. 1970년대에 최고권력자가 매년 꼬박꼬박 입상자를 청와대로 불러 챙길 정도로 중요한 행사였던 것에 비하면 큰 변화를 보인다. 더욱이 앞서 살펴보았듯 1980년대 들어 한국 팀의 성적이 떨어졌다거나 한 것이 아니기 때문에, 이와 같은 변화의 원인을 여러 각도에서 따져볼 필요가 있다.

가장 먼저 생각해볼 수 있는 이유는 최고의 후원자였던 박정희의 사망과 그에 따른 정권의 교대다. 박정희 사후 집권한 전두환은 이 대회의 명분을 부정하지는 않았지만, 이미 국제기능경기대회가 박정희 개인과 지나치게 강하게 결부되어 있었기 때문에 이것을 적극적으로 지원할 동기도 강하지 않았다. 김종필도 1980년대에는 정책에 영향을 미칠 수 없는 처지였다. 그 결과 박정희 사후 국제기능경기대회에 대한 지원이 사라지지는 않았지만, 실제로는 서서히 줄어든 것과 다름없는 결과를 낳았다.

두 번째로 공업교육 현장에도 피로감이 누적되었다. 국제기능경기대회 준비를 위해 막대한 인력과 자원을 투입했던 명분은 기능교육에 대한 관심을 높이고 기능인 전반의 역량을 강화한다는 것이었다. 그러나 현실에서는 거꾸로 공업고등학교의 교육과정이 대회 준비에 초점을 맞추는 바람에 정규교육에 차질을 빚는 일이 벌어졌다. 그에 따라 "일부 공고 교사들이나 기업체에선 실습 자원을 몇몇 특정 선수들에게 집중투자해야 하는 대회 출전을 기피하는 현상마저 나타나"기도 했다.[58]

세 번째로, 국제기능경기대회에 참가하여 입상한다고 해도 기대할 수 있는 실익이 점점 줄어들었다는 점을 들 수 있다. 국제 경연에서 상을 탄다는 것은 분명 영예로운 일이기는 하지만, 훈장과 같은 명예를 빼고 실제적인 이익은 그렇게 크지 않았다. 예를 들어 입상자들에게 지급하는 "기능장려금"의 문제가 있었다. 정부는 1981년에 기능장려금 10억 원을 조성하였고, 이 재원을 운용하여 1982년부터 입상자들에게 포상금을 지급하였다. 1986년에는 기능장려기금이 입법화되었고 1989년에는 기능장려법이 공포되었다. 대통령의 '금일봉'이 법에 기반한 기능장려금으로 제도화된 것은 진전된 조치로 평가할 수 있지만, 문제는 그것이 1980년대 물가와 부동산 가격의 상승을 따라잡지 못했다는 사실이다. 1978년 처음 기능장려금제도를 검토할 당시에는 "최고 연 30만 원

---

58) 이준, 「상타기 '기능왕국'」, 『조선일보』, 1991. 7. 12, 3면.

의 기능장려금을 15년간 지급"하는 계획이었는데,[59] 15년이 지난 1994년에 그 액수는 세후 연간 80만 원에 불과했다. 1980년과 1990년의 소비자물가 상승률이 각각 28.7%와 8.6%였으며, 연간 주택 매매가격 변동률은 낮게는 36.8%에서 높게는 61.9%였다는 것을 감안하면,[60] 국제기능경기대회의 금메달리스트가 "그것을 받을 때마다 자괴감을 느끼는 사람이 자신 뿐만은 아닐 것이라며 말끝을 흐렸"던 것도 납득할 수 있는 일이다.[61] 게다가 생산직 노동자의 임금이 전체적으로 매우 낮게 형성되어 있었기 때문에, 일회성 포상금의 액수를 조금 높인다고 해도 결정적인 유인이 될 수는 없었다.[62]

이것은 네 번째 요인인 공고 교육의 침체와도 깊이 연결된다. 우선 공고 교육에 대해 살펴보자. 국제기능경기대회가 전국적 관심을 끌면서 공고와 학생 수가 모두 큰 폭으로 늘어난 것은 앞서 살펴본 바와 같다. 그러나 이렇게 늘어난 공고 가운데 절반가량은 사립이었는데, 사립 공고들은 외자를 독점적으로 몰아준 국공립 공고만큼 시설을 갖출 수는 없었으므로 교육 시설과 교육 내용이 상대적으로 부실하였다. 학교의 내부 시설을 금액으로 환산

---

59) 「'기능장려금' 지급 검토—과기처, 올림픽 입상자에 15년간」, 『매일경제』, 1978. 1. 25.

60) 통계청 국가지표체계, http://www.index.go.kr/(2016. 9. 20 접속).

61) 한국개발연구원 국민경제교육연구소, 앞의 책, 93~94쪽.

62) 「사설: 기능올림픽의 3연패—공산품의 고급화와 저질 개선의 전기 돼야」, 『조선일보』, 1979. 9. 18, 2면.

해보면, 1984년 현재 국공립의 설비 총액은 약 580억 원이었던 데 비해 사립은 약 248억 원에 그쳐 절반에도 미치지 못하였다.[63] 문교부는 공고의 전반적인 시설 수준을 개선하기 위해 1977년 '공업고등학교 중점육성 5개년방안'을 통해 전국 82곳의 공고를 기계공고(방위산업을 위한 정밀가공사 양성), 시범공고(해외진출 기능사 양성), 특성화공고(전기, 화공, 제철 등 특정 산업 분야의 기능사 양성), 그리고 일반공고로 나누어 각각의 수요에 맞게 지원하겠다는 구상을 발표했다.[64] 하지만 공고의 남설은 계속되어, 문교부는 1977년의 두 배가 넘는 197곳으로 늘어난 공고를 1980년 통폐합하여 100곳으로 정리했다.[65] 그러나 1984년의 보고서에 따르면 "중학교 졸업생들은 실업계 고등학교로의 진학을 기피하고 있어 대다수의 실업계 고등학교가 입학 정원조차 확보하지 못하는 실정"이었다. 공고를 포함한 실업계 고등학교가 인문계 고등학교에 진학하지 못할 경우 차선으로 가는 곳으로 인식되면서, "학생의 적성과 능력, 흥미 등을 고려한 진학이 아니기 때문에 입학생의 대부분이 기초학력 미달로 교육과정에 의한 정상적인 수업 운영이 곤란한 실정"이

---

63) 1980년 현재 197곳의 공고 가운데 국공립이 105곳, 사립이 92곳이었다. 이 비율은 1980년 대대적인 통폐합을 단행한 뒤에도 크게 바뀌지 않아 1984년에는 총 101곳 가운데 국공립이 55곳, 사립이 46곳이었다. 이정근 외, 앞의 책, 20~22쪽.

64) 「전국 공고 네 가지로 나눠 육성—고급 기능인력 양성」, 『동아일보』 1977. 4. 22, 7면.

65) 이정근 외, 앞의 책, 19~20쪽.

되었다는 것이다.[66]

경제성장과 함께 교육의 기회가 확대된 것도 공고 교육에는 부정적인 영향을 미쳤다. 중학교와 고등학교 교육이 보편화되면서 인문계 고등학교에 대한 선호가 더욱 강해졌기 때문이다. 1965년에는 초등학교를 졸업한 이들 가운데 54.3%만 중학교로 진학했고, 이들 중 69.1%가 고등학교로 진학했다. 즉 동년배 가운데 고등학교를 졸업하는 것은 대략 3분의 1에 지나지 않았다. 이들 중 많은 수는 고등학교가 교육의 최종 단계였으므로 취업을 위해 실업계 고등학교를 선택하였다. 그런데 15년 뒤인 1980년에는 상급학교 진학률이 큰 폭으로 높아져서, 초등학교 졸업생의 95.8%가 중학교에, 중학교 졸업생의 84.5%가 고등학교에 진학하게 되었다. 게다가 대학 입학 정원도 1970년 약 3만 6천 명이었던 것이 1980년에는 11만 6천 명으로, 십 년 사이 세 배가 넘게 늘어났다.[67] 그에 따라 공고 졸업장의 사회적 가치는 한층 더 떨어졌다.

다섯 번째이자 가장 근본적인 원인은, 급격한 산업화에 성공했음에도 불구하고 한국 사회에서 생산직 노동자에 대한 처우가 오히려 상대적으로 악화되었다는 것이다. 〈표 1〉에서 알 수 있듯이, 1980년대 중반 한국에서 학력에 따른 임금격차는 일본과 비교할 때 심각한 수준이었다. 정부는 줄곧 인문계 진학만 희망하는 "한민족의 교육열"을 탓하며 실업교육으로 교육 수요를 흡수

---

66) 위의 책, 1쪽, 41쪽.

67) 이주호, 『고용 대책과 인적 자원 개발』, 한국개발연구원, 1996, 125~130쪽.

〈표 1〉 한국과 일본의 학력별 임금 격차

구분	중졸 이하		고졸		전문대졸		대졸 이상	
한국(1985)	204.0(천 원)	79.3(%)	257.3	100.0	333.3	129.5	552.5	214.7
일본(1984)	170.9(천 엔)	92.7	184.3	100.0	193.4	104.9	233.4	126.6

* 출처: 이정근 외, 1987, 48쪽에서 인용.

하려 했지만, 개인의 입장에서는 대학 졸업장만 있으면 두 배 이상의 소득을 기대할 수 있는 상황에서 고등학교를 마치고 산업현장에서 경력을 쌓아 숙련노동자가 되겠다는 인생 설계는 무모한 것이었다. 특히 누구도 예상하지 못한 급속한 경제성장의 결과로, 1980년대에는 양질의 사무직 일자리가 급증했다. 노동 강도와 임금격차, 사회적 대우 등을 종합해보면, 개인의 인생을 설계하는 입장에서는 생산직 기피가 불가피한 일이었다.

1970년대에 국제기능경기대회 금메달을 딴 이들의 인터뷰에서도 이와 같은 갈등이 드러난다.[68] 프레스금형에서 금메달을 받았던 한 전문가는 국제기능경기대회 입상 후 회사에서 "기능직 사원 신분에서 사무기술직"으로 직간 전환을 시켜주었다. 그렇게 사무직으로 편입되었지만, 공고 출신이라는 선입견 때문인지 이후에 진급에서 매번 밀려나 9년 만에 대졸 초급직급에 해당하는

---

68) 한편 이들 인터뷰를 수집하고 기록한 한국개발연구원 국민경제교육연구소는 서문에서 "양장이나 이용 및 미용 같은 서비스업 기능 직종은 면담 대상자에서 제외했다"고 밝히고 있다. '기능올림픽'을 바라보는 한국 사회의 고정된 시선이 변화하지 않고 있음을 보여주어 흥미롭다. 한국개발연구원 국민경제교육연구소, 앞의 책, 10쪽.

4급 사원으로 승진하였다고 한다. 그는 이 일을 비롯하여 "국제기
능올림픽 입상자에 걸맞는 대우를 받았다고 한 번도 느끼지 못하
였다." 또 다른 기계조립 금메달리스트는 일시 포상금으로 회사
에서 50만 원, 국가에서 250만 원을 받았고 그 뒤 매년 기능장려금
을 받고 있지만, 만족할 만한 대우는 아니라고 토로하고 있다. 회
사의 "포상"도 역시 "입상 후에 기능직 사원에서 사무직 사원으로
직간 전환을 시켜"준 것이었다. 또 다른 밀링 전문가도 뒷날 야간
대학을 다니면서 교사자격증을 따서 공업고등학교 교사로 취직
하였다.[69] 국제기능경기대회까지 나가 입상하고 돌아온 직원에게
회사가 해줄 수 있는 최고의 배려 중 하나가 기능직을 벗어나게
해주는 것이었다는 사실은 매우 역설적이다.

국가도 이들 인력을 관리하는 데 일관성 없는 조치들을 내놓
았기 때문에, 이런 상황을 단지 세간의 학벌 중시 풍조 탓으로만
돌릴 수는 없다. 입상자들에 대한 지원 대책 가운데 하나로 국민
주택 분양에서 선순위를 보장하는 방안이 몇 차례 논의되었으나,
시행되다가 뚜렷한 이유 없이 중단되는 등 정책의 일관성이 보장
되지 않았다.[70] 그 바람에 분양 자격을 얻기 위해 일부러 집을 팔
았다가 허탕을 친 입상자도 있었다.[71]

또한 병역 문제에 대한 정부의 방침도 오락가락했다. 특히 금

---

69) 위의 책, 87쪽, 96~97쪽, 101~102쪽.

70) 강효상, 「기능올림픽 입상자 국민주택 우선 분양」, 『조선일보』 1996. 3. 23, 2면.

71) 한국개발연구원 국민경제교육연구소, 앞의 책, 110~111쪽.

오공고는 설립 당시에는 엘리트 공고를 표방하여 졸업 후 대학 진학을 꿈꾸는 우수한 학생들을 끌어 모았으나, 정작 개교 후에는 "기술하사관 양성학교"로 정체성을 천명하고, 군사교육을 강화하고 졸업 후 5년간의 기술하사관 복무를 강제함으로써 학생들을 혼란에 빠트렸다. 심지어 이에 반발하여 자퇴하는 경우에도 "탈영"으로 간주되어 다시 학교로 징집되곤 했다. 그러다 보니 금오공고 학생들은 국제기능경기대회에 더욱 매달리게 되었다. 기술하사관 장기복무를 피할 수 있는 유일한 방법이 "기능올림픽 금메달"이었기 때문이다.[72]

이처럼 변화하는 환경에 정책 혼선까지 가세하면서, 1970년대 초중반 짧게 각광받았던 공업고등학교는 1980년대 이후 침체의 길을 걷게 되었다. 그리고 이것은 기능과 기능인에 대한 인식 저하와 맥을 같이했다.

2) '기술자'와 '엔지니어'

한편 국제기능경기대회에 참가했던 숙련노동자 계층, 즉 인력정책상 '기술공(technician)'이라고 불리는 계층이 비교되었던 대상은 인문계 교육을 받은 사무직만이 아니었다. '기술자(engineer)', 즉 전문지식과 학력을 갖춘 고급 이공계 인력들이 1970년대를 거치면서 집단으로서 모습을 갖추게 되었다. 1960년대까지는 이공계 고등교육의 기반이 확립되지 않아 상당수의 인력이 미국 등으

---

72) 임소정, 앞의 글, 특히 31~35쪽, 46~51쪽.

로 유학을 떠났고, 그들 중 많은 수는 해외에 정착하여 두뇌 유출 (brain drain)에 대한 우려를 낳기도 했다. 하지만 1966년 한국과학기술원(KIST)의 설립을 계기로 정부는 적극적인 해외 인력 귀국 정책을 펼쳤고 그에 부응하여 많은 수의 과학기술자들이 귀국하였다.[73] 매년 귀국하는 박사급 인력의 수는 1968년 5명에서 1972년 13명, 1977년 32명, 1979년 54명 등으로 점점 늘어나서, 1979년이면 재미 한국인 과학자와 공학자의 약 10분의 1에 상당하는 238명이 한국에 돌아와 있었다.[74]

그런데 고급 공학지식을 쌓은 이들, 특히 그 가운데서도 학계보다는 산업계에서 활동하여 '공학자'라는 호칭이 익숙지 않은 이들은 자신들을 가리킬 말이 마땅치 않다는 것을 알게 되었다. 행정적 구분에 따르면 '기술자'가 맞겠으나, 앞서 살펴보았듯 한국의 언어생활에서 기술자, 기술공, 기능공의 구별은 의미가 없었다. 오히려 기술자는 이 셋을 모두 아우르는 가장 넓은 의미로 쓰였다. 가장 널리 쓰이는 낱말이다 보니 때로는 이웃 전파상도, 배관공도 '기술자'라고 부르는 등, 셋 가운데 가장 전문성이 없는 호칭이 되어버렸다. 과학기술처는 1969년 '과학기술자'라는 용어로 '기술-국가적 학자(techno-national scholar)'라는 정체성을 부여하려 했

---

73) Kim Dong-Won and Stuart W. Leslie, "Winning Markets or Winning Nobel Prizes? – Kaist and the Challenges of Late Industrialization", *Beyond Joseph Needham: Science, Technology, and Medicine in East and Southeast Asia*, Osiris, 2nd Series, 13, 1998, pp. 154~185.

74) 조황희·이은경·이춘근·김선우, 『한국의 과학기술인력 정책』, 과학기술정책연구원, 2002, 268쪽 〈표 2-74〉.

으나, 과학자와 기술자라는 낱말이 각각 쓰이고 있었으므로 이 또한 일상의 언어생활을 바꾸지는 못했다.[75]

전문 기술자 집단은 이미 그 쓰임새가 너무나 넓어져버린 '기술자'라는 말을 새로 규정하고 홍보하기보다는 아예 '기술자'로 번역하던 영어 낱말 '엔지니어(engineer)'를 그대로 들여와 사용하는 쪽을 택했다. 1974년 10월 '사단법인 한국엔지니어클럽'이 설립되었고, 이후 행정 서류상의 기술자, 기술공, 기능공의 구분과는 별개로 일상생활에서는 고급 공학지식을 쌓은 전문가를 가리키는 말로 '엔지니어'가 정착되어갔다.

그리고 '엔지니어'라는 기표가 기의를 갖출수록 '기술자'라는 기표의 기의는 점점 실체를 잃어갔다. 존중의 의미를 담아 기술자라고 불리기를 원하는 개인 또는 집단이 없어진 것이다. 기술자뿐 아니라 기술공과 기능공도 일상의 언어세계에서는 기의를 상실했다. 행정적으로는 아직도 기술자, 기술공, 기능공의 범주가 쓰이고 있었지만, 현실에서는 고급 교육을 받은 고학력의 '엔지니어'가 한편에 존재하고, 기술자 또는 기능인으로 뭉뚱그려 불리는 집단이 다른 한편에 있을 뿐이었다.

한편으로는 '사무직'과 대비되고, 다른 한편으로는 '과학기술자' 또는 '엔지니어'와 대비되면서, '기능' 또는 '기능인'이라는 말은 긍정적이라기보다는 부정적인 느낌을 갖게 되었다. 한국노동연구원이 2006년에 실시한 설문조사에서, "'기능'이라는 용어는

---

75) 한경희·다우니, 앞의 책, 118~119쪽.

사회적 열위계층을 의미하고 기능인에 대한 인식이 3D 업종 종사자라는 이미지가 고착되어 있다고 생각하는데 이에 대하여 어떻게 생각하는가?"라는 질문에 대해 일반인 1,000명 중 52.9%, 기능인 200명 중 65.5%가 "전반적으로 그렇다" 또는 "그런 편이다"라고 답했다.[76] 부정적인 답변의 비율이 일반인보다 기능인 사이에서 오히려 높게 나타난 것은, 1960년대 이후 국가의 기능인력 양성 정책이 기능인들이 만족하지 못하는 방향으로 흘러왔음을 짐작케 한다.

5. "좋았던 시절"

2016년 현재까지도 한국은 국제기능경기대회에서 탁월한 성적을 거두고 있다. 대회에 대한 세간의 관심도 기능인력에 대한 사회적 대우도 1970년대의 높았던 기대에는 미치지 못하지만, 제조업이 세계적 수준으로 성숙함에 따라 고숙련 노동자 집단이 형성되어 있고 이들이 좋은 성적을 거두고 있다. 오늘날 '선수단'의 양성과 훈련에는 현대나 삼성과 같은 거대 기업이 점점 더 중요한 역할을 맡고 있다. 대회에서 한국 대표단이 좋은 성적을 거두면 기업 광고의 형태로 그 성과를 홍보하기도 하는데, 대개 "기능

---

76) 한국노동연구원, 『국가경쟁력 제고를 위한 기능장려사업의 활성화 방안』, 노동부, 2006, 141~142쪽.

국제기능대회 종합우승 기업광고　2009년 캘거리 국제기능경기대회의 종합우승을 기념하
는 현대(왼쪽)와 삼성(오른쪽)의 신문 광고. 2009년 9월 14일. 자사 소속의 입상자를 홍보하
면서 애국심에도 호소하고 있다.

올림픽 우승"을 보도하는 기사가 단신으로 처리되는 것에 비해
기업 광고는 훨씬 크게 실리곤 한다. 현대중공업, 현대자동차, 삼
성전자, 삼성중공업, 삼성테크윈 등에서 전국기능대회 입상자들
을 채용하고 국제대회 참가 선수들을 후원하고 있다. 삼성은 현
재 WorldSkills International의 주 후원사 가운데 한 곳이기도 하다.
서울에서는 입상자를 위한 차량행진도 사라진 지 오래지만, 창원
같은 기업도시에서는 지방자치단체 차원에서 소박한 환영행사를
열기도 한다. 국가의 지원도 다소 늘어났다. 2011년부터는 국제기
능경기대회 입상자는 동탑산업훈장을 받고, 체육 올림픽 금메달
수상자와 형평을 맞추어 일시포상금 6,700만 원과 연금 1,200만 원

을 받게 되었다.[77]

국제기능경기대회에 대한 기억은 1970년대와 1980년대를 살았던 이들에게는 상당히 강하게 남아 있다. 고등교육의 공급과잉에 대해 우려할 때, 청년의 취업난에 대한 대책을 이야기할 때, 또는 1970년대를 "땀 흘려 일한 만큼 성취했던 좋았던 옛날"로 소환할 때 등, 어떤 맥락에서 국제기능경기대회를 이야기하느냐에 따라 그 기억은 조금씩 다른 모습으로 변주되어 나타난다. 위기에 빠진 실업계 고등학교 교육을 개편하자는 논의가 나올 때에도 "좋았던 시절"의 공업고등학교들이 모델로 제시되곤 한다.

한국이 국제기능경기대회에 참가하게 된 것은 정치적 동기에 의한 것이지만, 국제기능경기대회를 단순한 선전용 이벤트로만 치부하기는 어렵다. 이 대회에 참여함으로써 실제로 한국의 과학기술과 산업역량이 성장한 부분이 있다. 사회적으로 기능교육에 대한 관심을 높이는 데 성공했고, 엘리트 공업고등학교의 설립과 맞물려 우수한 젊은이들이 기능인으로 성장하도록 유인하는 데도 짧게나마 성공했다. 또한 체육이나 문화 분야보다 훨씬 앞서서 국제행사에서 우승하는 경험을 국내에 전함으로써, 경제성장의 분위기에 고무되어 있던 대중들에게 실제로 국가 역량이 성장하고 있다는 느낌을 심어주는 데도 기여했다.

하지만 지금까지 보았듯이, 한국의 국제기능경기대회 참가의

---

77) 이창훈·양회관, 「인터뷰: 국제기능올림픽대회 한국 기술대표 강병하 국민대 교수」, 『기계저널』 53(9), 8쪽.

이면을 들여다보면 그 한계와 부작용도 드러난다. 최고 권력자의 개인적 의지에 힘입어 극소수 기관에 자원을 집중하여 육성하는 방식은 단기간에 눈에 보이는 성과를 낼 수는 있었지만 장기적으로 지속할 수는 없는 것이었다. 한국이 국제대회를 석권함에도 불구하고 "메달만 따는 기능강국이라는 비난을 받을 때도 있"다는 자기반성의 목소리도 들려온다.[78] 또한 국가에 협조하여 국가가 원하는 성과를 내는 이들에게만 특혜를 주고 이들의 성과만 선전함으로써, 해결해야 하는 구조적 문제를 논의할 기회를 놓치는 부작용도 있었다. 그리고 정책의 일관성을 유지하지 못함으로써 정작 국가에 협조하며 자신의 미래를 의탁했던 개인들에게는 실망과 상처를 안겨주기도 했다.[79]

2016년 현재 국제기능경기대회를 향수에 젖어 회상하는 것이 공허하게 들리는 것은, 1970년대와 2010년대의 한국 사회가 크게 다른 사회라는 것을 전제하지 않고 시간을 뛰어넘어 "좋았던 시절"의 추억을 들이밀기 때문이다. 막연한 향수에서 벗어나 당시 국제기능경기대회를 선전에 이용할 수 있었던 배경과 요인들이 지금은 더 이상 존재하지 않는다는 것을 인정하고, 2010년대에 한

---

78) 위의 글, 8쪽.

79) 이와 같이 국가 시책에 가장 협조적이었던 사람들이 정책 환경의 급변에 따르는 대가를 개인적 차원에서 치러야 했다는 것은 고도성장기의 특징이라고까지 할 수 있을 것이다. 일례로 농업 분야에서는 통일벼 재배에 협조했던 농민들이 그 부작용의 여파를 떠안아야 했다. 김태호, 「'통일벼'와 1970년대 쌀 증산 체제의 형성」, 서울대학교 대학원 박사학위 논문, 2009 참조.

국 사회에 맞는 기능교육과 기술진흥의 방책은 무엇인지 새로운 출발선에서 생각해야 1970년대의 경험은 비로소 가치 있는 재료가 될 것이다.

'과학대통령
박정희'
신화를 넘어

과학

권력

국가

제3부

'과학대통령' 담론의 유산과 대안 모색

박정희 정권 시기 저항 세력의
사회기술적 상상

김상현

1. '과학대통령' 담론의 이면

2010년 9월 한국과학기술단체총연합회(이하 과총)는 '대통령의 리더십과 과학기술'이라는 주제의 포럼과 신간 서적 『과학대통령 박정희와 리더십』의 출판기념회를 개최하였다.[1] 이날 행사는 과총 회장 외에도 한국과학기술원, 한국화학연구원, 한국전자통신연구원, 한국항공우주연구원 등 정부출연연구기관의 기관장들, KAIST 총장 등 과학기술계 인사들, 김기형 과학기술처 초대 장관 등 과거 박정희 정권 시절 과학기술 정책에 관여했던 인사들, 박정희의 딸이자 당시 여당 대표였던 박근혜 전 대통령을 비롯한 정치인들을 포함하여 수백여 명이 참여하는 성황을 이루었다.

---

[1] 「박정희를 추억하며… "과기 정책 발전, 대통령 리더십이 중요"」, 『대덕넷』 2010. 9. 8(http://www.hellodd.com/?md=news&mt=view&pid=32207/, 2017년 4월 18일 접속).

『과학대통령 박정희와 리더십』의 판매 수익금은 박정희과학기술 기념관 건립에 쓰일 예정으로 알려졌는데, 보도에 의하면 한국화학연구원과 한국항공우주연구원 원장 등은 공개적으로 책의 후원 의사를 밝히고 즉석 구매하기도 했다고 한다. 박근혜 전 대통령이 탄핵된 후 새로운 정부가 출범하고 언론들에 의해 '박정희 시대의 종언'이 회자되는 지금에 와서는 다소 어색한 풍경이다.

군이 탄핵정국과 정권교체를 떠올리지 않더라도 1960~1970년대 과학기술의 전개 과정을 박정희 개인에게 전적으로 귀속시키는 '과학대통령' 담론은 문제적이다. 과학기술은 고도의 집합적인 사회적 활동이자 산물이며, 설사 어느 한 개인이 독보적인 영향력을 행사할 수 있었다 해도 어떻게 그것이 가능했는지 해명되어야 하지 단순히 개인의 안목과 역량을 원인으로 전제하는 것은 적절하지 않다. 그러나 관점을 조금 달리하여 '과학대통령' 담론을 지탱하는 과학기술의 인식으로 시선을 옮기면 문제는 훨씬 복잡해진다. 『과학대통령 박정희와 리더십』에 필진으로 참여한 과학자·공학자와 전직 관료들, 그리고 이 책에 공감을 표한 여타의 과학자, 공학자, 정치인이나 일반인들은 과학기술의 의미·역할·목표를, 과학기술과 국가의 관계를, 나아가 한국이 과거 직면했고 또 앞으로 헤쳐가야 할 최우선의 과제를 어떻게 이해하고 있었는가?[2] 이들의 인식은 과학기술을 둘러싼 우리 사회의 지배적 관점

---

2) 김기형 외, 『과학대통령 박정희와 리더십』, MSD미디어, 2010. 비단 이 책이 아니더라도 박정희를 다루는 많은 책들이 '과학대통령' 담론을 반복하고 있다.

과 또한 박정희 정권에 비판적인 이들의 이해와 얼마나, 어떻게 달랐는가?

민주화 이후 집권한 김영삼, 김대중과 노무현 정권은 군사독재와의 단절을 자신들의 정체성을 형성하는 가장 중요한 요소로 삼았다. 하지만 박정희 정권에 의해 주창되었던 '과학입국(科學立國)'과 '기술자립(技術自立)'의 비전을 채택하고 그 실현을 천명하는 데 있어서는 박 정권의 계승자임을 드러내기를 망설이지 않았다. 이들은 "21세기의 과학입국"을 다짐하고(김영삼), "기술입국의 소신"으로 "기술강국"을 건설하겠다고 약속했으며(김대중), "제2의 과학기술입국"을 선언했을 뿐 아니라(노무현),[3] 생명공학 육성 기본계획, 21세기 프론티어 연구개발사업, 차세대 성장동력사업 등의 정책으로 이를 뒷받침했다. 이는 과학기술이 가치중립적이어서 정치적 스펙트럼을 가로질러 단일한 경로가 대두될 수밖에 없었기 때문이 아니라, 과학기술이 이해되고 실행되는 사회·정치적 논리에서 큰 차별성이 없었음을 보여주는 것이었다. 박정희 정권 시기 반독재 민주화운동에 앞장서고 때로 극심한 탄압을 받았던 인사들이 다수 참여한 정권들이 그러할진대, 일각에서 '과학대통령' 담론이 수용되고 있는 것은 그리 놀라운 일이 아니다.

예를 들어 심융택, 『실록·박정희 경제강국 굴기18년 4. 과학기술개발/부정부패 척결』, 동서문화사, 2015.

3) 김영삼, 「제30회 과학의 날 기념식 연설문」, 1997. 4. 21; 김대중, 「제15대 대통령 취임사」, 1998. 2. 25; 노무현, 「제16대 대통령 취임사」, 2003. 2. 25.

그렇다면 '과학대통령' 신화의 해체만큼이나 중요한 것은 이를 가능하게 한 배경, 즉 박정희 시대의 과학기술 인식이 어떻게 민주화 이후에도 유지될 수 있었는가를 비판적으로 분석하는 것이다. 이 글은 그러한 분석을 향한 초보적인 사전작업으로, 박정희 정권 시기의 저항 세력에 초점을 두고자 한다. 후술하겠지만, 과학기술에 대한 남한의 비전은 '민족'과 '발전'에 관한 특유의 집합적 이해와 긴밀히 맞물려 형성되어왔다. 필자는 다른 연구에서 이처럼 집합적으로 상상된 사회적 질서가 과학기술의 의미, 역할과 목표에 투사되는 동시에 그에 의해 다시 규정되는 '공생산(coproduction)' 과정을 '사회기술적 상상(sociotechnical imaginary)'으로 개념화한 바 있다.[4] 이 글에서도 이 개념을 활용하여 박 정권 시기의 저항 세력이 지배적 사회기술적 상상에 어떻게 대응했는지 추적할 것이다. 1960~1970년대 남한의 사회기술적 상상은 박정희가 집권하면서 갑자기 나타난 것이 아니었으며, 그 역사적 기원은 구한말에서 식민지 시기로 거슬러 올라간다. 따라서 글의 앞부분에서는 1960년대 이전에 사회기술적 상상이 형성되어온 과정을 간략히 살펴볼 것이다. 이어 박 정권 시기의 사회기술적 상상을 검토한 후, 그에 대한 박정희 비판 세력의 대응을 『사상계(思想界)』, '민족경제론(民族經濟論)', 진보적 기독교 그룹 등의 사례를 중심으

---

4) Sang-Hyun Kim, "The Politics of Human Embryonic Stem Cell Research in South Korea: Contesting National Sociotechnical Imaginaries", *Science as Culture* 23(3), 2014, pp. 293~319; Sheila Jasanoff and Sang-Hyun Kim, eds., *Dreamscapes of Modernity: Sociotechnical Imaginaries and the Fabrication of Power*, University of Chicago Press, 2015.

로 살펴볼 것이다.

이 글의 주된 목적은 '과학대통령' 신화를 둘러싼 논란이 박정희 개인 혹은 그가 집권한 시기의 관련 정책이 남한의 과학기술적 진전에 실질적으로 얼마나 기여했는가를 평가하는 것을 넘어 과학, 기술과 발전에 대한 남한 사회의 인식 자체를 되돌아볼 필요성을 제기하고 있다는 점을 강조하는 데 있다. 그에 따라 분석의 대상이 되는 각 시기와 각 행위자 그룹에 대한 본격적인 논의가 충분히 이루어지지는 못했음을 미리 밝혀둔다.

2. 부국강병을 위한 힘이자 도구로서의 과학기술

서구의 과학과 기술이 한국에 전래된 것은 오랜 역사를 지니고 있지만, 이들이 근대 한국의 상상에서 중요한 위치를 점하게 된 것은 19세기 중·후반 이후라고 할 수 있다. 전통적으로 서양 과학과 기술은 유교적 도리(道理)와 상충되는 가치체계를 체현하고 있는 것으로 이해되어왔다.[5] 그러나 개항을 요구하는 서구 열강의 압박이 드세지면서 조선의 지식인과 관료들 사이에서는 서양 문물의 수용을 더 이상 피할 수 없다는 믿음이 급속히 전파되었

---

5) 임종태, 「'道理'의 형이상학과 '形氣'의 기술—19세기 중반 한 주자학자의 눈에 비친 서양 과학기술과 세계: 李恒老(1792~1868)」, 『한국과학사학회지』 21권 1호, 1999, 58~91쪽.

다.[6] 온건 개화파들은 유교적 사회·도덕 질서는 유지하되 서양의 기술적 지식과 기기(機器)를 선택적으로 받아들임으로써 자강(自強)을 이루어야 한다는, 이른바 '동도서기(東道西器)' 담론을 펼쳤다. 일본의 메이지유신(明治維新)을 모델로 삼고 있던 급진 개화파들은 한 발 더 나아가 서양의 지식과 기술 외에 근대적 정치사상과 제도까지도 전면적으로 수용할 것을 촉구했다. 이 두 흐름은 결코 적지 않은 차이를 지니고 있었으나, 공히 근대화에 대한 도구주의적 비전을 채택하고 있었다. 즉 서구식 근대화를 국가의 경제력과 군사력을 증강시켜 외부의 위협으로부터 생존을 확보하기 위한 전략으로 사고했던 것이다. 그리고 그 비전 내에서 과학과 기술은 무엇보다 부국강병(富國强兵)을 실현하는 도구이자 힘으로 상상되었다. 이러한 이해는 『한성순보』, 『한성주보』, 『독립신문』, 『매일신문』 등의 기사에서 반복적으로 등장했고, 구한말 엘리트들에 의해 널리 받아들여지고 있었다.[7] 대한제국의 식산흥업(殖産興業) 정책과 관립상공학교 등 근대적 기술학교의 설립은 이를 구체화하려는 시도였다고 볼 수 있다.

---

6) 김영호, 「한말 서양 기술의 수용─근대 서양의 도전에 대한 주체적 대응의 일면」, 『아세아연구』 11집 3호, 1968, 297~343쪽; 박성래, 「개화기의 과학 수용」, 『한국사학』 1집, 1980, 251~268쪽.

7) 길진숙, 「『독립신문』·『매일신문』에 수용된 '문명/야만' 담론의 의미 층위」, 『국어국문학』 136권, 2004, 321~353쪽; 김연희, 「『漢城旬報』 및 『漢城周報』의 과학기술 기사로 본 고종 시대 서구 문물 수용 노력」, 『한국과학사학회지』 33권 1호, 2011, 1~39쪽.

부국강병의 국가적 기획에 과학과 기술을 제도적으로 연결시키려 했던 시도는 1910년 대한제국이 일본의 식민지로 편입됨에 따라 뚜렷한 결실을 거두지 못하고 만다. 하지만 '부국강병의 도구이자 자원으로서의 과학과 기술'이라는 상상은 식민통치 시기(1910~45)에도 지속되었다. 이 기간 동안 조선에서는 중앙집권적 식민국가의 주도로 철도·전기·통신 네트워크가 구축되고 상당한 정도의 공업화가 진행되었다. 특히 1930년대 들어 한반도가 일본제국의 만주와 중국 진출 및 전쟁을 위한 산업적 거점으로 재편됨에 따라, 섬유·요업 등 경공업뿐만 아니라 화학·금속 등 중공업분야에서도 빠른 성장이 이루어졌다.[8] 이에 대응하여 조선총독부는 기존의 경성고등공업학교를 확대 개편하고 경성광산전문학교와 경성제국대학의 이공학부를 신설했으며, 조선인의 사립 공업학교 설립도 대폭 허용했다.[9] 식민지 조선의 공업화는 일본제국의 건설과 확장을 위해 추진된 것이었고, 조선인에 대한 차별과 억압을 수반하는 경우가 많았던 것은 주지의 사실이다. 그럼에도 이 시기의 기술경제적(technoeconomic) 변화들은 근대적 과학과 기술이 산업화 과정에 대규모로 도입되고 실행되는 것을 경험할 수 있는 기회를 제공함으로써 식민지 대중들의 인식에 큰 영향을 미

---

8) Carter J. Eckert, "Total War, Industrialization, and Social Change in Late Colonial Korea", in Peter Duus et al., eds., *The Japanese Wartime Empire, 1931~1945*, Princeton University Press, 1996, pp. 3~39.

9) 김근배, 『한국 근대 과학기술 인력의 출현』, 문학과지성사, 2005.

쳤다. 한편으로 '발전'을 산업화의 정도에 따라 정의하고 그 지속을 국가와 사회의 최우선 과제로 여기는 일종의 '원형(proto) 발전주의'가 대두되기 시작했으며, 다른 한편 과학과 기술을 국가에 의해 정의된 발전 목표를 달성하기 위한 핵심 수단으로 간주하는 사회적 이해가 정착되었다.

식민지 공업화를 통해 공고해진 사회기술적 상상은 일제에 저항한 민족주의 엘리트들의 그것과도 본질적으로 다르지 않았다. 사회진화론의 영향을 강하게 받은 이들은 이념적 차이에도 불구하고 약육강식의 세계에서 조선이 생존하기 위해서는 독자적인 과학적·기술적 능력을 습득해야 한다는 공통된 믿음을 지니고 있었다. 1920년대에 『동아일보』를 비롯한 조선인 언론매체에서 꾸준히 표출되었던 이러한 믿음은 1930년대 초 『과학조선(科學朝鮮)』의 창간에 이어 윤치호, 조만식, 김성수, 여운형 등 민족주의 지도자들이 대거 포진한 과학지식보급회(科學知識普及會)가 설립되고 '과학조선의 건설'을 표방한 과학운동이 전개되면서 한층 더 가시화된다.[10] 과학운동의 참여자들은 과학조선 건설의 경로에 대해 종종 이견을 보였으나 과학과 기술을 독립된 근대 한국 건설의 필수적 요소로 상상했다는 점에서는 일치했다. 그런데 이들의 활동에서 드러나는 과학, 기술과 민족주의의 결합은 '과학보국(科學報国)'과 '기술입국(技術立国)'의 구호로 대표되는 일본의 '과학

---

10) 임종태, 「김용관의 발명학회와 1930년대 과학운동」, 『한국과학사학회지』 17권 2호, 1995, 89~113쪽.

민족주의(scientific nationalism)'와 매우 유사한 양상을 보였다.[11] 중일전쟁이 발발하고 전시총동원 체제가 수립되면서 조선인들의 과학운동이 소멸되어갔음에도 '부국강병을 위한 과학과 기술'이라는 인식이 식민지 조선에 깊이 각인된 것은 단지 일제의 강압에 의해서만은 아니었던 것이다. 과학민족주의의 상상에서 과학과 기술을 통해 부강하게 만들어야 할 대상은 일본제국에서 미래의 독립된 조선으로 언제든지 대체될 수 있었다.

1945년 식민통치로부터 해방된 조선에서 과학과 기술이 공업화의 핵심 수단으로서 새로운 국민국가 건설에 복무해야 한다는 공감대가 형성된 것은 따라서 자연스러운 일이었다. 1940년대 초 일본의 기술관료운동이 과학과 기술을 민족주의와 국가 주도 발전주의의 인식틀로 전유하는 과정에서 유포된 합성어 '과학기술'이 해방 후 광범하게 사용된 것도 같은 맥락에서 이해될 수 있을 것이다.[12] 그러나 미·소에 의한 남북 분단, 이념 갈등의 격화를 거쳐 한국전쟁(1950~53)으로 이어지는 소용돌이 속에서 과학기술 역량을 제고하여 새로운 국가 건설에 복무하도록 하는 체계적 시도가 이루어지기는 어려웠다. 더욱이 이승만 정권(1948~60)은 북한과의 정치·군사적 대립에 몰입되어 기술경제적 발전을 상대적으

---

11) Hiromi Mizuno, *Science for the Empire: Scientific Nationalism in Modern Japan*, Stanford University Press, 2008.

12) 일본 기술관료운동과 합성어 '과학기술'의 담론 정치에 대해서는 Hiromi Mizuno, 앞의 책, 60~68쪽 참조.

로 등한시했다. 1950년대 중·후반 남한에서 과학기술의 중요성이 다시금 부각되는 데는 오히려 미국의 영향이 주요하게 작용했다. 예를 들어 전후 복구 지원사업으로 시작된 미국 국제협력처(International Cooperation Administration)의 기술원조는 산업화를 위한 기술도입과 훈련을 국가적 의제로 대두시켰다.[13] 1956년 한·미 원자력협정 체결을 배경으로 1959년 설립된 원자력원과 원자력연구소는 '국가발전을 위한 과학기술'이라는 기치 아래 남한의 과학자·공학자사회가 재건되는 핵심 공간으로 기능했다.[14] 같은 시기 주한미국경제협조처(United States Operation Missions), 주한미국공보원(United States Information Service), 포드재단 등을 경유하여 수입되고 전파된 미국의 근대화 이론과 발전경제학 담론은 기술진보, 산업화와 경제성장을 '선진/후진'과 '발전/저발전'의 주요 척도로 삼는 발전주의가 남한 지식인사회에 확산되는 데 크게 기여했다.[15] 이 같은 과정들은 동아시아에서 공산주의의 팽창을 억제하려는 미국의 냉전적 이해관계에 기인한 것이었지만, 과학기술을 통한 부

---

13) 홍성주, 「전쟁과 전후 복구, 과학기술의 재건(1950년대)」, 『과학기술정책』 187호, 2012, 148~156쪽.

14) 고대승, 「한국의 원자력기구 설립 과정과 그 배경」, 『한국과학사학회지』 14권 1호, 1992, 62~87쪽; 한국원자력연구소, 『한국원자력 20년사』, 1979.

15) 1950년대 말 근대화 이론의 수용에 대해서는 Gregg A. Brazinsky, *Nation Building in South Korea: Koreans, Americans, and the Making of a Democracy*, University of North Carolina Press, pp. 163~168 참조. 발전경제학의 수용에 대해서는 박태균, 「1950년대 경제개발에 대한 논의의 특징과 그 배경」, 『Comparative Korean Studies』 12권 1호, 2004, 97~135쪽 참조.

강한 근대 한국의 건설이라는 사회기술적 상상이 지탱되는 데도 중추적 역할을 했다.

물론 구한말에서 해방정국에 이르는 1세기 가까운 시기를 관통하여 과학, 기술, 발전, 혹은 민족이 동일하게 이해되었던 것은 아니다. 이들에 관한 사회적 인식에는 적지 않은 변화가 있었으며, 때로 서로 다른 인식들이 공존하며 경합했다. 그러나 이 차이는 산업화와 경제성장을 곧 발전이자 근대화의 요체로 설정하고 그 성취를 '민족됨(nationhood)'의 근간으로 인식하는 발전민족주의(developmental nationalism)로 점차 수렴되었고, 서구의 과학과 기술을 부국강병을 위한 힘이자 도구로 사고하는 논리도 그에 부합되는 형태로 변형, 유지되었다.

3. 발전민족주의 사회기술적 상상의 확립

이승만 정권의 부정부패와 전제정치는 국민적 저항을 초래했고, 마침내 1960년 4·19혁명으로 몰락하게 된다. 이어 등장한 민주당 장면 정권은 발전을 갈구하는 대중적 열망에 부응하여 '경제제일주의(經濟第一主義)'를 천명하고 경제개발계획 입안에 보다 적극적으로 나섰다. 하지만 분출되는 사회운동의 개혁 요구와 내부 파벌투쟁에 적절히 대응하지 못한 장면 정권은 1961년 5월 16일 군사 쿠데타에 의해 단명하고 만다. 남한에서 과학기술, 민족주의와 발전주의의 결합이 분명히 드러난 것은 바로 쿠데타로 집권한 박정희 군사정권(1961~1979) 아래에서였다.

일제 시기 관동군 장교로 복무하며 만주국의 기술관료적 계획경제 실험을 목격한 바 있는 박정희는 메이지유신뿐 아니라 쇼와유신(昭和維新)도 높이 평가했다.[16] 그와 쿠데타 세력은 이전 정권과 마찬가지로 반공주의를 천명하고 자본주의 체제를 지향했지만, 만주국의 경험을 일본 본토로 확장하고자 했던 신체제(新體制) 운동의 혁신관료들이 그랬던 것처럼 강력한 중앙집권적 국가가 주도하는 산업화를 통해 '자립경제'를 달성함으로써 '민족중흥'을 추구할 것을 역설했다.[17] 박정희 정권은 이를 위해 국회와 이익집단들로부터 행정부의 자율성을 높이는 조치들을 취하는 한편, 재벌들이 국가 계획에 따라 자본을 투자하고 이윤을 획득하도록 국가–산업 관계를 재구조화했다. 엘리트 기술관료들로 구성된 '경제기획원'을 신설하고 경제개발계획의 수립부터 실행 감독, 예산 편성과 집행, 해외 원조와 투자를 포함한 자원의 동원과 관리를 아우르는 막강한 통제력을 부여한 것은 그 대표적인 예이다.[18] 박 정권의 발전 기획이 순조롭게만 진행된 것은 아니었

---

16) 만주의 경험과 쇼와유신이 박정희에 미친 영향에 대해서는 Cater J. Eckert, *Park Chung Hee and Modern Korea: The Roots of Militarism, 1866~1945*, Belknap Press, 2016 참조.

17) 김보현, 『박정희 정권기 경제개발—민족주의와 발전』, 갈무리, 2006; Hyung-A Kim, *Korea's Development Under Park Chung Hee: Rapid Industrialization, 1961~79*, Routledge Curzon, 2004.

18) 경제기획원, 『개발연대의 경제 정책—경제기획원 20년사』, 미래사, 1994; Stephan Haggard, Byung-Kook Kim and Chung-In Moon, "The Transition to Export-led Growth in South Korea: 1954~1966", *Journal of Asian Studies* 50(4), 1991, pp. 850~873.

다. 경제기획원은 1962년 1월 제1차 경제개발 5개년계획(1962~66)을 공표했는데, 기간산업 구축을 위한 자본의 부족과 미국의 압력에 직면하면서 내포적 공업화에서 외자와 수출에 의존하는 외연적 공업화로 기조를 변경하게 된다. 그러나 이후 '수출입국(輸出立國)'의 구호가 압축적으로 보여주듯이 수정된 계획은 여전히 민족주의적인 국가 주도 산업화의 틀 내에 위치하고 있었다.[19] '조국 근대화(祖國近代化)'로 명명된 이 같은 발전 기획의 강력한 추진은 남한 사회에서 이미 형성되고 있던 발전민족주의의 상상을 반영하는 동시에 확대재생산했다.[20]

과학기술은 초기부터 박정희 정권의 발전민족주의 산업화 전략을 구성하는 필수적 요소로 자리매김했다. 쿠데타 직후 국가재건최고회의는 경제부흥을 위해 과학기술 관리 체제의 완비가 필요함을 주장하고 그 방안으로 종합과학기술연구기관의 설립을 검토한 바 있다.[21] 제1차 경제개발 5개년계획이 실시된 1962년부터는 과학기술과 국가 주도 산업화 및 경제성장의 연계가 보다 명확하게 제도화되기 시작했다. 경제기획원은 경제개발계획의 기술적 토대를 구축하기 위해 제1차 기술 진흥 5개년계획(1962~66)

19) 제1차 5개년계획의 수정에 관한 최근 논의로는 Gregg A. Brazinsky, "From Pupil to Model: South Korea and American Development Policy during the Early Park Chung Hee Era", *Diplomatic History* 29(1), 2005, pp. 83~115 참조.

20) 김보현, 앞의 책, 2006 참조.

21) 홍종철, 「경제 재건을 위한 노동력 및 과학기술의 종합관리」, 『최고회의보』 2호, 1961, 54~58쪽.

을 수립했으며, '과학기술 관계법령 기초위원회'를 조직하여 관련 사업들의 법적 근거를 마련하도록 했다.[22] 같은 해 12월 민정이양을 위한 헌법 개정에서는 경제발전과 과학기술 진흥 사안을 포괄하여 다루는 대통령 자문기구 '경제·과학심의회의(經濟·科學審議會議)'의 설치가 규정된다. 1963년에는 경제개발을 뒷받침할 기술인력의 육성·관리를 위해 기술사법이 제정되었고, 1966년에는 산업적 응용에 초점을 둔 종합연구기관인 한국과학기술연구소(KIST)가 발족되었다. 제2차 과학기술 진흥 5개년계획이 시행된 1967년에는 경제개발계획의 연장선에서 과학기술 진흥에 관한 국가 기본계획 수립과 지원체계를 구체화한 과학기술진흥법이 통과되었으며, 이를 전담할 중앙 행정부서로 과학기술처가 출범했다. 1971년에는 산업발전에 요구되는 과학기술 분야의 연구개발인력 양성을 목적으로 과학기술처 산하에 특수 이공계 대학원인 한국과학원(KAIS)이 설립되었고, 이듬해에는 산업계의 기술개발을 지원하는 기술개발촉진법이 마련된다.[23]

이러한 일련의 과정을 통해 확립된 사회기술적 상상에서 과학기술은 "생산증강의 모체요 경제 발전을 촉진하는 힘의 원천"으로 "경제자립의 첩경"이며 "조국 근대화 작업의 선행조건이요

---

22) 홍성주, 「한국 과학기술정책의 형성과 과학기술행정체계의 등장, 1945~1967」, 서울대학교 박사학위 논문, 2010, 85~103쪽과 110~116쪽 참조.

23) 과학기술부, 「과학기술40년사」, 2008.

필수요건"이었고, 민족의 명운과 직결된 것이었다.[24] 예컨대 박정희는 한국이 금속활자나 측우기와 같은 선진적인 성과를 창출한 역사를 지녔음에도 자주적이고 자립적인 과학기술 능력을 배양하지 못했기에 빈곤과 후진의 굴레에서 탈출하지 못하고 외국의 지식과 기술에 의존하게 되었다고 개탄했다. 다시 말해 산업화와 경제성장의 핵심 견인차인 과학기술의 진흥과 자립화, 나아가 그에 기초한 '과학한국(科學韓國)'의 건설은 민족의 시급한 과제이자 책무로 여겨졌다. 과학자와 공학자는 가치중립적 전문가이기 이전에 "국가발전의 동력"이자 "민족의 자랑"으로서 "과학한국의 내일을 위해 오늘의 희생을 기꺼이 받아들"일 것으로 기대되었다.[25] 한국 과학자·공학자사회 전체가 박정희의 개발독재를 지지한 것은 아니었지만, 과총의 지도부를 위시한 엘리트 과학자와 공학자들은 발전민족주의 기획에서 부여된 역할을 적극적으로 수행했다.[26] 아울러 대중들도 "과학하는 국민"으로 거듭날 것이 요청되었다.[27] 이는 비판적 사고로 무장한 시민적 주체가 아니라 국가주도의 기술경제적 발전을 지지하고 지원할 의지와 자질을 갖춘 발전주의적 주체를 의미했는데, 발전에 대한 강한 열망을 지닌 적지 않은 수의 대중들에 의해 자발적으로 수용되었다. 1970년대

---

24) 박정희, 「제1회 전국과학기술자대회 치사」, 1966. 5. 19.

25) 박정희, 「과학기술후원회 설립 취지문」, 1967. 9. 6.

26) 한국과학기술단체총연합회, 「과총 20년사」, 1987.

27) 박정희, 앞의 글, 1967. 9. 6.

들어 박 정권의 산업화 전략이 노동집약적인 경공업에서 자본·기술집약적인 중화학공업 중심으로 전환되면서 발전주의적 주체의 형성은 더욱 중요하게 부각된다. 박정희가 1973년 1월 연두 기자회견에서 '중화학공업 정책'을 선언하고 이어 '전국민의 과학화운동' 전개를 제창한 것은 우연이 아니었다.[28]

이처럼 박정희 정권하에서 과학기술은 단지 정권의 정치적 목적을 위해 동원된 물질적 수단이나 남한을 근대적 산업국가로 상상하기 위해 활용된 상징적 자원에 그치지 않았다. 과학기술의 의미, 가치와 목적 자체가 민족과 발전, 그리고 국가, 과학자·공학자와 국민 대중의 역할 및 정체성에 관한 특정한 상(像)과 맞물려 공생산(coproduced)되었다. 산업화 중심 국가발전의 수단이자 자원으로서의 과학기술의 진흥이 남한 사회의 공적 의제로 전면 부상하고, 민족됨의 중요한 지표로 정착한 것이다. 1970년대 중반 이후 중화학공업화가 급속히 진행되고 산업화와 경제성장을 위한 과학기술의 조직화와 제도화가 확대되면서 '과학입국'과 '기술자립'의 구호로 축약될 수 있는 발전민족주의의 사회기술적 상상은 남한 사회의 저변에까지 뿌리 내리게 된다. 사실 1960~1970년대 남한의 과학기술적 진전은 아직 초보적 단계에 머물고 있었으며, 그로 인한 물질적 효과가 가시화된 것은 1980년대 전두환 정권

---

28) 송성수, 「"전(全)국민의 과학화운동"의 출현과 쇠퇴」, 『한국과학사학회지』 30권 1호, 2008, 171~212쪽; 문만용, 「'전국민 과학화운동'—과학기술자를 위한 과학기술자의 과학운동」, 『역사비평』 120호, 2017, 284~315쪽.

에 이르러서였다. 특히 '기술자립'의 구호는 현실과 거리가 멀었다. 한국과학기술연구소와 한국과학원의 설립으로부터 중화학공업화 과정에서 기술집약적 자본재 설치와 운용에 이르기까지 박정권 시기의 과학기술 연구개발과 활용은 해외, 특히 미국과 일본의 자본, 지식 및 기술에 많은 부분 의존한 것이었고, 이로 인해 대외 기술종속에 대한 우려가 지속적으로 제기되었다.[29] 하지만 박 정권은 해외기술 도입을 선진기술의 소화·흡수를 통해 미래의 기술자립을 담보하는 효과적인 수단으로 의미 부여함으로써 발전민족주의 산업화 전략의 일환으로 정식화했다.[30]

4. 저항 세력의 대응

1) 발전민족주의 내부로부터의 비판

제2차(1967~1971) 및 제3차(1972~1976) 경제개발 5개년계획 기간 동안 10%의 연평균 GNP(Gross National Product) 성장률과 중화학공업 등 광공업 부문 비중의 빠른 증가에서 드러나듯이,[31] 박정희 정권의 '조국 근대화' 기획은 경제의 외형적 성장과 산업 구조의 고도화라는 측면에서 괄목할 만한 성과를 거두었다. 반면 돌진적으로

---

29) 예를 들어 서권석, 「르뽀: 기술도입」, 『신동아』 82호, 1971, 242~259쪽 참조.

30) 과학기술처, 「과학기술연감」, 1973, 125~134쪽.

31) 경제기획원, 앞의 책, 1994, 223쪽.

전개된 국가 주도의 하향식 산업화는 정치적 시민권과 노동권의 억압, 열악한 노동환경, 도시빈민 양산을 비롯한 많은 문제를 야기했고 학생운동, 지식인, 종교단체와 노동운동의 거센 반발과 저항을 불러일으켰다. 이들은 박 정권의 산업화 정책이 민족구성원 다수가 아닌 소수 기득권층, 재벌과 다국적 기업의 이해관계를 대변한다고 주장하면서 '민족중흥'과 '국가 발전'의 공식 담론에 도전했다. 그러나 이런 시도가 발전민족주의의 지배적 상상에 심각한 균열이 발생했음을 의미하지는 않았다. 저항 세력의 문제제기는 오히려 남한의 개발독재 체제가 발전민족주의의 이상과 괴리되어 있다는 데 집중되었다. 과학기술 자립을 통한 부강한 근대적 산업국가 건설이라는 사회기술적 상상 역시 그것이 지닌 특정한 정치적 논리가 비판적으로 해부되기보다는 자연적인 것으로 널리 공유되었으며, 종종 저항과 비판의 준거틀로 작동했다.

(1) 『사상계』의 대응

1960년대 남한의 비판적 지식인사회를 대변하는 대표적 공론장의 하나였던 『사상계』는 발전민족주의의 사회기술적 상상이 국가의 공식 담론과 정책에만 투영된 게 아니었음을 보여주는 사례다. 『사상계』를 주도한 지식인들은 주요 사안들에 대한 시각에서 차이를 보였지만, 국가와 민족의 근대화를 강하게 열망했으며 자립적인 경제발전을 근대화의 근간으로 이해했다는 점에서[32] 공

---

32) 『사상계』에서 이러한 입장을 확인하는 것은 어렵지 않다. 한 예로 장준하

통분모를 지니고 있었다. 특히 1950년대 후반에서 1960년대 초반에 이르는 기간 동안 『사상계』에는 민족의 생존과 번영을 위해 국가 경제개발계획의 수립을 통해 공업화와 경제성장을 시급히 추구해야 한다고 주장하는 논설들이 활발히 게재되었다.[33] 이들의 논의는 산업기술 향상과 기술인력 확충의 필요성을 반복적으로 강조함으로써 남한 지식인사회에서 과학기술을 민족주의적 국가 발전의 논리와 직결시키는 인식이 공고화되는 데 기여했다. 그 과정에서는 전술한 바와 같이 미국발 근대화 이론과 발전경제학 논의의 소개도 중요한 몫을 했다. 하나의 예로 1960년 『사상계』에 번역 연재된 로스토우(W. W. Rostow)의 「비공산당선언—경제성장단계설」은 산업화 중심 근대화 비전의 확산에 힘을 실어주는 한편, 경제 발전에서의 기술의 역할에 대한 주의를 환기시켜주었다.[34] 민족과 국가 발전을 위한 '힘'으로서의 과학기술의 표상은 경제

1961년을 경제부흥의 기틀을 만드는 해로 삼아야 한다면서 "경제적 부흥만이 정치적 자립을 꾀할 수 있는 길이오 우리의 생명 같은 '자유'를 수호함도 이에 따른다"고 주장한다. 장준하, 「권두언: 1961년을 맞으며」, 『사상계』 90호, 1961, 28~29쪽.

33) 『사상계』의 경제개발 담론에 대해서는 박태균, 「1950·60년대 경제개발 신화의 형성과 확산」, 『동향과 전망』 55호, 2002, 75~109쪽; 김보현, 「『사상계』의 경제개발론, 박정희 정권과 얼마나 달랐나?—개발주의에 저항한 개발주의」, 『정치비평』 10호, 2003, 345~380쪽; 정진아, 「1950년대 후반~1960년대 초반 '사상계 경제팀'의 개발 담론」, 『사학연구』 105호, 2012, 321~364쪽 참조.

34) 월트 W. 로스토, 「비공산당선언 (上) 경제성장단계설」, 『사상계』 78호, 1960, 147~162쪽; 「비공산당선언 (中) 경제성장단계설」, 『사상계』 79호, 1960, 317~327쪽; 「비공산당선언 (下)」, 『사상계』 80호, 1960, 100~108쪽.

발전을 명시적으로 다루지 않는 글들에도 나타났는데, 『사상계』가 상당한 지면을 할애했던 원자력이나 미·소 우주경쟁에 관한 글들이 그런 경우였다.[35]

발전민족주의의 기조를 공유하고 있던 『사상계』가 박정희의 5·16 군사 쿠데타에 사실상 지지 입장을 표하며 빈곤의 극복과 경제 건설에 앞장설 것을 당부한 것은 논리적인 귀결이었다고 할 수 있다. 『사상계』의 경제 발전 논의를 이끌었던 인사들 중에는 박 정권의 제1차 경제개발 5개년계획의 성안 과정에 참여하거나 직접 고위 경제관료로 진출한 이들도 있었다.[36] 『사상계』의 유일한 과학기술계 편집위원(1958~1961)이었던 이종진(李鍾珍)도 국가재건최고회의 문교사회위원회의 과학기술 정책 입안 과정에 관여한 데 이어, 1964년에는 경제·과학심의회의의 비상임위원으로 위촉된다. 1965년 기업체 대표가 되어 사임할 때까지 서울대 화학과 교수로 재직했던 이종진은 4·19혁명 직후 산업기술자들이 결성한 연구모임 '한국산업기술인구락부'의 대표간부를 맡은 바 있다.[37] 이 모임은 민주당 장면 정권의 경제개발계획에 영향을 미칠 것을

---

35) 예를 들어 이종진, 「원자력 이용에 대한 전망」, 『사상계』 59호, 1958, 18~28쪽; 윤세원 외, 「우리도 잘살아보자—원자로 도입을 계기로 생각나는 현대과학과 한국의 미래」, 『사상계』 71호, 1959, 218~235쪽.

36) 정진아, 앞의 글, 2012, 351, 356쪽.

37) 이종진의 한국산업기술인구락부 및 국가재건최고회의 참여에 대해서는 홍성주, 앞의 논문, 2010, 66~75쪽; 그의 경제·과학심의회 참여에 대해서는 같은 논문 139~186쪽 참조.

염두에 두고 산업 부흥 노력이 성공하기 위해서는 국가가 주도하여 과학기술 연구개발과 인력 양성을 조직하고 과학기술과 산업의 연계를 강화해야 한다는 주장을 펼쳤다. 그런데 이러한 구상은 박정희 정권의 발전민족주의 산업화 전략에도 잘 부응하는 것이었다. 실제로 한국산업기술인구락부의 핵심 멤버였던 오원철(吳源哲)은 5·16 군사 쿠데타 이후 국가재건최고회의 기획위원회를 거쳐 상공부 과장으로 등용되었고, 1970년대에는 대통령 경제 제2수석비서관으로서 박 정권의 중화학공업 정책 수립과 추진 과정에서 결정적 역할을 담당하게 된다.[38]

『사상계』 지식인들이 박정희 정권의 경제개발계획을 무비판적으로 용인한 것은 당연히 아니었다. 야당, 지식인, 학생들의 반대에도 불구하고 경제 발전에 필요한 재원 조달을 위해 한일회담을 서둘러 추진하던 박 정권이 1963년 민정 이양까지 거부하기에 이르자 『사상계』는 국민경제의 대외 의존성 심화, 재벌기업 위주의 성장, 소득분배의 불균형 등의 문제를 중심으로 조국 근대화 기획을 정면 비판하기 시작했다.[39] 하지만 이 시기부터 『사상계』가 종간되는 1970년까지의 비판들도 근본적으로 다른 대안적인

---

38) 문만용·강미화, 「박정희 시대 과학기술 '제도 구축자'—최형섭과 오원철」, 『한국과학사학회지』 35권 1호, 2013, 225~243쪽. 당시 과학기술 정책에 대한 오원철의 시각을 살펴볼 수 있는 글로는 오원철, 「우리나라 기술 현황과 기술 진흥의 문제점」, 『화학공학』 1권 1호, 1963, 37~44쪽.

39) 예를 들어 「권두언: 의회민주주의를 모략하지 말라—대일 의존 경향을 경계한다」, 『사상계』 121호, 1963, 26~27쪽.

발전의 비전에 기반한 것이라기보다는, 정권의 정치적 비민주성과 부패로 인해 발전민족주의가 제대로 발현되지 못하고 있다는 인식에서 비롯된 면이 컸다. 과학기술과 관련된 비판도 이루어지긴 했으나 민족주의적 국가 발전에 부응할 수 있는 자립적인 과학기술 연구개발이 적절히 지원·육성되지 못하고 있음을 거론하는 정도에 머물렀다.[40] 박 정권의 기술 진흥 5개년계획과 이어진 과학기술의 제도화가 담지하고 있던 발전민족주의의 사회기술적 상상을 공유하는 가운데 그 틀 내에서 체계성의 미비, 세부 정책의 실효성 여부 혹은 정부의 정책 의지 부족을 문제 삼았던 것이다.[41]

(2) 진보적 경제학자들의 대응―민족경제론

정치적 비민주성과 부패에 의한 왜곡 문제를 넘어 박정희 개발독재 체제에 대해 보다 구조적인 비판을 제기한 것은 『사상계』의 편집진과는 다른 이념적 지향을 지닌, 박현채(朴玄埰)를 필두로 한 진보적 경제학자들이었다. 비판의 출발점은 전근대적이고 매

---

40) 예를 들어 부완혁, 「5개년계획의 수정 방향―재원과 기술이 없는 종합계획의 이상과 실제」, 『사상계』 132호, 1964, 48~56쪽; 이종수, 「한국 과학기술의 전망―과학기술 개발에 지름길 없다」, 『사상계』 142호, 1965, 202~208쪽; 조완규, 「과학기술교육 및 정책」, 『사상계』 184호, 147~151쪽.

41) 과학기술의 문제를 중심적으로 다루고 있지는 않지만 김보현의 연구는 이 글의 주장과 맥을 같이한다. 김보현, 앞의 글, 2003; 「박정희 정권기 저항 엘리트들의 이중성과 역설―경제개발의 사회-정치적 기반과 관련하여」, 『사회과학연구』 13권 1호, 2005, 164~198쪽 참조.

판적인 '식민지 이식형' 자본주의 경제 구조가 남한 사회에 온존하고 있으며 이로 말미암아 국민경제의 자율적인 재생산 구조가 결여되어 있다는 분석이었다.[42] 이와 같은 조건에서 박 정권에 의해 추진된 외자 의존의 외연적 공업화는 외형적 고도성장을 이루기는 했지만 결국 국민경제의 대외 종속성을 더욱 심화시키고 계층·지역 및 산업 간의 심각한 불균형을 일으킬 수밖에 없는 것이었다. 이들은 대안으로 국가의 적극적인 개입하에 민족자본을 보호·육성하고 농업과 공업의 유기적 관계 위에 내포적 공업화를 추진하여 자립적인 재생산 구조를 확립할 것을 제시했다. 이와 동시에 '선건설 후분배'의 논리를 배격하고 민주주의의 실현을 통해 국가 경제계획에 전 민족적 참여가 보장되도록 함으로써 경제 발전과 분배의 조정을 병행해야 한다고 주장했다.[43] 이런 입장은 1965년 한일협정 이래 대거 유입된 일본의 차관에 의해 외채 위기가 점차 가시화되는 상황에서 개발독재 체제 비판의 유용한

---

42) 박현채, 「계층 조화의조건—식민지적 경제 구조의 청산과 자주적 민족경제의 확립이 전제되어야 한다」, 『정경연구』 58호, 1969, 79~89쪽(고박현채10주기추모집·전집발간위원회, 『박현채 전집』 6권, 해밀, 2006, 748~765쪽에 재수록); 조용범, 「한국 경제개발계획의 사적 배경—1960년대의 개발계획을 밑받침한 사회경제사적 배경에 대한 연구」, 『창작과비평』 27호, 1973, 89~118쪽. 두 번째 글은 조용범, 『후진국 경제론』, 박영사, 1973에 재수록되는데, 이 책은 박현채가 차명(借名)으로 저술한 것으로 알려져 있다. 류동민, 「민족경제론의 형성 과정에 관한 연구」, 『경제와사회』 56호, 2002, 217~241쪽 참조.

43) 박현채, 앞의 글, 1969, 763~765쪽(『박현채 전집』 6권); 조용범, 앞의 책, 1973, 166쪽.

인식틀이자 대안적 발전 경로의 상으로서 많은 호응을 얻었다. 이후 '민족경제론'으로 체계화되는 이 담론은 1971년 대선에서 야당후보 김대중의 공약으로 제시되었던 '대중경제론(大衆經濟論)'에 인식적 토대를 제공하기도 했으며, 1970년대 중·후반까지 비판적 지식인, 학생운동과 사회운동 등 저항 세력 전반에 지대한 영향을 미쳤다.[44]

마르크스주의 정치경제학에 기초를 두었던 민족경제론은 생산력으로서의 과학기술의 사회적 관계에 주목하는 등 지배적 사회기술적 상상을 교란시킬 수 있는 여지를 어느 정도 지니고 있었다. 예를 들어 기술자립과 기술종속의 갈림길은 과학기술 연구개발, 소화·흡수 및 활용 역량을 확보하고 있는가의 문제뿐만 아니라 이들이 국내·국제적 분업 구조와 어떻게 연관되어 있으며 또 어떻게 소유되고 관리되는지에 따라 결정되는 것으로 이해되었다.[45] 그러나 과학기술의 생산력으로서의 측면만을 강조하

---

44) '민족경제론'이라는 표현이 본격적으로 사용되기 시작한 것은 1970년대 후반이다. 박현채, 『민족경제론—박현채평론선』, 한길사, 1978; 정윤형, 「민족경제론의 역사적 전개」, 정윤형 외 편, 『민족경제론과 한국 경제』, 창작과비평사, 1995, 11~31쪽 참조. 민족경제론과 '대중경제론'의 관계에 대해서는 류동민, 「민족경제론이 대중경제론에 미친 영향」, 『기억과 전망』 17호, 2007, 146~175쪽; 이병천 「민족경제론과 대중경제론—민족경제론의 현실적 변용으로서 대중경제론에 대하여(1960년대 말~70년대 초)」, 『사회경제평론』 29(2)호, 2007, 223~246 참조. 저항 세력 내에서의 민족경제론의 유통에 대해서는 정윤형, 앞의 글, 20~23쪽; 김보현, 「박정희 정권 시기 저항의 지식-담론, '민족경제론'—그 위상과 의의, 한계」, 『상허학보』 43집, 2015, 125~169쪽 참조.

45) 기술에 대한 민족경제론의 이해는 명시적이지는 않으나 사회적 생산력, 공업

고 다른 측면들을 간과했다는 점에서, 또한 생산의 사회적 성격을 주로 소유 형태의 문제로 제한하여 접근하고 과학기술을 포함한 생산력 자체는 중립적인 것으로 탈정치화시켰다는 점에서, 과학기술에 대한 민족경제론의 관점은 남한의 주류적 이해와 크게 다르지 않았다. '발전'에 관한 시각도 그러했다. 민족경제론이 남한의 경제 구조를 파행적이고 비정상적인 것으로 규정한 배경에는 주어진 민족국가에서 내재적 생산력의 발전으로 자율적인 재생산 기반이 확립되고 자립적 국민경제가 형성되는 과정을 자본주의 전개의 '자연적 질서(natural order)'로 파악하는 인식이 자리하고 있었다.[46] 이는 발전의 주체와 기본 단위를 민족국가로 상정하고 서구 자본주의의 기술진보, 산업화와 경제성장 패턴을 '선진/후진'과 '발전/저발전'을 구획하는 기준으로 수용하는 것으로 발전민족주의 패러다임에서 탈피하지 못한 것이었다.[47]

물론 민족경제론은 1980년대 들어 마르크스주의 정치경제학으로서의 면모를 본격적으로 드러내기 이전에도 대외 의존의 심화뿐 아니라 민족 구성원의 다수를 점하는 노동자, 농민 등 민중

화나 경제의 대외의존성에 관한 논의에 반영되어 있다. 보다 정리된 입장은 이후에 출판된 다음의 글 참조. 박현채, 「이상적인 기술의 세계화 방안」, 『석림』 82-2호, 1982, 16~20쪽.

46) 박현채, 앞의 글, 1969, 758~759쪽(『박현채 전집』 6권); 조용범, 앞의 글, 1973, 91~92쪽 참조.

47) 김보현의 연구 또한 박현채의 작업이 민족주의적 발전주의의 틀 내에 위치하고 있음을 지적하고 있다. 김보현, 앞의 글, 2005, 184~192쪽; 김보현, 앞의 글, 2015, 161~162쪽 참조.

의 생존과 생활권 이슈를 전면에 내세움으로써 박정희 정권이 주창한 국익(國益) 혹은 민족적 이해관계를 문제화했고, 그로부터 촉발된 '누구를 위한 발전인가'라는 질문은 개발독재 체제의 정당성에 균열을 내는 데 중요한 기여를 했다. 하지만 '선건설 후분배'의 논리에서 벗어나 경제개발에 사회개발이 수반되어야 한다는 점이 강조되기는 했어도, 산업화 중심 발전 모델을 전제하고 그러한 발전의 성과가 계급·계층, 도시-농촌 및 대기업-중소기업 간에 공정히 분배되어야 한다는 수준을 넘어서는 종합적인 사회개발의 방향이 구체적으로 제시되지는 못했다. 즉 '발전'이란 과연 무엇이며 그에 조응하는 과학기술의 의미, 내용과 역할은 무엇인가라는 차원에서는 민족경제론도 여전히 발전민족주의 사회기술적 상상 안에서 작동하고 있었다고 할 수 있다. 경제개발 5개년계획을 다룬 여러 편의 글에서 박현채가 남한 경제의 대외 종속성과 민중 생존권의 침해를 강하게 비판하면서도 박 정권의 산업화 전략에 따른 생산력 증진과 기술의 습득 및 토착화를 민족적 잠재력이 발현된 것으로 호의적으로 평가한 것은 이를 함축적으로 보여주고 있다.[48]

2) 과학기술과 발전에 대한 대안적 상상의 가능성

박정희 정권 시기에 과학기술과 발전에 대한 대안적 상상의

---

48) 박현채, 「제3차 5개년계획—이대로 좋은가?: 전환기의 한국 경제」, 『다리』 3권 1호, 1972, 91~99쪽; 「경제개발 15년의 득과 실」, 『신동아』 150호, 1977, 84~91쪽.

모색이 전혀 부재했던 것은 아니다. 한국기독교교회협의회(NCCK)를 중심으로 네트워크를 형성하고 있던 진보적 기독교 인사와 단체들은 1960년대 후반부터 근대화와 발전을 곧 산업화와 경제성장으로 등치하는 추세에 대항하여 '인간화(人間化)'를 주장했다.[49] 인간화 담론은 NCCK를 재정적·지적으로 지원했던 국제교회연합운동 조직 세계교회협의회(WCC)에 의해 처음 설파된 것이었다. 사회참여 지향이 강한 WCC는 1960년대 들어 해결의 기미 없이 계속되는 남-북 격차의 확대와 흑인 민권운동, 제3세계 반제국주의운동, 환경운동 등의 확산에 영향을 받아 경제 위주의 발전 모델에 비판적인 입장을 취하기 시작했고, 1968년 스웨덴 웁살라에서 열린 제4차 총회에서는 사회정의를 우선하는 '인간화(humanization)'와 '인간적 발전(human development)'을 대안으로 표방한다.[50] WCC는 그 연장선에서 기존의 발전 모델이 과학기술을 생산력의 증대를 통해 물질적 진보를 가능케 하는 사회 변화의 긍정적 동인으로 단정하는 것에 대해서도 문제를 제기했다. 근대 과학기술은 인간소외, 생태위기, 무기개발, 권력의 중앙집중 등 비인간화와 파괴적 효과를 낳고 있으며, 따라서 무조건적으로 지원될 것이 아니라 '인간적 발전을 위한 과학기술'로의 전환이 필

---

49) 이영숙, 「한국 진보적 개신교 지도자들의 사회 변동 추진에 대한 연구 (1) 1957~1984년을 중심으로」, 『기독교사상』 35권 3호, 1991, 98~115쪽.

50) Norman Goodall, ed., *The Uppsala Report 1968: Official Report of the Fourth Assembly of the World Council of Churches, Uppsala July 4-20, 1968*, WCC, 1968.

요하다는 것이었다.[51] 1975년 WCC 제5차 총회와 그 이후까지도 이어진 이러한 논의는[52] 박정희 정권의 급속한 산업화 추진 과정에서 발생한 도시빈민, 노동, 공해(公害) 문제 등을 목도하면서 근대화와 발전에 대한 주류적 접근에 의문을 품기 시작한 남한의 진보적 기독교인들에게 상당한 호소력을 지닌 것이었다.

1960년대 후반부터 1970년대 중·후반에 이르기까지 진보적 성향의 기독교 잡지 『기독교사상(基督敎思想)』에는 '인간화'의 견지에서 과학기술과 발전의 이슈를 검토하는 글들이 다수 게재되었다. 이들은 각기 다른 초점에도 불구하고 발전을 물질적 생산력의 증가로 환원시키는 것이 아니라 사회정의와 인간적 가치의 실현을 중심으로 접근해야 하며, 과학기술의 의미와 역할도 생산력과 효율성의 도구를 넘어 인간화에 공헌하는 방향으로 재정향되어야 한다고 주장했다.[53] 고범서, 정하은, 박봉배 등 기독교윤리학 분야

---

51) Paul Abrecht, "Impact of Science and Technology on Society: New Directions in Ecumenical Social Ethics", *Zygon* 12(3), pp. 185~198. 1974년에는 WCC 주관으로 루마니아 부카레스트에서 '인간적 발전을 위한 과학기술'을 주제로 국제회의가 개최되는데, '지속가능한 사회(sustainable society)'라는 개념이 최초로 제시된 것은 바로 이 회의에서였다.

52) WCC는 1979년에도 미국 보스턴에서 '종교, 과학과 미래'라는 주제로 국제회의를 개최한다. Paul Abrecht, ed., *Faith and Science in an Unjust World*(Vol. 2: Reports and Recommendations), WCC, 1980 참조.

53) 예를 들어 고범서, 「기술사회와 한국 사회의 위치」, 『기독교사상』 10권 10호, 1966, 22~29쪽; 「예언자의 입장에서 본 기술문명」, 『기독교사상』 17권 3호, 1973, 42~51쪽; 정하은, 「한국 근대화와 신학」, 『기독교사상』 11권 10호, 1967, 34~44쪽; 「기술사회에 있어서의 크리스천의 책임」, 『기독교사상』 13권 9호, 1969, 101~111

의 신학자들 외에도 김관석, 박형규, 지명관, 서남동 등 기독교 진
영에서 반독재 민주화운동을 이끌었던 주요 인사들이 필진이었
다는 점에서 이 글들의 파급력은 적지 않았을 것으로 보인다.[54]
인간화 담론이 전개되는 데 기여한 또 다른 공간은 WCC 실행위
원 및 중앙위원으로 활동했던 강원용(姜元龍)이 설립한 크리스챤
아카데미였다. 크리스챤 아카데미는 1970년 이래 정치·경제·사
회·문화·교육·여성 등 다양한 영역의 이슈들을 인간화의 관점에
서 재조명하는 세미나와 워크숍을 조직했다. 1975년에는 그간의
논의를 종합한 '지성인의 선언'이 발표되는데, 선언에는 산업화와
경제성장 위주 발전의 일부로서 무비판적으로 팽창되어온 과학
기술이 인간소외와 환경파괴 등을 야기해왔음을 지적하고 과학
기술의 부정적 영향을 막을 수 있는 사회적 제어와 함께 '인간 본

쪽; 「신의 선교와 개발」, 『기독교사상』 14권 2호, 1970, 38~51쪽; 「발전: 평화가
깃든 인간사회에로」, 『기독교사상』 14권 8호, 1970, 125~129쪽; 김용준, 「과학기
술의 발전과 사회변천」, 『기독교사상』 12권 7호, 1968, 45~53쪽; 「성장과 후진사
회」, 『기독교사상』 17권 8호, 1973, 71~79쪽; 아이안 G. 바아버, 「기술적 사고방
식」, 『기독교사상』 19권 3호, 1975, 89~98쪽; 박봉배, 「인간 회복과 인권」, 『기독
교사상』 19권 2호, 1975, 88~96쪽; 「발전과 삶의 질의 문제」, 『기독교사상』 19권
10호, 1975, 66~76쪽; 편집부, 「아시아 교회의 개발참여」, 『기독교사상』 21권 12
호, 1977, 136~141쪽 참조.

54) 주 53에 소개한 글들 외에 다음의 글들 참조(이하 『기독교사상』 표기 생략). 김
관석, 「과학문명과 윤리」, 10권 10호, 1966, 30~35쪽; 「발전 문제와 교회의 역할」,
14권 6호, 1970, 86~87쪽; 박형규, 「교회는 정치를 감시한다」, 13권 11호, 1969,
26~28쪽; 「발전과 민주주의」, 14권 2호, 1970, 26~28쪽; 지명관, 「현대 기술사회와
인간」, 14권 2호, 1970, 32~37쪽; 서남동, 「새 기술과학의 인간화」, 14권 6호, 1970,
30~41쪽; 「생태학적 신학 서설」, 14권 11호, 1970, 84~93쪽.

위의 발전'에 부합되는 새로운 방향의 과학기술 개발이 필요하다는 내용이 포함된다.[55] 당시의 지배적인 발전민족주의 사회기술적 상상과는 사뭇 다른 과학기술과 발전의 비전이 제시되었던 것이다.

산업화의 진전에 따른 대기오염, 하천오염 등 공해 문제의 심화, 그리고 1972년 유엔 인간환경회의(United Nations Conference on the Human Environment)의 개최 등 생태위기에 관한 국제적 관심의 고조는 생산력 중심 발전 패러다임과 이를 위한 핵심 도구로서의 과학기술이라는 인식을 크게 문제 삼지 않았던 비판적 정치경제학자들에게도 일정한 변화를 가져왔다. 박현채는 1972년 『서울경제신문』에 십여 회에 걸쳐 연재한 칼럼 「경제 발전과 공해」에서 생산수단의 사적 소유와 이윤의 극대화에 기초한 (자본주의적) 생산은 자원의 낭비를 제도화하고 외부불경제(外部不經濟)를 누적시킴으로써 공해를 가속화하지만, 그럴수록 경제성장지표인 GNP가 증가되는 모순을 비판한다.[56] 이에 대한 대책으로 그는 생산수단의 사회화, 토지 사유권의 제한과 과학기술의 사회적 관리 등 세

---

55) 크리스챤 아카데미, 『한국사회의 진단과 전망』, 삼성출판사, 1975, 19~37쪽. 크리스챤 아카데미, 그리고 또 다른 진보적 기독교 그룹 『씨알의 소리』의 근대화에 대한 비판적 인식에 관해서는 이상록, 「1960~70년대 비판적 지식인들의 근대화 인식─『사상계』·『씨알의 소리』·크리스챤 아카데미 진영을 중심으로」, 『역사문제연구』 18호, 2007, 215~251쪽 참조.

56) 박현채, 「경제 발전과 공해」, 『서울경제신문』 1972. 12. 3~12. 30, 13회 연재(고박현채10주기추모집·전집발간위원회, 『박현채 전집』 6권, 해밀, 2006, 360~392쪽에 재수록).

가지를 제안했다. 흥미로운 것은 생산수단의 사회화에 대한 그의 논의가 생산수단의 소유 형태와 분배의 차원에 국한되지 않고 생산수단의 활용이 생존권과 환경권을 포괄하는 시민적 최저기준, 즉 '시빌 미니멈(civil minimum)'을 내용적으로 충족시킬 수 있도록 통제되어야 한다는 주장으로 확대되고 있다는 점이다.[57] 같은 맥락에서 그는 최종 성과의 공정한 분배나 자립경제 구축에의 기여 여부를 넘어 과학기술의 연구개발과 응용이 환경적 영향이나 사회적 필요의 고려를 사전적으로 통합할 수 있도록 관리되어야 함을 주장하기도 한다.[58] 이는 생산력과 과학기술에 대한 민족경제론의 이해가 지닌 한계를 극복할 수 있는 가능성을 보여주는 것이었다.

그러나 위와 같은 흐름들은 박정희 정권의 중화학공업화 추진과 함께 더욱 공고해져가는 발전민족주의 사회기술적 상상에 효과적으로 맞설 수 있는 대안적 상상의 형성으로 이어지지 못했다. 진보적 기독교 인사들의 '인간적 발전을 위한 과학기술'이나 생태위기 담론은 다분히 추상적으로 전개되었기에 남한 사회의 구체적인 사안들과 연계되지 못했으며 대중적으로 확산되기에 어려움이 있었다. 더욱이 1970년대 초·중반까지 지식인 사회 내에는 과학기술과 발전에 관한 서로 다른 인식들이 뚜렷하게 분화되지 못하고 다소 혼란스럽게 교차하고 있었다. 이를테면 크리스챤

---

57) 박현채, 앞의 글, 2006, 382~387쪽.

58) 위의 글, 2006, 390~392쪽.

아카데미가 1970년 10월에 조직한 '인간화' 회의에서 과학기술 문제에 대해 대표 발제한 인사는 앞서 언급한 이종진이었다.[59] 1970년대 중반에 전개된 크리스챤 아카데미의 중간집단교육 프로그램에는 박현채가 강사로 참여하여 민족경제론에 근거한 조용범의 『후진국경제론』을 교재의 하나로 사용하기도 했다.[60] 다른 한편, 박현채는 발전민족주의에서 벗어나 성장 자체를 문제 삼는 데 비교적 소극적이었고, 『서울경제신문』 칼럼을 통해 스스로 소개한 과학기술과 생산력의 확장된 사회적 통제 및 관리라는 주장을 더 이상 발전시켜 나가지 않았다. 이는 그의 공해 비판이 자신의 분석에 기초한 것이 아니라 같은 해 출간된 일본 마르크스주의 정치경제학자 츠루 시게토(都留重人)의 저서 『공해의 정치경제학(公害の政治経済学)』의 내용을 요약·정리하여 소개하는 것을 목적으로 했기 때문으로 추정된다.[61] 그의 칼럼이 '시빌 미니멈' 개념을 생산수단의 사회화 및 환경권과 연결시켜 논의한 것이나 주류 마르크스주의 정치경제학의 과학주의, 기술결정론과 생산력주의에서 벗어나 '과학기술의 사회적 관리'를 주장한 것도 시게토의 논의를 차용한 것이었다.[62] 유신 선포 이후 악화일로의 정치·사회

---

59) 이종진, 「과학기술시대의 비인간화」, 크리스챤 아카데미, 『근대화와 인간화』, 삼성출판사, 1975, 45~56쪽.

60) 김보현, 앞의 글, 2015, 140쪽; 조용범의 『후진국 경제론』에 대해서는 주 42 참조.

61) 都留重人, 『公害の政治経済学』, 岩波書店, 1972.

62) 都留重人 지음, 조홍섭·이필렬 옮김, 『공해의 정치경제학』, 풀빛, 1983, 117~124쪽 참조. 신좌파 성향의 일본 정치학자 마쯔시타 케이이치(松下圭一)에 의해

적 상황 속에서 비판적 지식인과 사회운동의 관심이 반독재 민주
화투쟁의 시급한 당면과제들로 쏠린 것도 대안적 사회기술적 상
상이 형성될 수 있는 기반을 제약했다.

그렇다고 이상에서 언급된 문제의식이 소멸된 것은 아니었
다. 과학기술, 발전과 생태위기에 관한 진보적 기독교계의 논의는
1970년대 후반에도 지속되었으며, 다음 세대의 비판적 지식인과
활동가들에게 적지 않은 영향을 미쳤다. 공해의 정치경제학적 비
판도 박현채와 함께 '한국농업문제연구회' 활동을 했던 유인호(俞
仁浩)가 논의에 참여하는 등 영향력이 확대되어갔다. 그의 분석 역
시 츠루 시게토의 저서에 상당 부분 의존했던 것으로 보이나, 공
해에 대한 새로운 시각을 소개하는 데 그치기보다는 박 정권의
산업화가 구조적으로 공해를 양산할 수밖에 없음을 비판하고 성
장의 속도만이 아니라 성장의 내용이 문제시되어야 함을 보다 적
극적으로 강조했다.[63] 그러나 발전민족주의 사회기술적 상상에
대한 저항 세력의 도전이 가시화되기까지는 아직 더 많은 시간이
소요되어야 했다.

고안된 '시빌 미니멈' 개념은 1960년대 후반에서 1970년대 초반 전개된 혁신
지자체 운동 과정에서 대중화되었는데, 생산력주의에 대한 비판을 함축하고
있었다. 이지원, 「'시빌 미니멈' 개념의 재조명─'물량획득'에서 '시민자치'로」,
『일어일문학연구』 87권 2호, 2013, 337~360쪽 참조. '과학기술의 사회적 관리'에
대해서는 都留重人 지음, 조홍섭·이필렬 옮김, 앞의 책, 1983, 53~58, 166~169쪽
참조

63) 예를 들어 유인호, 「경제성장과 환경파괴─'성과'와 '대가'에서 본 고도성장」,
『창작과비평』 29호, 1973, 868~896쪽 참조.

5. 발전민족주의, 그 너머의 상상력

진보적 기독교계와 공해의 정치경제학의 두 흐름은 1970년대 말~1980년대 초 정부 주도의 자연보호 캠페인이 아닌 사회운동으로서의 환경운동이 태동하는 데 중요한 역할을 한다. 1979년 이공계 학생운동가들이 결성한 '공해연구회'는 소규모의 비공개 조직이었음에도 주요 공단 지역의 공해 실태를 조사하는 등 활발한 활동을 벌였다. 당시 이들의 활동을 지원하고 그 결과를 보고서 형태로 외부에 알려 나간 것은 NCCK와 연결된 한국기독교사회문제연구원이었다.[64] 1982년에는 반독재 민주화운동에 참여해 온 최열에 의해 최초의 공개적 환경운동단체인 '한국공해문제연구소'가 설립되는데, 연구소의 운영을 재정적으로 지원한 것은 개신교·가톨릭 연합 사회운동조직 한국교회사회선교협의회를 통해 받게 된 WCC의 도시농어촌선교 프로젝트였다.[65] 공해연구회와 한국공해문제연구소는 각기 별도로 조직되었지만, 두 단체 모두 공해의 정치경제학적 비판을 운동의 기본 논리로 채택했으며 경제성장과 (자본주의적) 산업화 위주의 발전에 저항했다.[66] 이들은 또

---

64) 신동호, 『자연의 친구들 1. 환경운동 25년사』, 도요새, 2007, 82~91쪽.

65) 위의 책, 32~33쪽.

66) '공해연구회'를 결성한 이공계 학생운동 그룹은 그 이전인 1978년경에 이미 츠루 시게토의 『公害の政治経済学』를 번역해 학습하고 있었다. 위의 책, 84쪽. 이 책은 1980년대 초에 출판되어 반공해운동에 관심을 지닌 학생운동 활동가들에 의해 널리 읽히게 된다. 都留重人 지음, 조홍섭·이필렬 옮김, 앞의 책, 1983.

과학기술의 가치중립성이나 생산력으로서의 과학기술이 지닌 진보성 등에 대해서도 의문을 지니고 있었다.[67]

반공해운동은 1980년대를 거치면서 사회운동의 한 축으로 자리 잡아가기 시작했고, 1980년대 말과 1990년대 초 이후 환경운동의 급속한 성장, 그리고 과학기술 이슈를 주된 의제로 하는 과학기술운동의 등장에 밑거름이 된다. 하지만 학생운동과 사회운동 진영의 다수는 성장제일주의에는 강력히 저항하면서도 민족의 생존과 번영을 담보하는 자립적 경제 발전의 핵심 도구로서의 과학기술이라는 발전민족주의적 과학기술 인식에는 별 다른 문제를 느끼지 않았다. 특기할 만한 것은, 1980년대 전통적 마르크스주의의 본격적인 수용에 따른 학생운동과 사회운동의 급진화가 발전민족주의 사회기술적 상상에 대한 비판적 검토를 오히려 어렵게 한 측면이 있다는 점이다. 이들은 과학기술을 사회주의의 물질적 기초를 실현해줄 진보적인 생산력으로 이해했고, 자본주의적 생산관계와 중심부 자본주의에 대한 종속적 관계가 그 잠재력을 왜곡하고 있다고 보았다. 그중에서도 민족문제를 남한 사회의 주요 모순으로 간주했던 주류 그룹의 과학기술 인식은 대외

---

67) 과학기술에 대한 이들의 비판적 인식이 형성되는 데는 여러 갈래의 영향이 있었겠으나, 츠루 시게토의 저서도 그 하나였을 것이다. 시게토는 과학기술 자체가 지배적 사회 구조를 반영하고 있음을 각기 다른 방식으로 주장한 루이스 멈포드(Lewis Mumford)와 배리 커머너(Barry Commoner)의 논의를 일부 수용하는 등 과학기술을 중립적 생산력으로 파악하는 주류 마르크스주의 정치경제학자들과 차이를 보였다. 주 62의 문헌 참조.

기술종속으로부터의 탈피와 민족의 과학기술 역량 강화에 집중되었다. 발전민족주의의 논리와 기본적으로 다르지 않았던 것이다.[68]

이 글의 서두에서 언급했듯이 발전민족주의 사회기술적 상상은 민주화 세력이 집권한 이후에도 지배적 위치를 유지했다. 2004~2005년에 벌어진 황우석 사태는 이를 극명하게 보여준 상징적 사례였다. 황우석의 체세포복제 줄기세포 연구에 대해 가장 강하게 문제를 제기한 것은 환경운동연합, 한국여성민우회, 건강권 실현을 위한 보건의료단체연합 등 14개 진보적 사회운동단체들이 참여한 '생명공학감시연대'였다.[69] 당시 노무현 정권은 이전 정부들과 마찬가지로 과학기술을 경제강국에 진입하기 위한 산업경쟁력의 필수 요소로 여겼고, 보건의료산업의 새로운 영역을 개척하는 '신성장동력'의 하나로 황우석의 연구를 지정하고 전폭적으로 지원했다. 생명공학감시연대가 비판의 표적으로 삼았던 것은 인간배아의 도덕적 지위 등의 세부 이슈였다기보다는 황우석의 연구와 같이 논쟁적인 과학기술을 사회·정치·윤리·환경적 영향에 대한 민주적 심의와 적절한 규제 없이 국가 산업경쟁력

---

68) 이들의 입장은 이후 민족과학기술론(NL그룹)과 과학기술노동자론(PD그룹)으로 분화되나 1990년대 중반 이후 논의가 정체된다. 가치중립적인 생산력으로서의 과학기술이라는 인식에 비판적이었던 소수 그룹은 환경운동과 1990년대 후반 이후 등장한 시민과학운동에 흡수되었다. 박진희, 「과학기술 관련 시민사회운동의 역사와 그 역할」, 『과학기술연구』 4권 1호, 2004, 111~140쪽 참조.

69) Sang-Hyun Kim, 앞의 논문, 2014.

강화라는 명분으로 강행하는 발전민족주의적 정책이었다.[70] 그러나 '참여정부'를 자처한 노무현 정권은 이들의 문제제기를 묵살했고, 상당수의 노 정권 지지자들은 황우석을 옹호하고 생명공학감시연대를 지탄했다. 결국 황우석의 몰락으로 체세포복제 줄기세포 연구를 둘러싼 논란은 종결되지만, 그가 몰락한 것은 발전민족주의에 대한 성찰이 확산되어서가 아니라 논문 조작이 드러났기 때문이었다.

박정희를 영웅화하고 개발독재 체제를 미화하는 '과학대통령' 신화는 분명 해체되어야 한다. 박정희를 악마화하지 않고 그의 생애와 그가 집권했던 시대의 현대사적 의미를 제대로 평가하기 위해서도 그러하다. 그 과정에서 박정희 개인의 기여나 집권 시기 과학기술 정책의 효과가 지나치게 과장된 경우, 혹은 박정권의 과학기술 정책으로 인해 발생한 부작용들을 드러내는 작업은 매우 중요할 것이다.[71] 하지만 그것만으로는 부족하다는 것이 이 글의 문제의식이다. 그와 동시에 '과학대통령' 담론의 형성과 확산이 어떻게 가능했는지, 특히 과학기술의 의미, 역할과 목표에 관한 어떠한 인식이 이를 뒷받침했으며 그것이 어떻게 현재 우리 사회에서 힘을 발휘할 수 있는지를 검토하는 작업도 반드시

---

70) Sang-Hyun Kim, 앞의 논문, 2014; 김환석, 「황우석 사태의 원인과 사회적 의미」, 『경제와사회』 71호, 2006, 237~255쪽.

71) 김근배, 「박정희 정부 시기 과학기술을 어떻게 볼 것인가?—과학대통령 담론을 넘어서」, 『역사비평』 118호, 2017, 142~168쪽.

필요하다. 박정희 개발독재 체제에 저항했던 세력이 민주화 이후 한국 사회의 주요 정치적 행위자들로 부상했다는 점에서 이러한 검토 작업은 당시 저항 세력이 지배적 사회기술적 상상에 어떻게 대응했는지를 살펴보는 것부터 시작될 수밖에 없다. 필자의 잠정적 결론은 다수의 저항 세력 역시 박정희 정권 시기 남한 사회에 깊이 뿌리 내린 발전민족주의 사회기술적 상상으로부터 자유롭지 못했으며 그 여파가 오늘날까지 이어지고 있다는 것이다. 물론 이 글은 한국의 사회기술적 상상이 역사적으로 형성되고 변용 및 재구성되어온 과정, 지배적 형태의 사회기술적 상상이 주요 시기 별로 드러낸 차이점들, 그리고 각 시기 주요 행위자 그룹이 채택한 과학기술과 발전에 관한 이해의 혼종적 성격 등을 세밀하게 검토하지 못한 한계를 안고 있으며, 향후 더 심도 있고 체계적인 분석이 계속되어야 할 것이다. 다만 박정희 개발독재 체제의 온전한 극복은 그에 저항했던 세력에 대한 비판적이고 맥락적인 분석 없이 이루어질 수 없다는 점은 다시 강조해도 부족하지 않을 것이다.

포스트 박정희 시대의
과학기술 정책

신향숙

1. 전환, 혹은 계승

한국의 근현대 과학기술사 연구는 짧은 연구사에도 과학기술
정책, 연구자, 연구기관, 제도화 등 다양한 측면을 조명해왔다. 그
러나 대부분의 과학기술사 연구가 박정희 정권 시기에 집중되어
있는 것이 사실이다. 최근 한국의 사례에 대한 과학기술사회학적
연구가 본격화되고 과학기술자사회, 황우석 사태, 과학기술논쟁
등을 다루면서 과학기술 정책상의 변화를 일부 고찰한 바 있지
만, 이들 연구는 1990년대 중반부터 최근까지의 시대를 주로 다루
고 있다.[1] 결과적으로 박정희 시대 이후 1990년대 이전의 과학기
술 및 과학기술 정책사 연구는 공백으로 남게 되었다. 한국 현대

---

1) 이영희, 「한국 과학기술사회학 연구의 동향과 과제」, 『경제와 사회』 100, 2013,
251~272쪽.

과학기술 정책사에서 박정희의 영향력이 컸던 것은 분명하지만, 박정희 이후 여러 차례의 정권 교체를 이루면서 과학기술의 발전과 함께 과학기술 정책도 다양한 변화를 겪었다. 박정희 시대에 과학기술 정책의 인프라와 제도가 구축되었고, 이때 형성된 제도, 기관, 정책 기조 등이 이후에도 지속적으로 영향을 미치고 있다고 평가하지만,[2] 실제 이에 대한 구체적이고 실증적인 연구는 거의 드물다. 박정희 시대 이후 정권인 제5공화국 정부는 박정희 시대의 과학기술 정책적 유산들을 어떻게 발전 혹은 변화시켰을까?

정치학계에서 역대 대통령의 과학기술 리더십을 분석하면서 박정희와 전두환의 과학기술 리더십을 비교한 바 있다. 이 연구들은 전두환의 리더십을 박정희와 마찬가지로 권위주의에 기반한 정책 명령자로 분류하면서도, 박정희의 과학기술 정책 리더십에 대해서는 상당히 긍정적으로 평가하는 반면 전두환에 대해서는 부정적으로 평가했다.[3] 그렇지만 정치학계 연구의 주요 관심사는 대통령의 리더십 유형을 분석하는 것으로, 제5공화국의 과학기술 정책에 대한 구체적인 분석은 실시되지 않았다.

제5공화국의 과학기술 정책에 대한 연구는 특정 분야의 산업화나 기술 능력의 발전 과정을 분석하는 차원에서 일부 진행되었

---

2) 문만용, 「박정희 시대의 과학기술 정책」, 『박정희 시대와 한국 현대사—연구자와 체험자의 대화』, 선인, 2007, 360쪽.

3) 함성득, 「한국 대통령의 과학기술 리더십 연구」, 『한국정치학회보』 46-1, 2012, 141~173쪽; 윤종성, 「역대 대통령의 국정운영 성과에 관한 연구」, 『사회과학연구』 31-2, 2015, 207~234쪽.

다. 김견은 한국에서 기술 능력의 발전 과정을 '기업 내 기술혁신'
의 정립과 발전이라는 측면에서 분석하여 1970년대의 중화학공
업화 시기와 1980년대 이후 사이에 산업기술 정책의 기본 성격상
단절적인 변화가 이루어졌다고 주장했다. 그는 1970년대 중화학
공업화 시기는 한국에서 민간기업의 기술개발 활동에 대한 명시
적 지원제도들이 형성되기 시작하는 맹아기였다면, 1980년대에는
기업 주도 혁신 체제로의 이행과 기업 내 혁신 체제의 비약적인
발전이 이루어졌다고 분석했다.[4] 송성수는 삼성반도체와 포항제
철을 사례로 한국 산업의 기술 발전 과정에서 나타난 주요 특징
들을 분석하여 산업별 공통점과 차이점을 드러내었다.[5] 문만용은
박정희 시대의 유산이라 할 수 있는 정부출연연구소가 1980년대
초 새로운 정치·경제적 환경의 변화를 맞아 어떻게 재편성되어갔
는지, 그리고 그 과정에서 정부의 역할과 기업의 역할이 어떻게
변화했는지를 구체적으로 밝혔다.[6] 신향숙은 1980년대 유전공학

---

4) 김견, 「1980년대 한국의 기술 능력 발전 과정에 관한 연구」, 서울대학교 박사학
위 논문, 1994.

5) 송성수, 「한국의 기술발전 과정에 나타난 특징 분석—포스코와 삼성 반도체를
중심으로」, 『한국과학사학회지』 34권 1호, 2012, 109~139쪽.

6) Manyong Moon, "Understanding Compressed Growth of Science and Technology in
South Korea: Focusing on Public Research Institutes", 『한국과학사학회지』 37-2, 2015,
pp. 431~453; Man Yong Moon, "Technology Gap, Research Institutes, and the Contract
Research System: The Role of Government-funded Research Institutes in Korea", 『한국과
학사학회지』 33-2, 2011, pp. 301~316; 문만용, 「1980년 정부출연연구기관의 재편
성」, 『한국과학사학회지』 31-2, 2009, 505~543쪽.

이라는 새로운 분야가 어떻게 등장하고 제도화되었는가를 언론, 정책, 법률, 연구소, 대학, 기업부설연구소의 영역별 변화를 통해 설명했다.[7] 이 연구들은 특정 분야의 산업화나 기술 능력의 발전 과정에 주목했기에 제5공화국 과학기술 정책 전반의 흐름을 설명하기에는 충분하지 못했다.

제5공화국 과학기술 정책의 흐름을 파악할 수 있는 연구는 주로 『과학기술 30년사』, 『과학기술 40년사』, 『한국 과학기술 정책 50년의 발자취』, 『과학기술행정 20년사』 등에 나타났다.[8] 그렇지만 이러한 연구들은 10년 단위의 인위적인 시기구분을 통해 각 년대별 과학기술 정책의 추진 과정을 개략적으로 설명하는 데 그쳤다. 그나마도 서술자가 서로 달랐기 때문에 각 년대별 비교서술이 충분히 이루어지지 못했다. 따라서 이전 정부의 과학기술 정책이 이후 정부에 어떻게 영향을 미쳤는지, 혹은 제5공화국의 과학기술 정책이 이를 어떻게 수용하여 제5공화국만의 정책으로 발전시켜갔는지에 대한 구체적인 연구는 이루어지지 못했다.

무엇보다 제5공화국의 과학기술 정책과 관련된 기존 연구들의 공통적인 특징은 '기술 드라이브 정책'과 '기술진흥확대회의'를 이 시기 과학기술 정책의 핵심으로 지적하면서도 그것이 언

---

7) 신향숙, 「1980년대 한국에서 유전공학의 등장과 제도화」, 전북대학교 박사학위 논문, 2013.

8) 『과학기술행정 20년사』, 과학기술처, 1987; 『한국 과학기술 정책 50년의 발자 취』, STEPI, 1997; 『과학기술 30년사』, 과학기술처, 1997; 『과학기술 40년사』, 과학기술부, 2008.

제, 어떻게, 왜 추진되었는지, 더 나아가 정말로 그런 특징들이 1980년대에 형성되었는지조차 충분히 규명하지 않았다는 것이다. 다시 말해 '기술 드라이브 정책'과 '기술진흥확대회의'를 제5공화국 과학기술 정책의 핵심으로 이야기하면서도 이것이 실제 1980년대 한국 과학기술 정책의 형성에 어떠한 영향을 주었는지에 대한 실증적인 연구는 충분하지 않았다고 할 수 있다.

5공화국 정부는 기술 드라이브 정책과 기술진흥확대회의를 추진하면서 박정희 정부의 과학기술 정책과의 유사점이나 연속성보다는 차이점과 새로움을 강조했다. 제1회 기술진흥확대회의에서 과학기술처가 보고한 「기술 주도의 새 시대 전개—80년대 기술혁신의 과제와 대책」에서 70년대는 "저임 노동력, 외국 자본, 단순모방의 외국 기술을 토대로 하여 경제의 양적 성장을 이룩했"지만 기술의 발전은 이에 미치지 못했다고 평가되었다. 그러면서 과학기술은 70년대의 모방과 조립에 기반한 노동집약산업과 기능집약산업에서 탈피하여 80년대에는 창의와 혁신에 기반한 기술집약산업과 두뇌집약산업의 단계로 도약하여 산업구조를 고도화해야 하고, 이것이 5공화국이 추진하는 과학기술 정책의 목표라고 밝혔다.[9] 『과학기술행정 20년사』는 우리나라 과학기술 정책이 1980년을 고비로 새로운 전환기를 맞이했다고 평가했다.

---

9) 「기술 주도의 새 시대 전개—80년대 기술혁신의 과제와 대책」, 과학기술처, 1982. 1(국가기록원 관리번호 C14M09456). 이 보고서는 66~76년의 경제성장에 대한 기술기여도를 분석하면서 선진국의 경우 22~32%인데 우리나라는 노동 40%, 자본 22%, 기타 31%, 기술 7%라고 밝혔다.

그러면서 기술 우위 정책이라는 '새로운' 국가 정책을 위해 '새로운' 연구개발 체제를 출범시켰다고 설명했다.[10]

이처럼 5공화국 정부는 자신들이 추진하는 과학기술 정책이 이전과는 다른, 혹은 이전의 정책에서 벗어난 '새로운' 정책임을 강조했다. 5공화국 정부뿐 아니라 이후의 연구자들도 1980년대 이후에는 이전과 다른 새로운 정책이 추진되었다고 평가했다. 현원복은 우리나라의 과학기술 정책은 1980년을 고비로 새로운 전환기를 맞았다고 주장했다.[11] 『한국 과학기술 정책 50년의 발자취』 역시 "80년대에 들어 우리나라의 과학기술 정책은 새로운 전기를 맞"했다고 설명하고, 그 새로움의 핵심을 기술 드라이브 정책과 기술진흥확대회의에서 찾았다.[12] 정말 5공화국의 과학기술 정책은 이전에는 없던, 혹은 이전과는 다른 새로운 정책이었을까?

아래에서는 1970년대 말 박정희 정권의 과학기술 정책에서 나타나는 변화를 살펴보고, 이것이 제5공화국의 과학기술 정책에서 어떻게 계승 혹은 변화되었는지를 추적하고자 한다. 특히, 1980년대 제5공화국 과학기술 정책의 핵심으로 여겨지는 '기술 드라이브 정책'이라는 정책 기조와 '기술진흥확대회의'라는 정책 추진

---

10) 과학기술처, 『과학기술행정 20년사』, 1987, 32~34쪽.

11) 현원복, 『1980년대 과학기술 정책의 분석 및 전망에 관한 연구』, 한국과학재단, 1986.

12) 과학기술 정책관리연구소, 『한국 과학기술 정책 50년의 발자취』, 1997, 206쪽.

체제가 어떤 배경에서 어떤 과정을 거쳐 형성되었는지 구체적·실증적으로 분석하고자 한다. 그리고 이를 통해 5공화국의 과학기술 정책은 박정희 시대의 그것과 어떤 관계에 있는지도 살펴보고자 한다.

2. 박정희 시대 과학기술 정책의 변화

박정희는 군정을 포함하면 1961년부터 1979년까지 20년이라는 긴 시간 동안 장기집권했기 때문에 박정희 시대의 과학기술 정책은 단일하게 전개되지 않았고 시기에 따라 중요도와 강조점이 달라졌다. 예를 들어 문만용은 박정희의 과학기술담화 분석을 통해 박정희 시기 동안 총 다섯 번의 변화가 있었음을 지적했다. 먼저 1960년대 초반의 과학기술은 기술교육의 맥락에서 제한적으로 다루어졌고, 60년대 중반부터는 경제와의 관련이 부각되기 시작했으며, 60년대 후반에는 안보 문제를 통해 국방과 연결되기 시작했다고 분석했다. 그리고 73년부터는 전 국민의 과학화운동을 통해 생활원리의 차원으로 격상되었으며, 70년대 중반 이후로는 두뇌산업 시대를 위한 과학두뇌 양성이 강조되면서 민간기업이 새로운 주체로 떠올랐다고 주장했다.[13]

---

13) 문만용, 「박정희 시대 담화문을 통해 본 과학기술 정책의 전개」, 『한국과학사학회지』 34-1, 2012, 83~84쪽.

그렇지만 박정희 시대를 이렇게 세분화하지 않고 10년 단위로 나누어 60년대와 70년대로 서술하는 것이 일반적이다. 1960년대 박정희 시대를 김근배는 '과학기술의 현대적 정착'을 이룩한 시기로, 문만용은 '현대적 과학기술 체제가 형성'된 시기로 평가한다.[14] 1960년대는 경제발전 초창기로, 과학기술 정책은 독립적인 정책 대상이라기보다는 경제발전을 보조하는 수단으로 존재했다. 따라서 이 시기 과학기술 정책은 수출증대를 위해 외국 기술을 도입하거나 모방하기 위한 정책에 중점을 두었다. 1970년대는 중화학공업화와 함께 기술개발을 위한 각종 정책들이 추진된 시기였다. 박정희 정부는 기술개발 활동을 지원하기 위해 기술개발촉진법(1972)과 기술용역육성법(1973)을 제정하고 각종 산업별 정부출연연구소들을 설립하는 등 여러 제도를 추진했다. 이 시기 과학기술 정책의 주요 특징 중 하나인 산업별 정부출연연구소는 민간기업이 필요로 하는 산업기술의 개발 공급의 역할을 부여받았으며, 정부는 여기에 예산 및 세제상의 지원을 했다. 이 시기에도 기술개발이 강조되었지만 과학기술 정책의 초점은 여전히 기술의 자체 개발이 아니라 외국 기술의 도입과 도입한 기술의 소화 및 개량에 맞춰져 있었다. 다시 말해 1970년대 중반까지 박정희 시대의 과학기술 정책은 정부 주도로 기존 산업발전에 필요한

---

14) 김근배, 「과학기술입국의 해부도—1960년대 과학기술 지형」, 『역사비평』 86, 2008, 236~261쪽; 문만용, 「1960년대 '과학기술 붐'—한국의 현대적 과학기술 체제의 형성」, 『한국과학사학회지』 29-1, 2007, 67~96쪽.

외국의 기술을 도입하여 소화·개량함으로써 경제발전을 보조하는 것이었다.[15]

그렇지만 1970년대 후반부터 박정희 정권의 과학기술 정책은 이전과 다른 새로운 모습을 보이기 시작했다. 즉 정부 주도에서 민간 주도로, 외국 기술의 도입에서 기술개발로, 경제발전을 보조하는 역할에서 선도하는 역할로 전환되기 시작한 것이다. 이 변화는 새로운 과학기술 분야에 대한 정치적 주목과 새로운 연구개발 체제의 모색 등으로 이어졌다. 특히 1977년은 그 변화의 기점이 되었다. 1977년은 100억 달러 수출을 달성하고 제4차 경제개발 5개년계획을 시작한 해로, 과학기술뿐 아니라 경제사에서도 중요한 역사적 의의를 갖는다. 먼저 한국 경제에서 수출 100억 달러 달성은 1973년 박정희가 중화학공업화선언을 통해 제시한 선진화 전략의 목표였다. 따라서 수출 100억 달러 목표 달성은 여러 역사적 의미를 갖는데, 첫째는 국민들에게 세계시장에서 다른 나라들과 겨루어 떳떳하게 잘 살 수 있다는 자신감을 심어주는 결정적 계기가 되었다는 점이고, 둘째는 한국의 수출지원 체제 및 정책이 세계와 비교하여 올바르게 이루어졌다는 것을 확인시켜주었으며, 셋째는 세계에 한국 상품의 우수성을 알리고 한국의 수출 능력을 긍정적으로 평가하는 계기가 되었다는 점이다.[16]

---

15) 1960년대와 1970년대의 시대별 과학기술 정책에 대한 논의는 『과학기술 40년사』, 37~99쪽 참조.

16) 「100억 달러 수출 달성(1977)」, 국가기록원 http://www.archives.go.kr/next/search/

1977년부터 추진된 제4차 경제개발 5개년계획은 과학기술 정책에서 이전의 경제개발 5개년계획과 달랐다. 이전에는 과학기술 진흥 5개년계획이 제2차(1967~71)와 제3차(1972~76)에 걸쳐 추진되다가, 제4차부터는 경제개발 5개년계획의 일환인 과학기술 부문 계획(이하 '제4차 과학기술 부문 계획'으로 칭함)으로 추진되었다. 이전의 계획들은 경제기획원이 기획하고 추진했지만 제4차 과학기술 부문 계획은 과학기술처의 과학기술 실무계획반이 대신했다.[17] 그리고 이전의 계획들이 우리나라 과학기술의 낙후성에 주목했던 것과는 달리, 제4차 과학기술 부문 계획은 우리의 과학기술 수준을 중진국의 상위권으로, 기술혁신을 촉진시킬 수 있는 자체 개발 능력을 보유한 것으로 평가했다. 이런 평가를 바탕으로 제4차 과학기술 부문 계획은 "성장·능률·균형의 이념하에 자력성장 구조를 확립하고 사회개발을 통하여 형평을 증진시켜 기술을 혁신하고 능률을 향상시키는 것"을 목표로 했다.[18] 즉 이전의 과학기술계

---

listSubjectDescription.do?id=007301(2015. 10. 15 접속).

17) 과학기술실무계획반의 구성에 대해서는 정확한 기록은 없으나, 송성수는 과학기술처 종합계획관이 작성한 제4차 과학기술 부문 계획의 머리말에서 "이 계획을 수립함에 있어 직접·간접으로 지원하여주신 관계 전문가와 당사자의 제위의 협조와 노고에 대하여 감사드리며"라는 문구를 바탕으로 이 계획이 과학기술처의 종합계획관을 중심으로 산학연 전문가와 관계 공무원으로 구성되었다고 파악했다. 송성수, 『과학기술종합계획에 관한 내용 분석—5개년계획을 중심으로』, 과학기술정책연구원, 2005, 61쪽.

18) 과학기술실무계획반, 『제4차 경제개발 5개년계획—과학기술 부문 계획』, 과학기술처, 1976.

획이 경제개발계획에 따른 수요를 충족시키는 데 초점을 두었다
면, 제4차 과학기술 부문 계획은 기술혁신 자체를 중요 목표로 설
정했다. 또 과학기술 진흥 5개년계획의 정책 범위가 인력개발, 기
술협력, 과학기술 진흥 등 3~4개에 불과했던 데 비해, 제4차 과학
기술 부문 계획은 정책 범위를 세분화하고 새로운 분야를 추가해
11개 분야로 크게 확대시켰다. 과학기술 진흥 체제 정비, 과학기
술인력 개발, 기술 도입 촉진, 기술용역 육성, 두뇌산업 육성과 장
기적 대형 연구개발 추진, 민간기업의 기술개발 촉진, 원자력 기
술개발, 자원개발과 환경보전 및 기상 업무의 강화, 정보산업 육
성, 국제 기술협력의 증진, 과학기술 풍토 조성 등이 그것이다.[19]

이처럼 100억 달러 수출 달성과 제4차 경제개발 5개년계획의
추진은 과학기술 정책상의 변화를 가져오는 계기가 되었으며, 그
변화의 과학기술에 대한 시각의 변화에서부터 나타났다. 즉 과학
기술이 경제발전을 보조하는 국한된 역할에서 벗어나 경제발전
을 선도하는 역할로 인식되기 시작한 것이다. 1977년 2월 8일 박
정희가 과학기술처를 연두순시하는 자리에서 최형섭 과학기술
처 장관은 "과학기술이 경제성장을 적극 선도하는 능동적인 역할
을 담당할 시점에 이르렀다고 밝히고 금년부터 과학기술 부문의
투자를 본격적으로 확대하여 현재 국민총생산의 0.5% 수준인 연

---

19) 송성수, 『과학기술종합계획에 관한 내용 분석─5개년계획을 중심으로』, 60쪽;
   과학기술실무계획반, 『제4차 경제개발 5개년계획─과학기술 부문 계획』, 과학
   기술처, 1976.

구개발 투자를 81년에는 1%선 이상까지 끌어 올리겠다"고 보고했다.[20] 1977년 『과학기술연감』은 "경제 및 과학기술의 발전 진로에 입각하여 앞으로 우리의 과학기술은 그간 축적하여온 개발 능력을 토대로 하여 지금까지의 경제개발을 위한 지원 역할에서 한 걸음 더 나아가 이제 국가 장래를 내다보는 위치에 서서 경제성장을 적극 선도하는 능동적인 역할을 담당하여야 할 것"[21]이라고 서술했다. 이듬해 『과학기술연감』도 "과학기술은 어제까지의 경제발전을 지원하는 수동적인 입장에서 탈피하여 그동안 구축하여온 과학기술 기반을 바탕으로 과학기술을 본격으로 개발함으로써 경제발전을 적극 선도해 나가야 할 것"[22]이라며 과학기술의 변화된 역할에 대해 확실하게 밝혔다.

최형섭의 보고와 『과학기술연감』의 서술은 과학기술이 경제발전을 보조 혹은 지원하는 입장에서 벗어나 경제발전을 선도 및 주도해야 한다는 전환된 인식을 분명히 밝히고 있다. 그리고 이러한 과학기술의 역할에 대한 인식의 전환과 맞물려 기술개발과 민간기업의 역할에 대한 인식도 변화하기 시작했다. 기존의 과학기술 정책이 외국 기술의 도입과 도입한 기술의 소화와 개량에 초점이 맞춰져 있었다면 이제는 도입이 아닌 기술의 자체 개발을 강조하는 방향으로 전환되기 시작한 것이다. 그 인식 전환의 배

---

20) 「기술집약산업 적극육성」, 『매일경제』 1977. 2. 8.

21) 『과학기술연감』, 과학기술처, 1977, 3쪽.

22) 『과학기술연감』, 과학기술처, 1978, 6쪽.

경은 앞서 언급한 1977년의 100억 달러 수출 목표 달성이었다. 100억 달러 수출 목표 달성은 국제수지를 크게 개선시켰지만, 당시까지 누려온 경공업 및 노동집약산업 중심의 수출이 한계에 달했고, 선진공업국과 기술경쟁이 불가피하다는 사실도 깨닫게 만들었던 것이다. 이러한 위기의식은 과학기술의 역할을 더욱 중요하게 부각시켰으며, 과학기술 정책의 초점을 기술도입이 아닌 기술개발로 이동시켰다.

기술개발에 대한 강조는 연구개발에서 민간기업의 역할에 대한 강조로 이어졌다. 먼저 1977년 『과학기술연감』이 기술자립 시대를 구현하는 데 산업계 스스로 기술혁신의 주역이 되도록 민간주도의 기술개발 체제로 점차 전환할 예정이라고 밝힌 데[23] 이어, 1978년 『과학기술연감』은 과학기술 개발 체제를 민간 주도형으로 전환하기 위해 과학기술 개발 투자의 정부 대 민간 비율을 1981년 50 : 50을 기준으로 1991년에는 40 : 60까지 끌어올리겠다는 구체적인 계획을 마련했다.[24] 박정희도 1978년의 연두기자회견을 통해 과학기술의 혁신과 민간기업의 역할을 크게 강조했다.

과학기술의 혁신을 위해 정부는 그동안 기계, 전자, 화학 분야 등에 걸쳐서 10개의 공공전문연구소를 설립했습니다. 이들 연구소는 앞으로 기업의 생산에 직접 필요한 기술을 제공하게 될 것입니다.

---

23) 『과학기술연감』, 과학기술처, 1977, 9쪽.

24) 『과학기술연감』, 과학기술처, 1978, 8쪽.

박정희 대통령 연두기자회견
박정희 대통령은 1978년의 연두기자회견을 통해 과학기술의 혁신과 민간기업의 역할을 크게 강조했다. 국가기록원 소장 사진.

그러나 우리나라의 경제 규모가 나날이 커지고 산업 구조도 점점 더 복잡하고 또 고도화되어감에 따라 기술 수요도 고급, 다양화되어가고 있습니다. 따라서 공공연구기관만으로는 이를 감당하기 어렵게 되었을 뿐만 아니라 그동안 우리 기업도 자체 연구소를 설립할 만큼 크게 성장했으며, 연구개발의 1차적 책임은 민간기업 자체에 있다는 점을 생각할 때 이제부터는 우리 민간기업에 있어서도 자체 기술 연구개발 활동을 개시할 때가 왔다는 것을 특별히 강조하고자 합니다.[25]

---

25) 「1978년 연두기자회견」, 대통령기록관.

민간기업의 기술개발 촉진에 대한 정부의 강조는 조세 및 금융상의 지원을 비롯해 '기술개발촉진법'[26]을 개정하는 등 실질적인 정책 추진으로 이어졌다. 그중에서도 기술개발촉진법의 개정은 '국산 신기술 제품의 보호'와 '산업기술연구조합의 설립'에 관한 법적 근거를 마련했다는 점에서 의의가 있었다. 1977년 기술개발촉진법 개정으로 새로 추가된 제2조(정의)에 따르면, 국산 신기술 제품은 "신기술이나 도입기술의 소화 개량에 의하여 국내에서 완성된 제조 공정 및 그 공정에 의하여 생산된 제품으로서 기술개발심의위원회의 심의를 거쳐 과학기술처 장관이 인정하는 것"을 말했다. 이 국산 신기술 제품의 제조자를 보호하기 위해 제8조 2항(국산 신기술 제품의 제조자에 대한 보호)을 신설했는데, 이 조항에 따르면 국산 신기술 제품을 보호 받고자 하는 자는 공업화시험 완료 단계 또는 시범제작 단계에서 이를 과학기술처 장관에게 신고해야 했다. 그러면 정부는 신고된 국산 신기술 제품의 제조자에 대해 연구개발에서 기업화 단계까지 투자된 자본의 회수와 적정이윤이 보장되도록 일정 기간 유사제품의 수입규제 및 동일품목의 중복제조 규제 등 필요한 보호조치를 하거나 국산 신기술 제품의 성능·품질보장에 필요한 개선을 명하거나, 국산 신기술 제품의 수요 창출을 위한 자금 지원 및 우선구매 등 지원시책

---

26) 기술개발촉진법은 "산업기술의 자주적 개발과 도입 기술의 소화 개량을 촉진하여 그 성과를 보급하게 함으로써 기업의 국제경쟁력을 강화하고 국민경제 발전에 기여"하는 것을 목적으로 1972년 제정되었다.

을 강구하는 조치를 취한다는 내용이었다. 그리고 새로운 연구개발의 주체인 산업기술연구조합의 설립을 위해 제10조 3항(산업기술연구조합의 설립)을 신설했다. 이 조항은 동일 또는 동종의 제품을 생산하는 사업자는 ① 기술 향상을 위한 연구개발의 실시와 그 성과의 관리에 관한 사업, ② 동종의 선진기술 일괄도입과 그 배분에 관한 사업, ③ 도입 기술의 소화 개량을 위한 연구개발의 실시와 그 성과의 관리에 관한 사업, ④ 조합원을 위한 기술지도 사업, ⑤ 기타 기술개발을 위하여 필요하다고 인정되는 사업 등을 협동적으로 수행하기 위하여 산업기술연구조합을 설립할 수 있으며 그 조합은 법인으로 한다는 내용을 포함했다.

   민간기업연구소의 설립을 위해 정부는 법률적인 지원뿐 아니라 강제적인 조치를 취하기도 했다. 정부는 1978년 9월에 매출액 300억 원이 넘는 제조업체를 우선 선정하여 기업부설연구소를 설립하도록 대통령의 지시로 촉구했다. 이후 11월에는 공업진흥청 주관으로 민간연구소 설립에 관한 좌담회를 개최하였으며, 12월에는 상공부 장관 명의로 민간연구소 설립 장려를 위한 공한을 민간기업체에 발송했다. 이러한 정부의 유도적 및 강압적 조치들이 자극이 되어 1979년에는 민간연구소 설립추진협의회(민간기술연구소협회)가 발족했으며, 그해 말까지 총 46개의 연구소가 설립되었다.[27] 정부의 유도 정책에 따른 것이기는 하지만 민간연구소가 설립되었다는 사실은 기업 스스로도 기술혁신의 필요성을 인식

---

27) 『산기협 10년사』, 한국산업기술진흥협회, 1989, 14~15쪽.

하기 시작했음을 의미한다. 결과적으로 박정희 시대 말기에는 정부와 기업 모두 기술혁신에 대한 인식을 같이하고 있었으며, 이렇게 새로운 연구개발 추진 체제를 준비하고 있었다.

한편, 기술개발에 대한 강조는 연구개발의 주체에 대한 인식의 변화뿐 아니라 새로운 과학기술 분야에 대한 정치적 주목과 새로운 연구개발 체제의 모색으로도 이어졌다. 먼저 1970년대 중반 이후 박정희 정부는 기술개발을 강조하면서 중화학공업 분야와 함께 두뇌산업(Brain-Intensive industry)을 주목하기 시작했다. 두뇌산업은 종래 일반적으로 사용하던 협의의 지식산업이나 정보산업을 포괄하는 광의의 개념으로, 정밀화학, 정말기계, 정밀전자 플랜트 용역산업과 지식 및 정보산업 등, 고도의 과학기술 두뇌를 주축으로 한 창조적인 연구개발을 통해 이루어지는 분야였다. 1977년 『과학기술연감』과 제4차 과학기술 부문 계획에서는 두뇌집약산업의 발전을 위한 방안으로 ① 고급 과학두뇌의 양성과 기술인력의 정예화, ② 우수한 과학두뇌와 기술인력의 조직적 활용을 위한 전문연구기관 설립 ③ 소프트웨어 개발이 요청되는 플랜트엔지니어링 컴퓨터 및 지식정보산업 등의 국가적 육성을 제시했다.[28] 두뇌집약산업은 이듬해 박정희 대통령의 시정연설에서 과학기술 분야의 중요 과제로 언급되었다. 박정희는 "두뇌집약산업의 중점개발로 중화학공업을 뒷받침"하고 "기술용역 능력을 국

---

[28] 과학기술실무계획반, 『제4차 경제개발 5개년계획—과학기술 부문 계획』, 53쪽; 『과학기술연감 1977』, 6쪽.

제적 수준으로 제고"하며, "고급 과학두뇌의 대량 양성과 질적 향상을 위해 한국과학원을 계속 육성하는 한편, 과학재단을 통해 대학의 기초연구 활동을 적극 지원할 것"이라고 밝혔다.[29]

새로운 두뇌산업 개발 전략은 곧 다시 새로운 연구개발 체제의 구상으로 이어졌다. 정부는 1970년대 후반부터 '국책적 중요연구개발사업', '정부기업 공동연구사업', '장기적 대형 연구개발사업', '국책적 대형연구연구개발사업' 등의 명칭으로 새로운 연구개발 활동을 모색하기 시작했다. '국책적 중요연구개발사업'에 대한 아이디어는 1976년 『과학기술연감』에서 나타났다.

도입 기술의 소화 개량 및 자주적 연구개발 활동의 조성을 위해 과학기술처의 조사연구사업을 종전 대학교수나 연구기관 등 주로 연구할 사람들로부터 과제를 신청받아 선정 추진하던 방식을 지양하고 기업이 개발을 요구하는 기술과제를 대상으로 하여 비용은 정부와 기업이 원칙으로 공동부담하고 연구는 대학을 위시한 국내 각 전문기관이 참여하여 실시하는 이른바 '정부기업 공동연구사업'으로 발전시켜 나가고 있으며 이렇게 함으로써 기업의 적극적인 참여를 유도하고 대학 및 연구기관에게는 책임있게 수행토록하는 이른바 참여와 책임의 자세를 더욱 앙양시켜 나가도록 유도하고 있다.[30]

---

29) 박정희, 「1979년도 예산안 제출에 즈음한 시정 연설문」, 1978. 10. 4, 대통령기록관(http://www.pa.go.kr/research/contents/speech/index04_result.jsp).

30) 『과학기술연감 1976』, 과학기술처, 1976, 9쪽.

국책적 중요연구개발사업은 기업이 요구하는 기술과제를 정부와 기업의 공동 비용 부담으로 대학과 전문기관이 개발 수행하는 정부기업 공동연구사업을 의미했다. 그러나 당시 국책적 중요연구개발사업은 구체적인 추진 전략이나 방안은 제시되지 않은 채 구상 수준에 머물렀다. 이후 새로운 연구개발 체제의 구상은 제4차 과학기술 부문 계획을 통해 조금 더 구체화되었다. 제4차 과학기술 부문 계획에서 국책적 대형연구연구개발사업은 "국가적으로 그 개발이 절실히 요청되고 있는 원료 중간재 및 기계류의 국산화나 기술집약적 수출 신제품의 창출과 같이 어느 단위기업이나 특정 전문연구기관만으로는 감당하기 어려운 대형 과제"를 추진하는 연구개발사업으로 정의되었다. "한국과학기술연구소를 중심으로 하여 재료, 기계, 전자, 정밀화학, 화학공업, 식량자원, 에너지, 정보산업 등에 대한 중점연구개발계획을 수립하여 본격적으로 추진해 나갈 것"이라며 연구개발 주체와 연구 분야를 구체화시켰다.[31] 1976년 『과학기술연감』보다는 조금 더 구체적인 내용이 덧붙여지긴 했지만, 제4차 과학기술 부문 계획도 정책 구상 단계에 머물러 있었다. 새로운 연구개발 체제에 대한 구상이 정책 추진이 가능한 형태로 발전된 것은 1978년 한국과학기술연구소가 작성한 『기술 자립에의 도전 KIST 장기연구계획 I(1979~83)』이라는 보고서를 통해서였다.

이 보고서는 국책적 중요연구개발사업을 '장기 대형 연구과

---

31) 과학기술실무계획반, 『제4차 경제개발 5개년계획—과학기술 부문 계획』, 52쪽.

제'로 표현하고 이를 "미래의 공공 및 민간 부분의 공공이익을 위하여 대규모 예산이 소요되며, 관련되는 전문분야와 기술의 종합도, 기술 및 산업관계상의 파급 효과가 크고 원대한 목적지향성을 가지고 있어 흔히 국가적 차원의 정책과제를 대상으로 장기적 계획 및 수행이 요구되며 종합적 연구관리제도를 필요로 하는 시급한 연구개발 과제를 말한다"라고 정의했다. 이러한 장기 대형 과제의 연구개발은 "사회경제의 기술적 요청에 부응하여 연구 기간이 장기간이며, 그 연구개발 규모가 클 뿐 아니라 연구과제의 산업화에 따르는 위험부담이 크기 때문에 민간에만 개발을 기대할 수 없으므로 정부 주도하에 종합연구소(KIST), 전문연구소, 학계 및 산업계의 협동연구조직의 체계적 확립이 필요하다"고 설명했다.[32] 그리고 우리나라가 당면하고 있는 문제를 산업구조 개편, 수출경쟁력 강화, 에너지 및 자원위기 극복, 합리적 시스템 개발, 공해방지 등으로 파악하고, 이를 극복하기 위한 과제로 소재 국산화 및 공정기술 개발에 관한 연구, 에너지 및 자원위기 극복을 위한 종합기술 개발, 환경보전 및 보건관리를 위한 종합적 기술 개발에 관한 연구, 기술 및 두뇌집약형 특화산업 기술개발에 관한 연구, 지역사회 개발을 위한 종합적 연구 등을 선정했다.[33] 장

---

32) 『기술자립에의 도전 KIST장기연구계획 I(1979~83)』, 한국과학기술연구소, 1978, 72쪽.

33) 과제 선정 기준은 ① 국가 산업기술 수준의 향상으로 국제경쟁력 제고, 에너지 및 자원의 효율적 이용, 산업 공해 방지, 국민의 위생 및 보건 증진, 사회안전 개발, 생산 활동과 직결된 사회개발 등을 위해서 긴급하게 요구되는 기술, ②

기 대형 과제 추진의 효과로는 경제적 기대효과 외에 정부의 연구개발 투자 확대, 기업의 연구개발 활동 강화, 연구개발 체제의 정비를 통해 국내 연구개발 활동의 급속한 진흥과 능률적인 방향으로의 유도 등을 꼽았다.

이처럼 1977년을 기점으로 나타난 새로운 변화들, 즉 과학기술에 대한 역할 인식 변화를 기반으로 민간기업의 기술개발 촉진과 두뇌산업 육성 및 장기적 대형 연구개발의 추진 등은 '과학기술 10개년계획'에 대한 준비로 이어졌다.[34] '과학기술 10개년계획'은 기술집약적인 고도산업국가 건설을 위한 개발 전략을 세우기 위한 것으로, 고급두뇌 양성을 비롯한 분야별 산업기술개발 전략 등이 포함될 예정이었다. 과학기술처는 이를 위해 선진국과 우리나라의 과학기술 활동 및 정책을 분석한 『과학기술 장기계획―자료 I』[35]을 작성하는 등 장기계획 수립을 위한 준비에 들어갔다. 그

기술 및 산업 구조상 전후방 파급 효과가 크며 특히 중화학공업 발전을 촉진시킬 수 있는 기술, ③ 특화산업 구축을 위하여 필요한 기술, ④ 전통산업을 발전시키기 위한 기술, ⑤ 많은 연구투자와 장기간이 소요되고, 이익동기의 결여 등으로 민간기업이 시도할 수 없는 기술(방위산업 등), ⑥ 종합연구소, 학계 특성화 연구소 및 산업계의 협동연구에 의하여 이루어지는 기술, ⑦ 기술의 부의 효과(adverse impact)를 줄이는 기술, ⑧ 국제 수준에 달하는 고급 기술 등이었다.

34) 「과기처 보고 과학기술 10개년계획 마련」, 『경향신문』 1979. 2. 8.

35) 이 자료는 공식적인 출판물이 아니라 정부 내부문건 형태로, 주요 내용은 선진국과 우리나라의 과학기술 투자 현황을 비교분석하고, 우리나라의 과학기술 투자가 정부출연연구소에 집중되고 대학이나 기업연구소의 투자 비중이 너무 낮다는 것을 지적하면서 이를 개선하기 위한 방안으로 국가연구개발사업을 제시했다. 『과학기술장기계획―자료 I』, 과학기술처, 1979.

러나 '과학기술 10개년계획'은 구체적인 결과로 이어지지 못하고 중도에 폐기되고 말았다. 마찬가지로 중화학공업 부문의 발전도 기대에 못 미쳤을 뿐 아니라 제4차 과학기술계획도 소기의 목적을 달성하지 못한 채 끝났다.

새로운 구상들이 실현되지 못한 데는 여러 가지 복잡한 이유가 있었지만, 그중 하나는 중화학공업 정책 추진에 따른 부작용과 제2차 석유파동으로 인한 경제적·산업 구조적 문제가 심각했기 때문이었다. 중화학공업에 대한 과도한 투자의 반작용으로 경공업 부문의 발전이 지체되었고, 중화학공업 부문의 발전이 기대에 못 미침에 따라 우리 경제는 70년대 말 커다란 어려움에 직면했다.[36) 여기에 1979년의 제2차 석유파동으로 세계적인 인플레이션 발생, 국제수지 악화, 경기침체, 실업률 증가, 수입량 감소 등의 현상이 나타나면서 우리나라 경제는 더욱 심각한 상황에 직면하게 되었다.[37) 뿐만 아니라 1978~79년의 노풍(魯豊) 피해[38)와 백수 현상[39)에 이어 1980년에는 냉해까지 겹치면서 농업 생산량이 25.7%나 감소했다. 광공업도 전반적인 국내 수요 부진으로 1.2%

---

36) 『한국 과학기술 정책 50년의 발자취』, 203쪽; 『과학기술 40년사』, 90쪽.

37) 당시 경제상황은 『경제백서』와 『최근 세계 경제동향과 국내경제전망』, 한국개발연구원, 1982 등을 참고.

38) 정부가 적극 권장했던 새로운 다수확 벼품종이었던 노풍을 파종했다가 병충해로 농사 피해가 발생했다.

39) 벼 이삭이 하얀 쭉정이가 되는 현상으로 당시 태풍의 여파로 경남, 전남북, 제주 등에서 발생했다.

가 감소하고, 사회간접자본 및 기타 부분 역시 2.2% 감소하는 등 전 산업 분야에서 침체 현상이 나타났다. 그 결과 1980년에는 국민총생산이 전년 대비 5.5% 감소해, 우리나라가 경제개발계획을 추진한 이래 처음으로 마이너스 성장을 기록했다.[40] 다른 한편, 과학기술 정책 추진체의 핵심이자 강력한 지도자였던 박정희의 사망을 비롯해 각종 시국 사건으로 인한 사회적·정치적 혼란 또한 새로운 정책 추진을 더욱 어렵게 만들었다. 이러한 경제, 산업, 사회, 정치적 문제로 인해 박정희 정부 말기에 추진되었던 일련의 새로운 과학기술 정책은 계획이나 구상에 그치고 실질적인 정책 실현으로 이어지지 못했다.

3. 제5공화국의 기술 드라이브 정책

1980년대는 선진국가를 향한 우리 정부의 오랜 약속의 시대이자 변화를 예고했던 시대로 우리나라 산업사 및 과학기술사에서 중요한 의미를 부여받았던 시대였다. 1960년대 초에 본격적인 산업개발 정책과 과학기술 정책을 추진하기 시작한 정부는 '1980년대 선진공업국가 진입'을 목표로 설정했다. 과학기술처 설립 직후 수립된 우리나라 최초의 과학기술 장기계획인 『과학기술개발 장기종합계획 1967~1986』에서 1980년대는 "과학기술이 근대화되고

---

40) 『경제백서 1981』, 경제기획원, 1981, 57~75쪽.

복지화된 사회"이자 "기술 자립기" 혹은 "선진과학기술 달성기"로 표현되었다. 이 계획에 따르면 "1960년대 공업화의 기반구축 단계", "1970년대 도약 최종 단계", "1980년대 성숙된 대량생산 단계"를 거쳐 1980년대 후반에는 "성숙의 저력이 축적된 중진공업국가의 형태를 갖추게 될 것"이라고 전망했다.[41] 비슷한 시기의 『과학기술연감』도 『과학기술개발 장기종합계획 1967~1986』에서 제시한 경제적 전망에 사회적 전망을 추가해, "1960년대 전통사회에서 탈피", "1970년대 발전의 변혁 과정", "1980년대 근대화·복지화"를 달성하는 시기로 전망했다.[42] 이처럼 1980년대는 경제 및 과학기술 장기계획을 1차적으로 완수하는 시점이자 새로운 변화를 가져올 시대로 기대되었지만, 1980년대 초 우리나라 상황은 그렇게 장밋빛이 아니었다.

국내외적인 정치, 경제, 사회적 전환기에 정권을 잡은 제5공화국 정부는 경제위기 해결을 최우선 과제로 설정하고 그 방안을 과학기술에서 찾았다. 무엇보다 제5공화국 정부는 집권 과정에서 정권의 정통성에 엄청난 상처를 입고 출발했기 때문에, 이전 정권의 맥을 이으면서도 보다 확실한 상징정치[43]가 필요했으며 과

---

41) 『과학기술개발장기종합계획 1967~1986』, 과학기술처, 1968, 15쪽.

42) 『과학기술연감 1969』, 과학기술처, 1969, 6쪽.

43) 상징 정책이란 정책을 수립함에 있어서 실질적인 개선 없이도 문제를 해결하는 것처럼 생각하게 하는 것으로, 정책의 정당성을 국민들에게 설득시킴으로써 정부의 정당성을 확보하거나 정부 정책에 대한 순응을 확보하기 위해 사용된다. 정병걸·성지은, 「과학기술과 상징정치—참여정부의 과학기술 정책을 중

학기술은 이를 위한 하나의 도구가 되었다. 전두환은 박정희의 후계자라는 점을 강조하면서도 다른 한편으로는 그를 뛰어넘으려는 모습을 보였다. 전두환은 박정희와 마찬가지로 집권 과정에서 생긴 민주적 정당성의 약점을 보완하기 위해 고도의 경제성장 전략을 추진했다. 박정희가 수시로 연구소를 찾아 연구원을 위로하고 격려했던 것을 본받아 연구소를 방문하기도 하고, 현장에서 직접 지시를 내리기도 하는 등 과학기술 리더십을 발휘했다.[44] 제5공화국의 과학기술 정책은 박정희 정부의 그것과 연속선상에 있으면서도 새로운 측면을 포함하고 있었다. 이런 특징을 가장 잘 보여주는 것이 '기술 드라이브 정책'과 '기술진흥확대회의'였다.

'기술 드라이브 정책'이라는 용어는 '기술 우위 정책', '기술 주도 정책', '기술 약진 전략' 등으로 불리며 제5차 경제사회발전 5개년계획(이하 '제5차 5개년계획')의 발표를 전후로 사용되기 시작했다. 먼저 '기술 드라이브'라는 용어가 지면에 등장하기 시작한 것은 1981년 9월로 언론이 제5차 5개년계획을 점검하는 과정에서였다.[45] 제5차 과학기술 부문 실천계획에 대한 토론을 담당했던 한

심으로」, 『한국정책과학학보』 9-1, 2005, 29~31쪽.

44) 현원복, 『대통령과 과학기술』, 과학사랑, 2005, 179쪽.

45) 현원복은 '기술 드라이브'라는 말은 1981년 10월 3일자 『한국경제신문』의 「기술 드라이브로 제2도약 꽃피우자」라는 사설에서 처음 사용된 이후 과학기술처가 이것을 받아 기술 우위 정책을 '기술 드라이브'라고 표현하기 시작해 제1차 기술진흥확대회의를 통해 전두환 정부의 정책 기조로 공식화되었다고 주장했다. 『대통령과 과학기술』, 205쪽. 그러나 필자가 조사한 바로는 이보다 앞서 1981년 9월 2일자 『동아일보』의 「'안정복지'의 기대 5년 5차 경제계획 부문

국과학기술원 산업경제연구부장 이종욱은 "기술개발이 여러 곳에서 지적 또는 강조되었다 할지라도 제5차 5개년계획 또한 기술개발이 산업 정책, 나아가 경제 정책의 주류로 인식되지 못한 것이 매우 아쉽다고 지적"하면서 만약 기술이 현재 우리나라 산업과 경제의 장애요소이고 계획 기간 동안 한국 경제의 안정·성장 기반을 구축하고 능률을 향상시키는 데 가장 중요한 요소라면 과거의 '수출 드라이브 정책'에 버금가는 '기술 드라이브 정책'까지도 구상하여 각종 지원 등 여러 정책 수단들을 유도 계획해볼 수 있다고 주장했다.[46]

이후 1981년 10월 과학기술처가 발표한 『제5차 경제사회발전 5개년계획 과학기술 부문 실천계획 1982~1986』(이하 '제5차 과학기술 부문 실천계획')에 '기술 드라이브 정책'이라는 용어가 등장했지만, 이에 대한 구체적인 정의나 부가적인 설명은 없었다. 단지 보고서의 서문 격인 「제5차 과학기술 5개년 실천계획 발표에 즈음하여」라는 글에서 "정부와 산업계, 과학기술계, 학계가 혼연일체가 되어 제5공화국의 범국가적 기술 드라이브 정책 의지 구현에다 같이 노력"해야 한다고 명시했을 뿐이었다. 보고서 본문에서도 '기술 드라이브 정책'은 대통령이 주관하는 기술진흥확대회의

별 점검 ⑥ 과학·기술」이라는 기사에서 '기술 드라이브 정책'이라는 용어가 사용되었고, 일주일 뒤인 9월 9일자 『경향신문』의 「전문가의 의견」에서도 사용되었다.

46) 「'안정복지'의 기대 5년 5차 경제계획 부문별 점검 ⑥ 과학·기술」, 『동아일보』 1981. 9. 2; 「전문가의 의견」, 『경향신문』 1981. 9. 9.

를 설치 운영함으로써 구현할 것이라는 사실만 언급했을 뿐 구체적인 설명을 덧붙이지는 않았다.[47] 이는 '기술 드라이브'나 '기술진흥확대회의'가 낯설지 않은, 즉 구체적인 설명이 없이도 통용될 수 있는 용어였음을 의미한다. 그렇다면 '기술 드라이브'라는 용어는 어떤 의미였으며, 어떻게 구체적인 정의나 설명 없이 통용될 수 있었을까?

이는 위에서 언급한 "수출 드라이브 정책에 버금가는 기술 드라이브 정책"이라는 표현에서 쉽게 유추할 수 있다. 여기서 나타나듯 기술 드라이브 정책은 수출 드라이브 정책에 착안해 만들어진 용어였다. 수출 드라이브가 수출을 강조하고 수출 증대를 위해 각종 지원 및 정책수단을 총동원했듯이 기술 드라이브는 기술을 강조하고 기술개발을 위해 각종 지원 및 정책수단을 동원하자는 것을 암묵적으로 의미했다. 이런 측면에서 보면 기술 드라이브 정책은 수출 드라이브 정책의 연장선상에서 등장한 것으로 볼 수 있다.

그러나 다른 한편으로 기술 드라이브 정책은 1970년대의 수출 드라이브 정책에 대한 비판이자 대안의 의미로 등장했다고도 볼 수 있다. 예를 들어 1981년 10월 13일 『한국경제신문』은 창간기념일을 기념한 사설 「기술 드라이브로 제2도약 꽃피우자」에서 1970년대의 고도성장은 풍부한 저임 노동력과 단순 노동집약적인 저

---

47) 『제5차 경제사회발전 5개년계획 과학기술 부문 실천계획 1982~1986』, 과학기술처, 1981.

부가가치 상품의 대량수출, 해외시장의 호황, 값싼 석유 에너지와 자원 등에 기댄 외형적·양적 증대만을 추구한 것이라고 평가했다. 이런 조건이 사라진 1980년대에는 수출 드라이브의 연장이 불가능하다고 진단했다. 수출 드라이브를 대신하여 80년대 제2의 도약을 가능하게 하는 것은 오직 기술개발과 기술혁신이라고 강조하고, 70년대의 제1의 도약을 가능케 했던 수출 드라이브를 대신하여 80년대 제2의 도약을 위해 기술 드라이브를 제창한다고 밝혔다.[48] 이는 기술 드라이브가 수출 드라이브의 연장이 아니며, 수출 드라이브를 대체하는 새로운 정책으로 등장했음을 의미한다. 연장이든 대안이든, 기술 드라이브와 수출 드라이브가 깊은 연관이 있었던 것은 확실하다. 수출 드라이브는 박정희 시대 이후 널리 통용되는 개념이었기에 '수출'이라는 용어를 '기술'로 대체한 '기술 드라이브 정책'은 용어에 대한 구체적인 정의나 설명 없이도 쉽게 통용될 수 있었다.

과학기술처는 1982년 1월 제1회 기술진흥확대회의에서 기술 드라이브를 제5공화국 과학기술 정책의 공식 기조로 선포했다. 과학기술처는 「기술 주도의 새 시대 전개—80년대 기술혁신의 과제와 대책」이라는 주제발표를 통해 제5공화국의 과학기술 정책이 제2의 경제도약을 위한 기술 주도의 정책 방향 설정과 함께 안정 기조의 정착, 국제경쟁력 강화, 산업 구조의 고도화, 사회복지 증진이라는 기본 목표를 근간으로 하고 있다는 점을 분명히 밝혔

---

48) 「기술 드라이브로 제2도약 꽃피우자」, 『한국경제신문』 1981. 10. 13.

"기술 우위 정책을 확고한 신념으로 추진하라" 전두환 대통령이 1982년 1월 29일 중앙청에서 열린 제1회 기술진흥확대회의에 참석하여 보고를 듣고 있다. 국가기록원 소장 사진.

다. 보고의 핵심은 제목에서 드러나듯 80년대의 새 시대를 기술 주도 및 기술혁신으로 이룩하자는 것이었다.[49]

이 보고는 '기술혁신과 제2의 도약', '국제 기술 동향과 우리의 대응', '우리나라 현황과 앞으로의 방향', '기술혁신을 위한 과제와 대응'으로 구성되었다. 여기서 기술혁신의 애로 요인으로 연구개발 능력과 고도인력의 부족, 기술축적과 기술정보의 빈약, 과학교육과 국민적 기술 기반의 취약, 기술개발 동기유발의 환경 미비, 기술 외적 성장 추구의 기업 경영자세 등을 꼽았다. 이 애로 요인

---

49) 과학기술처, 「기술 주도의 새 시대 전개—80년대 기술혁신의 과제와 대책」, 1982(국가기록원 관리번호 C14M09456).

을 타개하기 위한 정책과제는 직접적인 것과 간접적인 것으로 구분했다. 직접적인 정책과제로는 연구개발의 활성화, 기술개발투자의 확대, 기술인력 양성, 과학기술교육의 강화 등을 꼽았고, 간접적인 정책과제로는 기술개발 금융·세제 보강, 발명특허 및 표준제도의 확립, 정부구매의 가격제도 개선, 경쟁원리 확산 등을 제안했다. 그리고 이러한 기술혁신 촉진을 위한 과제와 정책을 성공적으로 추진하기 위해서는 각계의 유기적인 역할이 중요하다고 지적했다. 즉 산업계는 전 산업 기술혁신운동의 자율적 확산을, 정부는 기술개발 우위의 정책 구현을 추구하여 80년대의 제2도약을 달성해야 한다고 주문했다.

이 보고를 접한 전두환은 "앞으로 정부의 모든 경제사회발전계획이나 산업 정책 추진에 있어서 기술 및 인력개발에 중점을 두는 기술 우위의 정책을 확고한 신념으로 추진해야 할 것"[50]이라고 강조하고, 관계부처의 역할까지 세세하게 지시함으로써 기술 드라이브 정책 추진에 강력한 의지를 드러냈다. 기술 드라이브를 위한 대통령의 각 부처별 지시 내용은 〈표 1〉과 같았다.

전두환 대통령의 당부에서 보듯이 기술 드라이브 정책은 전두환 정부의 모든 경제와 산업 정책 추진에서 함께 고려되어야 할 중요한 지위를 확보했다. 무엇보다 기술 드라이브 정책은 단순히 과학기술처에 국한된 정책이 아니라 정부의 모든 관계부처

---

50) 과학기술처 기술진흥국 기술진흥과, 「제1회 기술진흥확대회의―대통령각하 당부말씀(안)」, 1982(국가기록원 관리번호 BA0074044).

관계부처	역할
경제기획원	과학기술 투자의 확대와 기술 우위의 경제 및 산업 정책 발전
재무부	금융·세제상의 기술개발 지원시책 확대
상공부	산업 육성시책과 지원자금 배정에 있어서 기술개발 우선
문교부	국민학교부터 대학까지 과학기술교육의 일신을 위한 장기대책 강구
노동부	기술인력의 숙련화와 기능 존중의 풍토 조성, 산업계의 자율적인 기능인력 스카웃 안 하기 여건 조성
국방부	생산과 직결되는 기능 및 기술훈련 강화방안 강구(전 장병의 기술인력화 추진)
내무·농수산부	새마을사업의 과학기술적 측면에서의 보강 발전(영농의 과학화, 농어촌 생활환경의 과학화 촉진 등)
문공부	매스컴을 통해 국민의 과학기술 인식 제고

* 출처: 과학기술처 기술진흥국 기술진흥과, 「제1회 기술진흥확대회의—대통령 각하 당부말씀(안)」, 1982(국가기록원, 관리번호: BA0074044).

들이 다 같이 추진해야 하는 정책이었다. 제1회 기술진흥확대회의를 통해 탄력을 받기 시작한 기술 드라이브 정책은 국가적 아젠다라고 할 수 있을 정도로 전두환 정부의 핵심 정책이 되었다. 이후 전두환 정부는 '기술 드라이브를 통한 제2의 경제도약'을 과학기술 정책의 전면에 내세웠다. 과학기술처는 "70년대 수출 드라이브를 통한 경제발전이 제1의 도약을 이룩했다면 80년대에는 기술 드라이브를 통해 이를 심화시켜 제2의 도약을 이룩함으로써 국가 목표인 선진복지국가 건설에 이바지"할 것을 정책 추진의 모토로 삼았다.[51] 전두환도 각종 연설에서 "한 나라의 과학기술 성패가 곧 국가발전에 직결되기 때문에 과학기술의 힘이야말

---

51) 『1982년 주요업무계획해설』, 과학기술처, 1982, 1쪽.

로 국가안보의 초석이자 경제발전과 국민복지 향상을 위한 원동력"이라며 힘을 실어주었다.[52]

1983년에는 기술 드라이브 정책을 '기술 약진 전략(技術躍進戰略)'이라고 바꿔 부르며 새로운 전략을 추가하기도 했다. 정부는 기술 약진 전략을 "지금까지 다져온 우리의 기술 기반으로부터 모든 기술을 하나씩 차례로 개발해 나가기보다, 핵심거점기술을 먼저 집중개발하고 이를 토대로 산업첨단기술에 도전하여 신제품, 신공정을 개발하는 한편, 생산현장기술을 개량·발전시켜 생산성과 품질을 획기적으로 향상시킴으로써 최단기간 내 선진 대열에 진입코자 하는 기술개발 기본 전략"으로 정의하고 그 추진을 공식 선언했다.[53]

이처럼 기술 드라이브 정책은 5공화국의 과학기술 정책의 기조로 공식화되었으며, 제5차 과학기술 부문 계획의 추진으로 구체화되었다. 제5차 과학기술 부문 계획의 주요 정책방향은 '첨단산업기술 개발', '산업고도화', '공공기술은 정부 주도, 산업기술은 기업 주도, 기초 및 응용연구는 대학 중심으로 추진', '핵심 전략기술은 출연연구소·산업계·학계의 공동참여형 국책연구개발사업으로 추진', '기업연구소·대학부설연구소 육성 및 활성화' 등이

---

52) 「제15회 과학의 날 기념식 치사에서」(1982. 4. 21), 민정기, 『전두환 대통령 어록 영광의 새 역사를 국민과 함께』, 양지사, 1987, 401쪽.

53) 과학기술처, 「기술 주도 정책 추진의 현황과 과제」, 1983(국가기록원 관리번호 C11M04404).

었다.[54] 이 중에서 첨단산업기술의 강조는 5공화국 과학기술 정책의 차별화된 모습 중 하나로, 전두환 정부 과학기술 정책의 특징을 보여주는 부분이다. 전두환은 과학기술과 관련된 다수의 연설에서 지속적으로 첨단기술의 개발과 선진기술의 도입이 경제는 물론 국가발전의 성패를 좌우하는 열쇠임을 강조했다.[55]

첨단기술 분야에 대한 정치적 주목과 함께 5공화국은 연구개발의 주체로 대학과 기업의 역할을 강조했으며, 산학연의 공동참여형 국가연구개발사업을 제안하는 등 새로운 과학기술 정책 추진 체제와 추진 방법을 모색하기도 했다. 그 대표적인 사례가 특정연구개발사업이다. 특정연구개발사업은 "과학기술과 산업기술의 고도화를 위해 정부가 대규모 연구비를 직접 지원한 최초의 국가연구개발사업으로, 중장기 과학기술 발전계획과 전략에 따라 선진국과의 기술격차를 단시일 내에 단축하기 위한 목표지향적 연구개발사업"이었다.[56] 이는 전두환 정부의 국정지표였던

---

54) 과학기술실무계획반, 『제5차 경제사회발전 5개년계획—과학기술 부문 계획 (1982~1986)』.

55) 첨단산업기술 개발은 실제 5공화국의 과학기술 정책에서 큰 비중을 차지했으며, 전두환은 「국제기능 올림픽 참가선수단을 위한 만찬 시 격려사에서」(1983. 9. 9); 「역대 국제기능올림픽 입상선수들을 위한 만찬 시 격려사에서」(1983. 9. 29); 「84년도 예산안 제출에 즈음한 시정연설에서」(1983. 10. 24); 「제15회 과학의 날 기념식 치사에서」(1982. 4. 21); 「83년도 예산안 제출에 즈음한 시정연설에서」(1982. 10. 4) 등 과학기술과 관련된 연설에서 첨단기술의 육성을 여러 차례 강조했다.

56) 과학기술부, 『특정연구개발사업 20년사』, 2003, 18쪽.

"1980년대 제2의 경제도약"을 실현시키기 위한 기술 기반 구축사업으로 80년대 과학기술 정책의 핵심 중 하나였다. 특정연구개발사업의 추진 전략은 공공기술과 산업기술이라는 기술 사용 대상에 따라 정부 주도와 민간 주도를 구분하고 기초연구, 응용연구, 산업화연구라는 기술개발 단계에 따라 대학, 정부출연연구소, 기업이 분담하는 것이었다. 기술 사용 대상과 기술개발 단계에 따라 정부와 민간, 그리고 정부출연연구소, 학계, 산업계 등으로 역할을 분담하는 방식은 그동안 정부출연연구소에 집중되어 있던 정부의 연구개발 지원을 산업계와 학계로 확대하는 것이었다. 특정연구개발사업으로 연구개발을 위한 물적·인적 자원이 크게 증가했고, 정부출연연구기관뿐만 아니라 기업과 대학의 연구개발 능력 또한 크게 향상되었다. 특히 특정연구개발사업은 우리나라 연구개발 시스템을 선진화하는 데 선도적인 역할을 담당했다는 점에서도 큰 의의가 있었다.[57]

이상 5공화국의 기술 드라이브 정책은 박정희 시대의 수출 드라이브 정책의 한계를 지적하고 이를 대체한 새로운 정책이었다고 해석할 수도 있지만, 1970년대 중후반 이후 박정희 시대의 변화를 주목하면 오히려 박정희 시대 과학기술 정책의 연속으로 파악할 수 있다. 기술 드라이브의 핵심인 기술이 경제발전을 선도해야 한다는 인식은 이미 박정희 때부터 시작되었으며, 정책의 핵심내용이라 할 수 있는 '기술개발에서 민간의 역할 확대'와 '첨

---

57) 『과학기술 40년사』, 102~103쪽.

단기술 개발의 강조', '특정연구개발사업' 등은 박정희 시대의 기술개발촉진법 개정, 두뇌산업, 국책적 대형연구개발사업에서 그 뿌리를 찾을 수 있다. 이런 측면만 주목하면 반대로 5공화국의 기술 드라이브 정책은 박정희 시대 과학기술 정책을 구체화 혹은 상징화한 것에 지나지 않는다고도 해석할 수 있을 것이다.

그렇지만 기술 드라이브 정책은 이런 한계에도 불구하고 정책 추진 과정에서 새로운 의미와 방식을 덧붙이면서 5공화국의 대표적 과학기술 정책으로 자리 잡아갔다. 기술 드라이브 정책은 정부뿐 아니라 언론의 주목을 받으며 80년대 및 제5공화국 과학기술 정책의 상징이 되었다.[58] 기술 드라이브 정책은 70년대와는 다른 새로운 시대인 80년대와 제2의 경제도약을 위한 제5화국의 정책 기조로서 단순한 과학기술 정책이라기보다는 경제 정책이자 새로운 시대를 위한 비전과도 같았다. 이 아젠다를 실질적인 정책으로 이끈 핵심 정책기구가 바로 기술진흥확대회의였다. 기술진흥확대회의는 기술 드라이브 정책이라는 아젠다를 실질적인 정책으로 기획하고 추진하는 공간이자 그 정책 추진을 대내외적으로 공식 선언하는 공간이었다.

---

58) 「80년대 활로 '기술 드라이브'로」, 『경향신문』, 1981. 10. 29; 「과기처 5년계획 수출서 기술 주도로」, 『동아일보』, 1981. 10. 29; 「기술 드라이브 정책 발진」, 『매일경제』, 1982. 1. 30; 「기술 드라이브」, 『동아일보』, 1982. 9. 3 등 관련기사 다수.

4. 기술진흥확대회의

기술 드라이브 정책과 마찬가지로 기술진흥확대회의 설치 배경 및 과정에 대해서도 다양한 논의들이 있다. 그중 과우회 회원들이 주축이 되어 작성한 『과학기술 정책이 경제발전에 기여한 성과 조사 및 과제 발굴』보고서는 기술진흥확대회의의 설치 배경, 경위, 의의 등을 자세히 설명하고 있다.[59] 이 보고서에 따르면, 확대회의 발상의 아이디어는 어느 한 명의 것이라기보다 당시 과학기술처 행정관료들의 욕구에서 시작했다. 경제기획원 출신 과학기술처 과장들이 과학기술처의 위상 제고와 역할 강화를 위해 수출진흥확대회의에 버금가는 기술진흥확대회의를 설치 운영하기를 희망했었다고 한다. 당시 제5차 경제계획 과학기술 부문 실천계획의 수립에 참여했던 일부 외부 전문가들이 동조하면서, 이 아이디어는 과학기술 정책으로 발전할 수 있게 되었다. 물론 그 과정에서는 공식적인 절차보다는 비공식적인 인적 네트워크가 중요하게 작용했다. 그리고 이 인적 네트워크의 중심에 김재익 청와대 경제수석이 있었다.[60] 이장규의 설명에 따르면, 김재익은

---

59) 과학기술부, 『과학기술 정책이 경제발전에 기여한 성과 조사 및 과제 발굴』, 2006, 131~134쪽.

60) 과학기술처의 조경목 실장과 제5차 경제계획 과학기술 부문 실천계획의 작성 과정에 참여했던 KAIST의 윤덕용 박사는 김재익의 경기고등학교 동문이자 5공화국 초기 국보위에 파견되었던 전문위원이었으며, 전경련의 김영우 상무는 김재익의 서울대학교 정치학과 동기였다. 과학기술부, 『과학기술 정책이

전두환이 "경제는 당신이 대통령이야"라는 말까지 할 정도로 전두환의 강력한 신뢰를 받으며 경제개혁을 주도한 인물이었다.[61] 그는 경제학자지만 과학기술 진흥에도 상당한 관심과 노력을 기울였으며, 기술진흥확대회의를 전두환 대통령에게 건의하여 전두환이 이를 흔쾌히 수락함으로써 설치되었다고 한다.[62]

한편, 1982년 1월 과학기술처 기술진흥국 기술진흥과에서 작성한 「기술 드라이브를 통한 제2도약에의 길—제1회 기술진흥확대회의 개최에 즈음하여」라는 정부문서는 기술진흥확대회의의 개최 배경을 특정인이나 집단의 의견이 아닌 당시의 경제적·산업적 상황으로 설명했다. 이 문서는, 70년대에는 수출 드라이브 정책을 통해 제1도약을 이룩할 수 있었지만 이는 외형적·양적 성장이었다고 비판했다. 그러면서 80년대에 "제2도약"을 위해서 경제적으로는 안정 기조 위에 성장 추구, 사회적으로는 국민생활의 질적 향상, 정치군사적으로는 국가안보의 강화 등의 과제를 추진해야 하며, 이 과제들은 기본적으로 기술혁신 없이는 이룩할 수 없다고 주장했다. 그러면서 전 산업의 기술혁신을 거국적으로 추진하는 것이 기술 드라이브 정책을 범국가적으로 전개해야 하는

경제발전에 기여한 성과 조사 및 과제 발굴」, 132쪽.

61) 이장규, 『경제는 당신이 대통령이야』, 중앙일보사, 1991, 8쪽.

62) 김재익은 과학기술 진흥에 비상한 관심을 보였고, 그 일환으로 대통령 직속의 '과학기술진흥위원회' 설치를 전두환에게 건의했다고 한다. 정홍식, 「김재익 수석과 정보화 정책」, 『80년대 경제개혁과 김재익 수석』, 삼성경제연구소, 2003, 120~121쪽.

이유이자 기술진흥확대회의를 개최하는 의의라고 밝혔다.[63] 다시 말해 기술 드라이브 정책과 기술진흥확대회의는 80년대 제2도약이라는 새로운 경제목표를 달성하는 데 필요한 기술혁신을 거국적으로 추진하기 위한 전략이었다고 볼 수 있다.

기술진흥확대회의에 대한 구체적인 아이디어가 처음 드러난 것은 1980년 한국산업개발연구소가 작성한 『민간기업의 기술개발 촉진을 위한 환경개선방안연구』라는 보고서였다. 여기에는 기술진흥확대회의와 유사한 '산업기술진흥확대회의'에 대한 내용이 포함되어 있었다. 보고서는 민간 기술개발 촉진을 위한 환경개선 방안으로 기술개발 주체의 종합관리체계 확립, 과학기술 정보교류의 확대, 개발기술의 활용 체제 확립, 기술개발투자의 확대, 조세·금융 및 기타 제도의 지원 확대 등과 더불어 산업기술진흥확대회의 운영을 제안했다. 보고서는 60년대에 급속한 수출신장을 이룩할 수 있었던 것은 국가 차원의 수출관리 행정체계인 수출진흥확대회의에 힘입은 바 크다고 지적했다. 즉 수출진흥확대회의를 통해 전 국민적 수출의욕이 고취되었고, 수출업체들의 노력이 집결되었으며, 정부는 최대의 지원을 할 수 있었다는 것이다. 따라서 80년대에 고도산업사회를 이룩하고 국제경쟁사회에서 산업상의 우위를 확보하기 위해서는 정부, 업계 및 기술직 종사자들이 적극적으로 동참하여 본격적인 기술개발을 추진할 수

---

63) 과학기술처 기술진흥국 기술진흥과, 「기술 드라이브를 통한 제2도약에의 길」, 1982(국가기록원 관리번호 BA0074045).

있는 국가적 차원의 산업기술개발진흥확대회의(가칭)과 같은 최고
행정기관을 설립·운영할 필요가 있다고 지적했다. 그리고 이 회
의는 년 2회 정기적으로 실시하며, 참여 범위는 산업계, 민간연구
소 대표, 학계 및 기술개발 관련자들로 구성해야 한다고 주장했
다. 더불어 이 회의는 우수 개발기술에 대한 포상과 세미나 등을
행함으로써 민간기업의 산업기술개발을 위한 동기부여와 실적평
가의 장 역할도 할 수 있을 것이라고도 전망했다.[64] 그 밖에 1980
년 3월 17일에 전경련과 매일경제 공동주최로 개최된 월례토론회
"기술혁신 시대의 개막"에서 민간연구소협회의 허신구 회장은 민
간기업의 기술개발에 대한 정부 지원을 요구하면서, 연구용 시험
기자재의 수입관세 면제, 세제 지원, 자금 지원 등 인센티브와 함
께 수출확대회의처럼 기술확대회의를 매월 1회씩 개최하는 것을
제안하기도 했다.[65]

이렇게 다양한 경로를 통해 기술진흥확대회의 논의가 진행되
는 가운데 1981년 10월 28일, 제5차 경제사회발전계획의 과학기술
부문 실천계획을 보고하는 자리에서 기술진흥확대회의의 개최가
최종 확정되었다. 이 자리에서 전두환은 "과학기술은 국가발전의
원동력으로 제5공화국은 기술을 가장 중요시하는 정책을 펴 나갈

64) 한국산업개발연구소, 『민간기업의 기술개발 촉진을 위한 환경개선 방안 연
구』, 과학기술처, 1980. 12. 24, 261~262쪽.

65) 「전경련·본사 공동주최 월례토론 기술혁신 시대의 개막」, 『매일경제』 1980. 3.
19.

것"이며, "그런 의미에서 과학기술입국을 위한 견인차 역할을 담당할 기술진흥확대회의를 매분기별로 개최"할 것을 지시했다. 더불어 "기술진흥확대회의의 운영은 과학기술처가 맡고, 확대회의 정부 측 참석 범위를 김 수석은 관계부처장관이라고 건의하는데 내 생각으로는 전 국무위원이 참석, 국무총리 참석, 우리나라 각계 대표급 인사들이 가급적 많이 참석하고 주요 신문방송사 책임자들도 참석"하는 게 좋겠다고 밝혔다.[66]

전두환의 지시는 곧 구체적인 계획으로 만들어져 「제5차 경제사회발전계획 5개년계획 과학기술 부문 계획 1982~1986」에 반영되었다. 이 보고서는 80년대 기술변혁에 능동적으로 대처하고 범국가적인 기술 드라이브 정책의지를 구현하며 기술혁신을 촉진 및 유도하기 위한 시책의 일환으로 정부 내에 기술진흥확대회의를 설치·운영할 계획이라고 밝혔다. 기술진흥확대회의는 행정부의 전 각료와 산업계, 학계 및 과학기술계의 대표로 구성하여 매분기마다 개최함으로써 기술혁신의 의식을 산업 전반에 확대시키도록 할 것이라며 참여 주체와 개최 방식에 대해서도 설명했다. 또한 기술진흥확대회의에서는 국가발전 목표에 부응하는 기술개발 대책, 기술인력의 국책적 양성 대책, 국가 표준제도의 확립과 시험검사 기능의 강화, 기술을 통한 소비자 보호 대책 등 주요시책을 결정하며 기술개발 성공사례 및 해외 첨단기술동향을 보고하고 기술개발에 따른 제 문제를 발굴하여 협의·결정토록 할

---

66) 과학기술처 기술진흥국 기술진흥과, 「기술 드라이브를 통한 제2도약에의 길」.

것이라고 밝혔다.[67]

　이후 과학기술처는 기술진흥확대회의 추진 관련 회의를 여러 차례 진행하면서 기술진흥확대회의의 설치 운영 목적과 운영 방식을 보다 구체화시켰다. 과학기술처의 회의 자료에 제시된 기술진흥확대회의의 설치 목적은 크게 세 가지였다. 첫째는 제5공화국의 기술 드라이브 정책 의지를 구현하고, 둘째는 80년대 범국가적 기술개발 체제를 확립하며, 셋째는 기술개발의 장애요인을 제거하여 기술혁신을 위한 추진력을 결집하는 것이었다. 과학기술처는 회의 방식 및 보고안건 작성에 관한 '기술진흥확대회의 보고안건 작성 및 운영준칙'을 만들어 회의 운영을 정형화시켰다. 보고안건은 안건보고, 국내외 과학기술동향 주요보고 항목, 기술성공사례 선정 기준 및 절차 등을 내용으로 하였다. 그중 안건보고는 기술혁신 관련 주요 정책, 기술개발계획, 주요사업 추진 현황 및 대책, 주요 외국의 정책 분석보고 등을 주제로 과학기술처, 관계부처, 민간산업계, 단체 등이 담당하는 것으로 규정했으며, 민간산업계, 타부처, 과학기술처 순으로 보고우선순위까지 지정했다.[68]

　안건보고는 '주요보고'와 '특별보고'로 구성되었으며, 전두환

---

67) 『제5차 경제사회발전계획 5개년계획 과학기술 부문 계획 1982~1986』, 과학기술실무기획반, 1981, 32~33쪽.

68) 과학기술처 기술정책실 기술진흥담당관, 「기술진흥확대회의 보고안건 작성 및 운영준칙」, 1982(국가기록원 관리번호 DA0059569).

대통령 임기 동안 열린 12회의 회의에서 총 27개의 정책과제가 다루어졌다. 주요보고는 기술 주도의 새 시대 전개, 기업의 기술혁신 촉진 대책, 기술 고도화를 위한 국제화 전략, 기술 주도 정책 추진 현황과 과제, 기술집약형 신기술기업의 태동과 육성대책, 신기술투자의 활성화 대책(경제기획원, 재무부, 과학기술처), 주요 산업 분야별 기술개발동향(전자공업진흥회 등 10개 민간단체), 최근의 기술개발 동향과 대응 방향, 중소기업의 기술집약화 촉진, 2000년대를 향한 과학기술발전 장기계획, 과학산업의 육성—미래를 향한 선택과 준비 등 기술진흥 전반의 정책을 결정하는 내용으로 주로 과학기술처가 담당했다. 특별보고는 기업의 기술개발 현황과 계획(민간기술협회), 정밀화학공업의 전략산업화—국책연구개발사업(화학연구소장), 과학기술교육 진흥 방안(문교부), 정보화 시대의 개막(과학기술처), 해외 산업기술정보 수집 및 활용(KIET), 정부구매제도 개선 방안(경제기획원, 과학기술처), 상호인증제도의 확대 방안(공업진흥청), 품질·성질·효율 위주의 정부구매제도 운영(과학기술처), 2000년대를 향한 국책연구개발사업의 추진 방안(과학기술처), 중소기업 기술집약화 사업—추진 현황과 계획(기술진흥심의회) 등 구체적인 기술진흥 시책으로 과학기술처 외의 관계부처와 산업체 및 민간단체가 보고했다.

기술진흥확대회의에서 논의된 각종 정책들의 추진 경과는 다음 해 회의에서 보고되기도 했다. 예를 들어, 1983년 1월 「기술 주도 정책 추진의 현황과 과제」 주제보고는 기술혁신을 위한 과제와 방향을 논의하면서, '기술혁신의 추진 현황'이라는 소제목 아

〈표 2〉 제5공화국의 기술진흥확대회의 개최 실적

년도	회수 (일시)	주요보고	특별보고
1982	제1회 (1. 29)	· 기술 주도의 새시대 전개(과학기술처)	① 기업의 기술개발 현황과 계획(민간기술협회 회장 허신구) ② 성공사례: 삼성전자, 금성전기, (주)이화 ③ 소비자 운동을 통한 품질 향상(소비자연맹 회장: 정광모)
	제2회 (6. 4)	· 기업의 기술혁신 촉진 대책(과학기술처)	· 정밀화학공업의 전략산업화—국책연구개발사업(화학연구소)
	제3회 (10. 20)	· 기술 고도화를 위한 국제화 전략(과학기술처)	· 과학기술교육 진흥 방안
1983	제1회 (1. 28)	· 기술 주도 정책 추진의 현황과 과제(과학기술처)	· 정보화시대의 개막
	제2회 (7. 15)	· 기술집약형 신기술 기업의 태동과 육성대책(과학기술처)	① 해외산업기술정보 수집 및 활용 (KIET) ② 주요 광물자원의 활용기술 개발(한국동력자원연구소)
	제3회 (11. 22)	· 신기술투자의 활성화 대책(경제기획원, 재무부, 과학기술처)	· 정부구매제도 개선방안(경제기획원, 과학기술처) · 통신 진흥 시책(체신부)
1984	제1회 (2. 20)	· 주요 산업 분야별 기술개발동향(전자공업진흥회 등 10개 민단체)	· 상호인증제도의 확대 방안(공업진흥청)
	제2회 (11. 21)	· 최근의 기술개발동향과 대응 방향(과학기술처)	· 품질·성질·효율 위주의 정부구매제도 운영(과학기술처)
1985	제1회 (6. 28)	· 중소기업의 기술집약화 촉진(기술진흥심의회)	· 2000년대를 향한 국책연구개발사업의 추진 방안(과학기술처) · 기술개발을 통한 국제수지 개선 추진 (전경련)
	제2회 (12. 19)	· 2000년대를 향한 과학기술발전 장기계획(과학기술처)	· 중소기업 기술집약화 사업—추진 현황과 계획(기술진흥심의회)
1986	제1회 (9. 5)	· 2000년대 과학기술개발 장기실천계획 (2000년장기계획추진 위원회)	
1987	제1회 (6. 25)	· 과학산업의 육성—미래를 향한 선택과 준비(과학기술처)	· 민간산업계의 기술혁신 방안(경제단체 공동)

* 출처: 『과학기술 정책이 경제발전에 기여한 성과 조사 및 과제 발굴』, 과학기술부, 2006, 219~220쪽, [자료 IV-1] 제5공화국의 기술진흥확대회의 개최 실적('82~'87) 재정리.

래 지난해 추진했던 각종 기술개발시책을 세제, 금융, 정부매매제도, 국책연구개발사업의 추진 현황, 기술 도입 자유화 추진, 고급 기술인력의 양성·확보의 측면 등에서 살폈다. 먼저 세제 측면에서는 기술개발 준비금 적립한도를 소득의 30% 또는 수입금의 1.5%로 확대했고, 기술 및 인력개발비의 10%를 세액공제할 수 있게 했으며, 연구개발용 기자재에 대한 특별상각률을 50%에서 90%로 인상했다. 금융 면에서는 기술개발주식회사, 산업은행, 중소기업은행을 통해 82년도에는 715억 원을 공급했고, 83년에는 1,345억 원을 공급했다.[69] 뿐만 아니라 신기술의 기업화를 촉진하기 위해 1982년 12월에는 한국개발투자주식회사를 설립하기도 하였다.[70]

이처럼 기술진흥확대회의에서 논의된 정책들은 상당수가 제도와 시책에 반영되어 여러 가지 과학기술 진흥의 성과로 나타났다. 첫 번째 성과는 연구개발비의 급속한 증가로 1980년대에는 연간 30% 내외의 증가율을 보였다. 이 중 민간의 비중은 80년에서 36.1%에서 88년까지 78.7%로 늘어나 정부와 민간이 차지하는 비중이 역전되었다. 여기에는 국가연구개발사업인 특정연구개발사업의 추진을 비롯해 각종 기술진흥기금의 마련이 중요하게 작용했다. 둘째는 민간연구소의 폭발적인 증가로 1981년에 53개에 불

---

69) 과학기술처, 「기술 주도 정책 추진의 현황과 과제」, 1983(국가기록원 관리번호 C11M04404).

70) 한국개발투자주식회사는 "정상적인 금융으로는 위험이 높아 자금을 공급할 엄두를 내지 못하는 산업에 위험을 무릅쓰고 돈을 대는 회사"로 일종의 벤처캐피탈 전문회사라 할 수 있다. 「한국개발투자설립계기로 본 그 장래 모험산업의 모험 시동」, 『경향신문』 1982. 12. 20.

과하던 기업부설연구소가 88년에는 604개가 되었다. 민간연구소의 증가에는 연구요원에 대한 병역특례, 연구용 견품에 대한 특별소비세 면제, 연구소 건물 및 토지에 대한 지방세 면제, 연구개발용품에 대한 관세 경감 등 일련의 제도 정비가 영향을 미쳤다. 이 외에도 고급두뇌의 국책적 양성, 민간기업의 해외연수 활성화, 우수학생 영재 교육과정의 신설, 연구중심 대학원 운영 체제 확립 등의 정책이 기술진흥확대회의를 통해 입안·추진되었다.[71]

기술진흥확대회의를 실무적·현실적인 측면에서 보완하기 위해 1984년 4월부터는 '기술진흥심의회'가, 이듬해 4월부터는 '기술진흥지역협의회'가 추가적으로 조직·운영되었다. 기술진흥심의회는 대통령 직속기구로 기술혁신 정책을 보다 종합적이고 일관성 있게 수립·추진하기 위해 설치되었다. 기술진흥심의회는 기술과 산업의 연계성을 강화하여 기술 정책 수립의 실효성을 높이고 관계부처 간의 이해와 협조를 증진시켜 기술 관련 시책의 효율성을 높이는 것이 목적이었다. 조직은 과학기술처 장관을 위원장으로 경제기획원, 재무부, 국방부, 문교부, 동자부, 건설부, 체신부 등 기술개발과 관련된 정부부처의 차관과 청와대 경제수석비서관, 한국과학기술원장, 한국개발연구원장, 산업연구원장, 중소기업진흥공단 이사장 등 17명의 상임위원과 비상임위원으로 구성되었다. 1986년부터는 청와대 과학기술비서관을 위원장으로 관계

---

71) 과학기술처, 「기술 주도 정책 추진의 현황과 과제」, 1983(국가기록원 관리번호 C11M04404).

부처 국장과 관계인사들로 구성된 실무위원회를 추가적으로 조직되어 심의회 상정안건을 사전검토하고 협의 및 조정 작업을 수행했다.[72]

　기술진흥심의회의 주요 기능은 ① 중요 산업 분야별 기술 수준 및 국내외 기술동향의 분석과 평가, ② 과학기술인력개발, 투자 촉진, 제도개선 등 기술혁신에 관한 중요 정책사항의 협의와 조정, ③ 기술진흥확대회의 보고안건의 심의 및 이행 점검을 포함한 기술진흥확대회의의 운영 지원, ④ 기술혁신에 대한 대통령 특별 지시사항의 추진 등이었다.[73] 기술진흥심의회의는 1984년에는 4월 첫 번째 회의를 시작으로 5월, 6월, 8월, 12월에 총 5회 개최되었고, 85년에는 상반기 2회, 하반기 2회로 총 4회 개최되었다. 86년부터는 실무위원회와 본회의를 나누어 각각 4회씩 진행했으나 두 회의 안건의 내용에는 차이가 없었다. 본회의는 실무위원회에서 준비한 안건을 비준하는 역할로서, 실무위원회가 실시된 이후 짧게는 5일에서 10일 정도 뒤에 열렸다. 87년에는 실무위원회의 3회, 본회의 2회가 실시되었는데 6월에 실무위원회를 개최했으나 본회의가 진행되지 않았으며, 9월에 제3회 실무위원회를 개최한 이후 11월에 개최된 본회의에서는 제3회 실무위원회의 안건 일부를 빼고 새로운 안건인 '제1회 한국과학상 시상식 개최계획(안)'을

---

72) 현원복, 『1980년대 과학기술 정책의 분석 및 전망에 관한 연구』, 한국과학재단, 1986, 57쪽.

73) 과학기술처, 『과학기술행정 20년사』, 1987, 61쪽.

포함시키기도 했다.[74]

기술진흥심의회의가 운영된 지 1년 뒤에는 기술진흥지역협의회가 추가로 설립되었다. 기술진흥지역협의회는 기술개발과 관련된 시책과 제도를 산업현장에서 적극적으로 활용하여 기술혁신 정책을 효율적으로 추진·보급하기 위한 조직으로, 기술개발 시책에 관한 산업현장의 건의사항을 수렴하여 보다 정확한 현장 감각을 바탕으로 기술개발 시책을 마련하는 것이 설치 목적이었다.[75] 1985년에는 9월부터 12월까지 매달 개최되었고 86년에는 5월에 1번, 11월에 2번 개최되는 등 85~86년 사이에 총 7회 개최되었다. 개최 장소는 구로공단, 구미공단, 창원공단, 반월공단, 이리수출공단, 울산(울산·울주공단), 대덕(대전·신안공단) 등이었고, 참석자는 과학기술처 장관, 차관, 기술진흥심의회 실무위원 및 관계부처 국장, 입주업체 및 기업인, 지역 언론계, 금융인 등으로 적게는 150명에서 많게는 400명이 참석했다. 회의 안건은 보고안건과 특별안건으로 이루어졌으며, 보고안건으로는 기술개발 시책 현황과 추진 방향(과학기술처), 산업기술정보 이용 안내(산업연구원), 기술개발 자금 지원 안내(한국기술개발(주)), 기술 지원 안내(기계(연) 부설 기업기술지원센터) 등이었다. 특별안건은 중소기업 간이(簡易) 자동화 촉진대책(과학기술처), 전자통신 분야 기술 지원 안내(전자통신(연)), 기

---

74) 『과학기술 정책이 경제발전에 기여한 성과 조사 및 과제 발굴』, 과학기술부, 2006, 222~224쪽.

75) 과학기술처, 『과학기술행정 20년사』, 1987, 61~62쪽.

계 분야 기술 지원 안내(기계(연)), 기술 지원 안내(기계(연) 부설 기업기술지원센터) 등이었다.[76] 이렇게 기술진흥확대회의는 기술진흥심의회의 및 기술진흥지역협의회와 연계되면서 범국가적 기술 드라이브 정책을 입체적으로 추진할 기반을 구축할 수 있었다.

기술진흥확대회의는 범국가적인 기술개발을 위한 체제로 기술 드라이브 정책의 구심체였다.[77] 이후 기술진흥확대회의는 법적인 근거를 가지고 있진 않았지만 전두환 대통령의 강력한 의지에 힘입어 지속적으로 개최될 수 있었다.[78] 그렇지만 이러한 제도적 기반은 제6공화국으로 넘어가면서 축소 및 폐지의 수순을 밟게 되었다. 민주화와 자율화를 국정운영 원칙으로 내세웠던 제6공화국은 권위주의적 색체가 강했던 기술진흥확대회의의 운영을 부담스러워했기 때문이다. 당시 과학기술처에 근무했던 인사들의 회고에 따르면, 제6공화국은 권위주의라고 비판을 받았던 전두환 대통령과 차별화되는 국정을 보이고 싶어 했으며, 제5공화국의 기술 드라이브 정책의 상징적 존재였던 대통령 주재 기술진흥확대회의도 그 영향을 받았다고 한다. 이 때문에 이관 과학기

---

76) 『과학기술 정책이 경제발전에 기여한 성과 조사 및 과제 발굴』, 225쪽.

77) 1982년 1월 29일 대통령을 비롯하여 전 국무위원, 여야 정치인, 경제계, 학계, 연구계 등을 대표하는 200여 명의 인사가 참여한 가운데 제1회 기술진흥확대회의가 개최되었다. 이날 회의의 개회사에서 과학기술처 장관 이정오는 기술진흥확대회의가 "제5공화국의 범국가적 기술 드라이브 정책을 구현함에 있어서 구심체 역할을 담당"할 것이라고 밝혔다. 「제1회 기술진흥확대회의 경과보고」, 과학기술처, 1982. 1(국가기록원 관리번호 BA0074045).

78) 『과학기술 40년사』, 94쪽.

술처 장관이 수차례 청와대 문희갑 경제수석을 통해 기술진흥확대회의의 개최를 건의하자, 청와대는 회의를 개최하는 것은 좋지만 새 정부의 스타일에 맞게 조정하여 개최하라는 지시를 내렸다고 한다. 그에 따라 과학기술처는 기술진흥확대회의라는 명칭에서 '확대'라는 권위주의적 표현을 삭제하고, 정부 주도의 일방적 보고 방식을 탈피해 경제인, 교수, 언론인, 기타 비과학기술계 인사들까지 참여시켜 자유롭게 토론하는 방식으로 변경했다.[79]

또한 기술진흥확대회의가 시작될 당시부터 제기되었던 과학계의 비판도 의식할 수밖에 없었다. 대표적으로 1982년 과총의 부회장이었던 조완규는 기술진흥확대회의가 명칭부터 회의 내용에 이르기까지 기술에 초점을 맞추고 있어 과학의 단절이 발생할 수 있다고 우려했다. 기술진흥확대회의의 목표가 기술혁신과 기술개발 촉구라 하더라도, 이는 기초과학의 진작 없이는 신장될 수 없다는 점을 강조하면서 기술과 과학은 항시 묶여야 한다고 주장했다. 그러면서 기술 정책과 아울러 항상 과학 육성책도 같은 무게로 고려되어야 하며, 기술진흥확대회의에 더 폭 넓게 대학의 참여를 촉구 혹은 유인해야 한다고 했다.[80] 이 외에 기술진흥확대회의는 관료조직에서 건의된 정책을 추인하는 이벤트성 행사에 불과했다는 비판도 있었다. 5공화국 시기에 한국산업기술진흥협회 상입부회장을 지냈던 김영우는 기술진흥확대회의가 구체적인

---

79) 『과학기술 정책이 경제발전에 기여한 성과 조사 및 과제 발굴』, 170쪽.

80) 조완규, 「제1회 기술진흥확대회의를 보고」, 『과학과기술』 153, 1982. 3, 14~15쪽.

정책의지를 실현시키려고 하기보다는 주로 과학기술처를 중심으로 한 관료집단의 정책 수립을 정치적으로 지원하는 데 초점이 맞춰져 있었다고 보았다.[81]

이런 이유들 때문에 제6공화국은 1989년 6월 27일 기술진흥확대회의를 '과학기술진흥회의'로 명칭 변경하여 다시 개최하기 시작했지만, 이전과 다르게 참여인원도 대폭 축소하고 개최횟수도 1년에 2번으로 축소시켰다. 이후 1990년에 종합과학기술심의회를 재활성화하면서 기술진흥심의회와 기술진흥지역협의회가 폐지되었고, 뒤이어 1992년 7월 제5회 과학기술진흥회의를 마지막으로 중단되었다.

5. '기술 드라이브'라는 상징정치

제1차 기술진흥 5개년계획을 수립하면서 과학기술 정책을 추진하기 시작한 박정희 정부는 1960년대에는 과학기술처를 설립하여 과학기술 관련 행정제도와 법령을 정비했으며, 1970년대에는 산업분야별 정부출연연구소와 대덕 연구단지 등을 건설하여 연구개발 체제를 구축하는 등 과학기술 인프라 구축에 힘을 기울였다. 그러다가 100억 달러 수출을 달성하고 제4차 경제개발 5

---

81) 『국가경쟁력과 과학기술 전략—고 김영우박사 유고논문집』, 한국산업기술진흥협회, 1998, 434~435쪽.

개년계획을 시작한 1977년을 기점으로 박정희 시대의 과학기술 정책에 새로운 변화가 시작되었다. 우선 과학기술 정책의 핵심이 정부 주도에서 민간 주도로, 외국 기술의 도입에서 기술개발로, 경제발전의 보조에서 선도하는 역할로 전환되기 시작했다. 이러한 변화는 새로운 과학기술 분야에 대한 정치적 주목과 새로운 연구개발 체제의 모색 등으로 이어졌다. 그렇지만 1970년대 말 박정희의 사망과 제2차 석유파동으로 인한 국내외 정치, 경제, 사회적 환경의 급변으로, 박정희 정부 말기에 구상되었던 일련의 새로운 과학기술 정책은 계획이나 구상에 그치고 실질적인 정책 실현으로 이어지지 못했다.

1980년대 초 한국 사회는 정치, 경제, 사회적 혼란이 가라앉지 않은 상황이었지만, 새로운 시대 혹은 선진국으로의 도약에 대한 기대와 열망이 가득했다. 이 시기에 등장한 5공화국은 이전의 정권을 따라 고도의 경제성장 전략을 추진하면서도 이전과 다른 확실한 상징정치를 필요로 했으며, 과학기술은 하나의 도구가 되었다. 따라서 제5공화국의 과학기술 정책은 박정희 정부의 그것과 연속선상에 있으면서도 새로운 측면을 포함하고 있었다. 분명 기술 드라이브 정책과 기술진흥확대회의는 박정희 시대의 수출 드라이브 정책과 수출진흥확대회의에 착안해서 만들어졌지만, 그 정책이 차지하는 의미나 역할은 차원이 달랐다. 수출 드라이브 정책은 수출입 실적과 경제성장이라는 비교적 단순한 정책목표를 위해 만들어졌으며, 그 역할도 수출진흥에 국한되었다. 하지만 기술 드라이브 정책의 목표는 기술개발이나 과학기술 진흥이 아니라 '제2의 도약' 혹은 '선진복지국가 건설'이었다. 즉 5공화국 정부는 기술 드라이브 정책을 통해 과학기술을 최우선으로 발전시켜 우리의 기술을 선진국 수준으로 끌어올림으로써 경제발전은 물론 사회발전까지 이룩하고자 했다. 이는 기술 드라이브 정책이 단순한 과학기술 정책이 아니라 산업, 경제, 사회 정책의 우위에 있는 일종의 국가적 아젠다였다는 것을 의미했다. 박정희 정권이 과학기술의 위치를 경제발전을 보조하는 역할에서 더 나아가 경제발전을 선도하는 역할로 변경하려 했다면, 5공화국에서는 경제발전뿐 아니라 국가발전까지 선도하는 더욱 확장된 역할을 부여했다고 볼 수 있다. 따라서 5공화국의 과학기술 정책은 박정희 시대보다 더욱 중요한 위치와 의미를 차지하게 되었다. 이 때문에 5공화국 과학기술 정책의 핵심인 기술 드라이브 정책은 과학기술처 단독으로 수행하는 정책이 아니라 경제기획원, 재무부, 상공부, 문교부, 노동부, 국방부, 내무·농수산부, 문공부에 이르기까지 범부처가 추진해야 할 정책이 되었다. 그리고 이렇게 변화된 과학기술의 위상과 역할 때문에 이전 정부에서는 단지 구상이나 계획에 그쳤던 정책들이 새롭게 주목을 받으며 실천으로 이어질 수 있었다.

5공화국에서 과학기술의 정치적 위상을 단적으로 보여주는 사례가 기술진흥확대회의다. 기술진흥확대회의는 기술 드라이브 정책을 대내외적으로 공식화하는 공간이자 구체화시키는 통로였다. 국정의 최고 책임자가 직접 주재하고 국무위원은 물론 여야 정치인, 경제계, 학계, 연구계의 200여 명의 인사가 참여했다는 사실은 그야말로 국가 최대 규모의 최고회의였음을 의미한다. 무엇보다 기술진흥확대회의가 특별한 법적 근거가 없음에도 불구하고 5공화국 시기 내내 이어질 수 있었던 것은 전두환의 관심과 지원이 뒷받침했기에 가능했으며, 한편으로 그만큼 정부 정책 내에서 과학기술이 중요한 의미와 위상을 차지하고 있었다는 것을 보여준다.

5공화국 과학기술의 핵심이자 대표적인 성과라 할 수 있는 기술 드라이브 정책, 기술진흥확대회의, 민간 주도, 첨단기술, 특정연구개발사업 등은 1980년대에 완전히 새롭게 등장한 독창적인 성과는 아니었다. 이러한 정책 및 전략들은 1970년대 후반 박정희 시대에 나타난 전환적 모습들에 뿌리를 두고 있었다. 1980년대 5공화국의 과학기술 정책은 박정희 시대의 유산을 계승한 측면을 지니고 있었던 것이다. 그렇지만 이는 맹목적 답습이 아니라 80년대의 상황에 적용시키는 과정에서 새로운 정치적 의미와 정책적 실천 방법을 추가하면서 박정희 시대의 것과는 다른 모습으로 발전시킨 유산의 변용이라 볼 수 있다.

이 책의 집필에 참여하신 분들

김근배

전북대학교 과학학과 교수로 재직 중이며, 한국 과학기술사 전공자로서 현대 과학기술의 사회사와 남북한 과학기술 비교연구에 관심이 있다. 대표논저로 『한국 과학기술혁명의 구조』, 『황우석 신화와 대한민국 과학』, 『한국 근대 과학기술인력의 출현』, 『근현대 한국 사회의 과학』(공편) 등이 있다.

김상현

한양대학교 비교역사문화연구소 HK교수로 재직 중이다. 과학사·과학사회학을 전공했고, 최근에는 인문·사회과학 지식에 관한 역사·사회학적 분석, 발전과 발전주의에 관한 비판적 연구 등을 과학사·과학사회학 연구와 연결시키는 데 관심을 두고 있다. 대표논저로 *Dreamscapes of Modernity: Sociotechnical Imaginaries and the Fabrication of Power*(공편), "The Politics of Human Embryonic Stem Cell Research in South Korea: Contesting National Sociotechnical Imaginaries", "Science and Technology: National Identity, Self-Reliance, Technocracy, and Biopolitics", "Science, Technology, and the Imaginaries of Development in South Korea" 등이 있다.

김태호

전북대학교 한국과학문명학연구소 조교수로 재직 중이다. 통일벼, 한글 타자기, 기능올림픽 등 한국 근현대 과학기술의 다양한 사례들을 발굴하여 국가 또는 국제적 차원의 거시적 맥락이 개인의 미시적 삶과 상호작용하는 장으로서 과학기술을 읽어내는 연구를 시도하고 있다. 한글 타자기의 역사에 대해 「1969년 한글 자판 표준화—한글 기계화의 분수령」 등 여러 편의 논문을 냈으며, 국제기능올림픽을 통해 박정희 정권의 기능인력 정책을 살펴보고 「갈채와 망각, 그 뒤란의 '산업 전사'들—'국제기능경기대회'와 1970~80년대의 기능인력」을 발표하기도 했다. 최근에는 통일벼와 1970년대 '녹색혁명'을 다룬 『근현대 한국 쌀의 사회사』를 '한국의 과학과

문명 총서'의 한 권으로 펴냈다.

문만용
전북대학교 한국과학문명학연구소 부소장으로 재직 중이다. 일제강점기에서 1980년대에 이르기까지 한국 과학기술사를 전공했다. 생물학 및 농업 등 한국 과학기술의 토착적 특성이 잘 드러나는 분야의 역사를 연구했으며, 박정희 시대의 압축적 과학기술 성장 과정에도 관심을 두고 있다. 『한국 과학기술 연구 체제의 진화』, 『한국의 현대적 연구 체제의 형성—KIST의 설립과 변천, 1966~1980』, 『한국 근대과학 형성 과정 자료』 등의 저서가 있다.

신향숙
전북대학교 한국과학문명학연구소 연구교수로 재직 중이다. 「1980년대 한국 유전공학의 등장과 제도화」를 주제로 박사학위를 취득했다. 1980년대를 중심으로 포스트 박정희 시대 과학기술을 연구하고 있으며, 최근에는 남북한 생물학의 상이한 역사적 궤적에 대해 관심을 갖고 있다.

이주영
과학기술정책연구원 연구원으로 재직 중이다. 서울대학교 과학사 및 과학철학 협동과정에서 한국의 제1차 국토종합개발계획 수립과 그에 따른 계획이론의 습득을 주제로 석사학위를 취득하였다. 최근에는 냉전 시기 사회과학의 역사에 관심을 가지고 있다.

임재윤
서울대학교 과학사 및 과학철학 협동과정에서 「기술도입, 국내 R&D, 그리고 기술 '국산화'—선경화학 폴리에스터 필름 제조기술과 그 보호를 둘러싼 논쟁 분석, 1976~1978」을 주제로 석사학위를 취득했다. 냉전 시기 개발도상국에서의 과학과 기술의 의미 형성에 관심을 두고 있다.

최형섭
서울과학기술대학교 기초교육학부에 조교수로 재직 중이다. 현대 과학기술사의 여러 주제를 거쳐 현재는 한국 현대사 속의 과학과 기술의 모습에 관심을 갖고 연구 중이다. 역서로 『아메리칸 프로메테우스』, 공저로 『한국 테크노컬처 연대기』가 있다. 『한국과학사학회지』 부편집인과 『과학잡지 에피』의 편집위원으로 활동하고 있다.